連動 動 연동하는 동아시아를 보는 눈

東 亞 細 亞

박경석 엮음

連動
東亞細亞

연동하는 동아시아를 보는 눈

윤여일
유용태
張崑將
박경석
윤욱
劉龍心
신규환
賀照田
백지운
이남주
鈴木將久
김정현
황동연
정문상

창비

서문

주지하듯이 '동아시아론'은 1990년대 초 한국의 지식인사회에서 하나의 화두로 대두했고, 오늘에 이르기까지 여러 학계의 뜨거운 관심을 끌어왔다. 이처럼 하나의 학술의제가 오랫동안 지속적인 관심을 받아온 사례는 다시 찾아보기 어려울 정도로 특별하다. 게다가 그 관심은 현재진행형인 만큼 더욱 주목할 가치가 있다. 이 책은 이런 흐름의 연장선에서 동아시아적 시각으로 연동하는 동아시아를 살펴봄으로써 담론으로서 동아시아론의 현재성을 점검하고자 기획되었다.

그에 더해 이 책을 기획하게 된 또 하나의 주요한 계기는 금년 8월로 예정된 연세대 사학과 백영서(白永瑞) 교수의 정년퇴임이다. 그는 1990년대 국내외 지식인사회에 동아시아론을 선도적으로 제기했을 뿐만 아니라 '지적 실험' '실천과제' '이중적 주변의 눈' '지역연대의 현장' '핵심현장' '복합국가' 등을 키워드로 동아시아론에 지속적으로 활력을 불어넣어왔다. 그런 그의 정년퇴임은 현재적 동아시아론을 점검할 더없는 기회가 되어주었다.

그러므로 이 책을 기획하면서 모든 논의들이 '사회인문학'과 '지구지역학' 같은 개념을 새롭게 제기했던 그의 학문적 역정과 최소한의 접점을 갖도록 고려했으나, 그럼에도 각 논고가 그의 이론적 범주에 매몰되지 않도록 주의하였다. 백영서 교수의 업적을 기리는 뜻에 더해, 무엇보다 비판적 논의를 통해 현재와 미래의 동아시아 연구에 영향을 끼칠 만한 논쟁적 읽을거리로서 이 나름의 완결성과 독자성을 갖추어야 한다고 생각했기 때문이다.

구체적으로 이 책은 동아시아론 자체의 몇가지 측면을 이론적으로 검토하는 연구와 동아시아론의 문제의식을 투영한 다양한 주제연구로 구성되었다. 후자는 소재에 따라 다시 두 가지로 나눌 수 있는데, 하나는 동아시아의 역사와 현실에 관한 것이고 또 하나는 역사 속의 인물과 관련되어 있다. 아래에서 3부로 묶인 14편의 글을 간략히 소개한다.

제1부 '동아시아론의 궤적과 전망'에는 모두 네 편의 글을 실었다. 서로 다른 방향에서 동아시아론을 이론적으로 검토하는 글이 두 편이고, 백영서 교수의 '동아시아론'과 중국현대사 연구를 비평하는 글이 두 편이다.

제1장에서 윤여일은 현재 뜨거운 이슈로 진행되고 있는 한반도 비핵화 문제와 동아시아론의 만남을 주선한다. 우선 윤여일은 동아시아론이 초기에 분단체제에 대한 문제의식이 명확했음에도 불구하고 정작 그것이 전개되는 과정에서는 북핵문제와 연계시키는 것을 소홀히 함으로써 북핵문제뿐만 아니라 북한에 대한 인식 자체가 동아시아적 시각의 맹점이 되었다고 지적한다.

이제 금년 4월 27일의 역사적인 '판문점선언'을 맞아 북핵문제와의 조우를 더이상 미룰 수 없게 된 상황에서, 윤여일은 이를 향후 동아시아론이 한 단계 진전하는 계기로 삼자고 제안한다. 북핵문제는 세계의 탈냉전 추세에도 불구하고 온존하는 지역적 분단구조, 국가형태의 상이성, 국가 및 국가관계의 비대칭성이라는 동아시아의 제반 조건과 상황이 집약된 문제이다. 따라서 북핵문제를 통해 동아시아론이 이제까지 제기해온 거의 모든 제언과 논제의 현실적 타당성 여부를 추궁할 수 있다. 동아시아론이 서둘러 북핵문제와 대면해야 하는 이유이다.

동아시아론은 북핵문제를 만나 한반도에서 보는 한반도문제와 다른 동아시아 지역에서 보는 한반도문제를 복합적으로 풀어냄으로써 한반도 평화체제 구상을 심화하고, 나아가 동북아 비핵지대화 구상을 구체적으로 진전시켜야 한다. 북한문제를 한반도문제로 옮겨내고 그것을 동아시아의 과제로 번역해가는 과정에서 한국의 '동아시아론'은 동아시아 지역에 더욱 깊이 내재화될 수 있을 것이다.

제2장에서 유용태는 한중일 3국의 역사학이 기본으로 삼은 자국사-동양사-서양사 삼분체제, 역사교육이 취하고 있는 자국사-세계사 이분체제가 자국중심주의와 유럽중심주의를 내면화함으로써 동아시아적 시각을 억압해왔음을 고찰한다. 이에 유용태는 자국사와 세계사 사이에 위치한 '지역사'에 주목하여 역사학 삼분체제와 역사교육 이분체제를 극복할 방법으로서 '동아시아사'의 가능성을 제기한다.

구체적으로 지역인식을 세 가지 유형으로 나누어 살피고, 지역사의 필요성과 구성방법을 논의한다. 유용태에 따르면 '동아시아사'는 실험단계의 가능성으로서, 이것이 소기의 목적을 달성하기 위해서는 내용을 구성하는 방법이 적절한가가 관건이다. 유용태는 적합한 방법론으로 하나의 주제를 중심으로 각 역사주체들 간의 상호연관성을 파악하거나 비교하는 '주제사' 방법론을 제안한다. 특히 연관과 비교의 방법으로 역사적 사고실험의 효과를 제고하기 위해서는 '주제사' 방식이 적합함을 역설한다.

제3장과 제4장에서는 직접적으로 백영서 교수의 '동아시아론'과 중국 현대사 연구의 가치를 고찰한다. 우선 제3장에서 장 쿤장은 백영서의 학술적 관심사를 '동아시아공동체' '핵심현장' '복합국가' '이중적 주변의 시각' '지구지역학'(Glocalogy)의 다섯 가지로 파악하고, 이 다섯 가지 의제를 '백영서의 동아시아론'이라고 칭한다. 이 가운데 장 쿤장은 대만이라는 '핵심현장'에 대한 백영서의 논의를 상세히 풀이하고 있다. 또한 장 쿤장이 역점을 두어 주목해온 동아시아 유학사상사의 맥락에서 백영서가 제기한 의제들을 고찰한다.

장 쿤장은 중국어로 출판된 백영서의 저서들을 분석해 그가 상당히 공정하고 객관적으로 대만의 '통일지향/독립지향' 현상을 드러냈다고 평가한다. 일본의 대만 연구자는 편향되었다는 지적에 개의치 않고 대만인이 독립에 치우쳐 있다는 평가를 선호하는 데 반해, 한국 학자는 남북한 분단 같은 역사적 경험이 있기 때문에 대만의 '통일/독립' 문제와 중국문제에 대한 사고에서 상대적으로 뛰어난 공감능력을 가지고 있고, 이러한 공감을 바탕으로 양안관계를 대할 수 있다는 것이다.

나아가 장 쿤장은 백영서의 '동아시아론'을 고전유가문화에 비추어봄으로써 백영서의 담론과 고전유가 개념의 닮은 점을 발견해낸다. 예컨대 '동아시아공동체'는 '대동(大同)'의 이상사회와 통하고, '핵심현장'은 대국 사이에 낀 소국 추(鄒)나라와 노(魯)나라, '이중적 주변의 시각'은 중심과 주변이 서로 화(華)도 되고 이(夷)도 될 수 있다는 관점, '복합국가'는 고전유가의 '천하관', '지구지역학'은 '왕도'의 인정(仁政)사회와 상통한다. 말하자면 공맹 사상과 '핵심현장' '이중적 주변의 시각' '복합국가' 등의 개념이 모종의 유사성을 갖는다는 것이다. 특히 백영서가 제기한 '소통적 보편성' '공감의 주체' '공감과 비판의 역사학' 등의 개념은 고전유학의 핵심가치에서도 발견할 수 있다고 본다. 이러한 대비는 다소 과하다는 느낌이 없지 않지만, '동아시아론'의 새로운 가치를 드러낸다는 면에서 매우 의미있다고 하겠다.

제4장에서 박경석은 백영서가 '동아시아론'을 본격적으로 제기하기 이전부터 수행한 중국현대사 연구를 전반적으로 살펴봄으로써 그가 제기한 동아시아론에 대한 이해의 깊이를 더하고자 했다.

백영서의 중국현대사 연구는 국민국가 형성의 일정한 경로와 형태를 드러내 20세기 중국사의 전체 구도를 폭넓게 인식했다는 점, 대학생과 학생운동에 대한 사회사적 접근을 통해 방법론 측면에서 학계의 수준을 높였다는 점, 5·4운동과 국민혁명의 연관성을 심층적으로 이해할 수 있게 했다는 점, 연구 전반에 걸쳐 '현실과 학문의 긴장관계'를 잘 유지했다는 점 등에서 한국의 중국현대사 연구에 기여한 바가 매우 크다. 또한 그의 주목할 만한 연구성과는 동아시아론을 제기하는 데에 밑거름이 되었다. 백영서가 지대한 관심을 보였던 '국민회의운동'은 그의 중국현대사 연구와 '동아시아론'을 이어주는 접점이었을지도 모른다.

백영서는 '동아시아론'과 관련해 '동아시아에 사는 한국인으로서의 체험이 특유의 문제의식을 낳을 것'이라고 기대했으나, 이것이 초래할지도 모를 '편협함'을 피하기 위해 한국의 역사적 경험을 '동아시아적 시각'에 비춰 재구성할 것을 제의하였다. 구체적으로 개별 국민국가와 세계체제를 잇는 '중간항목으로서의 동아시아', 동아시아인으로서 자기정체성을 찾기 위한 '지적 실험으로서의 동아시아' 담론을 제기하였다. 그리고 '지적 실험'의 일환으로 '한국인의 역사적 경험 속의 중국'과 '근대적응과 근대극복의 이중과제'에 주목하였다. 이러한 문제제기는 중국현대사 학계에도 연구 방향과 방법에서 하나의 지표를 제시한 셈이다. 그러나 1990년대 이래 동아시아론이 제기한 문제의식을 한국의 중국현대사 연구가 얼마나 충실히 반영했는지, 어떻게 반영할 것인지에 대해서는 여전히 의문이 남는다.

*

제2부 '동아시아적 시각에서 본 동아시아'에는 모두 여섯 편의 글을 실었다. 애초의 기획의도는 전지구적 맥락에서 동아시아 지역들을 고찰함으로써 이른바 '지구지역학'을 구현해보려는 것이었다. 그러나 연구가 대체로 지역, 특히 중국 지역에 집중되어 전지구적 맥락이 소홀해진 것이 아쉽다.

제1장에서 윤욱은 동아시아적 시각을 청나라의 역사적 의의를 탐색하는 분석도구로 활용한다. 청 이전의 동아시아 세계와 청이 멸망한 이후의 동아시아 세계는 상당히 극적인 차이를 보여주는데, 여기에는 서구세력의 침입이라는 요소가 결정적으로 작용했지만 청조 시기 약 200년간 동아시아 지역 자체의 변화도 간과해서는 안된다는 것이다. 중국이 문화의 중심이란 사고가 희박해졌고, 조공과 책봉 의례 같은 상징적인 요소들이 이미 쇠미해졌으며, 각국에서는 자국의 전통과 문화를 발견하여 그에 대한 자긍심을 발전시켜가는 경향이 나타났고, 전통시기에는 명확지 않았던 국경을 조사하고 분명하게 표시하려는 노력이 등장하였다. 이는 전통적이기보다는 근대적인 국제질서 속에서 찾아보기 쉬운 현상들이며, 기본적으로 청조가 동아시아의 변방인 만주에서 성장해 내지를 정복한 왕조였다는 점에서 기인한다.

이렇게 동아시아 국가로서의 청조가 동아시아 세계에서 발휘한 역할을 탐색함으로써 청조의 역사적 의의에 접근하려는 시각은, 청을 만주족이 건설한 제국으로 간주하는 신청사(New Qing History)의 시각이나 중국사의 일부로 보는 중국 학자들의 한화론(漢化論)적 시각에 입각한 연구에서 미처 주목하지 못한 청조의 다양한 측면을 이해하는 데 기여한다.

제2장의 류 룽신은 최근 몇년간 학계의 주목을 받고 있는 '지방' 연구에 주목한다. 이렇듯 '지방'에 주목하는 연구와 동시에 전지구사 연구가 성황을 이루고 있다는 사실은 분명 흥미로운 대비이다. 류 룽신은 이 글에서 구체적으로 20세기 '지방'에 대한 지식인의 서술에서 묘사된 지방이 무엇이었는지, 더욱 중요하게는 지식인들이 어떻게 지방을 사고했고 왜 이러저러하게 지방을 사고했는지에 대해 고찰한다. 결론적으로, 근대 지식인들이 묘사한 지방과 국가의 관계는 반드시 상반되는 입장을 대표한다고만은 볼 수 없다. 그들은 지방을 국가의 기초를 구성하는 공간으로 생각하였다. 또한 전통에서 서방의 지방자치 관념과 상통할 수 있는 자원을 흡수했고, 이를 왕조국가에서 국민국가로 넘어가는 전환의 도구로 간주했다는 것이다.

제3장에서 신규환은 메이지유신 이후 약 30년에 걸쳐 일본의 근대적 방역체계가 구축되는 과정을 살펴본다. 일본의 방역체계에 주목한 것은 그것이 20세기 중국과 동아시아 각국에 적잖은 영향을 미쳐 동아시아 방역행정의 기원이 되었기 때문이다.

구체적으로, 1874년에 반포된 「의제(醫制)」 76조는 근대적 위생의료행정의 출발점이었다. 독일식 의학교육의 제도화, 의사면허제도의 확립, 방역제도의 수립 등이 이루어졌으나, 1879년과 1886년에 콜레라가 대유행하면서 위생행정의 한계가 뚜렷이 드러났다. 이에 영미식 위생행정에 관심이 많았던 위생국장 나가요 센사이(長與專齋)가 「의제」 개정에 영미식 구상을 많이 반영했는데, 그 핵심은 위생업무를 각 지방정부에 이관하는 것이었다. 이후 중앙정부와 지방정부의 역할이 이원화되었다. 또한 대부분의 위생사무를 경찰행정으로 이관해 방역행정에서 위생경찰의 역할을 강화하였다. 이렇듯 근대적 체계를 갖춘 제국 일본의 위생행정이 식민지 각국에 미친 영향관계는 향후의 연구과제로 기대해볼 만하다.

제4장에서 허 자오톈은 당대 중국의 정신윤리 문제와 관련해, 몇천년 동안 의로움과 이로움을 분명히 구별하는 전통이 있고 해방 후 몇십년 동안 이상과 믿음을 드높여온 중국사회가 불과 10여년 사이에 적어도 담론 차원에서 실리만을 모든 것의 기준으로 삼는 사회가 되어버렸음을 비판한다. 이렇게 중국대륙에서 정신윤리가 곤경에 처한 것은 당과 국가가 경제만 장악하고 정신을 장악하지 못했기 때문이라는 것이 허 자오톈의 분석이다.

갈수록 첨예해지고 선명해지는 시대적 곤경으로 인해 21세기에 진입한 이후 공산당은 현대화 외에 다시금 도덕과 정신 문제를 심사숙고하게 되었고, '팔영팔치(八榮八恥)' '사회주의의 핵심가치' 같은 새로운 담론을 차례로 제시하면서 곤경에 대응하는 조치를 취할 수밖에 없었다. 그러나 매우 다양하고 잘 조정된 것처럼 보이는 해법들이 제시되었음에도 여전히 현실의 정신윤리 상황은 갈수록 불안해지고 더욱 곤혹스러워지고 있는데, 이는 사실상 역사에 대한 진지하고 심도있는 고찰과 구체성을 지닌 분석 없이 해결책을 모색했기 때문이다. 이에 허 자오톈은 이제 당대 중국대륙의 정신사를 정밀하게 연구하는 과제가 인문연구에서 핵심적으로 중요하다고 역설한다.

제5장의 백지운에 따르면, 최근 10여년간 중국에서는 자국에 '탈근대적 대안문명을 기탁하는 여망'이 점차 노골적으로 드러나고 있다. 거기에 시진핑 시대 '중국몽(中國夢)'의 로드맵인 '일대일로(一帶一路)'가 펼쳐 보이는 지정학이 서구의 해양적 실존 위에 구축된 근대에 전면적인 도전장을 내밀고 있다. 이는 일견 1990년대 한국에서 발신된 동아시아론의 '탈근대 지향'을 연상시킨다.

그러나 동아시아론과 일대일로의 '탈근대 지향'에는 분명한 차이가 있다. 한국발 동아시아론은 근대에 대한 반성을 기초로 탈근대문명을 모색하는 사상적 과제로서 제기되었다. 하지만 중국발 일대일로의 지정학은 유라시아 대륙을 미래에 '탈근대적 대안문명'이 분명하게 실현될 확신의 땅으로 설정하였다. 즉 자기 안의 근대를 극복하자는 자기부정에서 출발한 한국발 동아시아론에서 탈근대가 미지의 영역으로 남아 있다면, 중국발 일대일로는 유라시아 대륙이라는 탈근대의 대안을 가시화하고 있다. 이제 유라시아라는 '또 하나의 눈'을 가지고 동아시아 연구의 성과와 한계를 점검한다면, 동서이원론의 병폐를 넘어서기 위해 고군분투해온 동아시아론에 어떤 돌파의 계기가 마련될지도 모른다.

제6장에서 이남주는 시 진핑 체제가 맑스주의와 사회주의·공산주의 이념을 강조하고 있음에 주목한다. 이 과정에서 당과 국가 노선의 중점이 미묘하게, 그러나 매우 중요하게 변화하고 있다고 지적하면서, 이와 같은 공산주의·사회주의 이념에 대한 강조가 중국의 변화에 미치는 영향에 대해 검토한다.

이를 위해 이남주는 '근대 극복과 적응의 이중과제' 논의를 참조틀로 삼는다. 이를 문화대혁명과 개혁개방에 적용해보면 전자는 극복에 해당하고 후자는 적응에 해당한다. 이러한 이중과제에서 적응과 극복은 긴장관계를 유지해야 하는데, 실제 현실에서 양자는 어느 한쪽에 편향되기 쉽다. 최근 시 진핑 체제에서 공산주의·사회주의 이념을 강조하는 것은 이중과제 내의 긴장관계를 회복하려는 시도로 볼 수 있다. 이념의 강조를 통해 극복의 측면을 강화함으로써 개혁개방으로 적응에 치우쳐 있는 상황에서 탈피해 균형을 찾고자 한다는 것이다. 또한 분배와 공평, 정의를 강조하는 것은 개혁개방 시기 시장경제체제로의 전환에 따라 이중과제의 긴장관계가 자유화 흐름에 의해 와해될 우려가 커진 데 대한 대응이라 볼 수 있다. 개혁개방 시기의 이념적 편향을 수정하려는 시도, 달리 말해서 이중과제 내의 건강한 긴장을 회복하려는 시도로 볼 수 있다는 것이다.

그러나 현재 중국이 이중과제의 긴장을 회복하기 위한 구체적인 방법을 찾았다고는 보기 어렵다. 그 이유로 이남주는 두 가지를 꼽는다. 첫째, 인민이 자신의 주체성을 표현할 수 있는 조직형식을 새롭게 창출하지 못하고 있다. 요컨대 정치개혁이 부진하다. 둘째, 새로운 경제·사회모델의 창출이 없다. 즉, 채울 내용이 없다. 따라서 시 진핑 체제의 시도는 권력집중의 합리화에 그칠 염려가 있으며, 실패로 귀결될 가능성이 높다는 것이다.

*

제3부에 배치된 네 편의 논문은 '동아시아적 시각'을 통해 본 동아시아 역사 속의 인물들을 다룬다.

제1장에서 스즈끼 마사히사는 전후 일본을 대표하는 지식인 중 한 사람인 타께우찌 요시미(竹內好)의 중국문학을 고찰한다. 구체적으로 타께우찌의 '중국문학'이 어떻게 형성되고, 어떤 특징을 가지고 있는가를 탐색하는 것이 이 글의 목적이다. 타께우찌 요시미에게 문학이란 일본과 중국의 상호영역을 사고하기 위한 토포스(topos)였다. 그 토포스는 이론과 실천의 상호작용으로 잘 다듬어진 것이어야 하며, 개인의 사상을 나타낼 뿐만 아니라 국가의 역사를 이끄는 기반으로서 민중의 생활을 감지할 수 있어야 한다. 타께우찌 자신의 말에 따르면 그는 1932년 베이징에서 쑨 원의『삼민주의』를 읽고 그러한 이해를 얻었다.

제2장에서 김정현은 중화민국 시기 국민정부의 대(對)한국정책을 주도했고 중화민국 초대 주한대사를 역임한 샤오 위린(邵毓麟)의 한국 관련 회

고록『사한회억록』을 분석함으로써 중국 국민정부의 한국독립운동에 대한 인식과 지원활동을 고찰한다.

김정현에 따르면 샤오 위린은『사한회억론』에서 한국독립운동 진영 내의 분파싸움을 지나치게 부각하였다. 또한 샤오 위린은 임시정부의 한국광복군 창설 및 전후 독립을 위한 중국 정부의 지원과 협력을 강조했지만, 그 지원의 이면에는 전후 한반도에 임시정부를 중심으로 한 '친중정부' 수립과 이를 통한 중국의 영향력 확보라는 목표가 있었다는 것이다.

제3장에서 황동연은 중일전쟁 시기 왕 징웨이(汪精衛)와 그의 '대일합작 국민정부'에 대한 새로운 평가를 모색한다. 사실 왕 징웨이는 '한잔(漢奸, 매국노)'이라는 평가에서 벗어나기 어려운 측면이 있으나, 당시 아시아의 여러 아시아주의가 가진 시대적 맥락과 공통점, 태평양전쟁 시기에서 1945년 전후까지를 통시적으로 이해하는 하나의 분석틀로서의 아시아주의 등을 짚어보면 또다른 평가가 가능할 것이라는 발상이다.

지역협력이나 지역적 동질성을 주장하는 여러 논의는 긍정적이든 부정적이든 그 귀결점이 서구중심체제에 대한 도전 내지 대안 생성에 있다. 자본주의와 근대성의 역사적 연관성에도 불구하고 이런 논의는 예외 없이 자본주의를 비판하면서 자본주의체제 내에서 대안적 근대성을 추구한다. 황동연은 당시 그들의 논의가 옳았는지 아니었는지와 별개로, 여기에 이런 논의의 한 뿌리를 왕 징웨이 그룹의 아시아주의 논의에서 끌어올 수 있는 가능성이 있다고 평가한다.

마지막으로 제4장에서 정문상은 1960년대에 출현한 중국근현대사에 대한 새로운 관심과 해석의 한 사례로 근현대 중국에 대한 리영희의 지적 활동에 주목한다. 주로 리영희가 중국근현대사를 어떻게 구축하고, 어떤 역사상을 제시했는가를 살펴본다.

한국의 중국사학 연구에서 리영희가 중국근현대사를 혁명운동이라는 관점에서 조망한 것도 결코 작지 않은 의미를 가지지만, 근대화 자체를 비판과 극복의 대상으로 인식하는 관점을 제시한 것은 더욱 중요한 의미가 있다. 그가 1970년대 초반에 근대화를 비판과 극복의 대상으로까지 사유했다는 사실은 당시 한국 지식인들의 지적 동향을 살펴볼 때 각별하다.

또한 리영희는 사회주의 중국에서 중국적 근대를 어떻게 구현해나가는지에도 관심을 기울였다. 특히 문혁에 주목해 문혁을 '인간혁명'으로 해석하였다. 태평천국운동에서 시작된 중국의 근대화는 중화인민공화국 수립으로 일단락되지 않았고 당대 중국에도 여전히 강력한 영향력을 행사하며 작동하는 기제임을 드러내고자 했던 것이다.

*

이 책에 수록된 다양한 논의가 잘 짜인 틀 안에서 일관된 논지를 담고 있지는 않지만, 연동하는 동아시아를 하나의 단위로 설정하고 논의를 전개하려는 지향을 공유하고 있다. 사실 최근 들어 동아시아론은 더 정밀한 이론적 진전을 이루지 못한 채 주춤하고 있는 느낌인데, 이 책에 실린 다양한 논의를 통해 동아시아론이 역사와 현실에 계속해서 접속할 수 있는 토대를 확인할 수 있었다. 이런 생명력은 동아시아론 자체의 현실적응력을 말해주는 것이기도 하다. 이 책이 동아시아론의 적응력에 기대어 여러 영역에서 연동하는 동아시아의 현실을 점검하고 일정한 전망을 탐색하는 논의에 쟁점을 제공할 수 있다면 다행일 것이다.

2018년 6월

필자들을 대신하여 박경석 씀

제1부

동아시아론의 궤적과 전망

제1장
동아시아 담론의 이후, 이후의 동아시아 담론

윤여일(제주대 공동자원연구센터 학술연구교수)

1

1990년대 초 탈냉전의 국면으로 접어들면서 한국 지식계에서 '동아시아'가 하나의 화두로 부상했다. 냉전의 종언 이전, 이 지역에서는 소련·중국이라는 대륙의 사회주의권과 미국·일본으로 이어지는 해양의 자본주의 진영이 첨예하게 대립해 역내 국가들을 하나의 단위로 묶어 사고하기가 어려웠다. 더욱이 한반도는 체제 대립의 분절선이자 최전선, 냉전의 발원지이자 고도(孤島)로 남아 있었다. 그러나 세계의 탈냉전 추세는 역내의 분단체제를 이완시켰고, 한국이 중국·러시아·몽골·베트남 같은 과거 '적성국가'들과 국교를 맺으면서 한국 지식계는 결여하고 있던 동아시아라는 지역전망을 마련했다. 이후 동아시아에 관한 논의는 세계화·지역화·탈국경화 등의 추세 가운데 한국 지식계에서 확산되었고 동아시아 경제위기, 중국의 부상, 일본의 군국주의화, 한류의 확산에 이르기까지 현실 사건들과 반응하며 현실감을 더해 학술쟁점 이상의 담론효과를 발휘해왔다. 바야흐로 '동아시아 담론'의 형성과 부흥이었던 것이다.

동아시아 담론은 동아시아를 비롯한 일련의 지역명을 사용해 한반도와 세계 사이에 중범위 수준에서 지역상을 설정하고 그로써 특정한 담론효과를 이끌어내려는 언어적 실천이라고 정의할 수 있다. 여기서 동아시아라는 지역명은 지리상의 명칭이지만 결코 거기에 안착되지 않으며, '지역 범주'만을 의미하지 않는다. 탈냉전으로 가시화된 동아시아라는 지역상은 그동안 미국과 일본을 위시한 자본주의 국가들과의 배타적 관계에 매몰되어 자의반 타의반으로 상실하고 있던 '지역지평'을 일면 회복했다는 의의를 지녔다. 그러나 동시에 강대국들이 구획하는 '지역질서'가 현실을 움켜쥐고 있었으며, 아울러 탈냉전 평화체제로 이행해야 한다는 '지역연대'도 절실히 요청되었다. 그리하여 지역지평·지역질서·지역연대라는 세 차원이 탈냉전기의 동아시아 공간을 입체적으로 만들었다.

다만 동아시아 담론은 일관된 내적 논리를 지닌 단수의 담론이라기보다 여러 시각이 교차하고 착종하는 담론장에 가까웠다. 서구적 가치체계 아래서 평가절하되거나 왜곡, 폄하된 고전의 재해석과 전통사상의 현대화 방안을 강구하는 시각, 고유한 문화적 요소에 기반을 두고 지역적 정체성을 탐색하는 시각, 역내 신흥 발전국가들의 경제적 성공을 사회적·문화적 특성으로 설명하려는 시각, 자본주의 근대체제를 대신할 대안적 사회원리를 모색하는 시각, 미국패권적 세계질서를 극복하고자 민중 간 연대를 도모하는 시각, 미국의 일극체제와 거리를 유지하되 중국과 일본의 지역패권으로도 기울지 않도록 국가 간 협력을 기획하는 시각, 지역통합을 추진해 공동의 경제·안보이익을 제고하려는 시각 등이 동아시아 담론 안에서 복잡하게 교직되었다. 이처럼 내용과 지향은 다름에도 동아시아 담론이 인문학계와 사회과학계에서 공히 비약적 성장을 거듭한 까닭은, 동아시아 담론이 한국 지식계에서 자기인식의 쇄신과 확장을 위한 활로로서 기능했기 때문이라고 평가할 수 있다.

이 가운데 '창비' 계열의 동아시아 대안체제론은 제국-식민체제에 대한 역사적 성찰, 근대화에 대한 이론적 반성, 친미반공 개발독재체제에 대한 비판적 접근, 냉전적 사고의 탈피, 미국 주도 신자유주의에 대한 대안 마련, 탈국민국가주의, 탈대국주의 등 다양한 논점을 제출했다. 잠시 백영서의 말을 들어보자. 그는 1990년대 초반 냉전적 대립관계가 완화되고 지구화와 신자유주의의 진전으로 전지구적 자본의 획일화 논리가 횡행하는 와중에 "70, 80년대 민족민주운동 진영이 90년대 이후 변화한 나라 안팎의 상황에 맞춰 새로운 이념을 모색하는 과정에서 (…) 일국적 시각과 세계체제적 시각의 매개항"으로 동아시아가 주목을 모았다고 짚어내며, 동아시아 담론의 지적 실천을 통해 "전지구적 자본의 획일화 논리에 저항하는 커다란 과제를 실현할 거점을 확보할 수 있을 것으로 기대"했다.[1] 아울러 그는 동아시아 담론이 범하기 쉬운 자민족중심주의와 국가주의의 편향을 경계하고자 '지적 실험으로서의 동아시아'를 제시하며 "이것은 동아시아를 어떠한 고정된 실체로도 간주하지 않고 항상 자기성찰 속에서 유동하는 것으로 파악하는 사고와 그에 입각한 실천의 과정"이라 풀이하고,[2] 이러한 모색이 현실에서 추진력을 얻으려면 "동아시아인들의 일상생활에서 변화가능성이 나타나야" 하고 "부국강병을 추구하는 국민국가에 흡입당한 '20세기형 문명'을 넘어서려는 문명론적 차원에서의 변화가 있어야 한다"라고 강조했다.[3]

한편 동아시아는 지적 지평으로 활용되었을 뿐만 아니라 지역구상의 단위로 전용되기에 이르렀고, 동아시아 담론은 정책적 시각을 담지하기도 했다. 동아시아 대안체제론에 이어 1990년대 후반에는 동아시아 경제위기, 아세안+3 출범, 김대중 정부의 동아시아 지역주의 구상 등을 배경으로 지역주의론 계열의 동아시아 담론이 본격화되었다. 특히 2000년 6·15남북정상회담 이후 남북 사이에 협력사업이 진척되자 한반도를 하나의 단위로 사고할 수 있게 되었고, 동아시아 내에서 한반도가 지니는 지정학적 조건을 활용하는 것을 국가 발전전략으로 삼기에 이르렀다. 나아가 '국민의 정부'에 이어 2003년 '참여정부'가 출범하며 제출한 '동북아시대론'을 보면 한국은 지정학적 자기인식의 일신을 꾀하고 있다. 즉 미국·일본의 해양세력과 중국·러시아의 대륙세력이 경합을 벌이는 충돌의 현장이었고 세계체제 및 동아시아 대립의 결절점이었던 한국은 이제 동(북)아시아에서 교량 역할을 담당해 한반도의 평화와 번영을 확보하고 이를 통해 세계의 평화와 번영에 기여할 수 있는 위치로 옮겨갔다.

이후 학술계에서는 지역 수준에서 국익의 최적화를 꾀하는 정책학 연구가 대거 제출되었다. 그 연구들은 대체로 강국들 주변에 위치한다는 지정학적 특징으로부터 한국의 입지를 다지는 논리를 취하고 있었다. 그리하여 정책학적 관점에서 동아시아 담론이 발현되었을 때 한국은 동아시아에서 가교 역할을 맡는 국가로 상정되곤 했다. 중추교량국가(hub bridge state), 가교국가(bridge building state), 중견국가(middle state), 거점국가(hub state), 협력국가(cooperation-promoting state) 등은 내용은 조금씩 다르지만 모두 중간자 내지 가교 역할의 발상에서 제출된 국가상들이다. 이 무렵부터 '동아시아공동체' '동북아공동체' '경제통합' '안보협력' 등을 표제로 하는 단행본이 비약적으로 늘어났다.

2

이렇듯 1990년대와 2000년대의 한 시기 동아시아공동체가 한창 운위되기도 했으나, '동아시아 공동의 번영'이라는 수사로는 감출 수 없는 적대관계가 아로새겨져 있는 것이 이 지역의 현재 상황이다. 분단, 과거사 문제, 양안문제, 영토분쟁 문제가 상존하여 한국과 북한, 한국과 일본, 중국과 대만, 북한과 일본, 중국과 일본 사이에는 갈등이 잠재한다. 실상 동아시아라는 범주를 실감케 하는 것은 연대와 통합의 움직임이 아니라 국사충돌·영토분쟁 같은 갈등 사안이다. 또한 역내 국가들은 직접적인 횡적 연결망을 구축하지 못한 채 미국과의 양자관계를 중시해 미국을 중심으로 한 위계질서가 동아시아 지역질서를 관통하고 있다. 그리고 현재 지역현실을 가장 압도적으로 거머쥐고 있는 사안은 점증하는 북핵문제다.

그런데 동아시아의 시각을 통해 긴 호흡으로 지난 20여년에 걸친 북핵문제의 추이를 돌이켜보면 북핵문제가 점차 심화되고 지역화되어가는 경향성을 확인할 수 있다. 제1차 북핵위기는 1994년 5월 북한의 폐연료봉 임의추출 조치에 대해 미국의 선제공격설이 부각되면서 최고조에 달했으나 1994년 10월 '북미기본합의문'(일명 '제네바합의')이 극적으로 체결되어 일단락되었다. 제네바합의는 미국이 북한과의 양자협상을 통해 경제지원과 핵동결을 맞교환한 협상이다. 그런데 핵위기 상황을 미국이 주도적으로 관리한 1990년대와 달리, 2000년대 들어서는 2003년 8월 중국도 그 한 축을 맡게 된 6자회담이 개시되는 등 북핵문제가 보다 복잡한 동아시아의 사안으로 옮겨갔다. 2005년에는 6자회담을 통해 북핵문제의 포괄적 해결책을 담은 '9·19공동성명'에 합의했으나 방코델타아시아은행(BDA)의 북한 계좌가 동결되자 북한은 합의를 파기하고 2006년 첫번째 핵실험을 감행했다.

2007년에는 6자회담에서 단계적 이행방안을 마련해(2·13합의) 북한의 비핵화와 북미수교를 목표로 '행동 대 행동' 원칙에 따르는 작업이 시작되었으나 검증문제라는 장애물에 맞닥뜨려 교착기로 접어들었다.

그리고 2012년 4월 13일 공식적 권력승계 절차를 마무리한 김정은 정권은 사회주의헌법의 수정·보충을 통해 '김일성-김정일 헌법'을 만들고 전문에 북한이 '핵보유국'임을 명문화했다. 이후 2013년 2월 12일 3차 핵실험을 단행하고, 3월 30일 조선로동당 중앙위원회 전원회의에서 '경제건설·핵무력 병진노선'을 공표하고, 4월 1일 최고인민회의는 "자위적 핵보유국의 지위"를 공고히 하기 위해 핵보유의 '영구화' 조치를 단행했다. 이윽고 4차, 5차, 6차 핵실험이 2016년 1월 6일, 9월 9일, 2017년 9월 3일에 이어졌다. 현재 북한은 국제법적으로 인정되는 '핵보유국가'(nuclear-weapon state)는 아니지만 핵무장 능력을 갖춘 '핵능력국가'(nuclear-capable country), 즉 사실상의 핵보유국가가 되었다고 말할 수 있다. 그리고 2018년 4월 21일, 북한은 핵과 대륙간탄도미사일(ICBM) 발사실험 중지와 풍계리 핵실험장 폐기를 발표하고 경제건설·핵무력 병진노선으로부터 경제개발 노선으로 전환하겠다고 천명했는데, 이는 대미협상을 위한 핵무력의 완성을 시사한다고 해석할 수 있다.

그간 동아시아 담론에서 북핵문제는 전면적 의제로 부각된 적이 없이 다양한 안보 이슈 중 하나로 나열되는 양상이었다. 비단 동아시아 담론만이 아니라 한국 학술계와 언론계에서도 1993년 3월 북한이 핵확산금지조약(NPT) 탈퇴를 선언한 이후 북핵문제를 치밀하게 사고하려는 노력을 회피해온 경향이 있다. 핵을 개발할 수 있는 북한의 경제적·기술적 능력을 회의하거나 적절한 경제적 유인책과 압박책을 구사하면 핵을 포기하리라고 내다보는 인식이 주종이었고, 더러는 북한이 경제적·사회적 기반이 취약한 독재국가라서 조만간 붕괴하리라고 전망하기도 했다.

하지만 그 20여년 동안 북핵문제는 한반도 범위를 초과해 국제화되었으며 풀어내기가 지난한 사안이 되었다. 북핵문제의 국제화는 무엇보다 북한의 생존전략이라고 해석할 수 있다. 탈냉전기에 남북 간 경제격차가 심화되고 한국의 북방정책이 북한의 외교적 입지를 위축시키자 북한은 핵개발이라는 생존전략을 펴게 된 것이다. 북한은 냉전 종식 이후 단선적인 남북 대결구도에 치중하기보다 핵개발을 통한 한반도 상시위기 전략으로 미국과 중국 같은 국제행위자를 한반도 문제로 연루시켜, 사안에 따라 '한미-북' '한미-북미' '한미-북중' '한중-북중'같이 다양한 경쟁 및 외교관계 구도를 조성하는 것이 정권의 생존에 유리하다고 판단한 것이다.[4]

그런데 북한이 상시위기를 유지하고 국제행위자를 개입시킨 전략은 미국이 정책수단 선택의 딜레마를 끌어안은 상황을 기반으로 하고 있다. 미국은 한국과의 동맹관계에도 불구하고 동아시아 지역의 안정성 파괴가능성을 우려해 군사적 해결수단 사용을 꺼리고 있다. 이처럼 북한은 핵문제에 대한 한국의 제약된 자율성, 미국의 정책적 딜레마, 현상유지 기조를 유지하는 중국의 이해관계, 북핵문제를 통해 지역 내 영향력을 확보하려는 러시아의 이해관계 등이 복잡하게 얽힌 동북아 안보의 구조적 특징을 파악해 자국의 생존을 위한 국가이익 극대화를 꾀해온 것이다. 북한은 한국을 향해 '한반도 문제의 한반도화'를 주장해왔지만, 실상은 핵외교를 통해 '한반도 문제의 지역화·국제화'를 전개해온 셈이다.

3

이처럼 탈냉전 이후 20여년간 북핵문제는 고조되고 지역화되었으며, 한미관계와 남북관계는 거의 예외 없이 북핵문제를 통해 만나고 있고 한반도 안보상황은 대체로 북핵을 중심으로 움직이고 있다.

이 사실을 염두에 두고 시선을 다시금 동아시아 담론으로 옮겨보자. 그 사이에 동아시아 담론은 얼마나 지역화, 심화되었던가. 동아시아 담론은 한 시기에 지역구상의 논리로 육성되기도 했으나 지역 차원에서 실효성을 거뒀다고 말하기는 어렵다. 동북아 관련 정책들이 얼마 지나지 않아 사실상 용도폐기된 사례에서 드러나듯, '현실주의적' 동아시아 담론은 한국의 현실을 벗어나면 현실성을 상실하는 내수용 담론으로 전락하고 말았다. 한국의 필요성에 입각해 조건을 특권화하거나 기대를 투사한 동아시아 담론은 현실성과 보편성을 확보하지 못한 채 한국 학술계에서만 통용되는 논의로 머물다가 쇠퇴기로 접어드는 조짐을 보이고 있다.

그런데 이 글에서 이처럼 동아시아 담론의 행방을 북핵문제의 전개양상에 비추어 되묻는 까닭은, 양자가 같은 시대 배경에서 출현했으며 또한 동아시아 담론이 지역화·심화에서 한계를 드러낸 이유가 어느정도는 사상과제로서의 북핵문제를 회피한 데서 기인한다고 판단하기 때문이다.

1993년으로 돌아가보자. 그해 『창작과비평』 봄호는 동아시아 담론을 촉발한 특집 '세계 속의 동아시아, 새로운 연대의 모색'을 내놓았다. 그리고 그해 한반도에서는 제1차 북핵위기가 발발했다. 이를 두고는 북중동맹이 이완되자 북한이 자위 차원에서 핵개발을 서둘렀다는 분석이 일반적이다.[5] 그런데 북중동맹의 최대 위기는 다름 아닌 1992년 한중수교였다. 소련이 해체된 이후 자국의 유일한 동맹국 중국이 적대국 한국과 국교를 맺자 북한으로서는 동맹포기의 위협을 강하게 느꼈다. 이후 북중관계는 급속히 소원해졌고 북한은 '주체'와 '선군'을 기치로 내걸고 핵개발에 주력했다. 즉 핵개발은 냉전체제의 한 축이 무너져 북한만이 홀로 남는다는 위기감의 발로였다. 이러한 위기감 속에서 북한이 핵개발을 서두른 것은 자위력을 끌어올리기 위한 것일 뿐 아니라 중국과의 관계에서 동맹포기의 위협에 노출되자 연루의 전략을 사용한 것이라고도 해석할 수 있다. 핵무장이라는 자구책으로써 자국의 지정학적 가치를 부각하고, 지역 차원의 불안정을 불러일으켜 중국을 안보위기에 몰아넣을 수도 있음을 경고한 것이다.[6] 한국 지식계에서는 동아시아라는 지역상을 복원하는 계기였던 한중수교가 북한 정권에는 북한을 포위하는 도넛형의 동아시아상으로 다가왔던 것이다.

물론 이후 심화된 북핵문제를 해결할 체계적 로드맵을 고안하는 것이 동아시아 담론의 몫은 아니었을지 모른다. 그러나 북핵문제의 발생·지속·심화·난맥상 등에 관한 고찰을 통해 동아시아적 시각을 가다듬는 노력은 부족했다고 평가하지 않을 수 없다. 더욱이 북핵문제가 아니라 북한인식 자체가 동아시아 담론의 사각지대였다고 보인다.

『창작과비평』 1993년 봄호 특집에서는 특히 최원식(崔元植)의 「탈냉전시대와 동아시아적 시각의 모색」이 동아시아 담론의 단초가 된 논문으로 평가받는데, 거기서 최원식은 한반도 분단체제 해결을 동아시아적 시각의 과제로 설정하면서 거기에 "한반도에 작동하고 있는 분단체제를 푸는 작업은 풍부한 문명적 자산을 공유해왔음에도 파행으로 점철되었던 동아시아가 새로운 연대 속에 거듭나는 계기로 되며, 미·소 냉전체제 이후의 새로운 시대를 여는 종요로운 단서를 제공"하리라는[7] 의의를 부여했다. 하지만 이 논문은 한반도 분단체제 해결의 방법론도, 한반도 분단체제 해결과 동아시아 연대 간의 연관성에 관한 구체적 분석도 내놓지 않았다. 다만 중요한 경고가 담겨 있었다. "동아시아론이 북한을 포위하는 반북동맹에 말려드는 것을 무엇보다 견결히 경계하지 않으면 아니된다."[8] 동아시아 담론이 북한을 에워싸고 시장경제로 흡수통일하는 데 활용되어서는 안된다고 지적한 것이다.

이후 동아시아 담론의 전개양상을 살펴보면 최원식의 우려처럼 동아시아 담론이 반북동맹용으로 쓰이지는 않았다. 하지만 어쩌면 한층 심각한 문제가 드러났는지도 모른다. 북한의 존재 자체가 동아시아적 시각의 맹점이 되어버린 것이다. 물론 동아시아 대안체제론의 경우는 한반도 분단체제 극복이라는 지향을 견지했지만 그 주제가 동아시아 담론에서 주된 논점을 형성하지는 못했으며, 동아시아 지역주의론조차 북한을 시야 바깥에 두거나 종속변수로 다루는 경향이 있었다. 동아시아 담론에서 이처럼 북한인식이 결락된 것은 (북한에 대한) 오리엔탈리즘적 시선, 근대화론적 접근, 이념적 거부감, 강대국 중심의 사고방식 등에서 기인하는데, 이것들이야말로 동아시아 담론이 극복해야 할 인식론적 장애물이기도 했다.

4

그리고 올해 2018년, 북핵문제 해결과 나아가 한반도 평화체제 형성의 중요한 전기가 마련될 수 있을지가 사회적 관심사이자 학술적 의제로서 급부상하고 있다. 4월 27일 문재인 대통령과 김정은 국무위원장은 판문점 평화의 집에서 남북정상회담을 갖고 '한반도의 평화와 번영, 통일을 위한 판문점선언'(이하 '판문점선언')을 공동발표했다. 3개조 13개항으로 이뤄진 판문점선언은 냉전의 산물인 분단과 대결의 종식, 남북관계의 적극적 개선과 발전, 민족화해와 평화번영의 새 시대 열기를 기치 삼아 한반도의 완전한 비핵화, 연내 종전선언, 정전협정의 평화협정으로의 전환을 천명했다.

이런 식으로, 동아시아 담론은 뒤늦게나마 북핵문제와 조우해야 할 시기에 이르게 된 것이다. 그리고 동아시아 담론이 그간 축적한 학술자원은 현재 북핵문제를 사고하는 데서 긴요하게 쓰여야 할 것이다. 하지만 그간 북핵문제를 둘러싼 학술계와 언론계의 논의를 보면 점증하는 북핵위기를 현상추수적으로 기술하는 데 그치거나, 당국자들의 발언을 옮기면서 해석하는 데 치우치거나, 협상테이블을 마련하기 위한 외교적 방편의 궁리에 긴박당하거나, 협상의 등가물을 찾는 데로 시야가 좁아져 있다. 즉 필자는 동아시아 담론을 활용하여 북핵문제를 안보 현안 이상의 사상과제로 형상화하는 데 필요한 시야를 마련하고, 아울러 북핵문제와의 대면을 이후 동아시아 담론이 진전하는 계기로 삼을 것을 제안하는 것이다.

이를 위해 다시 1990년대 초로 돌아가보자. 앞서 북핵문제의 시작은 한중수교가 그 배경이었다고 밝혔는데, 간과해선 안될 지점은 북한 핵개발의 배경이 된 한중수교는 또한 북일관계 개선을 배경으로 삼고 있었다는 사실이다. 1990년 9월 카네마루(金丸信) 방북단은 북한 조선로동당과의 공동성명에서 식민지 지배에 사죄하고 북일 국교정상화 교섭을 개시하기로 합의했는데, 이것이 중국 정책결정자들의 경계심을 자극해 한국과의 국교정상화를 서두르게 한 것이다. 북한과의 수교 교섭으로 한반도에서 일본의 영향력이 확대될 것을 우려한 중국은 한국과의 국교정상화를 조기에 마무리했다.[9] 그러나 소위 '이은혜 문제'와 이후의 북핵문제 등으로 북일 국교정상화 교섭은 실질적인 진전을 보지 못했다.

북일 국교정상화 교섭은 일본으로서는 탈냉전기에 대미의존 일변도의 대외정책에서 벗어나 자율적인 아시아 외교에 나서는 시험대의 의미를 지닌 것이었다. 일본은 먼저 중국에 대해서는 1989년 톈안먼사건에도 불구하고 관계개선을 위한 노력을 이어갔다. 미국과 유럽 등 서방 국가가 중국에 경제제재를 강화하던 때도 일본은 중국을 고립시켜서는 안된다며 중국 관여정책을 유지했고, 1992년 천황의 중국 방문은 이같은 근린외교의 최정점을 보여주었다.[10] 그리고 탈냉전기에 접어들자 일본은 전후처리와 한반도 내 영향력 확대라는 대외정책의 오랜 과제를 해결할 여건이 조성되었다고 판단하여 북한과의 관계개선에 나섰다. 그런데 이처럼 일본이 전향적 행보를 보이게 된 계기의 하나가 1990년대 초 남북관계의 진전이었다. 즉 일본은 남북관계가 안정적으로 발전하기 전에 북한과의 국교정상화 교섭을 통해 한반도에서 입지를 확보해둘 필요가 있다고 판단했던 것이다. 그러나 일본은 중국과의 관계개선에서는 성과를 냈지만, 북한과의 관계에서는 미국의 대북정책 반경에서 벗어나지 못했다.

1989년 미소정상회담에서 냉전 종식이 공식적으로 선언된 이후 1993년 제1차 북핵위기에 이르기까지 그야말로 격동했던 4년간, 중국은 일본과의 관계를 개선하고 한국과 국교를 맺고 국제외교 무대에 성공적으로 등장했지만, 북한은 일본과의 국교정상화에 실패하고 한국을 포함한 주변국들로부터 고립된 채 핵개발의 길을 걸었다. 이러한 결과에는 중국과 북한 지도부의 정치적 선택만으로는 환원할 수 없는 중국과 북한 간의 비대칭적 동맹관계와 국력격차, 미일동맹하에서 일본 아시아외교의 자율성의 범위 등 동아시아의 조건이 복합적으로 반영되어 있다.

따라서 북핵문제는 북한으로만 귀속시킬 문제가 아니다. 물론 북핵문제의 일차적 책임은 강력한 의지로 핵개발을 추진해온 북한측에 있다. 하지만 문제의 발생과 심화는 동아시아 각 주체의 이해관계와 역학관계가 중층된 결과다. 다시금 1990년대 초로 돌아가보자. 당시 미국 정부는 동아시아

전략의 혼동을 겪는 와중에 북한과 일본이 국교정상화를 시행할 경우 초래될 역학구도의 변화를 우려해 이에 제동을 걸고 변화의 조짐을 일단 봉합했다. 일본 정부 역시 북한과의 국교정상화 과정에서 일본인 납치문제를 국내정치용으로 활용하고, 이후로도 북한혐오론을 조성해 악용했다. 한편 한국 정부는 1993년 북한의 벼랑 끝 전술에 반응한 미국이 북한과 북미 고위급회담을 시작하자 핵연계전략을 선언하며 미국과 북한의 직접대화에 반대했다. 중국 정부는 북한과의 비대칭적 동맹관계에서 점하고 있는 우위를 활용해 결과적으로 북한의 위기감을 자극했다. 이렇듯 역내질서의 급변을 배경으로 국제적 고립과 경제난이 심화되며 정상적 체제경쟁이 불가능해진 북한 내부의 사정이 주요하게 작용하여 북한은 핵개발을 핵심 국가전략으로 삼았던 것이다. 즉 북한 핵개발은 뒤얽힌 동아시아사가 응집, 표출된 사태였다.

이처럼 동아시아의 시각에서 바라보면 북핵은 복합적 의미를 지닌다. 북핵은 북한 정권을 유지하고 강화하기 위한 북한 내부의 정치적 수단이다. 남북관계에서는 국방력의 열세를 만회하고 군사균형을 흔들기 위한 무기이며 나아가 남한에 압박을 가하기 위한 외교적 수단이다. 북중관계에서는 중국에 대해 연루의 전략을 행사하는 동시에 중국으로부터 자율성을 확보하기 위한 방편이다. 북미관계에서는 냉전 종식 이후 악화된 국제환경 속에서 미국에 직접적 위협을 가하거나 테러집단으로의 핵무기·핵기술 이전 여지를 빌미로 대미협상력을 제고하고 국가 생존을 도모하는 안전판 역할을 한다. 또한 이란·시리아·파키스탄처럼 미사일과 핵을 개발하는 타국과 거래한다면 경제적 수단이 되기도 한다. 북한의 핵은 분단국가의 핵이자 동북아의 전략적 요충지에 존재하는 완충국가의 핵이며, 미국 주도 세계질서에서 살아남은 공산국가의 핵이다.[11]

이처럼 북핵문제는 무기개발을 둘러싼 안보문제인 것만이 아니라 국가형태의 상이성, 국가 간·국가관계 간 비대칭성, 탈냉전의 추세를 불구하는 동아시아 분단체제의 지속 등 동아시아적 조건과 상황으로 집약되어 표출되는 문제다. 백영서는 이처럼 동아시아의 시공간적 모순이 응축된 장소, 중화제국–일본제국–미제국으로 이어지는 역사적 모순이 집중된 장소의 중요성을 부각하고자 '핵심현장'이라는 개념을 사용한 바 있다.[12] 북핵문제는 일부이면서 전체인 속성의 문제다. 따라서 규범의 차원에서 비확산이라는 대처방식으로는 해결할 수 없다. 북핵문제의 해결과정에는 북한 경제개발, 한반도 분단체제, 동북아 다자안보협력, 미북 간 국교정상화 등 정치·경제·안보사안들이 결부되어 있으며, 그 다층성을 감안한다면 북핵문제의 해결은 북미·북일 관계개선, 한반도 평화체제 수립, 역내 다자주의 진전 등을 전제하거나 촉진할 것이다. 거기에는 국가형태, 민족적·국민적 정체성, 경성·연성 국력, 국제관계와 외교전략 등 사회와 국가와 지역의 경로를 조건짓는 거의 모든 사항이 응축되어 있다. 그리고 거기서 동아시아 담론이 지난 20여년간 형성해온 거의 모든 논제가 집결되고, 제출해온 거의 모든 제언이 현실성을 추궁받을 수 있을 것이다.

5

동아시아의 시각에서 북핵문제는 '북한문제'이자 '동아시아의 문제'로 접근해야 할 사안이다. 북핵문제가 북한의 핵무기 능력을 어떻게 다룰 것인가의 문제라면, 북한문제는 동아시아의 지정학 환경 속에서 북한의 주권적 지위를 어떻게 정의할 것인가의 문제로 확장된다. 그런데 북한은 핵개발이 미국의 대북적대시 정책에서 기인하며 자위 차원에서 이뤄졌다고 주장해왔다. 미국이 핵 선제공격을 정책대안으로 제시하고 있기에 북한은 핵으로 안보를 담보하겠다는 것이다. 북한이 주장하는 미국의 대북적대시 정책은 그 역사적 뿌리가 한국전쟁까지 거슬러 오르기 때문에 전쟁 당사자인 북미 간에 평화협정을 맺지 않으면 핵포기가 어렵다는 논리다. 따라서 한국의 북핵문제 해결방안에는 북한의 비핵화, 북한 정권에 대한 국제적 보장, 군사적 신뢰 구축, 상호불가침, 종전선언, 북한과 주변국의 수교, 국제사회의 대북지원, 지역안보협력체제 구축, 평화적 통일방안 등의 장기적 내용이 담겨야 하는데, 이는 북핵문제가 곧 '한반도 문제'임을 의미한다.

여기서 한반도 문제란 한반도에서 대한민국과 조선민주주의인민공화국이 병존하고 적대하는 분단상황으로 말미암아 한반도와 주변 지역에서 생기는 정치·군사·경제·사회·문화의 문제를 가리킨다. 한반도 문제는 2차대전 이후의 한반도 분단과 적대적 정부 수립, 그리고 한국전쟁 이후의 분단 고착화로 인해 발생했다. 한국전쟁은 내전인 동시에 주변 강대국들의 이해가 충돌한 국제분쟁이었다. 막대한 인명이 희생된 한국전쟁을 거치며 남북한의 적대상태가 돌이킬 수 없을 만큼 심화되었을 뿐 아니라 미국과 소련 간의 세계적 냉전대결이 공고해졌고, 지역 수준에서는 항미원조에 나섰던 중국과 한국을 지원한 미국 간의 대치구도가 형성되고 일본은 재부상해서 중국과의 지역 대결구도가 고착되었다. 이처럼 한반도 문제는 남북한 양국의 문제인 동시에 지역적 문제라는 복합적 성격을 지닌다.

이번 판문점선언 제3조 제3항은 "남과 북은 정전협정체결 65년이 되는 올해에 종전을 선언하고 정전협정을 평화협정으로 전환하며 항구적이고 공고한 평화체제 구축을 위한 남·북·미 3자 또는 남·북·미·중 4자회담 개최를 적극 추진해나가기로 하였다"라고 밝히고 있다. 이는 한반도 문제가 북미 간 합의나 남북평화협정 체결 같은 양자 간 합의로 해소되지 않으며 주변국들의 다자적 협력이 동반되어야 하는 동아시아 문제임을 시사한다.

즉 한반도 문제의 해결은 한반도 차원과 지역 차원의 과정을 거쳐야 하는데, 우선 한반도 차원에서는 정치적·군사적 화해와 협력을 통해 평화공존관계로 전환해야 한다. 이를 위해서는 정전체제를 평화체제로 전환하고 군비를 통제해야 한다.[13] 지역 차원에서는 양자동맹 중심의 진영대결 관계로부터 벗어나 북미·북일 등의 양자관계를 정상화하고 지역안보협력체제를 구성해 상호의존 및 협력 관계로 옮겨가야 한다.

이 대목에서 동아시아적 시각에서 접근해야 할 또 한 가지 문제는, 한반도 차원과 지역 차원에서 한반도 문제는 의미가 다르며, 동아시아 국가들이 한반도 문제를 해결하려는 정책의지와 가용자원도 다르다는 점이다. 더욱이 앞으로 북핵문제 해결이 비핵화 협상을 넘어 한반도 평화체제 구축이라는 과제를 포함하는 경우, 이는 동아시아의 군사안보뿐 아니라 정치·경제·문화 등 다양한 영역에 걸쳐 있는 복합적 문제이자 역량과 이해가 다른 역내외 행위자들 사이에서 합의점을 도출해내야 하는 복잡한 문제가 된다.

냉전기에 한국 정부는 한반도의 평화적 분단관리를 외교·안보전략의 현실적인 최고 목표로 설정해왔으며, 외교정책은 이 목표 아래서 수립되고 추진되었다. 따라서 한국의 외교·안보전략에서 한반도 통일이라는 현상타파적 목표는 선언적 의미를 부여받았을 뿐 실질적 추진은 지체되었다. 탈냉전기에는 북방정책을 추진하고 이를 여건으로 대북화해조치를 채택한 후 2000년에는 남북정상회담을 개최하고 5개항 공동선언문을 채택했지만, 이후 한반도를 둘러싼 주변 강대국들 간의 치열한 외교 각축전이 벌어지고 남북관계도 일진일퇴를 거듭했다. 분단된 한반도가 하나가 되려는 구심력이 강해질수록 지역 차원에서는 세력 재편을 경계하고 한반도의 현상변경을 자국에 유리한 방향으로 이끌고 가려는 주변국가들의 원심력도 강해졌다.

여기서 한반도 문제 해결을 위한 한반도 평화체제 구축은 또 하나의 동아시아적 조건과 맞닥뜨린다. 그것은 동아시아 지역에 걸쳐 있는 공통성이 아니라 동아시아 각국 간의 이질성으로 나타난다. 먼저 한반도 평화라는 개념 자체가 한국과 주변국에서 의미하는 바가 다를 공산이 크다. 동아시아 지역질서 차원에서 보았을 때 한반도 평화정착, 한반도 평화체제로의 전환, 그리고 이에 기반한 한반도 통일은 한국에서 가정하듯 연속적이지도 단선적이지도 않다. 주변국들이 한반도 평화정착을 원한다고 하더라도 그것이 한반도 평화체제로의 전환을 지지한다는 의미는 아니며, 또한 한반도 평화체제로의 전환은 한국전쟁의 유산인 불안정한 정전상태와 군사적 대립구도를 청산하는 데 의의가 있지 남북한 통일의 전 단계를 뜻하지 않는다. 한반도 주변국들은 대체로 평화적인 현상유지를 선호하는 양상이다. 따라서 한반도 평화체제로의 전환을 지지하더라도, 현상변경을 뜻하는 한반도 통일은 역학구도를 바꾸고 지역정세에 불확실성을 증대시킬 수 있으므로 이를 지지할 가능성이 높지 않다. 한반도 차원에서는 한반도 문제의 해결인 통일이 주변국들에서는 새로운 한반도 문제의 등장으로 간주될 수 있는 것이다.

주요 역내 관련국인 중국과 일본의 입장을 살펴보면, 먼저 중국은 한반도 평화체제 건설과 한반도 통일에서 미국에 버금가는 중요 행위자다. 중국은 정전협정의 당사자이며, 주변 4강 중 러시아와 더불어 남북한과 국교를 수립한 나라이자 북한과의 유대가 가장 두터운 나라다. 또한 남북한 모두 중국과의 경제교역 비중이 가장 높고, 특히 중국에 대한 북한의 경제의 존도는 상당한 수준이다. 1990년대 이래 중국은 북한에 식량과 에너지를 지원해왔다. 북한에 큰 영향력을 발휘할 수 있는 국가인 것이다. 또한 북한과 지리적으로 인접해 북핵문제뿐 아니라 조선족과 탈북자 문제 등의 특수관계를 갖는 국가이기도 하다.

한반도 통일에 대한 중국 정부의 공식 입장은 한반도의 자주적이고 평화적인 통일을 지지한다는 것이다. 중국 정부는 내정불간섭 원칙에 입각하여 남북한 당사자 간의 대화와 협상을 통해 한반도 문제를 평화적으로 해결하기를 바란다는 입장을 밝혀왔다. 하지만 한반도 평화정착에 대한 지지가 곧 한반도 통일에 대한 지지를 뜻하지는 않는다. 한반도 평화정착은 인접국과의 경제협력 강화, 동북3성의 경제개발, 대북원조에서 대북투자로의 전환, 대만과의 관계진전 등의 측면에서 중국의 국익에 부합한다. 그러나 중국이 한반도의 현상유지보다 현상변경을 선호할 가능성은 크지 않다. 중국은 한반도 통일과정에서 무력충돌 내지 급변 사태가 발생하거나 북한의 체제붕괴로 인해 혼란이 발생할 것을 우려한다. 또한 한국 주도의 흡수통일은 동아시아 지역에서 미국의 패권적 질서를 강화하며, 통일 한반도는 미국의 대중국 봉쇄전략의 전초기지로 활용될 수 있고 주한미군의 배치 상황에 따라 미국의 군대와 국경선을 직접 마주해 안보위협이 증대할 수도 있다. 이와 더불어 통일 한반도의 등장은 일본의 군사력 증강을 야기해 군비경쟁으로 이어지고 지역의 안보불안을 키울 여지가 있다. 더욱이 간도문제, 북중국경조약 승계문제 등 복잡한 국제법적 분쟁을 야기하고 조선족 등 중국 내 소수민족의 민족주의를 자극할 수 있다는 점도 부담이다.

이런 조건에서 중국의 한반도 정책은 한반도의 평화 유지, 북한체제의 붕괴 방지, 한국과 북한으로의 영향력 확대, 미국의 영향력 확산 억제로 요약할 수 있다.[14] 이에 따라 중국은 남북한의 평화공존을 통한 한반도 안정은 지지하지만, 북한 핵개발로 인한 역내 불안정도, 북한체제의 급작스런 붕괴로 인한 주변 강대국들의 한반도 개입도, 급속한 북미관계 개선으로 인한 한반도에서의 영향력 상실도 원치 않는다. 따라서 중국이 한반도의 자주적이고 평화적인 통일을 지지한다는 입장을 표명할 때 무게는 실상 통일 자체보다는 통일에 대한 '지지'의 조건절인 '자주적이고 평화적인'에 실려 있다고 봐야 할 것이다.

한편, 일본은 정전협정의 서명국이 아니므로 한반도 평화협정 체결에서 일차적 당사국은 아니다. 그러나 한반도 평화체제를 구축하려면 북한과 일본은 국교정상화를 거쳐야 할 것이다. 이는 한일기본조약 제3조에 따라 "대한민국을 한반도에서 유일한 합법정부로 인정"해오던 일본이 북한을 국가적 실체로 인정한다는 의미와 더불어 일본의 주요한 전후처리 과제가 마무리된다는 의미를 갖는다. 이 과정에서 배상 등의 형태로 일본에서 북한으로 큰 규모의 자금이 유입될 가능성이 높기 때문에 북한 경제에도 상당한 영향을 끼칠 것이다.

일본에 한반도는 정치·경제·안보상 몹시 중요하다. 따라서 일본은 일차적으로 한반도에서 전쟁 발발 같은 위기사태가 발생하는 것을 우려하며 한반도의 평화정착을 희망한다. 또한 한반도 통일과정은 한반도에서 일본의 영향력 확대의 계기가 되리라고 예상할 수 있다. 통일과정은 막대한 비용을 필요로 하며, 통일 한반도의 일본에 대한 경제의존도가 높아질 가능성이 크다. 아울러 통일 한반도가 중국의 동북3성 개발 및 극동시베리아 개발에 적극적으로 투자하고 진출할 경우 일본에도 경제적 기회가 제공될 수 있다.

하지만 이에 못지않은 우려사항이 존재한다. 한국은 중국과 국교정상화를 이뤘지만 일본은 북한과 수교하지 못한 상태에서 한반도 통일의 동향이 고조된다면 한반도에서 중국이 일본보다 유리한 입지를 점하게 될 것이다.

또한 한국과 북한의 부정적 대일감정이 결합해 통일 한반도가 반일민족주의 노선을 취할 수도 있다. 어느 경우든 일본은 한반도 통일에 부정적 입장을 피력할 것이다. 한반도 통일이 아니더라도 남북관계의 진전은 일본으로서는 중국과의 관계에서 한반도가 더이상 완충지대가 아님을 의미하며, 따라서 역설적으로 남북의 긴장 완화는 기존 일본의 경무장 '일국평화주의'의 근간을 뒤흔들 수 있다.[15]

한편, 역의 각도에서 일본의 우경화가 한반도 문제 해결에 미치는 부정적 영향도 짚어둬야겠다. 탈냉전기에 일본사회에서는 반북감정과 중국에 대한 경계심이 확산되었고 이는 북한혐오론과 중국위협론으로 표출되었다. 또한 이는 장기불황으로 인한 위기감, 대미편승주의, 식민지 지배에 대한 책임 회피 같은 사회적 정서와 동향을 반영하는데, 군사력 증강·헌법 수정 같은 군국주의화·우경화 추세와 맞물려 지역관계를 악화시키고 있다. 더욱이 일본의 우경화는 한반도 문제 해결에서 한국측에 큰 부담으로 작용한다. 일본에 대한 경계심으로 한국에서는 민족주의가 확산되고 군비증강 여론이 고조되는 동시에 한미동맹강화론도 부상해 오히려 미일동맹체계로의 편입이 심화되면서 북한에 대한 신냉전적 포위망을 형성할 수 있는 것이다. 또한 일본이 핵·미사일·납치·공작선 문제 등으로 북한에 대한 압박노선을 강화한다면, 북한을 포함한 동북아 다자주의의 실현을 저해하고 결과적으로 한반도 평화체제 구축에 악영향을 미칠 것이다.

이처럼 역내 관련국들은 한반도 평화정착에 원론적인 지지 입장을 피력하지만 평화의 형태와 정도, 평화기제 구축방식에 관해서는 입장이 다르다. 한반도 평화정착 과정에서 개입의 여지와 저마다 가용한 정책자원도 상이하다. 이것이 동아시아 담론, 특히 동아시아 대안체제론이 북핵문제를 매개해 한반도 문제에 다가설 때 천착해야 할 또 하나의 동아시아적 조건이다.

6

판문점선언 제3조 제4항은 "남과 북은 완전한 비핵화를 통해 핵 없는 한반도를 실현한다는 공동의 목표를 확인하였다"라고 천명하고 있다. '완전한 비핵화'와 '핵 없는 한반도'에 관한 선언은 향후 한반도 평화체제의 전망을 밝히는 중요한 내용이다. 하지만 이를 위해서는 지역 차원의 환경이 조성되어야 한다. 이 지점에서 동아시아적 제약조건에 입각한 한반도 평화체제 구상의 심화가 동아시아 대안체제론의 각도에서 전개되어야 할 시급한 과제라면, 동아시아 지역주의론의 각도에서는 동북아 비핵지대화 구상의 구체화가 긴요하다고 말할 수 있다.

이번 남북정상회담에서 선언된 '완전한 비핵화'와 '핵 없는 한반도'의 핵심은 북한 핵무기 능력의 무력화에 있지만, 거기서 그치지 않는다. 북한의 핵폐기를 이끌어내려면 북한체제 안전보장, 대북 군사위협 해소, 특히 북한에 대한 미국의 핵무기 위협 제거가 필요하다. 이와 관련해 북한은 이미 여러 차례 핵군축을 주창했으며, 그 방편으로 비핵지대 구축을 강조한 바 있다.

북한은 왜 비핵지대 구축을 주장하는가? 돌이켜보면 1993년의 북핵위기는 북한이 국제원자력기구(IAEA) 특별핵사찰을 거부하고 NPT 탈퇴를 선언해 핵개발 의혹을 야기하면서 시작되었다. NPT는 기존 5개 핵무기 보유국인 미국·소련·영국·프랑스·중국 이외에 새로운 핵무기 보유국의 등장을 막기 위해 성립되었다. NPT는 핵무기 확산 방지라는 의의를 지니지만, 기존 핵무기 보유국의 기득권을 유지시켜 초강대국의 패권을 공고화할 위험이 있다. 이런 배경에서 북한은 NPT를 탈퇴하고 핵개발에 나섰다. 하지만 NPT의 한계를 해소하기 위해서는 개별 국가가 핵무장을 기도하는 것이 아니라 지역 차원에서 비핵지대를 형성하는 길도 존재하며, 이에 따라 북한 역시 핵개발와 함께 비핵지대 구축을 요구해온 것이다. 2018년 6월의 북미정상회담에서 정치적 합의를 통해 북한의 완전한 비핵화가 도출되었더라도, 역내에 핵권력의 불평등에 따른 핵위협 가능성이 존재한다면 핵개발에 대한 유혹과 핵확산 가능성 또한 남을 것이다. 북핵문제를 둘러싼 지난 역사를 돌이켜보건대 정치적 합의가 파기되면 전보다 더한 대결 국면으로 돌아가거나 교착상태가 장기화되고 말았다. 따라서 양자 간의 정치적 합의 이상으로 비핵국가에 대한 핵보유국의 핵위협을 종식시킬 수 있는 다자적 틀이 마련되어야 '완전한 비핵화'와 '핵 없는 한반도'라는 목표도 온전히 실현될 수 있을 것이다.

여기서 비핵지대(nuclear weapon free zone, NWFZ)의 의의를 확인하기 위해 이를 비핵화(denuclearization)와 비교하자면, 비핵화는 특정 지역 내지 국가에서 기존 핵무기를 제거하는 것을 뜻하며 일반적으로 정치적 선언 형식으로 발표된다. 하지만 비핵화는 5개 핵보유국이 당사국에 대한 핵무기 사용 및 위협을 금지하는 소극적 안전보장(negative security assurance, NSA)이 부여되지 않는다. 이와 달리 비핵지대는 특정 지역 내에서 국가 간 조약으로 핵무기의 생산·보유·배치·실험 등을 포괄적으로 금지하고 소극적 안전보장을 제공하는 핵군축 방식이다.[16]

비핵지대는 이상적 청사진이 아니라 지난 반세기 동안 세계 각지에서 진행되어온 현실적 실천이다. 이미 1967년 남미 지역의 뜰라뗄롤꼬조약, 1985년 남태평양 지역의 라로통가조약, 1995년 동남아시아 지역의 방콕조약, 1996년 아프리카 지역의 펠린다바조약, 2006년 중앙아시아의 비핵지대조약 등이 체결되거나 발효되어 총 116개국이 비핵지대에 속해 있다. 북미와 EU 지역에서 핵분쟁 가능성이 낮다는 사실을 감안한다면 전세계 대부분의 국가가 비핵지대에 속하거나 안정적인 지역에 위치해 있다. 그럼에도 동북아는 여전히 비핵지대를 형성하지 못했다. '완전한 비핵화'와 '핵 없는 한반도'라는 목표는 한반도 평화체제를 기반으로 동북아 지역의 포괄적인 평화정착을 위한 공동안보질서를 수립해가는 과정을 필요로 하며, 이제 동북아비핵지대 구축을 적극적으로 강구할 시기에 이르렀다.

동북아 비핵지대 구축은 북한에 대한 핵위협을 제거해 한반도의 '완전한 비핵화'를 촉진한다는 것 외에도 지역 차원에서 다음과 같은 의의를 가질 것이다. 첫째, 미국·중국·러시아 등 기존 핵보유국 사이의 핵군비경쟁과 핵무기 활동을 억지하는 제도적 장치를 마련할 수 있다. 더욱이 이는 지역 공동안보를 위해 나토(NATO) 수준의 다자간 안보협력조직체를 설립하는 것보다 시행이 용이할 수 있다. 둘째, 소극적 안전보장을 제공하여 일본의 핵무장을 차단할 수 있다. 한반도 비핵화로는 동북아시아 긴장의 주요 원인인 일본과 중국 사이의 긴장이 해소되지 않으며, 일본은 미국의 핵우산이 충분한 억지력을 갖지 못한다고 판단하면 독자적인 핵전력 보유를 고려할 가능성이 있다. 하지만 동북아 비핵지대가 구축된다면 이런 우려를 불식할 수 있다. 셋째, 동북아 비핵지대는 이미 형성된 동남아 비핵지대와 결합해 동아시아 차원의 비핵지대 구축을 완성할 것이다. 동북아시아 공동안보는 동남아시아 아세안과 공동안보를 구축함으로써 동아시아 공동안보가 성립할 수 있다.

하지만 동북아 비핵지대 실현에는 지역적 조건에 따른 난제가 기다리고 있다. 첫째, 동북아는 지정학적으로 핵강국들의 이해관계가 직접 얽혀 있는 지역이다. 다른 비핵지대조약과 달리 동북아 비핵지대조약은 NPT에 의해 핵보유가 허용된 5개 국가 중 미국·러시아·중국의 3개국이 본 조약의 당사국이다. 동북아 비핵지대가 실현되기 위해서는 이들 핵무기 보유국이 NPT에 보장된 차별적 특권 및 기득권을 일정하게 포기해야 한다. 가령 NPT에서 면제하고 있는 조약 당사국의 핵사찰을 비핵지대가 설립된 해당 지역에서는 받아야 하며, 해당 지역 내의 기존 핵무기들을 이동 내지 폐기해야 한다. 둘째, 동북아에 존재하는 군사동맹조약이 비핵지대와 상충할 수 있다. 한미상호방위조약·미일상호안보조약·조중우호협력 및 상호원조조약 같은 군사동맹조약에 근거한 핵무기국가의 핵우산 정책과 핵무기를 탑재한 선박 및 항공기의 기항·기착·영공 통과는 비핵지대의 효력을 무력화하거나 문제를 야기할 수 있다.

이러한 지역적 조건으로 인해 세계적인 탈냉전기에 들어 동남아시아·중앙아시아·아프리카 지역에서는 비핵지대조약이 체결되었는데도 동북아에서는 아직 실현이 요원한 것이다. 이는 세계 차원의 탈냉전 추세에도 불구하고 동북아 분단체제는 이완되었을 뿐 해체되지 않았음을 의미한다. 하지만 북핵문제를 실마리로 한반도 문제를 발전적으로 해결하기 위해서 동북아 비핵지대 구축은 시대적 과제이며, 이로써 핵무기 보유국이 당사국인 이 지역에서 최초로 비핵지대가 실현된다면 이는 동북아 분단체제의 해체, 나아가 세계평화를 위해 값진 성과가 될 것이다.

이렇듯 동북아 비핵지대는 동아시아 공동안보 구축의 시금석이 될 주제임에도 불구하고 한국 학술계에서는 관련 연구가 그다지 축적되지 않았다. 동아시아 담론으로 한정하자면, 동아시아 지역주의론이 그간 경제공동체 중심의 기능주의적 논의로 흘러 공동안보 어젠다를 제대로 형성하지 못했음을 짚지 않을 수 없다. 물론 안보공동체·평화공동체에 관한 논의 또한 제기되어 공동체·평화·공존·협력·연대·균형·통합이 주창되었으나 일종의 규범론에 머물러 동아시아적 조건에서 충분히 구체화되지는 못했다. 동아시아적 제약조건에 입각한 동북아 비핵지대 구상은 이제라도 본격화해야 할 동아시아 담론의 소중한 모색처이다.

7

냉전기 동아시아 국가들은 미국과 소련이라는 역외 패권국에 의존하여 불안한 안정을 유지해왔지만, 냉전체제가 동요하자 복잡해진 국제질서 속으로 내던져졌다. 잠시 동유럽으로 시선을 옮긴다면, 소련이 와해되자 동유럽의 지정학적 구도는 민족 간 모순이 격화되어 유고내전, 코소보전쟁을 촉발했다. 그러나 동아시아에서는 탈냉전 추세에도 냉전질서가 잔존했다. 중국과 북한, 좀더 넓게 본다면 베트남과 라오스 같은 사회주의 국가가 존속했으며, 해양세력인 미국과 일본, 대륙세력인 중국과 러시아는 역내 패권국으로서 여전히 주도권을 두고 경합하고 있다.

이러한 시차 속에서 우까이 사또시(鵜飼哲)는 중요한 발언을 했다. 그는 동아시아에서 정치체제 간의 차이가 유지된 채 냉전이 끝났다는 사실이 역설적이게도 동유럽처럼 냉전의 종언이 민족 간 열전으로 전화하는 것을 일단 막아냈다는 '중단'의 구조를 읽어냈다. 우까이는 그러므로 "그 유예된 시간을 우리가 어떻게 활용할 수 있을지가 역사적 관점에서 결정적으로 중요하다"라고 주장했다.[17] 즉 동아시아에서 탈냉전이 민족 간 열전으로 번지는 것을 막고 평화체제로 이행하는 것이 긴박한 과제라는 것이다. 그러나 탈냉전과 냉전의 착종된 시간 동안 이 지역은 미국의 전략적 유연성, 일본의 안보대국화, 중국의 급부상, 양안문제, 도서 영유권분쟁 등이 어지럽게 뒤섞이며 불안정한 상황을 연출하고 있다. 그리하여 역내 안보문제가 불거지면 국가안보를 강화하고 그것은 지역안보를 긴장 국면으로 이끌어 다시 국가안보를 해치는 악순환이 이어지고 있다. 이런 가운데 북핵문제는 지금 껏 심화일로였다.

동아시아 담론은 과연 그 유예된 시간을 잘 활용했는가. 건설적인 동아 시아의 시각을 개진하는 글들은 대체로 다음 개념들로 결론부를 채워왔다. 자기성찰, 타자 이해, 오리엔탈리즘 극복, 자민족중심주의 극복, 민족주의 적 대결구도 해소, 공존, 교류, 화해, 협력, 연대, 통합, 균형, 조화, 공동체, 평 화, 연성권력, 시민사회 육성과 연계 등. 그런데 시간이 지나고 상황이 변해 본문의 내용은 바뀌어도 상투적인 결론은 좀처럼 바뀌지 않았다. 결론부는 지적 의욕보다 차라리 지적 나태를 드러내고 있었다. 만약 당면한 문제를 해결하려는 의지가 강하고 끈질겼다면 결론부에서 대기하던 연대·조화·공 동체·평화 등의 개념은 시간이 지남에 따라 문제제기의 장으로 자리를 옮 겨야 했을 것이다. 다시 말해 연대·조화·공동체·평화 등의 개념에 기대어 문제상황에 대해 안이한 처방을 반복하는 것이 아니라 최소한 그 개념들을 동아시아적 조건에서 재고했어야 할 것이다.

또 하나, 실천적 동아시아 담론이라면 북핵문제를 절실한 사고과제로 삼 았어야 할 것이다. 한국 지식계의 동아시아 담론은 탈냉전을 시대 배경으 로 출현했다고 밝혔는데, 정확히 말하자면 동아시아 대안체제론은 세계의 탈냉전 추세와 동아시아의 지체 사이에서 출현했으며, 동아시아 지역주의 론(그중에서도 안보공동체론)은 한반도 문제의 지역 차원의 해결을 모색 함으로써 자신의 필요성을 입증할 수 있었다. 한반도 문제와 결부된 동아 시아적 시각은 동아시아 담론의 출현과 함께 존재했으며 한반도 문제의 지 속과 함께 이어지고 있다. 하지만 동아시아 담론과 북핵문제는 아직 면밀 하게 조우했다고 말하긴 어려우며, 그것이 한반도 문제에 대한 접근에서 이론적·실천적 공백으로 남아 있다고 평하지 않을 수 없다.

탈냉전 이후 20여년간 북핵문제는 지역화되었다. 하지만 한국 지식계의 동아시아 담론은 충분히 지역화, 동아시아화되었다고 말하기 어렵다. 북핵문제의 지역화란 문제의 하중이 지역의 미래를 좌우할 정도의 사안이 되고, 북핵문제를 매개로 지역의 각 주체들이 긴밀하게 뒤얽히게 되었다는 의미일 것이다. 그렇다면 동아시아 담론의 지역화란 무엇을 뜻하는가. 동아시아 담론이 동아시아화된다는 것은 바깥에서 주어진 정형화된 이론에 의존하지 않고 한국의 조건에 근거해 사고를 숙성시키되 그 사고를 다른 사회의 타자와 공유하는 것이다. 그 각도에서 반추하자면 지금껏 동아시아 담론은 전자에서 부분적 성과를 냈을 뿐이다. 한국산 담론에 머물지 않고 다른 사회에도 쓰임이 있을 지역의 자산으로 가다듬어내는 것은 여전히 동아시아 담론의 과제로 남아 있으며, 그래야만 동아시아 담론 역시 한국의 필요성에 부응하는 현실성을 확보할 수 있을 것이다.

또한 동아시아 담론이 동아시아화되려면 동아시아로 나아가기 전에 먼저 한국의 조건에 철저히 천착해야 한다. 사상에 있어 제약은 유일한 가능성의 조건이다. 자신의 환경이 지닌 제약을 통해서만 사상은 자신의 가능성을 움켜쥘 수 있다. 한국의 동아시아 담론은 으레 각국의 물리적·역사적 규모의 차이를 간과하고 국민국가라는 일률적 전제 아래 한중일처럼 나라명을 나열해 동아시아를 표상하곤 하지만, 역내 국가들의 역량과 규모는 비대칭적이다. 이러한 비대칭성은 북핵문제, 한반도 문제의 해결에도 아로새겨져 있다. 이처럼 주체의 내적 의지와 힘을 초과하는 외적 요인과 힘에 의해 주체가 규정되는 조건일 때, 주체는 외적 변수에 가장 능동적으로 대처할 수 있는 방법을 모색해야 하며, 그러면서도 독자성과 자립성을 유지하는 경로를 찾아내야 한다. 한국의 동아시아 담론은 비대칭성에 내재함으로써 자신의 원리성을 발굴해야 하는 상황에 처해 있다. 이 상황에 대입할 공식과 해답이 바깥에 없는 까닭에 한국의 구체적 조건에 육박해 원리성을 창출해내야 한다. 외적 규정력이 내적 역량을 초과하는 만큼 그 원리성은 현실의 조건과 변수들에 따라 탄력적일 수 있어야 한다. 그리고 이를 위해서는 한국의 조건만이 아니라 동아시아의 조건에 천착해야 한다.[18]

거듭 말하지만 북한문제에는 세계의 탈냉전 추세에도 불구하고 온존한 지역적 분단구조, 국가형태의 상이성, 국가 간·국가관계 간 비대칭성이라는 동아시아적 조건이 집약되어 있다. 따라서 북한문제를 한반도 문제로 옮겨내고 그것을 동아시아의 과제로 번역해가는 과정에서 한국의 동아시아 담론은 동아시아화될 수 있는 중요한 계기를 구할 수 있을 것이다. 그리고 이는 북한을 한국의 동아시아 담론으로 내재화함으로써 한국의 동아시아 담론을 동아시아에 내재화하는 과정일 것이다.

제2장
방법으로서의 지역사와 동아시아사의 가능성*

유용태(서울대 역사교육과 교수)

머리말

20세기가 저물 무렵 소련이 붕괴하고 지구화 추세가 일어난 이래, 근대 역사학이 당연시해온 국민국가 단위의 근대주의와 발전사관에 대한 근본적 회의가 더욱 커지고 있다. 한중일 3국의 근대역사학은 자국사–동양사–서양사의 삼분체제, 역사교육은 자국사–세계사의 이분체제를 기본으로 삼아왔다. 이 체제가 초래한 폐단은 많지만, 여기서는 자국중심주의와 유럽중심주의를 내면화함으로써 동아시아 이웃나라 역사에 대한 관심과 자국사를 동아시아 지역사의 맥락에서 파악하는 시각을 억압해온 점에 주목하고 싶다.

• 이 글은 제16차 한일역사가회의(2016. 11. 3~5, 토오꾜오)에서 발표한 원고를 보완한 것으로, 구성을 달리하여 유용태『동아시아사를 보는 눈』, 서울대출판문화원 2017에 수록되었다.

이같은 역사인식에서의 '동아시아 소외현상'에는 앞에 말한 제도적 요인 외에 이데올로기적 요인도 작용하였다. 그것은 근대 일본의 탈아입구주의와 전통적 중화주의가 결합하여 상승작용한 결과다. 양자를 결합하여 근대주의적 역사인식의 체계를 세운 것이 메이지 일본의 '동양사학'이며, 그후 이것이 동아시아 각국에 수용되었다. 그런 인식체계로부터 벗어나자는 요구는 1950년대 이래 일본에서, 1980년대 이래 한국에서 제기되고 여러 방안이 논의되었는데, 그중의 하나가 '지역사'(regional history)의 도입이다. 지역사는 자국사와 세계사 사이에 위치한 역사로서, 양자를 자기성찰의 관점에서 비춰보면서 역사적 사고를 고양함으로써 역사학 삼분체제와 역사교육 이분체제를 극복하는 방법으로서 의미를 가질 것으로 기대된다.[1]

최근 한중일과 대만에서 자국사에 대한 성찰을 출발점으로 삼는 동아시아사 저작이 출간된 것은 그래서 더욱 고무적이다.[2] 그러나 지역사를 도입하자는 논의를 먼저 시작한 일본에서도 동아시아사를 지역사의 하나로 어떻게 체계적으로 인식하고 구성할 것인가를 탐색한 논저는 찾아보기 어렵다. 『지역사란 무엇인가』(1997)와 『지역사와 세계사』(2016)도 개별 실증연구를 지역사의 시각에서 어떻게 진행할 것인가를 다루어서 체계적인 동아시아사 구성방법을 찾으려는 이 글의 문제의식과는 거리가 있다.[3]

이에 이 글에서는 우선 지역인식을 세 유형으로 나누어 살피고 지역사의 필요성과 구성방법을 논의한 다음, 주로 최근 한국의 동아시아사 저술과 교육 현황을 검토해 지역사의 한 사례로서 동아시아사의 가능성을 말하고자 한다. 동아시아사는 지역사의 하나이므로 남아시아사·서아시아사·중앙아시아사 등 다른 지역사의 체계화 노력과 결합하여 이를 유기적으로 관련지은 아시아사, 더 나아가 세계사를 지향해야 한다. 여기서는 동아시아사에 논의를 한정하기로 한다.

1. 동아시아 지역 관념의 세 유형

지역사로서의 동아시아사가 성립하려면 동아시아 지역에 대한 개념적 인식이 선행되어야 한다. 그것은 인식주체의 처지와 필요에 따라 각기 다를 수 있다. 근대국가를 수립하는 과정에서 나타난 지역 관념은 크게 세 유형으로 구분할 수 있다.

첫째, 자기확대형 지역 관념이다. '아시아/동양'이란 관념어를 바탕으로 지역 관념을 주도적으로 만들어간 것은 1870년대 일본의 팽창주의자들이다. 그들의 아시아/동양 관념은 러시아를 위시한 서양의 동진에 따른 안보상 연대의 대상과 이른바 문명화론에 의거해 파악된 문명화 대상으로서의 의미가 겹쳐져 형성되었다.[4] 시베리아횡단철도 계획이 발표된 1887년부터는 일본의 안보와 영향력 확장의 관건지역으로서 한중일 3국이 '동아(東亞)'라는 이름으로 특별히 주목되었다. 러일전쟁 시기 일본의 개전 명분인 '동아보전(東亞保全)'은 이런 지역인식의 전형이다. 이후 일본제국의 팽창에 따라 그 범위도 점차 확대되었다. 2차대전 시기에는 동남아시아를 포함하는 '대동아'가 종래의 '동아'를 대신하였다. 그 바탕에는 문화적 동질성을 공유하는 단위라는 인식이 깔려 있어, 유교와 한자라는 협의의 동질성을 내세우면 협의의 동아시아가 파악되지만 불교와 황인종이라는 광의의 동질성을 내세우면 광의의 동아시아가, 다시 황인종만을 근거로 하면 아시아 전체가 하나인 것처럼 상상되었다.

둘째, 자주평등형 지역 관념이다. 조선의 개화파 인사들은 변화하는 중국·일본과의 관계 속에서 1870년대 이래 그 처지와 필요에 따라 자주·평등의 지역 관념을 형성해갔다. 중국의 동쪽 울타리〔東藩〕라는 자기인식에서 벗어나 세력균형 원리에 의거하여 동양·아시아를 파악하고 조선을 그

요충(要衝)·인후(咽喉)라 하였다.[5] 그들의 '동양'은 일반적으로 당시 독립을 유지하고 있던 한중일 3국으로 제한돼 있었다. 이때의 동양3국은 서양 제국주의에 대한 연대의 대상이었으나 3국연대론은 1905~10년을 지나면서 일본제국주의에 대응하는 항일연대론으로 바뀌었고, 그 대상도 박은식(朴殷植)에게서 보이듯 한중 양국에서 한·중·러 3국으로, 다시 한·중·러·인 4국으로 확대되었다.[6] 이 연대론적 동양인식에서 한국의 독립이 동양평화에 갖는 관건적 의미가 강조된 점이 주목된다. 안중근(安重根)·신채호(申采浩)·안재홍(安在鴻)은 역외의 대국이든 역내의 대국이든 조선반도를 침략할 경우 그 전화가 동아 전체에 미쳤다는 역사적 선례로부터 이를 확인하였다.[7] 그들에게 연대는 자주·평화·공존과 직결되어 있었으며 이를 핵심으로 하여 파악된 지역 관념은 대국들의 제국성(帝國性)을 비판하고 성찰하는 자산이 될 수 있었다.

셋째, 위계질서형 지역 관념이다. 근대 중국의 개혁파와 혁명파는 일본처럼 군사적 팽창을 추구하지도, 조선만큼 자주·평등을 추구하지도 않았다. 중국 자신을 구미열강으로부터 침략당하는 (동)아시아의 일원으로 파악하고 그에 맞서는 연대를 추구했지만 이웃 소국들에 대해서는 중화주의적 천하관의 연장에서 인식했을 뿐이다. 물론 거기에는 이웃 소국들을 자국 안보의 완충지대로 파악하는 국제정치적 시각이 담겨 있으니, 이는 '수재사이(守在四夷, 『좌전』)' 사상에 보이듯 본래 중화주의에 내장된 사고방식으로서 중화왕조는 스스로를 자국이 아니라 사이라는 울타리에서 지킨다는 적극적인 전략적 사고의 표현이다. 중화민국이 성립한 후에도 교과서가 과거 조공국과의 관계를 종주(宗主)-번속(藩屬)의 관계로 인식하고 제국주의 열강의 식민지로 전락한 그들을 다시 번속으로 회복해야 한다고 여긴 것, 쑨 원(孫文)의 대아시아주의가 전통적 조공질서를 제국주의적 국제질서의 대안으로 제시하는 데 머문 것이 그 전형이다.[8] 이는 중국을 중심으로 하는 위계질서형 지역 관념이라 부를 만하다.

근현대 동아시아인의 지역 관념은 이상과 같은 세 유형으로 나뉘는데, 그것들이 꼭 국가 단위로 구분되는 것은 아니다. 가령 소수 견해로 일본과 중국에도 이시바시 탄잔(石橋湛山)이나 리 다자오(李大釗)처럼 자주·평등의 동아시아 인식을 보인 예가 있다. 반면 중국에도 1880년대 허 루장(何如璋)처럼 자기확대형 동아시아 인식을 보인 예가 있으며 한국에도 사대주의의 연장선에서 대국에 편승해 그런 성향을 보인 예가 있다.[9] 그럼에도 근대 이래 한국의 (동)아시아 인식은 주로 자강을 바탕으로 한 자주·평등의 수평적 사고 위에서 형성되었고 따라서 자국을 특권화하려는 성향이 미약하다는 차이에 주목하고 싶다. 이는 역사적으로 형성된 제국성의 정도가 중국·일본과는 비교할 수 없을 정도로 미약하기 때문이다. 여기에 한국의 동아시아 인식의 특장과 그 객관적 근거가 있다.

이들 세 유형의 동아시아 인식은 오늘날에도 이어지고 있으며 그 각각의 동아시아사가 모두 구성될 수 있다. 누가 어떤 문맥에서 동아시아를 사고하는가에 따라 지역 관념은 무수히 많을 수 있으나 편의상 나는 이를 세 유형으로 정리한 것일 뿐이다. '동양'과 '동아시아' 자체가 서양의 대안이 아니라 그 아류로 등장한 관념이라는 비판도 있는데, 내가 보기에 그것은 자기확대형 동아시아에 한정되는 말이다. 이와 달리 지금 우리가 추구하는 동아시아사는 자기성찰의 동아시아, 곧 자주평등형 지역 관념에 의거한 동아시아사이다. '어떠한 동아시아인가?'는 결국 '누구를 위한 동아시아인가?'라는 인식주체의 실존적 질문으로 이어질 수밖에 없다.[10] 세 유형의 지역 관념이 경쟁적으로 병존하는 상황에서, 자주평등형 지역 관념에 의거한 자기성찰의 동아시아사를 구성하고 발전시키기 위해서는 자기확대형·위계질서형 지역 관념을 상대로 하는 지적 격투가 필요하다. 이 점에서 새로운 지역사를 위한 자기성찰의 동아시아 인식은 역사 인식체계를 혁신하는 과제의 전제가 아닐 수 없다.

이 과제를 수행하기 위해서는 각기 자국사 인식체계를 자기성찰의 관점에서 재검토하여 이를 지역 차원으로 넓히는 노력이 필요하다. 이는 자국의 자주와 평화와 민주주의를 동아시아 지역 단위에서 파악해 진전시키고 공유하는 프로젝트의 일환이다. 일본은 일본대로, 중국과 대만은 그들대로 그리해야 하듯이, 우리는 한반도 현실에 작동하는 역사적 맥락에 대한 남다른 관심이 불가결하다. 그런 노력이야말로 냉전체제 이후의 새로운 시대조류에 맞게 동아시아가 새로운 연대 속에 거듭나도록 우리의 사고실험을 촉진할 수 있을 것이다.

2. 지역사의 필요성과 세 과제 해결의 방법

지역사는 'state'와 'world' 사이의 'region'을 단위로 구성되는 역사로서 세계사의 구성단위이다. 세계사를 복수의 지역주체들 간의 유기적 구성물로 파악하듯이 지역사는 그 역내에 있는 복수의 역사주체들 간의 유기적 구성물이라 할 수 있다. 지역사는 기존의 근대역사학 삼분체제와 역사교육 이분체제에 대한 성찰의 한 방법으로서 논의되기 시작하였다. 동서양사는 명목상 지구의 동반구와 서반구를 각각의 단위로 하는 역사지만 실제로는 그렇지 않아서 그 범위와 구성원리가 모호하다.

근대역사학은 자본주의와 국민국가(nation-state)를 도달점으로 하는 '내셔널 히스토리', 곧 (국민)국가사를 당연시한 위에서 성립, 전개되었다.

그런 시각과 논리에 의거해 역사인식의 단위를 일국으로 한정하여 구성한 것이 국가사이고, 세계로 확대하여 대국들 중심으로 구성한 것이 세계사이다. 국가사로서 중국사와 일본사는 제국성=제국지향이 강렬해서 자국의 팽창사를 발전사로 당연시하고, 세계사는 근대 이후 대국·제국 등 주요 국가의 팽창사를 당연시하는 인식체계에 의거하고 있다. 따라서 일국사로서의 자국사든 주요 대국들의 세계사든 한 국가의 성립과 발전을 자기완결적인 것으로 파악하여 그 독자성·자주성·통일성·위대성을 현창하려는 경향을 띠고 있다. 이는 이웃나라의 역사를 왜곡하기 십상이다. 최근 불거진 한중일 3국의 역사갈등도 대부분 이러한 자국중심주의·대국중심주의 논리가 과도하게 투영된 결과이다.

한국에서 고병익(高柄翊)·전해종(全海宗) 등에 의해 1960, 70년대부터 동아시아를 제목으로 하는 저서들이 나왔지만 그때의 동아시아사는 아직 지역사의 하나로 파악된 것이 아니었다. 앞에 말한 주요 국가사 중심의 세계사 구성체제를 비판하고 국가사와 대비되는 지역사를 세계사 구성의 기본단위로 삼자는 제안은 1982년 윤세철(尹世哲)에 의해 제기되었다. 다수의 독자적 지역문명을 단위로 하는 지역사를 설정하고 이것들을 비교사의 방법으로 조직하여 세계사를 구성하자는 것이다.[11] 여기서 아시아사는 동아·남아·서아·중앙아 등으로 구분되고 유럽사는 하나의 지역사로 파악된다. 유럽중심주의를 극복하고 세계사의 다원성을 높이려는 문제의식의 소산이다. 한국에서 지역사에 대한 관심이 이때 제기된 것은 중일·중미수교와 베트남전쟁의 종결로 냉전이 완화되어 지역 단위 사고를 촉진한 결과로 보인다. 그후 교류사·비교사 등의 여러 방법으로 지역사를 상호 관련지어 세계사를 새롭게 구성하자는 논의가 이어졌지만 지역사가 자국사와의 관계에서 검토되지는 않았다.

지역사를 자국사와 관련지어 논의한 예는 1990년대 초 동아시아 담론의 급부상과 함께 나타났다. 세계적 탈냉전의 조류와 한국사회의 민주화가 이런 논의를 촉진하였다. 박원호(朴元熇)가 동아시아사를 한국사와 세계사를 매개하는 역사단위로 설정하고 관계사와 비교사로 이를 재구성하자고 제안한 것이 그 이른 예라 할 수 있다.[12] 1993년 백영서는 연구자가 처한 국민국가에서의 체험, 곧 국가사를 존중하되 이를 동아시아적 시각에 비춰 재구성함으로써 국가사의 폐단에서 벗어나자고 하였다. 이때 동아시아는 세계체제와 한반도 분단체제의 중간항으로서, 자국사를 성찰하고 상대화하는 동시에 "기왕의 학문자세에 비판적 대안을 모색"하는 방안으로 파악되었다.[13] 기왕의 학문자세란 국사-동양사-서양사의 삼분법을 당연시해온 것을 말한다. 동아시아사 연구도 한국사의 경험을 비판적으로 재구성해 활용할 때 독자적 체계화에 이를 수 있고, 그때 비로소 일본판 '동양(사)학을 넘어 동아시아(사)학'으로 나아갈 수 있다는 문제의식은 자국사와 지역사의 관계를 사고할 때 특별히 주목할 만하다. 1990년대 후반에 이르면 민족주의에 경도된 국민국가 단위의 국가사 인식체계를 비판하거나 심지어 해체해야 한다는 주장도 나타났다.

　이상과 같은 논의를 바탕으로 지역사가 국가사·세계사와의 삼자관계 속에서 파악되어 논의된 것은 2000년 전후이다. 윤세철은 국민국가사로서의 자국사를 상대화하기 위해 이를 '지방사·지역사·세계사'와의 관계 속에서 파악하자고 하였다. 그에 따르면, "지역사는 보다 확대된 관념으로서의 세계사에 다가가는 단계가 될 수 있고 민족사의 실수를 교정하거나 약점을 보충"할 수 있는데, 이를 위해서는 단순한 관계사나 교섭사를 넘어 비교사적 접근이 유용하다.[14] 여기서 지방사가 국민국가사를 성찰하는 내부의 거울로서 그 외부의 거울인 지역사와 함께 중시된 것이 독특하다. 그런데 이

때 지역사는 단지 '하나의 시각'이거나 이미 존재하는 역사로 전제되어 있는 듯하다. 나는 2003년 국가사의 자국중심주의와 세계사의 유럽중심주의를 상대화할 방안의 하나로 지역 단위의 논리와 체계를 갖춘 별개의 역사를 구성하자고 제안하였다. 그때 '국가사-지역사-세계사'의 상호관계는 다음과 같이 파악되었다. "국가사의 경계를 낮추고 상대화할 필요는 인정되지만 국가사를 해체하여 지역사나 세계사 속에 묻어버린다면 사람들의 구체적 생활의 실상에 부합하지 않는 스토리를 지어낼 가능성이 크다. 국가사와 세계사 사이의 '독자적 문명을 가진 지역의 역사'가 있을 때 비로소 국가사나 국가사 위주의 세계사에서 간과되기 쉬운 부분을 포착해낼 수 있고, 그것을 바탕으로 동아시아와 그밖의 다른 지역과의 상호관계도 잘 이해함으로써 자국중심주의와 유럽중심주의에서 벗어날 수 있다."[15] 이런 생각에서 나는 2004년부터 두명의 공저자와 함께 동아시아 근현대사 집필을 시작하였다.

2000년대 초에 지역사에 대한 체계적인 논의가 급진전한 것은 이전부터 지속되어온 역사학과 역사교육 체제에 대한 성찰 외에 2001년 검정을 통과한 후소오샤(扶桑社)의 『새로운 역사교과서』에 대한 한중일 3국의 공동 대응이 촉진작용을 한 때문이기도 하다. 일본의 식민지 지배와 침략전쟁을 미화한 후소오샤 교과서에 대응하여 2002년부터 3국 공동 역사교재가 준비되어 『미래를 여는 역사』(2005)가 3국에서 동시 출간되었다. 이를 3국의 자국사 연구자들이 주도한 점이 특히 주목된다. 곧이어 2006년 11월 한국 정부가 고교 선택과목으로 '동아시아사'를 신설하기로 결정하고 준비에 들어가자 지역사 논의는 더욱 활성화되었다. 그리하여 지역사가 있어야 자국사와 세계사를 상대화하고 성찰할 수 있다는 견해가 널리 받아들여졌다. 지역사 논의에 앞장선 외국사 전공자들을 넘어서 한국사 전공자들 사이에도 공감대가 형성된 것이다.

그에 앞서 대학의 교과과정에서 먼저 지역사가 강조되는 추세가 나타났다. 사학과·역사교육과의 교과목은 해방 이후 줄곧 삼분체제에 의거해 편성되었으며 동양사는 거의 대부분 실제로는 중국사였다. 이런 교과목 체계는 탈냉전과 민주화의 진전에 따라 1990년대 후반~2000년대 초에 개편되었다. 그 가장 큰 방향은 다루는 주제의 다양화로, 지역사 과목의 등장은 그일환이었다. 가령 사실상 중국사이던 동양사는 동아시아사·중앙아시아사·동남아시아사·서아시아사 등으로 나뉘었다. 서유럽 중심이던 서양사도 동유럽사·발칸반도사 등의 지역사로 세분되었다.[16]

그러나 지역사는 그 자체로 자국사와 세계사의 이분법을 극복하는 대안이 될 수 없다. 세계사를 유럽중심주의에 따라 구성할 수 있지만 다원주의에 의거해 구성할 수도 있듯이, 동아시아사 역시 세 유형의 지역 관념에 의거한 각각의 방식으로 구성될 수 있기 때문이다.[17] 심지어 지방사도 제국시기 일본에서는 '향토사'라는 이름으로 애국심을 진흥하는 제국주의의 일익을 담당하였다. 그러므로 어떤 관점의, 무엇을 위한, 누구를 위한 지역사인가가 관건적으로 중요하다. 동아시아 공동의 발전과 평화 증진을 위해서는 자주평등형 지역 관념과 그에 의거한 지역사가 요구된다.

요컨대 우리가 추구하는 자주평등형 지역사는 다음 세 가지 과제를 해결하기 위해 필요하다. 첫째, 자국사와 세계사의 역사교육 이분체제를 넘어서 상호소통을 촉진하면서 자국중심주의와 유럽중심주의를 극복하기 위해서다. 지역사는 자본주의와 국민국가를 역사의 도달점으로 파악하는 목적론적 역사관과 국민국가와 그 확장인 식민제국의 억압성=제국성을 성찰하는 사고의 실험실이 될 수 있다. 둘째, 동아시아 차원의 상호 연관과 비교를 통해 국제이해를 돕고 사고의 실험을 촉진하며 동아시아 각국 간 역사인식의 차이를 좁히기 위해서다. 셋째, 역사학 삼분체제의 일본판 동양사학을 넘어 새로운 '(동)아시아사학'의 논리와 체계를 세우기 위해서 필요하다. 이는 새로운 자국사와 세계사의 인식체계를 세우는 작업과 긴밀히 연동될 것이다. 물론 이는 훨씬 더 장기적인 사학사적 과제이다. 동아시아사란 이 세 과제를 실현하는 '방법으로서의 지역사'라 할 수 있다. 이는 동아시아에 대한 새로운 이해를 추구하는 방법인데, 이를 통해 자기 자신을 다르게 이해하고 그럼으로써 자기를 변혁하는 주체형성으로 이어져야 한다. 여기서 말하는 방법이란 결국 그러한 주체형성의 방법인 것이다.[18]

3. 동아시아사의 구성방법: 연관과 비교

앞에 말한 지역사의 하나로서의 동아시아사를 어떻게 인식하고 구성할 것인가? 이를 위해 먼저 확인할 것이 동아시아사의 성립 근거를 어디서 찾을 것인가이다. 이는 동아시아사 인식과 구성의 내용을 좌우할 기본틀에 관한 중요한 문제이다.

일찍이 고병익은 동아시아사의 성립 근거를 한자문화권이라는 문화적 공통성에서 찾았고, 따라서 그 범위를 한·중·일·베 4국으로 한정하였다.[19] 이는 한자·유교·불교·율령의 공유를 중시하는 니시지마 사다오(西嶋定生)의 '동아시아문화권론'과 흡사하다. 윤세철은 동아시아사를 지역사의 하나로 파악했지만 이는 '문화권적 지역 관념'에 의거한 것이었다. 그만큼 문화권론이 당연시되는 분위기였다.

그러나 1996년 민두기(閔斗基)는 동아시아사의 성립 근거를 문화적 공통성이 아니라 상호연관성에서 찾았고, 따라서 그 범위도 한자문화권 바깥의 티베트와 몽골까지 포함하였다.[20] 이는 문화권론에서 연관성론으로의 중대한 전환임에도 그동안 별로 주목되지 않았다. 사회과학자 중에도 지역 성립의 근거를 연관성에서 찾는 예가 있어 연관성론을 뒷받침해준다. 지역은 공통요소를 전제로 하는 문화권이나 문명과 다른 관념이다. 펨펠(T. J. Pempel)에 따르면, 어느 지역이든 통합을 촉진하는 요인과 방해하는 요인이 병존하는데 동아시아의 경우 민족·종교·언어·문자상으로 매우 이질적이지만 상호 긴밀히 연관돼 있다. 따라서 동아시아라는 지역은 공통성이 아니라 연관성(connectedness)을 근거로 성립된다.[21]

동아시아사를 지역사로 구성하는 방법은 다양할 수 있지만, 이같은 지역 성립의 근거에 유의하여 상호연관성을 드러내는 연관(connections)의 방법을 중시하지 않을 수 없다. 아울러 여기에 비교(comparisons)의 방법을 추가하여 양자를 두 눈으로 삼는 것이 바람직하다고 본다. 이 방법은 『함께 읽는 동아시아 근현대사』(창비 2011, 개정판 2016)에 시험적으로 적용되었다.

연관사는 교류와 왕래를 포함한 직접적인 상호관계(relation)뿐만 아니라 간접적인 상호영향 및 논리적·구조적 연관성까지 포괄함으로써 일국사 혹은 양국 관계사의 범위를 넘어 역사를 파악하기 위한 방법이다. 연관사는 관계사를 포함하면서도 그것을 능가하는 더 높은 수준의 체계적 사유방식이다. 겉으로 보기에는 상관없어 보이는 사실들조차 내적으로 긴밀하게 연관돼 있음을 포착해내는 것은 역사의 상호의존성을 깨달아 소통과 공존의 역사인식을 증진하는 고도의 사고실험이다. 이 상호연관성을 인식하는 것이야말로 동아시아사 구성의 핵심적 요소이다.[22]

구조적·장기적 연관사의 예는 많지만 두 가지만 들어보자. 첫째, 역사상 조선의 자주독립은 일국을 넘어 동아시아 지역의 평화와 관건적으로 연관되어 있었다. 당(唐)이 고구려를 멸망시킴으로써 동북아 안정의 균형추가 무너지고 동북 유목민족의 흥기를 촉진하여 한반도는 물론 중국 자신도 전란과 재난에 휩싸이게 된 것이 그 예이다. 청일전쟁·러일전쟁 시기 청·일·러 3제국의 패권경쟁 속에 조선과 만주가 동시에 침략당하고 그것이 곧 중국을 포함한 동아시아 전체의 전란으로 확대된 것도 마찬가지 예에 속한다. 둘째, 1965~73년 북한의 무장게릴라 남파가 1968년을 정점으로 고조되었다가 잦아든 것은 베트남전쟁에 참전 중이던 한국군의 증파를 억제하기 위해 북한이 취한 북베트남에 대한 간접지원 작전이었다. 이런 맥락에서 보면 푸에블로호 납치는 펫(Tết)공세에 호응한 양동작전으로 볼 수 있다.[23]

한편 서로에 대한 편견을 줄이고 서로의 개성을 존중하기 위해서는 상대국 역사발전의 독자성을 이해해야 하는데, 비교사가 이런 필요에 부응할 수 있다. 비교사의 방법은 낮은 단계의 병렬 비교에서 시작해 원인분석 비교, 법칙도출 비교 등 여러 수준의 시도가 가능하므로 필요에 따라 적절히 활용할 수 있다. 이때 유의할 점은 개별 사건에 보이는 단순한 결과나 현상의 비교를 넘어 역사적 맥락을 고려한 원인의 비교로 나아가야 한다는 것이다. 원인의 비교라 하더라도 맥락의 대조를 결여한 거시인과분석만 진행할 경우 거시인과분석이 잘되었더라도 맥락의 대조에서는 가치 없는 연구가 될 수 있으며, 실제 취급된 사례를 넘어 비교사적 인과론을 일반화하기 어렵다. 이른바 '유교자본주의론'이 대표적인 예라 할 수 있다.

지역사 구성에서 연관사와 비교사 둘 중 어느 하나도 불가결하지만 전자가 후자보다 상대적으로 더 중요한 의미를 갖는다. 비교의 방법이 지역사의 필요조건이라면 연관의 방법은 그 충분조건이다. 연관의 방법을 통해 역사주체들 간의 직간접적 상호연관성을 드러내는 한편, 비교의 방법으로 구성주체들의 독자성을 드러냄으로써 사고의 실험을 깊고 풍부하게 만들 수 있다. 이처럼 연관사도 비교사도 '문제의 발견'을 촉진하는 방법이 될 수 있다.

이러한 연관과 비교의 지역사가 온전히 자기성찰의 자주평등형 지역사의 방법이 되려면 그 인식대상인 역사주체들이 동일 평면상이 아니라 국제적 위계질서 속에 놓여 있었음에 유의해야 한다. 민두기에 따르면, 그 위계는 중심(중국)-소중심(한·일·베)-주변(몽골·티베트)의 세 층위로 파악된다.[24] 이 위계가 각 주체들의 사고와 행위에 미치는 영향을 고려할 때 연관사를 더욱 충실히 구성할 수 있다. 특히 행위자를 국민국가 형성에 도달한 국가·민족으로 한정한다면 (소)중심국가들의 스토리가 돼버려 그에 도달하지 못한 주변의 주체들이 배제되므로 동아시아사를 도입하는 의미가 약화될 수밖에 없다. 또한 이 위계로 보면 '소중심'도 '중심'에 대해서는 '주변'이지만 '주변'에 대해서는 '중심'이기 때문에 은연중에 내면화한 '중심'의 시각을 성찰하도록 자극하는 강점이 생긴다. 따라서 몽골·티베트는 물론이고 더 나아가 청국의 제국화 과정에서 정복된 대만과 위구르, 일본의 제국화 과정에서 병합된 에조찌(蝦夷地, 홋까이도오)와 류우뀨우(琉球, 오끼나와), 베트남의 제국화 과정에서 정복된 짬파왕국 등도 동아시아를 구성하는 '주변'으로 포함시켜야 마땅하다.

이 '세 위계론'은 전근대의 동아시아 역내 위계질서를 이해하기 위한 틀이지만 근대시기에 미국과 러시아 등 서구열강이 개입하는 달라진 조건 속에서도 변형된 채 지속되었다. 근대에는 중심국이 중국에서 일본으로 바뀌었고 그에 따라 주변과 소중심, 그리고 중심 중국까지 제국일본의 식민지나 점령지로 되었다. 이윽고 냉전시기에는 그 중심이 미국으로 바뀌었다. 그런 면에서 세 위계론은 근대를 성취한 국가·민족과 함께 그들의 근대를 위해 소외된 주체들까지 시야에 넣도록 우리를 이끌어줄 것이다. 그래야 동아시아 역외 제국에 의한 위계화뿐 아니라 역내 대국·제국에 의한 중심과 주변의 위계화를 드러내는 '이중적 주변의 시각'을 통해 비로소 평화와 공존을 지향하는 동아시아사의 의미가 살아날 수 있다.[25] 이로써 관계사도 단순히 양국관계가 아니라 이같은 위계화의 구조까지 시야에 넣는 연관사에 이를 수 있다.

이와 비슷한 이치에서, '중심'이든 '주변'이든 그 행위자를 국가 영역에 한정하지 말고 사회 영역까지 포함해 넓혀서 인식해야 한다. 민간·민중의 국제적 교류와 연대는 국가 차원의 외교적·제도적 교류와 연대를 다루는 '국가의 연관사'와 짝을 이루어 '사회의 연관사'의 주요 대상으로 주목되어야 한다. 한편 교류·연대관계에서 상대적으로 소외된 농민의 일상생활과 문화 등은 '국가의 비교사'와 짝을 이루는 '사회의 비교사'의 주요 대상으로 중시할 필요가 있다. 사회의 비교사에서도 국가 간 위계를 파악하는 '중심–주변'의 시각을 여전히 견지하는 것이 중요하다. 그럼으로써 신분과 계급의 문제, 여성과 소수자 문제까지 아우를 수 있을 것이다. 이처럼 동아시아사 구성을 위해서는 국가와 사회 두 영역의 심층까지 파고들어 그 연관성과 독자성을 인식하고 드러내는 작업이 필수적으로 요청된다.

동아시아사의 공간범위는 필요에 따라 탄력적으로 선택될 수 있다. 가령 근대 이전의 경우에는 동북아에 한정되는 '협의의 동아시아사'를 취하더라도 근현대의 경우에는 동남아까지 포함하는 '광의의 동아시아사'가 필요하다. 상호연관성의 범위가 그만큼 넓어졌기 때문이다. 동아시아사의 성립 기반으로 한자·유교·율령·불교의 공유를 중시하는 견해가 일찍이 일본에서 제기되었지만, 이는 유목세력과의 접촉이 거의 없었던 일본의 장소성을 반영한다. 이 견해는 동아시아를 농경세력인 (소)중심국가들, 곧 한자문화권으로 한정하는 '또 하나의 중화주의'이며 협의의 동아시아도(심지어 다민족국가인 중국·베트남조차) 온전히 포괄하지 못한다. 그래서 나는 농경세력·유목세력·해양세력이 상호 교류·연대·대립·경쟁하면서 전개된 동

아시아사의 내적 연관성에 유의하자는 제안을 한 바 있다.[26]

목축민 포함 유목세력은 앞의 문화유산의 공유권 바깥인 주변에 위치하지만 실제로는 (소)중심국들의 역사와 빈번히, 그리고 관건적으로 연관되었다. 고대사에서 당-신라, 당-고구려 관계에서 유목세력인 돌궐과 티베트의 관여가 형세의 변화에 미친 영향을 생각해보라(당은 나당전쟁 패배의 설욕전을 계획했으나 티베트 전선의 부담 때문에 포기하였다). 나아가 중심국이던 당·원·청 자신은 각각 유목민과 농경민의 융합, 유목민·반농반목의 농경민 지배에 의거한 국가였다. 중국 북방과 서남의 유목세력은 동아시아 농경세력을 비단길과 초원길을 통해 다른 문명권과 연결하는 구실도 담당하였다. 그뿐만 아니라 유목세력은 때로 소중심이나 중심이 된 적도 있다. 요·금·서하와 몽골이 그런 예에 속한다. 또 근대사에서 일본의 류우규우 병합이 러시아의 이리(伊犁) 침탈로 청국이 서북에 관심을 집중한 틈을 탄 것이었음을 생각해보라. 편의상 협의의 동아시아사를 추구하더라도 농경세력과 유목세력의 상호연관을 고려하지 않으면 안되는 이유가 여기에 있다. 해양세력과의 관계에서는 '동양'과 '서양'이라는 용어가 중국 남쪽 바다 '남양(南洋)'을 동서로 구분한 데서 나왔다는 것, 17~19세기 동아 4국의 해금(海禁)정책이 동남아에 진출해 있던 유럽세력과 자국민의 접촉을 막기 위한 것이었다는 점을 생각해보라. 민간인의 바다 출입을 금한 '해금'을 전제로 하지 않고서는 19세기의 '개항(開港)'도 논할 수 없다.

4. 동아시아사의 가능성

연관과 비교의 지역사를 구성하는 것은 장기간에 걸쳐 도달할 수 있는 목표이다. 당장 이를 실천하는 것은 여러 요인에 의해 제한될 수밖에 없다. 특히 학계의 연구가 일국사의 개별실증 연구에 집중돼 있고, 교류사·교섭사와 관계사 연구가 있지만 양국관계에 한정돼 있다는 점, 전통적 화이사상이 유럽중심주의와 뒤섞인 채 국가 간 위계화를 은연중 당연시하는 사고를 내면화한 점이 주요한 제약요인이다.

그럼에도 동아시아사의 가능성은 그 필요성만큼 크게 열려 있다. 이를 동아시아사의 저술과 연구, 대학과 고교의 교과과정 등 세 방면에서 간략히 짚어보자.

먼저 자주평등형·자기성찰형 지역사로서 제국성을 성찰하고 제국들에 의해 억압된 주체성을 회복하는 데 초점을 둔 지역사 저술이 잇따르고 있다. 우에하라 카즈요시(上原一慶) 등의『동아시아 근현대사』(東京: 有斐閣 1990, 개정판 2015), 역사교육자협의회의『동아시아세계와 일본』(東京: 青木書店 2004), 유용태 등의『함께 읽는 동아시아 근현대사』등이 그 대표적인 예이다. 대만에서 나온 뤼 정리(呂正理)의『다른 눈으로 본 역사』(另眼看歷史, 臺北: 遠流出版公司 2010,『동아대역사』로 베이징에서 2015년 출간)는 부분적으로 중국의 위계질서형 인식체계를 성찰하는 가능성을 보여주었다. 한중일3국공동역사편찬위원회의『미래를 여는 역사』(한겨레출판사 2005)와『한중일이 함께 쓴 동아시아 근현대사』(휴머니스트 2012)는 앞의 일국 필자들에 의한 것과 달리 공동작업으로 이루어진 것으로 각국에 '자만경쟁'의 유혹을 누르고 '자성경쟁'을 촉발하는 구실을 했다. 구체적 실증연구도 지역사의 관점에 의거하는 사례가 늘고 있으며 동아시아 지역사를 전공영역으로 삼으려는 대학원생들도 나타나고 있다.

『함께 읽는 동아시아 근현대사』는 한국 최초의 동아시아사이며 학술지 서평이 6회나 나올 정도로 관심을 끌었다. 17~20세기 지역사를 10개 주제

(해금시기의 국가와 사회, 세계시장의 확대와 지역질서의 변화, 국민국가를 향한 개혁과 혁명, 제국주의의 침략과 반제 민족운동, 사회주의와 민중운동, 총력전의 충격과 대중동원의 체계화, 냉전체제의 형성과 탈식민의 지연, 자본주의 진영의 산업화와 민주화, 사회주의 진영의 실험과 궤도 수정, 탈냉전시대의 갈등과 시민운동)로 나누어 연관과 비교의 방법으로 구성하되 지역-국가-민중의 세 차원을 균형있게 담아내려 노력하였다. 이 책은 여전히 미흡하지만 국내에서도 꾸준히 읽히고 있을 뿐만 아니라 이웃나라 독자들에게도 공감을 얻어 현재 베트남어와 중국어(대만)로 번역 중이며 머지않아 출간될 예정이다.

앞에서 말했듯이 2000년을 전후해 대학 교과과정에서도 동양사·서양사가 각각 복수의 지역사로 나뉘었다. 2008년 조사에 따르면 55개 대학 중 13개 대학이 지역사 과목을 개설했는데, 그중 7개(12.7%)가 동아시아사다. 나머지는 각국사와 (여전히 중국사 위주의) 동양사 단위로 편성되었다.[27] 그후 동아시아사 과목은 점차 증가한 것으로 보인다. 『함께 읽는 동아시아 근현대사』에 대한 수요가 이를 방증한다. 이 책은 나의 동아시아근대사 강의를 바탕으로 구상되었으며 현재 각 대학의 교재로 사용되고 있다.

한국의 고교 교과목에도 동아시아사가 신설되었다(2006년 11월 결정, 2012년 3월 시행). 현재 3종의 동아시아사 교과서가 사용되고 있는데, 준비가 부족한 조건에서 신설된 과목이어서 개선해야 할 내용이 적지 않다. 그렇더라도 자국사-세계사의 이분체제를 극복하려는 의지를 바탕으로 내용 구성을 단계적으로 개선, 보완해나가면 지역사의 취지를 살릴 수 있다는 가능성을 보여주었다.[28]

이런 가능성은 교사와 학생의 반응에서도 확인된다. 2007년 개정 교육과정에서 동아시아사 과목은 "동아시아 지역의 역사와 문화를 파악하여 이 지역에 대한 이해를 증진하고, 동아시아 각국의 상호 발전과 평화를 추구하는 안목과 자세를 갖도록 한다"는 총괄목표 아래 "개방적이고 균형 잡힌 시각으로, 공통적이거나 연관성 있는 요소, 다양성과 차이 및 특징을 파악해 타자를 이해하고 존중하는 태도를 기른다. 현존하는 갈등 요소를 탐구하여 문제 해결의 방향과 상호발전을 모색한다"는 세부목표가 제시되었다. 이를 위해 교과서는 통사가 아니라 대략적인 시대 변화를 고려한 6개 주제 '동아시아 역사의 시작·인구의 이동과 문화의 교류·생산력의 발전과 지배층의 교체·국제질서의 변화와 독자적 전통의 형성·국민국가의 수립, 오늘날의 동아시아'를 중심으로 구성되었다.

과목 개설 취지와 목표가 동아시아사를 수강한 학생들의 역사인식에 어느 정도 반영되었는지는 세 연구에 의해 확인할 수 있다. 먼저, 해당 과목을 수강한 이후 학생의 인식 변화를 설문조사에 의거해 분석한 김유리의 연구에 따르면, 응답자의 83%와 69%가 각각 '이웃나라의 역사와 문화를 이전보다 더 잘 이해하게 되었다' '이웃나라 사람들에 대해 좀더 많은 관심을 갖게 되었다'고 답했다. 이같은 긍정적 효과는 동아시아사를 수강한 학생과 수강하지 않은 학생을 설문조사에 의거해 비교한 전병철의 연구와 수강학생의 인식 변화를 면접조사에 의해 분석한 윤세병의 연구에서도 확인되었다.[29]

이 가운데 이웃나라 중 특히 일본과 베트남에 대한 인식의 진전이 주목된다. 일본에 대해서는 제국주의 침략세력과 그에 비판적인 인물들의 주장을 함께 살펴봄으로써 감정적 인식과 태도가 상대화되고 완화되었다는 반응을 보였다. 면접조사에 의거한 연구에 따르면 특히 베트남에 대한 인식의 변화가 제일 컸다. 한국에서 베트남은 중국이나 일본에 비해 훨씬 소원한 타자였는데, 동아시아사 수업을 통해 근현대 베트남의 식민지화, 분단과 그 극복과정을 알게 되어 가깝게 느끼게 되었다는 것이다. 학생과 교사는 이러한 인식상의 변화를 "베트남의 재발견"이라고 한다.[30] 동아시아사는 한국사를 좀더 넓은 시각에서 객관화해 이해하는 데에도 긍정적인 영향을 미쳤다. 응답자의 95%가 긍정적으로 답했으며, 그러한 사례로 학생들이 꼽은 대표적인 주제는 임진전쟁, 조공책봉체제, 개항과 근대화, 불교와 율령, 신라의 삼국통일 등이다. 그중에서도 임진전쟁에 대한 지역사적 접근이 학생들에게 가장 신선한 반응을 불러일으켰다. 이는 명칭부터 한국사에서 당연시되는 '왜란'이 아니라 '전쟁'이며 이에 참전한 동아 3국의 국내외 정세를 객관화하여 이해할 수 있도록 했기 때문이다.

특히 주목되는 바는 지역 내 역사주체들 간의 상호연관성에 대한 학생들 인식의 진전이다. "새삼 알게 된 것은 동아시아 여러 나라들이 오래전부터 끊임없이 교류해 왔다는 점입니다. 예전에 저는 우리나라 역사만 알면 된다는 생각을 해 왔습니다. 하지만 지금은 우리나라의 역사를 제대로 알기 위해서 우리나라뿐만 아니라 동아시아 전체를 알아야 한다는 생각을 갖게 되었습니다."(청주 세광고 3학년 1반, 최○준) "나라들은 서로 거미줄 같다. 엮이고 엮여 있다. 서로가 서로에게 영향을 주고받는다. 캐치볼은 한쪽만 던져서는 성립하지 않는다. 영향을 주기만 하는 나라는 없다고 생각한다. 동아시아사를 배우면서 각 나라들의 관계를 다시금 생각해보게 되었다."(동교 3학년 4반, 김○석)[31] 상호연관성의 파악은 난이도가 높은 이해의 영역인데, 일부 학생들이 그 중요성과 필요성을 적극적이고 전향적으로 인정하는 반응을 보인 것은 고무적이다.

한국의 동아시아사 교육은 이웃나라에도 영향을 미쳐 대만에서 동아시아사 교과목이 신설될 예정이다. 대만의 역사교육도 처음에는 자국사-세계사의 이분체제였는데 이는 대륙에서 건너온 외성인을 대변하는 국민당 정부에 의해 주도된 것으로서, 2000년에 본성인을 대변하는 민진당이 집권한 후 대만사-중국사-세계사의 삼분체제로 바뀌었다. 한국의 동아시아사 과목을 예의 주시해온 대만 역사학계는 2017년부터 이 삼분체제 속의 중국 사를 동아시아사로 바꾸는 안을 논의하여 최근 확정하였다. 이웃나라들과의 관계에서 볼 때 지나치게 비대칭인 중국사를 상대화하려는 대만 본성인의 필요에 동아시아 지역사가 적극 부응할 수 있다고 기대한 때문으로 보인다. 그에 앞서 일본에서는 1995년 동아시아사 교과목을 신설하자는 제안이 나온 바 있지만 제도화로 나아가지는 못했다.

맺음말

이상으로 나는 지역사가 자기성찰적 인식을 기반으로 구성된다면 근대 역사학 삼분체제와 역사교육 이분체제의 폐단을 극복하는 의미있는 방법이 될 수 있을 것으로 보고 지역사의 방법과 가능성을 논의하였다. 동아시아 지역사가 대학과 고교의 교과과정으로 수용되어 제도화된 만큼 삼분·이분체제를 혁신하는 '방법으로서의 지역사'가 가져올 자극과 동력은 가속화될 것이다. 그러나 이 가능성은 아직 실험 단계의 가능성일 뿐이다. 지역사가 역사학과 역사교육의 새로운 방법으로 확립되려면 해결해야 할 과제들이 많다. 그중 하나가 내용 구성방법의 문제이다.

그간 교과서와 대학교재, 일반 교양서를 막론하고 흔히 역사는 통사로 구성되었으며 이는 당연시되었다. 통사가 근대 이전에도 없지 않았지만 근대 이래 일반화되고 당연시된 까닭은 아마도 그것이 발전사관을 표현하는 데 효과적이기 때문일 것이다. 이와 달리 『함께 읽는 동아시아 근현대사』는 통사가 아닌 주제사로 구성되었다. 공교롭게도 고교 동아시아사 교과서 역시 그러하다. 그런데 그 독자가 누구든 흔히 동아시아사는 통사가 아닌 주제사여서 이해하기 어렵다고 말한다. 하나의 주제를 중심으로 각 역사주체들 간의 상호연관성을 파악하거나 비교하는 것은 학생에게도 교사에게도 연구자에게도 난이도가 높은 사유과정을 요구하기 때문에 이런 반응은 당연하다.[32] 동아시아사 교과서는 통사식 구성의 세계사 교과서와 중복을 피하기 위해 주제사 방식을 취했다고 하는데, 나는 『함께 읽는 동아시아 근현대사』에서 연관과 비교의 방법으로 역사적 사고실험의 효과를 제고하기 위해서 주제사 방식을 택했다.

기실 동아시아 지역사가 어렵게 느껴지는 까닭은 주제사 자체 때문이라기보다 자국사 이외의 이웃나라 역사에 대한 통사적 지식이 없기 때문이다. 학생은 물론 역사교사도 세계사를 거의 배우지 않은 상황에서 자신을 한국사 교사로 인식하고 있는 것이 현실이다. 심지어 연구자도 자기 전공 국가사 영역을 벗어나면 이웃나라 역사에 문외한인 것은 마찬가지다. 이를 감안하여 주제사에 각국의 시대적 흐름을 개관해주는 내용을 보충하는 기술적 보완이 필요해 보인다. 그러나 이는 미봉책일 뿐, 적어도 이웃나라 역사에 대한 기초적 이해를 가능케 하는 역사교육제도상의 설계가 뒤따르지 않으면 안될 것이다.

결국 역사교육의 핵심목표인 '역사적 이해'란 통시적(通時的) 차원과 공시적(共時的) 차원 양면에서 접근해야 도달할 수 있다. 그러므로 통사(通史) 외에 '공사(共史)'도 필요하다. 이 경우 공사는 주제사로 접근하는 것이 자연스럽고 효과적이지 않을까 싶다. 나는 통사보다 공사가 지역사의 맥락을 더 잘 파악하고 발전사관의 폐단에 대해서도 더 잘 성찰할 수 있게 이끌어줄 것으로 믿는다. 물론 통사식 지역사도 가능하며, 독자들이 필요에 따라 선택해 볼 수 있어야 바람직하다.

제3장
대만과 유학의 시각에서 본 백영서의 동아시아론

장 쿤장(대만사범대학 동아시아학과 교수)

1. 서언

  백영서 교수는 2009년과 2016년 대만에서 『思想東亞: 韓半島視角的歷史與實踐』(이하 『사상동아』)과 『橫觀東亞: 從核心現場重思東亞歷史』(이하 『횡관동아』)를 출판하였다.[1] 이 두권의 저작은 씨리즈라고 할 수 있는데, 우리는 이를 통해 백영서가 일평생 노력한 학술목표를 탐색할 수 있다. 두 책의 관점은 중복되는데, 핵심개념으로 백영서의 주요 사상을 손쉽게 이해하려 한다면 다음 다섯개 키워드를 통해 그의 학문적 관심사를 파악할 수 있을 것이다. 첫째는 '동아시아공동체', 둘째는 '핵심현장', 셋째는 '복합국가', 넷째는 '이중적 주변의 시각', 다섯째는 '지구지역학'(Glocalogy)이다. 이상 다섯개 의제를 여기서 나는 '백영서의 동아시아론'이라고 칭하겠다. 이들은 일견 독립적인 존재처럼 보이지만, 논하자면 오히려 상호 연관되고 서로 포섭되며 또한 바로 그가 처한 한국 분단의 맥락 속에서 '핵심현장' 지식인의 예민한 관심으로부터 발원한 것이다. 예컨대 그가 '동아시아공동체'를 논할 때는 '이중적 주변의 시각'과 '복합국가론'을 절대 분리할 수 없고, 그 반대의 경우 역시 그러하다. 또한 그가 시간과 공간의 모순이 응축된 '핵심현장'을 논하면서 주권귀속 문제를 언급할 때면 반드시 '복합국가론'에 이르며, 핵심현장에서는 '공생(共生)' '공고(共苦)' '공감(共感)'이라는 감정의 격동을 불러일으킴으로써 백영서의 책은 거듭 '연동하는 동아시아'를 천명하는데, 이 모두가 '동아시아공동체'의 이론적 자양분이 된다. 또한 예컨대, 중국 지식인이 제출한 '신천하주의'나 지역주의의 한계에 봉착한 한국 지식인의 '한국학' 극복을 위해 백영서는 '지구지역학'을 제출함으로써 과거 서구중심주의적 보편주의 및 당대 중국중심주의적 보편주의('신천하주의' '천하체계' 같은)를 비판하며, 반드시 지역 내부의 핵심현장에서 전지구적 의의를 갖는 실천행동을 전개해야 함을 역설한다. 요컨대 백영서는 과거 동아시아 역사를 정리하고 아울러 굴기 또는 재흥하는 중국에 대면하여, 한반도 분단이라는 현실의 문제를 어떻게 평화적으로 해결할 것인가 하는 과제를 전력을 다해 숙고함으로써 역사적 경험과 사상의 현장으로부터 하나의 분명한 목표를 밝히기를 희망한다. 더욱이 상술한 다섯 가지 가치이념을 정련해냄으로써 동아시아, 나아가 세계인이 좇을 수 있는 길을 제공한다.

대만은 많은 역사적 경험과 운명이 한국과 비슷하기 때문에 역시 백영서가 고도로 주목하는 핵심현장의 하나이며, 그가 관심을 갖는 동아시아론 또한 바로 대만 지식인이 응당 관심을 가져야 할 동아시아론이다. 다만 핵심현장의 맥락은 하나가 아니며 어떤 것은 매우 적절히 이용할 수 있고 또 어떤 것은 여전히 검토할 만한 가치가 있으니, 이하에서는 주제넘지만 필자가 대만의 시각에서, 아울러 필자가 역점을 두는 동아시아 유학사상사라는 전공에 비추어 백영서의 관련 이념과 더불어 대화를 진행하고 싶다.

2. '중화' 의제를 결여한 백영서의 대만 핵심현장 논의

일반적으로 말해, 대만의 통독(統獨, 양안통일·대만독립) 논의를 분석할 때면 한국 지식인은 종종 일본 지식인과 다른 관찰과 분석을 보여준다. 2008년 필자가 칸사이(關西)대학을 방문했을 때, 그곳에서 대만을 연구하는 일본 전문가 한분의 강연을 듣게 되었다. 그는 대만에서 독립을 희망하는 비율이 마침내 70%에 달했다고 분석하였고, 필자는 거기에 바로 문제를 제기했다. 당시 그가 인용한 통계는 결코 객관적이라 할 수 없었고 일본 학생들을 오도할 혐의가 있었다. 사실상 현재 대만의 통독 논의에는 여러 변화가 있을 뿐 아니라, 비록 민진당이 두 차례 정권을 쥐었고 본토화가 뚜렷한 추세라고는 해도 통독의 여론조사 통계는 '영원한 현상유지' 또는 '현상을 유지하되 다시 통일 혹은 독립 결정'의 비율이 가장 높아서 두 항목을 더하면 50%가 넘는다.[2] 반면 백영서가 『횡관동아』에서 언급한 대만의 네 가지 질문 '(1) 대만은 중국의 일부인가? (2) 대만인은 중국인인가? (3) 대만은 일제의 식민지 지배를 긍정하는가? (4) 대만은 독립을 원하는가?'는[3] 매우 공정하고 객관적으로 대만의 통독현상을 드러낸다. 또한 백영서는 2012년의 통독 여론조사 통계에 근거하여, "대만인이라는 정체성은 점점 증가하여 주류가 되어가고 있지만 그럼에도 대만이 중국과 분리해 독립하기보다 현상유지를 원하는 사람들이 많은 이 현상은 대만의 독자적 특징으로서, 정체성의 매우 높은 유동성을 말해준다. 이 유동성은 대만과 중국의 양자관계에 기본적으로 의존하고 있다"라고 말한다.[4] 필자가 말하고 싶은 것은,

일본의 대만 연구자는 설령 편향될지라도 대만인이 독립에 쏠린다는 입장을 선호하는 데 반해, 한국 학자는 남북한 분단 같은 역사적 경험이 있기 때문에 통독과 중국 문제에 대한 사고에서 상대적으로 '공감〔同理心〕'을 가지고 양안관계를 대할 수 있다는 것이다.

그는 『횡관동아』의 제2부 제2장 '변하는 것과 변하지 않는 것: 한중관계의 과거, 현재와 미래(變與不變 —— 韓中關係的過去, 現在與未來)'에서 중국과의 관계에 있어 한국이 대만과 가진 몇가지 유사성을 언급한다. 그것은 '양자관계의 비대칭성' '한중의 지리적 근접성과 이로부터 파생된 역사적·문화적 근접성' '한중관계에서 한국이 차지하는 위치와 역할의 중요성'으로, 이는 또한 '변하지 않는 조건'이기도 하다. 그밖에도 '1949년부터 1992년 중화민국과 대한민국의 단교에 이르기까지 공산당과 대치한 역사적 경험'이 있다.[5] 이상의 조건은 대만과 중국 관계에서도 공통적인 것이다. 따라서 한국인이 어떻게 중국을 사고하고 중국에 대응하는가는 대만이 참고할 만한 가치가 크다.

다른 점이라면 대만은 역사적으로 중국과의 연원(淵源)에서 결코 조선처럼 중국과 두터운 연대관계를 가진 적이 없으며, 또한 여태까지 한번도 통일된 '국가' 혹은 '민족'을 구성해본 적이 없다는 점이다. 중국과의 관계를 거슬러 올라간다 해도 겨우 13세기 말 원조(元朝) 말기 대만 펑후(澎湖)열도의 펑후순검사(澎湖巡檢司) 설치로부터 시작되었을 뿐이다. 그후 정씨 왕조〔明鄭〕 시기(1661~83)에는 군과 민이 대거 대만에 이주하여 잠깐 정씨 정권이 출현했지만 그마저도 명조의 정삭(正朔)을 받들었으니 엄격히 말하자면 결코 독립왕조가 아니었고, 이후 212년에 달하는 청조의 지배와 50년의 일본 식민통치를 겪었다. 즉 1949년 장 제스(蔣介石)가 200여만명의 군민을 데리고 대만으로 철퇴하면서 '중화민국'이라는 '국가'를 가져오기 전까지,

줄곧 대만에서는 한번도 국가 혹은 독립정권이 출현한 적이 없었다. 환언하자면 '대만의 중화민국'은 1949년 이후에야 국가의 모습으로 국제무대에 올랐으니 매우 젊은 국가였던 셈이며, 아울러 이 국가의 특수성은 '대만에 중화를 받아들인(納中華於臺灣) 것'에 있고, 양안 모두가 '하나의 중국'에 속하는 분단통치 상황이 나타났다.

백영서는 대만과 중국 양안관계의 '비대칭'과 남북한의 '대칭' 관계를 동일시할 수 없으며 피차의 경험 또한 복제할 수 없다는 점을 매우 분명히 하였다. 하지만 한편으로, '거대한 중국'을 대면하는 데 있어 대만과 한국은 사람들이 안심할 수 있고 충분히 의지할 수 있는 이성적인 나라로 '중국을 바꾸는' 문제에 관해 주변으로서의 역할과 '주변의 역량'을 발휘함으로써 '중국에 영향을 끼치'며, '중국에 의해 영향'을 받는 피동적 역할이 아니라는 점에서 양자는 응당 매우 큰 교집합을 가진다고 하였다.[6]

백영서가 오랜 기간 관심을 가진 '소국주의'에서 기인한 사상동력은[7] 또한 그의 핵심현장 이론과 밀접히 관계된다. 일례로 그는 오끼나와의 자치권 문제가 일본의 국가개혁에 자극을 주고 있고, 대만과 홍콩의 민주화운동이 중국의 개혁을 자극했다는 부분에 주목하였다. 이렇듯 각 주변국가의 '장소'를 추출한 사상동력과, 그리하여 그곳으로부터의 움직임이 대국이 개혁을 진행하는 데 영향을 주고 자극을 준다는 주장은, 자못 '중국에서 주변에 영향을 준다(從中國影響周邊)'는 견해의 역(逆)이다.

주지하는 바와 같이 중국과 주변의 관계를 논할 때 중국 학자는 줄곧 '중국이 주변에 영향을 끼친다'고 주장하여, 상대적으로 '주변이 중국에 영향을 끼친다(周邊影響中國)'는 사유를 가질 수 없었다. 이들의 사유에서는 언제나 중국이 중심주체이며 주변은 단지 영향을 받는 객체일 수밖에 없기 때문이다.[8] 오늘날 백영서가 거꾸로 '주변이 중국에 영향을 끼친다'고 한 것은 최소한 오랫동안 이어져온 '중국이 주변에 영향을 준다'는 사유와 크게 다를 뿐 아니라 또한 바로 주동주체와 피동객체의 관계를 바꾸는 것이다. 또한 '주변에서 중국에 영향을 준다(從周邊影響中國)'는 것은 중국으로 하여금 '영향을 받는 객체'의 역할을 담당하지 않을 수 없게 만들거나 최소한 주변과 중국의 관계가 피차 '서로 영향을 끼치는 주체'가 될 수밖에 없도록 한다. 이렇듯 '주변에서 중국에 영향을 준다'는 발상은 거 자오광(葛兆光)의 '주변으로부터 중국을 본다'는 발상과 비교할 때 주변을 주체로 삼아 객체로서의 중국에 충분히 영향을 줄 수 있다는 점에서 보다 동태적인 의미를 갖는다.

최근 동아시아의 역사발전을 살펴보면 실제로 백영서가 말한 대로 '주변에서 중국에 영향을 준' 것이 적지 않다. 청일전쟁 후 몇몇 중국 학생이 일본에 유학하여 일본으로부터 부국강병의 도를 배웠고, 이들 일본 유학생이 귀국 후 원래 중국에는 없던 많은 것들을 '역방향 수입'하면서 중국은 '영향자'가 아닌 '피영향자'가 되었다. 근대 이전에도 주변이 중국에 영향을 끼친 예가 적지 않다. 일례로 '화이질서'의 과제, 소위 '이적이 중국에 들어오면 중국이 되는 것(夷狄入中國而中國之)'에 있어 역사상 몇몇 '이적이 중국에 들어온' 경우가 나타났는데, 이때 중국이 '이적'을 변화시켰을 뿐 아니라 이적 또한 중국을 변화시켰다. 특히 만주족의 청 입관(入關) 후 중국의 판도 및 '이적'과 중국 간의 방어(夷夏之防)가 철저히 변모한 바 있다.

백영서는 이와 같은 '주변에서 중국에 영향을 끼친다'는 논의를 지적으로 탐색함으로써 핵심현장의 하나인 대만을 고찰한다. 『횡관동아』는 양안 관계 및 전장(戰場) 진먼(金門)에 대해 상세히 논의하고 있으며, 진먼은 특히 '지구지역학' 이론의 전형적 현장이 된다. 한편 천 광싱(陳光興) 등 대만의 일부 지식인은 대만인과 중국인의 정체성 갈등 문제에 직면해 협애한 국가주의·민족주의 논쟁을 벗어나기를 거듭 바라며 '개방적 중국인' '방법으로서의 중국인' '역사·문화로서의 중국' 등의 구상을 제출하였기에, 백영서가 제시한 국민국가를 초월하는 '복합국가론'을 참고하지 않을 수 없다. 필자는 백영서가 대만·오끼나와·한반도 등 제국 주변 핵심현장의 주체적 입장에서 주권의 재구성과 제국의 언어를 모색하는 것에 상당히 동의한다. 그런데 제국 중심으로부터 일방적으로 발화된 '문명국가' 혹은 '천하체계' 담론뿐 아니라, 자세히 살펴보면 대만 밖의 학자와 심지어 대만 국내 학자까지 모두가 1949년 '대만이 주체를 철저히 바꾼'〔국민당정부의 퇴각으로 중화민국이 대만으로 옮겨온 것을 가리킴〕 사실을 소홀히 하고 있다. 또한 많은 논의가 일본 식민제국, 청 지배기의 중화제국, 혹은 냉전하의 양안관계나 가까운 시기 양안의 '일국양제(一國兩制)' 가운데 사회주의와 민주주의 체제융합과 관련된 논의에 한정되어 있다.

그러나 양안관계를 언급할 때 대만의 정치적·문화적 정체성은 결코 이들 지식인의 상상처럼 단순하지 않다. '중화민국'의 존재 여부는 과거 국민당 집권기에는 전혀 문제가 아니었지만 2016년 차이 잉원(蔡英文) 총통이 무대에 오른 이래 있어도 되고 없어도 되는 공허한 것이 되었고, 이로써 대만인의 중국인·중국문화 정체성에까지 영향을 미쳤다. 백영서와 그가 교류하는 대만 지식인들이 이 문제를 의식하지 못했다고는 할 수 없을 것이다. 그럼에도 이 사실을 가볍게 지나쳐버리는 것은 중화민국이라는 중요한 화두를 소홀히 하는 것과 같다. 필자가 말하고자 하는 것은, 중화민국과 관련된 중화 문화와 정치의 정체성은 그 자체가 동아시아론에서 풍부한 의미를 가지며, 바로 이러한 시각으로부터 백영서의 동아시아론을 보완할 수 있을 것이라는 점이다. 결국 대만의 '중화민국'은 정치적 정체성의 문제일 뿐 아니라, 그것이 존재하느냐 존재하지 않느냐는 또한 문화적 정체성의 문제, 심지어 동아시아론의 문제에까지도 연관된다.

의심할 여지 없이 급진적 대만독립파는 근본적으로 중화민국을 승인하지 않으며 심지어 중화문화도 승인하지 않는다. 오늘날 집권하고 있는 민진당정부 또한 이미 점진적으로 중화민국과 중화문화를 희석하고, 중고등학교 국어·지리·역사교과서에서 탈중국화를 기도하며, 대만의 새로운 정치·문화주체성을 정립하려 한다. 현재 중화민국은 어쩔 수 없이 존재했던 일시적 실체일 뿐이다. 하지만 역설적이게도 이 세상에는 대만인의 총통 같은 것은 없는데, 중화민국 총통은 중화민국 총통으로 당선되고도 도리어 이 중화민국을 승인하고 싶어하지 않는다. 더욱 기이한 것은 중화인민공화국의 공산당 또한 중화민국을 승인하지 않지만, 민진당정부가 '중화민국'을 떼어내버리고 '대만국'으로 국호를 고쳐 '하나의 중국' 입장을 버리려는 것 역시 걱정한다는 사실이다. 따라서 중화민국은 현재의 양안관계에 있어 단지 '우회상장(借殼上市)'의 난처한 과도단계가 되었다.

하지만 중화민국은 정말 이러한 과도적 역할만을 담당하는 것인가?

제3자가 사물을 바르게 본다고, 비록 어떤 경우에는 외부인이 대만을 더욱 정확하게 이해할 수 있다 해도, 한편으로 그들은 대만의 특정 학술단체의 편향된 관점을 접촉하기 때문에 거기서 얻은 결과 또한 자연히 편향될 수 있다. 예를 들어 종종 본토의식을 가진 사람이나 독립파 단체는 '대만에 중화를 받아들인다' '대만에 의거하여 중화를 연다(本臺灣以開中華)'는 중요한 시각을 애써 소홀히 하는데, 만일 외국 지식인이 오직 이러한 학술단체만 접한다면 자연히 다른 시각을 갖기가 쉽지 않다. 이런 가운데 지표가 될 만한 한권의 전문서적이 출판되었다. 대만에서 학문적으로 명망 있는 양 루빈(楊儒賓) 교수가 2015년 출판한 『1949예찬(禮讚)』으로, 이 책은 본토파가 줄곧 비판해온 1949년을 칭송할 뿐 아니라 그해 들여온 '중화'를 찬양한다. 양 루빈은 통독 입장을 초월하여 '중화예찬'을 기도하며 오랜 '중화' 의제가 다시금 대만 학계에 제기되도록 만들었다.[9] 필자는 일찍이 이 책의 서평을 썼는데 여기 한 단락을 인용한다.[10]

먼저 여기서 말하는 '중화'란 무엇인가 설명하자면, 특별히 대만을 거쳐 창의적으로 전환된 문화의 의미로서의 '중화'를 가리킨다. 따라서 본문이 일컫는 '중화예찬'은 비단 '대만에 중화를 받아들인' '신대만(新臺灣)'이라는 사실을 가리킬 뿐 아니라 또한 '대만-중화 일체화' 후 만들어진 '대만에 의거하여 중화를 연' 실천동력을 강조한다. 지극히 기이한 것은, 예를 들면 이 책 가운데 중국공산당과 독립파 인사가 모두 '중화민국 부정'의 입장을 가지지만(69면) '중화민국'은 결국 '무용지대용(無用之大用)'이라 할 수 있는, 양안 소통의 기초가 될 '하나의 중국'의 전제를 이룬다는 것이다. 이는 중화민국 존재의 필요성, 그리고 중화민국이 대만에 가져온 한문화대전통(漢文化大傳統)의 논제를 증명한다. 책에서 말한 '신한화문화(新漢華文化)'의 형성은 '신대만인'을 빚어냈을 뿐 아니라 또한 무의식적으로 '중심을 거스름'으로써 상호전파의 방식으로 중국대륙으로 환류한다.[11] '중화'를 열렬히 사랑하는 사람의 입장에서 보면 중화민국은 하늘에서 대만에 떨어져내린 '예물'이고 대만은 반드시 감격하여 눈물을 흘려야 한다. 하지만 독립파 인사의 관점에서 보면 중화민국은 명명백백히 '외래 정권'이 대만에 가져온 '강제적인 선물'로, 도처에서 대만을 억압하고 있다. 역사의 발전에는 우연도 있고 필연은 더욱 많을 것이다. 더욱 정확히 말하자면 우연 가운데 필연이 있고 필연 가운데 우연이 있다. '예물'이든 '강제적인 선물'이든 간에, 역사의 긴 강에서 보자면 중화민국 건립 시기에는 결코 대만을 포함하지 않았다. 하지만 오늘 이 '중화민국-대만' 일체화는 오랜 대만과 중화민국을 융합하였고, 아울러 필연적으로 이러한 모습으로 미래 양안과 국제사의 맥동(脈動)에 직면할 것이다. 『1949예찬』은 바로 이러한 역사적 사실을 직시했을 뿐 아니라 거시적인 시야로 1949년이 축적한 에너지〔能量〕에 대해 새로이 평가하여, 상술한 두개의 정반대 극단의 관점을 뛰어넘었다.

필자가 이 서평을 인용한 취지는 '중화'를 떠나서는 대만과 중국 관계를 말할 도리가 없다는 것을 설명하기 위함이다. 백영서가 말한 대만의 '핵심현장'은 중화민국 혹은 중화에 대한 논의를 빠뜨리고 있는데, 중화민국과 중화에 대한 논의 없이 양안관계를 말하거나 복합국가 모델을 말하는 것은 또한 치명적인 결함이다.

주지하는 바와 같이 중화의 의제는 양안에 중요한 문제일 뿐 아니라 나아가 동아시아 공동의 과제이다. 과거 청조의 사대부와 조선의 사신이 서로 필담을 나눌 때 일찍이 '중화가 조선에 있음(中華在朝鮮)'에 감탄한 바 있다. 해협 양안이 교류하기 시작했을 때 우리 역시 '중화가 대만에 있다'는 대륙인의 감탄을 자주 들었다. 과거에 중화는 중국 주변민족의 갈망이었을 뿐 아니라 또한 중국 내지에서 극도로 동경한 것이었다. 다시 말해서 '중화' 혹은 '중국'이라는 줄거리를 동아시아 역사의 시야에 놓고 보자면 사실 이는 동아시아 지역이 공유하고 공감하는 과제였다. 중화제국의 조숙성(早熟性)으로 인해 중화의 긴고주(緊箍咒〔『서유기西遊記』에서 삼장법사가 손오공의 머리에 씌운 금테를 조일 때 사용하는 주문. 사람을 구속하는 사물이나 말을 비유함〕)는 일찍이 고대에 이미 발효되었다. 특히 17세기 명청교체기에는 동아시아 세계의 한국·일본·베트남에서 한층 더 파랑을 낳았다. 사실상 '중화'의식이 동아시아 문화의 공통과제가 된 까닭은 대중국이 큰 변화에 직면한 데서 기인한다. 매번 중국의 급변은 모두 대량이민의 조류를 만들어냈고 이는 중국 내부보다 오히려 동아시아의 정치·경제·문화에 영향을 미쳤다. 특히 17세기 명청교체기에는 '화(華)가 더이상 화가 아니게 되었기(華已不華)' 때문에, 동아시아의 조선과 토구가와(德川) 시기 일본, 베트남에 '화를 탈취하거나(搶華)' '화를 다투려는(爭華)' 의식이 출현하였다.[12]

근대 이전의 조선인 역시 오늘날 대만인과 유사한 중화의 곤혹을 경험했다. 곤혹의 이유는 바로 '이적이 중국에 들어가 중국을 칭하는(夷狄入中國而中國之)' 역사의 대변국이 일어났기 때문인데, 그것은 비단 중화제국 정치왕조의 교체였을 뿐 아니라 중화문화의 개역(改易)이어서 충격이 더 컸다. 1644년 만청이 입관했고, 그전 1636년의 병자호란으로 조선 국왕은 청을 제(帝)로 부를 것을 강요당했다. 당시 조선 사대부 가운데는 '그 뜻이 진나라의 군주를 황제로 받들지 못한다(義不帝秦)'고 하여 자결하거나 관직에서 물러나는 사람도 있었고, 북벌을 주장하는 사람도 있었으며, 차라리 나라를 멸망시켜 저항하고자 하는 자도 있었으니, 이는 '화가 더이상 화가 아니기' 때문이었다. 이미 이적이 서고 북벌 또한 희망이 없어진 이상 조선은 곧 자기가 중화의 정통이며 따라서 과거는 다만 '소중화'이고 오늘 개연히 '대중화(大中華)'의 뜻이 있다고 주장하기 시작했다.[13] 조선이 과거 이와 같이 자인한 '중화 정통'의 경험은 장 제스가 대만에 당도해 와신상담했던 상황과 매우 닮았다. 1966년 중국에서 맹렬한 폭풍을 불러일으킨 문화대혁명 시기, 장 제스는 고심하여 '중화문화부흥운동위원회'를 설립하고 대만 각 현에 공자묘를 건설했으며, 중고등학교에서 '중화문화 기본교재'의 비율을 높여 '정통 중화'를 자처하였다.

여기서 우리는 대만의 중화감정을 거슬러 올라가지 않을 수 없다. 대만으로 하여금 중화의 의미가 있는 역사적 국제무대로 나아가게 한 것은 세 차례 이민의 물결이었다. 첫번째는 1661년 정씨 왕조가 방대한 한인 이주민을 데리고 대만에 온 것이다. 두번째는 1895년 을미년 대만할양 사건으로, 대만인은 일본 식민통치하에서 조국의식으로서 중화감정을 갖기 시작했다. 하지만 이 두 물결은 1949년 전후의 거대한 물결과 비교하면 작은 냇물과도 같았고, 대중국에서 이 두 흐름은 다만 주변적 성질을 가졌을 뿐이다. 중화인민공화국은 1949년 건국과 함께 맑스주의 의식형태를 높이 들고 나라를 통치하면서 자신의 중화문화를 방기했기 때문에, 어쩔 수 없이 중화문화의 '꽃과 과일은 우수수' 대만에 떨어졌다. 장 제스 정권은 대만에서 '중화 정통'의 수호자가 되었고, 돌연 한순간 '변경'의 대만은 '중화중심'이 되었다. 장 제스 정권을 따라 대만에 온 수백만명의 군과 민은 갑자기 대만을 '가장 중화다운(最華)' 전횡(田橫)의 섬으로〔사마천의『사기』에 따르면 제나라를 일으켜 훗날 왕이 된 전횡은 한고조 유방에게 복속을 거부하고 한 무리의 군사를 이끌고 어느 섬으로 퇴각하였다〕 만들었다. 대만은 국가급 체계와 국가기구인 중앙연구원·고궁박물관·국사관·국가도서관을 가지게 되었고, 아울러 일상생활 가운데 도처에서 볼 수 있는 중화 거리의 명칭, 유교를 이용해 명명한 길이름, 각지 음식, 각 성 말소리의 뒤섞임, 번체자 사용 등 하나도 대중화의 농축된 체현이 아닌 것이 없었다.

대만의 장 찬팅(江燦騰) 교수는 일찍이『전후 대만 한전불교사(戰後臺灣漢傳佛教史)』에서 이렇게 말했다. 1949년 "난민 물결의 총체적 규모는 거대하고 그들이 그후 조성한 실질적이고 총체적인 영향은 심원하여, 설사 정씨 왕조가 삼대에 걸쳐 대만을 경영했고 청대 200여년간 누차 계속해 대만에 도항한 한인의 총인구를 합산한다 할지라도 그것과 비교할 수 없다."[14] 이 거대한 난민의 물결은 대만문화에 흘러들어 '역중심 상호전파'로 간주되는 최대 파동의 기원이 되었고, 동시에 이는 '대만'과 '중화' 간에 진행된 미증유의 대규모 폭풍 같은 충격과 융합의 과정이었으며, 그 결과 '신대만'과 '신중화'의 변증법적 관계가 형성되었다. 이 변동의 시작 단계에 중화는 (문화적 중화와 정치적 중화를 막론하고) 주동적 주체이고 대만은 피동적 객체였지만, 발전하여 지금에 이르기까지 중화는 이미 대만에 통합(納入)되어 '신중화'가 되었고, 대만은 더이상 단순한 객체가 아니라 신중화의 주체적 정체성을 가지고 '역중심 상호전파' 방식을 이용해 개혁개방의 중국으로 환류하였다. 중국 또한 한창 탈바꿈을 통해 신중화의 대만을 붙들어 매려 시도하고 있다. 이것이 앞서 본 양 루빈의 『1949예찬』이 가장 관심을 갖고 있는 핵심문제이다.

환언하자면 1949년 대규모 당(黨)·정(政)·군(軍) 및 문화역량이 대만에 유입된 그 순간부터, 대만은 더이상 '구대만'이 아니며 중화 또한 더이상 '구중화'가 아니게 되었다. 이후 대만은 항상 '전통/현대' '통일/독립' '본토/국제' '재지(在地)/중국' 사이에서 이리저리 흔들렸고, 발전하여 다원주체성을 지닌 일체화된 '중화-대만' 융합체를 빚어냈다. 1949년 이 거대한 물결은 철저히 대만을 개조하였고, 대만에 미증유의 실체 '국가'와 경제규모를 가져다주었으며 농축된 중국이 대만에 전이되었다. 이는 한순간에 대만을 '변경'에서 '중심'의 지위로 승격시켰다. 1949년의 발전에서 1987년의 계엄령 해제, 나아가 리 덩후이(李登輝) 집권기에 이르기까지 ― 비록 리 덩후이는 재임 중 '양국론'을 공개적으로 제출했지만 ― 중화민국의 존재는 결코 문제가 아니었다.

하지만 2000년 민진당 집권 이래 천 수이볜(陳水扁) 총통이 제출한 '한곳의 한 국가(一邊一國)'론은 이미 중화민국이 요동치기 시작했음을 선고한 것이었다. 천 수이볜의 '일국'이 가리키는 것은 말로만 가능할 뿐 실제로는 불가능한 '대만국'이었기 때문이다. 비록 국민당이 2008년 다시 집권했지만 대만의 점차적인 본토화 추세를 돌이킬 수는 없었다. 2016년 민진당이 2차 집권하면서 점차 중화를 소거하는 수많은 정책이 출현했고, 중화민국이 뿌리째 흔들리는 상황이 나타났다. 앞서 말한 통독분쟁의 정치적 배경으로 인해 대만 지식인은 어떻게 민족국가의 속박을 초월할 것인가를 사유하기 시작했다. 어떻게 하면 좌파의 중화민족주의의 격정을 벗어날 수 있으며 대만민족주의의 비분을 내려놓을 수 있는가 하는 이 사유는 더 큰 구조의 '중화문화'로 되돌아와, 해양성을 띠며 '동아시아성〔東亞性格〕'을 품은 다원적 대만에 '중화중심'의 대륙성을 가져왔다. 이전의 중화는 '동아시아적 시각'을 갖기 어려웠지만 중화가 대만을 융합한 이후 해양과 대륙이 교차하고 동아시아가 모이게 되었다. 신중화는 '대만에 중화를 받아들인' '신대만'이라는 사실을 받아들일 뿐 아니라, 또한 '대만에 의거하여 중화를 여는' 주변국가의 실천동력을 발휘하려 한다.

한편, 중국은 대만을 포기할 수 없고 대만 독립의 길은 또한 미국의 지지를 얻을 수 없기 때문에, 중화민국은 내버릴 수 없으면서 한편으로 목숨을 보호해주는 부적이기도 한 기이한 양상이 되었다. 이런 가운데, 양안관계에서 유일하게 실행 가능한 한 가지 길로서 백영서 및 한국 지식인이 제출한 복합국가론을 거울로 삼을 수 있다. 실제로 대만의 베테랑 언론인 황녠(黃年)은 2013년 출간한 『큰 지붕으로서의 중국(大屋頂下的中國)』에서[15] 1995년 당시 대륙해협양안관계협회 회장 왕 다오한(汪道涵)이 양안은 하나의 '현재진행형의 중국'임을 강조하고, 아울러 '홍콩문제 해결에 연방(聯邦)을 이용했다면 양안문제 해결에는 국가연합(邦聯, confederation)을 이용하라'고 했음을 언급한다. 비록 이후 이 '국가연합'이라는 단어가 미래의 양안관계 구상에서 사용된 적은 없지만, 만약 대만이 국가연합의 일원으로서 지위를 갖춘다면 그 국가는 중화민국이 아니면 안된다. 황 녠이 제출한 '큰 지붕으로서의 중국'은 또한 백영서 및 많은 한국 지식인이 한반도 분단 상황에 대해 어떻게 실행 가능한 평화모델을 통해 양국을 통합할 것인가를 장기간 사고하여 제출한 소위 복합국가(compound state) 모델과도 매우 부합한다. 이 복합국가 모델은 앞서 출간된『사상동아』에서 제출되었는데, 그 정의는 매우 폭넓다. 간단히 말하자면 이는 하나의 국민국가를 초월한 모델로서 일종의 국가간 연합체, 나아가 초국가적인 (교육·환경·여성·인권·평화 등) 각 영역의 민간운동의 교류를 아우른다.[16] 그는 후속 저서『횡관동아』에서도 이 개념을 굴기하는 중국에 응용하여, (특히 대만·오끼나와·남북한 등) 동아시아 주변의 핵심현장에서 중국을 다시 사고하기를 시도한다. 즉 굴기하는 중국은 응당 '계획적 제국' 모델로 나아가야 하며, 이 계획적 제국 모델이 복합국가를 전제로 응용된다면 과거 의존했던 서구식 국민국가 담론 및 과거 중국의 조공체제·천하관의 제국담론을 극복할 수 있을 뿐 아니라 이를 통해 참신한 제국 모델을 '발명해낼' 수 있을 것이라고 하였다. 나아가 만약 중국이 이러한 모델을 이용하면 아래 네 가지 항목의 장점을 얻을 수 있음을 열거한다.

1. 전근대 제국의 역사유산에서 벗어나는 소극적 영향.

2. 중국과 주변의 비대칭적 균형관계가 진일보해 중심과 주변 간의 상호작용을 적극적으로 사고하는 동태적 균형관계로 나아가도록 촉발하여, 주변의 주체성을 충분히 존중하는 데 이를 수 있음.

3. 국가를 위주로 하는 제국담론을 초월하여 민간(사회)의 작용을 더욱 중시하는 동시에, 국가와 사회의 관계에 관해 참신한 시각에서 제국 내부의 운용원리를 분석하고 중국식의 관용적 국가제도를 실현할 수 있음.

4. 중화제국의 역사적 성과 위에 서는 데 유리하며, 중국이 '포스트모던 제국'(post-modern empire) 시대로 나아가는 데 더욱 이로움.[17]

　이상 백영서가 복합국가체제의 틀에서 중국을 향해 제출한 네 가지 장점은 확실히 사람들을 매료하고 흥분시킨다. 특히 주변국가인 대만 그리고 중화민국 역시 상당히 중요한 역할을 담당할 수 있다. 백영서가 제시한 복합국가의 틀에서는 중화민국뿐 아니라 양안의 분단통치하에서 발전해온 중화문화 모두가 중국이 그가 말한 네 가지 장점에 도달하도록 자극할 수 있을 것이다. 다시 말해서 대만 중화민국의 존재가 중국을 자극하고 중국에 진입할 수 있을 뿐 아니라 심지어 중국을 변화시킬 수 있다. 현존하는 중화민국은 단순히 대만의 '목숨을 지켜주는 부적' 또는 '구명선'일 뿐만 아니라 복합국가론에서 필수불가결한 관건적 요소인 것이다. 한 가지 아쉬운 점이라면 백영서의 책이 양안관계를 논하는 가운데 '중화민국'이라는 예민하고 민감한 과제를 거의 언급하지 않고 있다는 것이다.

3. 고전유가문화 자원으로 본 백영서의 동아시아론

　앞서 말한 바와 같이 백영서의 동아시아론은 '동아시아공동체' '핵심현장' '복합국가' '이중적 주변의 시각' 그리고 '지구지역학' 등의 핵심개념으로 파악할 수 있다. 필자는 동아시아 유학사상사를 전공으로 하는 까닭에, 여기서 자연히 다음과 같은 상상을 하게 된다. 만약 우리가 (대일통제국 하 한대 이후의 유가가 아니라) 춘추전국기(B.C. 770~221) 공맹 고전의 유가 시대로 돌아간다면 우리는 공맹 및 당시 사상가가 처한 환경과 그들이 제시한 이상이 백영서가 제출한 이념과 모종의 친연성이 있음을 발견할 수 있을 것이다. 간단히 열거하면 다음과 같다.

동아시아공동체 → '대동(大同)'의 이상사회

핵심현장 → 대국 사이에 낀 소국 추(鄒)와 노(魯)

이중적 주변의 시각 → '서로 이하가 되는(互爲夷夏)' 관점

복합국가 → 고전유가의 '천하'관

전지구지역학 → '왕도'의 인정(仁政)사회

물론 이러한 대조가 다소 억지스러울 수 있다는 것을 알지만, 이와 같이 대조하는 목적은 백영서 및 동아시아론의 제출자들에게 하나의 사실을 이해시키고 싶기 때문이다. 고전유학 자원 그 자체가 풍부한 자양분을 가지고 있으며 이 자원 자체가 '동아시아성', 나아가 '세계성'을 내포하고 있을지도 모른다는 것이다. 다음에서 하나하나 그 상관성을 설명하겠다.

공맹과 핵심현장·이중적 주변의 시각·복합국가의 사이

먼저 핵심현장에 대해 말해보겠다. 공자는 춘추시대 대국 사이에 끼여 겨우 목숨을 부지하던 노나라에 살았다. 그런 점에서 노나라는 가장 핵심현장의 의미를 가진 곳이었으며 아울러 문화예악의 핵심지대로, 공자는 이같은 시공 환경에 살았으니 핵심현장의 의미를 가장 잘 구비했다고 할 만하다. 역사 또한 공자가 예악이 붕괴되고 분열하여 와해된 천하에서 어떻게 나라가 태평하고 질서와 생활이 안정될 수 있는 평화의 이념을 회복할 것인가를 장기간 사고하여 핵심적 보편가치인 '인학(仁學)'의 이념을 계발하고 정련했음을 증명한다. 이 핵심현장을 삶으로써 공자는 비록 몸은 은(殷)나라 사람이 되었지만 그후에도 주공(周公) 예악의 인과 덕의 경지(仁德境界)를 촉진하는 것을 자신의 뜻으로 삼고, 종족주의를 초월하여 '천하를 두

루 공평하게 하는(天下爲公)' 왕도정신을 담은 뜻을 제출할 수 있었다. 이 '핵심현장' 노나라가 없었다면 공자는 협애한 종족·국족(國族)·계급의식을 극복하고 오늘에 이르기까지 세상의 시련을 견뎌낸, 인학을 핵심 가치체계로 하는 보편주의를 정련해내지 못했을 것이다.

다음으로 복합국가에 대해 말하자면, 백영서와 한국 지식인이 복합국가를 제시한 것은 남북한 분단의 현실 체제를 해결하기 위해서이다. 따라서 복합국가는 '하나의 민족, 다른 체제의 국가'를 통합하는 과정에서 '주권' 개념의 창의적 관점을 가리킬 뿐 아니라, 또한 '다른 민족 혹은 국가'가 공민사회·핵심현장의 연합체제에 근거하여 하나의 인민주권 모델을 건설하는 것을 가리킬 수 있다. 따라서 이는 연방 혹은 국가연합의 형식일 수도 있고 시민사회의 연합체제일 수도 있다. 목표는 누가 누구를 통일하는 것 혹은 누가 누구에 의해 합병되는 것이 아니라, 소통과 상호신뢰를 기초로 다중의 주체 혹은 다중의 주권이 공존하고 공향(共享)하는 일련의 평화계획을 수립하는 것이다. 이로부터 알 수 있듯이 복합국가는 민족주의를 강조하지 않으며 국민국가를 힘써 강조하지 않는다. 또한 '큰(大)' 사유지평에서 국가·민족을 초월하고자 하기 때문에 중국 지식인이 논한 '천하'체제와의 대화를 피할 수 없으며, '작은(小)' 사유지평에서는 근대 국민국가보다 더욱 섬세하게 시민사회 내지 공민사회에서 인민주권체제의 연합 운용방식을 토론하고자 한다.

필자가 말하고 싶은 것은, 공맹시대에는 비록 주권 개념이 없었지만 분단된 나라와 나라가 소통하고 인민주체를 교육한 경험에서, 그리고 민족주의를 초월한 태도에서 공맹 또한 오늘날에 견주어도 손색이 없을 것이라는 점이다. 우리는 공맹이 온갖 고생을 겪고 고국을 떠나 여러나라를 돌아다니며 인정의 이상을 강연한 것을 보았다. 비록 춘추전국의 국가는 봉건적

여운을 지니며 결코 근현대적 의미의 국가가 아니었으나, 공자는 그와 같이 천하에 공주(共主)가 없고 사람마다 패왕(霸王)이 될 수 있는 시대에 신시대 또는 신체제의 국가형태를 모색하였다. 공자는 비록 춘추대의를 논했지만 그것이 공자가 민족주의자라는 것을 의미하지는 않는다. 민족주의는 결국 일종의 배타성을 갖는 공동체의식인데, 공자는 은나라 사람이 된 후 오히려 주나라의 예악제도에 열중했다. 공자가 가진 것은 다만 하나의 핵심정신 — 바로 인의지도(仁義之道)를 세울 수 있는 무언가를 모색하는 것, 그것을 이용해 광활한 지혜와 기개, 도량을 포용하여 하(夏)·상(商)·주(周) 선현의 가르침을 꿰어 서로 돕고 서로 이로운 공동체를 만들어내는 것이었다. 그리하여 공자는 "은나라는 하나라의 예법을 인하였으니 손익(損益)을 가히 알 수 있으며, 주나라는 은나라의 예법을 인하였으니 손익을 가히 알 수 있다. 혹여 주나라를 잇는 자가 있다면 비록 백세후라도 알 수 있다"(『논어』「위정(爲政)」)라고 한 것이다. '손익'의 의미는 바로 대대로 계승하며 더욱더 창신한다는 뜻이다. 공자는 하·상·주의 가치정신을 집대성하고 아울러 그것을 이성화(理性化), 보편화하여 '인학'을 핵심사상으로 정련해냈다. 쉽게 얻기 힘든 탁월한 견해인데, 너무도 고상해 대중의 환영을 받지 못한 것 같지만 도리어 천추백련(千錘百煉)하여 긴 세월이 지나면서 더욱 새로워졌다. 그후 적당한 시기를 만나 제경공(齊景公)이 이계(尼谿)의 땅을 공자에게 내리고자 했으나 제나라 재상 안영(晏嬰)이 진언하여 말렸다. 이후 공자는 열국을 돌아다니다 초(楚)나라에 당도했고, 초소왕(楚昭王)은 군대를 보내 공자를 영접하고 공자가 진나라와 채나라 사이에서 포위되어 양식이 떨어진 곤경을 해결해주었으며 또한 공자를 봉해 700리의 땅을 주고자 했으나, 다시 한번 당시 초국 재상 자서(子西)의 반대에 맞닥뜨렸다. 역사는 비록 다시 올 수 없지만, 복합국가의 이상에 비추어보건대 만약 당시 공자가 봉지를 받는 데 성공하여 국가와 민족을 초월해 곳곳의 인민이 의거하는 인의 지도로 그의 봉지를 경영했다면 반드시 전형적인 복합국가를 창조할 수 있었을 것이라 상상할 수 있다.

다음은 이중적 주변의 시각에 대해 이야기하겠다. 백영서의 '이중적 주변의 시각'의 정의에 따르면 그것은 "서구 중심의 세계사 전개에서 비주체화의 길을 강요당한 동아시아라는 주변의 눈', 그리고 '동아시아 내부의 위계질서에서 주변의 지위에 처한 주변의 눈'이다. 그는 아울러 중앙과 주변의 관계는 단순한 지리적 위치관계가 아니라 오히려 무한히 연쇄되고 무한히 억압이 이양되는 관계임을 강조한다. 주변성은 주변국가를 가리키는 것일 뿐 아니라 근대국가 형성과정에서 일종의 주변적 존재로서 등한시된, 국가 틈새의 '국가형태를 갖추지 못한' 사회, 그리고 국경을 넘어 흩어진 민족집단을 포괄한다. 따라서 백영서의 책은 줄곧 국가 단위의 초월과 동아시아 지역을 하나의 사고단위로 보는 동아시아적 시각을 강조한다.[18]

만약 이러한 백영서의 관점을 공자의 춘추시대에 놓고 본다면 어떨까? 당시는 패도가 횡행하고 대국이 소국을 겸병하고 강자가 약자를 기만하고 많은 사람이 과부를 범하고 소인이 독재하고 군자가 쇠퇴하는 환경이었고, 춘추전국 시대의 변천은 중국에 환골탈태의 변화를 낳았다. 정치·사회·경제·사상·가치관념 등을 막론하고 모두 그 성격에서 거대한 변화가 일어났다. 부세(賦稅)가 노역을 대신했고 토지사유권이 출현했으며 상업활동의 진전이 잦았고 또한 지역의존성이 증대했다. 이에 상대하여 빈부격차가 격화되었고 여불위(呂不緯) 같은 부유한 대상인이 진(秦)나라의 재상이 될 수 있었으며, 좌우의 정국은 봉건제도를 차츰 와해시켜 중앙집권이 날로 강화되면서 군신관계가 변화하고 중앙·지방 정부조직도 변동하였다. 이상의 춘추전국 변동의 환경을 오늘날 근현대의 환경에 비추어보면 가장 비슷하기로는 자본주의 세력이 득세한 것일 테고, 여불위 같은 사람이 상업으로 정치를 경영하는 것일 터이다. 상업으로 정치에 접근한 것으로 말할 것 같으면 서구 산업혁명 이래 억압적이고 경쟁적인 제국주의 방식이 전세계를 횡행하여 오늘날까지도 여전히 그 본질은 변하지 않았으니, 상인 또한 당당히 민주국가의 총통이 될 수 있다. 당시 춘추전국 지역들 사이의 상호의존성은 원시자본주의적 겸병 풍조로 인해 패도정치의 정책 결정에 영향을 주어 끊임없는 전쟁을 야기했으며, 이러한 환경은 많은 대격국(大格局)의 사상가가 천하화평의 도를 사색하도록 자극하여 유가의 공자는 '천하위공(天下爲公)'을, 맹자는 '왕도인정(王道仁政)'을, 노자는 '도법자연(道法自然)'을, 묵가는 '겸애비공(兼愛非攻)' 등을 제출하였다. 매우 기이한 것은 이들 대사상가가 모두 당시의 소국에서 나왔다는 점이다. 공맹은 산동(山東)의 추나라와 노나라 출신이며, 노자는 당시 문화가 뒤처진 초나라 출신이라 전해지며, 묵자는 송나라 출신이다. 이는 어쩌면 백영서가 제출한 동아시아론이 거대한 중국의 주변국가에서 밀집하여 나타날 수밖에 없음을 증명하는 것이기도 할 것이다. 왜냐하면 주변국가는 중심(대국)으로부터 크게 억압과 우환을 받는 까닭에 언제나 '중심'과 '주변'의 관계를 사고하며, 이 과정에서 중심을 초월하는 사유로부터 하나의 중심을 초월하는 보편가치 이념을 탐색할 가능성이 가장 높기 때문이다. 백영서의 '이중적 주변의 시각'이라는 방법론은 말하자면 '중심초월론'으로, 보편가치를 핵심 이념으로 하면서 한편으로 자신은 중심일 뿐 아니라 변경이기도 함을 필히 승인하는 것이고, 다른 한편으로는 동시에 중심이 아니면서 변경 또한 아닐 수 있다는 배반(背反)의 관계인 것이다. 환언하자면, 역사의 페이지가 빠르게 전환함에 따라 본래 영구적인 '중심-주변' 관계가 없다는 시각은 일반적인 '탈중심'의 다원론과 다소 다르지만 여전히 공감을 지닌 보편적인 가치이다.

여기서 다시 고개를 돌려 공자를 보면, 기실 공자가 제출한 '이하의 구별 (夷夏之辨)'은 마땅히 '이중적 주변의 시각'의 선조격이라 할 것이다. 일부 논자는 종종 공자를 중화중심론자라 해석한다. 공자가 "오랑캐의 나라에 군주가 있지만 제하(諸夏〔주 무왕이 봉군한 나라들, 중국〕)에 군주가 없는 것만 같지 못하다"(『논어』「팔일(八佾)」)라고 했고, 또한 "만약 관중(管仲)이 아니었으면 우리는 〔오랑캐와 같이〕 머리를 풀고 옷깃을 왼쪽으로 여몄을 것"(『논어』「헌문(憲問)」)이라 말했기 때문이다. 하지만 공자는 또한 "도가 행해지지 않으니, 뗏목에 올라 바다로 나간다"(『논어』「공야장(公冶長)」) "공자께서는 여러 동쪽 오랑캐의 나라에 살고자 하셨다"(『논어』「자한(子罕)」)라고도 하였다. 즉 도가 있는 자가 바로 화(華)이며 도가 없는 자가 바로 이(夷)이고, 도는 시공·혈통·나라를 초월하는 보편주의 가치이념으로, 반드시 인의를 핵심으로 하는 것이지 협애한 지리적 공간중심론 혹은 민족중심론으로 말한 것이 아니었다. 그러나 북송(北宋) 형병(邢昺) 이래 '이적의 나라에 군주가 있다(夷狄之有君)'는 문장은 '이적은 비록 군주가 있다고 하지만 예의가 없고, 중국은 비록 주소공화(周召共和〔주공과 소공 때 임금이 없이 재상이 다스리던 시기〕)의 때에 우연히 군주가 없었다고 하지만 예의가 쇠하지 않았다. 그러므로 이적에게 군주가 있어도 제하에 없는 것만 못하다고 한 것이다'라고 해석되었다. 이러한 해석은 자신을 화로 삼고 중심으로 삼는 것으로 후대의 해석에도 영향을 끼쳤는데, 특히 중국 주변국가들에서 예민한 반응을 불러일으켰다. 조선의 대유(大儒) 정약용(丁若鏞, 1762~1836)은 곧 반박하며 가로되,[19]

틀린 것이다. 공자께서 구이(九夷)에 살고자 했고 이적이라는 것이 비천한 것이 아닌데, 하물며 죄나 허물이 분명한 것도 아닌데 까닭 없이 배척하여 가로되, "너희가 군주가 있다고 해도 우리가 군주가 없는 것만 같지 못하다"라고 한 것이 어찌 말이 된다고 하겠는가. 주소공화의 시기는 1,100년간 겨우 한번 있었던 일인데 공자가 이에 근거해 스스로 자주 있었다고 할 리가 있겠는가.

일본 토꾸가와 시대의 대유 이또오 진사이(伊藤仁齋, 1627~1705) 또한 형병의 해석에 반박하여 다음과 같이 말했다.[20]

마찬가지로 같은 인간이다. 진실로 예의가 있다면 이적도 화가 될 수 있는 것이고, 예가 없다면 중화도 이적이 되는 것을 면할 수 없다. 순임금이 동이에서 나고 문왕(文王)이 서이에서 났지만 이적임에 혐의를 두지 않았다. 구이는 비록 멀리 떨어져 있지만 천지 밖에 있는 것이 아니고 또한 떳떳한 인성을 가지고 있으니.

실제로 공자의 화이구별을 정말로 이해할 수 있는 사람이라고 해서 반드시 중국인이라고 할 수 없으며, 중국 주변국가의 정약용과 이또오 진사이처럼 협애한 민족주의·지리중심론을 가지고 공자의 이하론을 인식하지 않는 사람이 무척 많다. 대만 학자 양 루빈 교수의 말이 딱 맞다. "공자가 화이구별을 논한 것은 추호도 의문이 없을 것이다. 하지만 화이구별이 과연 민족주의인가? 내가 보기에 이는 잘못된 것이다. 이하는 문화의 개념이지 종족의 개념이 아니다. 문화와 풍속 개념의 이하는 반드시 서로를 이하로 삼는다. 종족을 상관하지 않고 다른 민족의 풍속과 문화를 존중하지 못하는 자가 바로 오랑캐(夷)이다."[21] 양 루빈이 언급한 '서로 이하가 되는' 관념에 주의해서 보면 앞서 필자가 말한 바와 같이 영원한 중심-주변의 관계는 없어진다. 공자는 은나라 사람이 된 후에도 오히려 하·상·주를 하나의 문화적 연속체로 보았다. 비록 공자가 이하 간의 방어 및 『춘추』 대의(大義)를 발휘한 『공양전(公羊傳)』을 논하였지만, 모두 '서로 이하가 되는' '공천하(公天下)'의 사유에서 말하였다. 공자 당시의 국제적 상황은 바로 하나의 '핵심현장'이었고, 그의 시야와 사유방식은 일찍이 중심-주변론을 초월했으며, 또한 백영서가 책에서 말한 '이중적 주변의 시각'의 동아시아론에 부합한다. 하나는 고대판이고 하나는 현대판의 응용일 뿐이다.

고전유가의 '천하'는 주의나 제도가 아니라 수양이다

주시하다시피 금세기는 아시아 굴기의 시대이며, 아시아 굴기의 관건은 중국의 굴기이다. 하지만 목전의 중국이 결코 민주화된 국가가 아닌 까닭에 중국이 어떤 방식으로 굴기할 것인가는 언제나 주변의 관심을 불러일으킨다. 서구에는 소위 '황화(黃禍)가 재기한다'는 남모르는 근심이 있고, 일본은 더이상 자신이 '아시아의 맏형〔一哥〕'이 아니라는 질투의 사정이 있다. 중국은 한편으로는 전지구화의 경제적 혜택을 입고 굴기하여 소위 '대국굴기'라는 평을 듣고 있지만, 다른 한편으로는 세계에서 자신이 담당해야 하는 핵심적 역할을 적극 조정하고 있다. 이런 가운데 과연 200년 전 서구가 굴기한 방식, 제국주의의 '패도'의 자세로 주변국가를 억압할 것인가 아니면 평화의 '왕도'의 자세로 주변국가 및 서구 국가와 평화롭게 공존공영할 것인가, 이것이 바로 중국이 적극적으로 대면해야 하는 문제이다. 한국은 지리적 위치로 말미암아 역사 이래 마루야마 마사오(丸山眞男, 1914~96)가 말한 '홍수형' 문화를 일구었는데, 이는 일본의 '적수형(滴水型)' 문화와 아주 다르다. 즉 한국은 중국에 바로 인접하여, 중국에서 바람이 풀잎에 스치기만 해도 바로 홍수처럼 중국문명권으로 휩쓸려들어가 자신의 문명권을 발전시켜가기가 어려웠다.[22] 한국으로 말할 것 같으면, 동아시아 다른 나라들과 비교할 때 실제로 더욱 절박하게 '피할 수 없는 거대한 중국'의 존재를 감수해왔다.

따라서『횡관동아』에서 '제국으로서의 중국' 담론을 거론하면서 백영서는 많은 중국과 외국 학자의 조공체제론·문명국가론·천하관의 특징을 분석한다. 그에 따르면 이들 담론의 공통점은 근대 서구 국민국가론의 관점에서는 중국의 과거와 현재, 미래를 해석할 수 없다는 것이다. 중국이 굴기하든 재흥하든[23] '미래제국'을 향하는 추세는 막아낼 도리가 없어 보이며, 이 미래제국이 어떻게 가야 하는가는 중국 내 지식인의 관심사일 뿐 아니라 중국 주변, 나아가 세계 각지의 지식인 모두의 관심사이기도 하다.

어쩌면 메이지유신 이후의 30년을 타산지석 삼아, 1990년 이래 오늘에 이르기까지 근 30년간 중국의 역사발전을 당시와 비교할 수 있을지도 모르겠다. 주지하다시피 중국은 1990년대부터 경제개혁의 성과를 거두어 30년이 안되는 시간 동안 빈곤하고 낙후한 국가에서 오늘날 세계 두번째로 큰 경제체로 올라섰다. 이는 일본이 메이지유신 후 30년간(1870~1900년대) 발전한 개혁과 부강의 단계와도 같다. 당시 일본은 그 30년의 발전기간 중 1890년에「교육칙어」를 내놓으며 '충효일체'의 국체관을 강조하고, 아울러 제사·정치·교육합일의 체제로서 '국가 신도(神道)'를 추동하여 여타 종교를 금지하고 신도를 모든 종교를 초월하는 종교로 삼았다. 또한 1895년 청일전쟁 후 1889년에는「대일본제국헌법」을 공포하여 대일본제국의 만세일계(萬世一系)의 천황주권설을 강화했고, 1905년 러일전쟁을 거치면서 부상한 일본의 국세는 중천에 뜬 해처럼 높아졌다. 마침내 한발 한발 제국주의 대열에 동참하여 더욱 걷잡을 수 없게 되었다. 중천의 해와 같은 국세에 맞닥뜨려 많은 일본 지식인들이 전향했는데, 이전의 인권론자 중 많은 사람이 분분히 국권론자 혹은 진화론자로, 유교보편주의자 일부도 제국주의 정당성을 옹호하는 자로 전향했으며, 본래 기독교 신앙을 가진 자들 또한 전향하여 제국주의 침략행위를 지지하였다. 그러한 대변혁의 시대와 전체 사회 환경에서 일본인은 '일본인의 소명'에 주목하기 시작했다. 곧, '일본인 가운데의 일본'에서 점차 '아시아 가운데의 일본', 더 나아가 '세계 가운데의 일본'으로 승화하여 아시아 혹은 세계 가운데서 어떤 역할을 담당할 것인가, 팽창하는 '아시아 맹주'의 자세로 다른 아시아 국가를 대할 것인가 아니면 제국주의 심리를 벗어나 약한 자와 곤란에 처한 자를 돕는 마음으로 아시아 제국(諸國)을 성심껏 도울 것인가 등의 관점으로 일본의 소명을 인지하고 사고하였다. 일본인은 전자를 선택했고, 오늘날까지 이 의제는 여전히 일본인들을 곤혹스럽게 하고 있다. 일본은 대변혁의 시대 동안, 오랜 중국 유가사상과 최신을 추구하는 서구사상을 막론하고 모두에서 '획일적(一致性)' 제국이 필요로 하는 상품을 즉석식품처럼 고도로 흡수, 배척, 소화, 생산해냈다. 이에 반해 중국은 개혁개방 이후 채 30년이라는 시간도 되지 않아 마침내 과거 '영국을 초월하고 미국을 따라잡는다(超英趕美)'는 꿈을 증명했고, 2013년에는 또한 '일대일로(一帶一路)'를 계획하였다. 그것은 이전 '구미'라는 관용어를 상당히 대체하면서 '유라시아(亞歐)'라는 새로운 용어로 일거에 연결하는 광대한 경제회랑이며, 그 규모는 실제로 이미 메이지유신 이후 30년간 빠르게 발전한 식산흥업(殖産興業) 성과를 초월했다. 지금 중국은 또한 30년을 거쳐 그 국세와 경제의 번영이 메이지유신 당시의 발전과 매우 닮은 것이, 더하면 더했지 못하지는 않을 것이다. 하지만 겉으로 유사한 부강함을 배경으로 하면서도 내재적 체질에서는 근본적 차이가 있다. 일본에 '일본성' 혹은 '원형'에 관련한 문제가 있었다면 중국에도 또한 '중국성'에 관련된 문제가 있는가? 만약 있다면 어떤 것을 발굴해내 보편가치로 삼을 수 있을 것인가? 만약 있다면 역사적 경험상 중국 주변국가가 해줄 수 있는 보조와 자극의 역할은 무엇인가?

중국 지식인은 일찍이 '천하주의' '천하일가'라는 개념을 사용하였다. 하지만 백영서가 중국 주변 지식인으로서 자오 팅양(趙汀陽)의 천하관을 비판할 때, 그는 자오 팅양이 '여럿이 하나가 되는' 구심력만을 제시했을 뿐 '하나가 여럿이 되는' 원심력을 제시하지 못했다고 보았다.[24] 백영서는 또한 쉬 지린(許紀霖)이 '공향의 보편주의'에 기초해 제출한 '천하주의 2.0' 버전에 만족하지 않는데, 결국 쉬 지린 역시 주권재건의 문제를 애써 회피한 것이 되기 때문이다.[25] 필자는 백영서의 책 가운데서 그가 특별히 나까지마 타까히로(中島隆博)가 데리다(J. Derrida)에게 촉발되어 주장한 '복수의 주권이 겹치는 체제'와 그로부터 제출한 인민주권 개념을 인용한 데 주목하였다. 곧 인민주권하의 정치에서는 완전히 평등한 인민이 통치의 주체가 되고 여럿의 통치주체를 가질 수 있으며, 주(州)나 연방과 마찬가지로 국가주권을 분할할 수 있을 뿐 아니라 더 소규모의 지역주권을 고려할 수 있으며, 또한 국가를 초월하는 연대(solidarity)가 출현할 수 있다.[26]

그런데, '인민주권'은 물론 매우 참신한 이념이지만 과연 미래에 중국 혹은 동아시아공동체가 함께 누리고 실천하는 이념이 될 수 있을까? 아마도 아직은 일단의 거리가 있을 것이다. 하지만 이상(理想)이란 본래 건축가처럼 쓰러지지 않는 하나의 마천루를 계획하고 점진적으로 분업하여 실천하는 것이기에 결코 단시간에, 심지어 이 한 세대에 완성할 수 있기를 기대해서는 안된다. 공맹은 왕도의 이상을 논했으나 세계는 오늘에 이르기까지도 그것을 진정으로 실현해본 적이 없다. 하지만 진실할 뿐 아니라 선한 이 이념은 이미 제출되었고, 그것에 공명할 수 있는 역대 군자가 그것을 좇았고, 지켰고, 부단히 그 이상을 실천하였다. 만약 우리가 고전유가로부터 자원을 찾을 수 있다면 또한 인민주권 같은 이념을 보충할 무엇인가를 찾을 수 있을 것이다. 비록 고대유가는 주권이나 권리의 각도에서 개인의 권리를 수호하지는 않았지만 '개인의 의무윤리'로서 절대적으로 풍부한 자원을 가지고 있다. 권리는 물론 지켜내야 하지만, 자기자신에 대한 의무윤리의 요구가 없다면 이러한 권리는 원자화된 개인의 거짓 평등이 될 수 있다.

필자는 예전에 자오 팅양의 『천하체계: 세계제도철학도론(天下體系: 世界制度哲學導論)』을 비판하면서, 그의 천하철학의 통찰력이 '큰 세계'에 착안했지 '작은 민(民)' 혹은 '개인'을 고려한 것이 아니었기에 특별히 '위로부터 아래로'의 세계체제를 강조했다고 언급하였다. 자오 팅양이 오직 '위로부터 아래로'의 천하체계에만 주목한 것은 사실상 '아래로부터 위로'의 전통유학의 인격은 수양에 내재한다는 논의(人格內在修養論)를 소홀히 한 것이다. 유학이 천년 동안 말한 심성수양은 오늘날의 민주체제에서 또한 권력의 남용을 제한하는 데 도움이 되며, 결코 민주이념과 조금도 위배되지 않는다. 따라서 만약 아래로부터 위로 미치는 천하가 아니라 경솔히 위로부터 아래로의 천하를 말한다면, 그것은 자오 팅양식의 천하이지 전통 중국의 천하, 특히 유가의 천하는 아니다.[27] 자오 팅양의 '위로부터 아래로'의 천하론에는 빈틈이 있다. 물리법칙에 따라 햇빛은 그것이 얼마나 강하든 간에 작은 종잇조각을 태울 도리가 없다. 그것은 초점을 모아주는 볼록렌즈를 통해서만 비로소 가능하다. 단적으로 말해 아무리 강한 햇빛도 강한 것만으로 쓸모가 있는 것이 아니다. 마찬가지로, 집단만 중시하고 개인을 홀대하며 체제를 중시하되 인격수양을 중시하지 않는 것은 모두 천하를 논할 때의 맹점이다. 만약 진정으로 종잇조각을 태우고자 한다면 볼록렌즈를 빌려 쓸 필요가 있다. 볼록렌즈는 바로 그 개인 혹은 그 민이다. 개인과 민은 반드시 수양을 통해 '위대한 민' 혹은 '자격에 부합하는 민'이 되어야 하고, 그러한 국가야말로 '자격에 부합하는 국가' 혹은 '위대한 국가'가 될 수 있으며, 이것은 또한 교육에서 반드시 인격수양을 뗄 수 없는 까닭이고, 따라서 공맹이야말로 이러한 인격교육의 선조라 할 수 있다.

이는 내게 일본제국주의 흥성기 '팽창하는 제국'이 부단히 개인주체의 자유를 억압하는 것을 보고 "위대한 국가는 반드시 위대한 국민에 의지해 조직되어야 한다. 정치인, 교육자, 종교인 모두는 응당 국가의 경영에 전력을 쏟아야 한다. 단, 만약 개인의 수양을 망각한다면 국세의 껍데기는 팽창만 하지, 그 내용은 오히려 공허해질지 모른다. 금일 불교인은 세간에 부화뇌동하여 국가의 경영만을 외쳐서는 안된다"라고 소리내어 외친 양심적 지식인을 상기시킨다.[28] 그 지식인 와시오 준쿄오(鷲尾順敬)는 당대 일본의 불교학자로, 1917년 일본의 국세가 하늘을 찌를 때 이미 미래제국의 파멸가능성과 그 원인을 알아챘다. 국가는 인민으로써 위대하지 국가 자체가 위대한 것이 아니다.

필자가 말하고 싶은 것은, 인민주권을 언급하고 개인의 권리를 이야기해야 할 뿐 아니라 '개인의 의무' 또한 이야기해야 한다는 것이다. 대륙의 지식인은 천하 개념을 이야기할 때면 의도적으로 개인과 인민의 지향을 소홀히 하거나 기피하는 듯 보인다. 서구 지식인이 '보편가치' 이념을 말할 때 역시 개인 내재의 '인격수양'에 대한 언급은 찾기 힘들다. 필자가 여기서 말한 '개인의 의무'는 모두 자아 안에서 이루는 인격수양이지, 결코 외재적으로 개인이 국가에 대해 갖는 납세나 병역의 의무를 가리키지 않는다. 개인 인격의 자기수양과 관련하여 『대학』이 강조하는 여덟 가지 덕목, 격물·치지·정심·성의·수양·제가·치국·평천하는 안으로는 성인이며(內聖) 바깥으로는 임금의 덕을 갖춘(外王) 도를 추구한다. 이것이 고전유학이며, 동아시아 유학자이자 공공지식인들의 공통된 신념이다. 주목할 만한 것은, 여덟 덕목 가운데 가장 마지막의 '천하'는 사실상 '문화 함양' 개념의 의미로서의 천하이며 국가를 초월하는 정치 개념이라는 점이다. 따라서 유가 사대부의 관념 가운데 문화(도통道統)는 국가(치통治統)에 우선했다. 그렇게 볼 수 있는 까닭은, 중국은 왕조교체에서 종종 문화적으로 후진국이 선진국을 정복했고(춘추전국·원·청 등), 설령 유목민족의 남침을 즈음하여 중국 왕조가 출현했더라도 이 시기는 종종 화이구별의 흥성기여서 제국은 위협에 맞닥뜨리거나 남과 북으로 분단통치의 국면이 나타났기 때문이다. 예컨대 한대와 흉노의 전쟁, 위진남북조, 남북 송과 유목정복정권의 남북 분단통치 시대가 그렇다. 더 나아가 만청 입관 후의 청제국에 직면해서는 수많은 화이구별의 논쟁이 일어났다.

중화제국의 형세가 망국에 즈음할 때 늘 유가 사대부는 변화하는 '치통'보다 불변하는 '도통'을 발전시켰다. 이에 명말 청초의 고염무(顧炎武, 1613~82)는 『일지록(日知錄)』에서 가로되 "나라가 망하는 것(亡國)과 천하가 망하는 것(亡天下)이 있다. 망국과 망천하는 어떻게 분별하는가? 가로되 성씨를 바꾸고(易姓)과 연호를 바꾸는 것(改號)을 일러 망국이라 한다. 인의가 꽉 막혀 짐승을 몰아 사람을 잡아먹게 하는 데 이르고 사람이 장차 서로를 잡아먹게 되는 것을 일러 망천하라 한다"라고 했다.[29] 유가가 망국을 걱정하지 않는 것이 아니나 망국보다 더욱 주목하는 것이 바로 망천하이다. 망천하의 골자는 '인의가 꽉 막혀' 세계가 '짐승을 몰아 사람을 먹게 하고 사람이 장차 서로를 먹게' 되는 것이다. 1, 2차 세계대전, 제국주의의 행태가 바로 '인의가 꽉 막힌' 시대가 아닌가. 여기서 공자의 천하 개념을 찬찬히 보자.

1. 군자가 천하를 살아감에는 꼭 이래야 한다고 고집하는 것도 없고 이

래서는 안된다고 고집하는 것도 없으며 의로움과 친할 뿐이다.(『논어』「이인
(里仁)」)

여기서 천하는 도의(道義)와 연결하여, 도의가 없으면 천하도 없다고 말
한다.

   2. 태백(泰伯)은 지극한 덕을 가졌다고 말할 만하다. 세번이나 천하를
양보했지만 백성들은 〔그 사실이 알려지지 않아서〕 칭송할 수 없었다.(『논어』
「태백」)

이는 공자가 주 문왕의 큰아버지 태백을 칭찬하여 말한 것으로, 공자가
본 것은 태백이 '천하를 양보한' 인의의 도량이다.

   3. 높고 높구나! 순임금과 우임금이 천하를 가지고도 〔정사에〕 관여하지
아니하였음이여!(『논어』「태백」)

이는 공자가 요순(堯舜)의 천하를 극찬한 것이다. 왜냐하면 요순의 천하는
폭력과 사취가 아니라 인의의 방식으로써 획득한 것이기 때문이다.

   4. 큰 도를 행하여 천하를 공평하게 한다. 어질고 능한 이를 선발하여
믿음을 지켜 친목을 도모한다. 고로 사람들은 자신의 어버이만을 홀로
어버이로 하지 않고 자신의 자녀만을 그 자녀로 하지 않으며, 노인은 생
을 마칠 수 있도록 하고, 장정은 쓸 곳이 있도록 하며, 어린이는 성장하도
록 하고, 홀아비와 과부, 고아와 늙은이, 불구자 모두 부양받도록 한다.
이는 자주 인용되는 『예기』「예운(禮運)」편으로, '천하를 두루 공평하게'
하는 세계가 바로 인의지도의 세계임을 드러내 보인다.

이상 필자는 천하는 혼후(渾厚)한 '수양'의 개념을 가진다는 점을 설명하고자 했다. 고전유가의 맥락에서 천하는 통치자의 치국수양의 이념, 곧 영도자의 인격일 뿐 아니라 인민 개인의 주체 함양의 이념, 곧 군자의 인격으로, 모두 인의지도와 뗄 수 없다. 이러한 수양의 맥락에서 천하는 세계의 것일 뿐 아니라 또한 개인의 것이다. 이러한 관계는 자못 백영서가 말한 지구지역학과 마찬가지로 지역에서 실천하면서 동시에 전지구적 의의를 갖는 것이다. 인격수양 또한 이와 같이 소위 '천하와 백성을 품는 것'이며, 개인이 자신의 도량을 부단히 심화하고 확대하여 천하, 나아가 천하만물을 모두 포섭해나감으로써 '인자(仁者)와 천지만물이 일체가 되는' 천하도량〔天下胸懷〕을 가질 수 있다. 즉 유가의 맥락 가운데 천하는 수양을 통해 이루어지는 것이지 일련의 제도가 아니며, 더욱이 '주의'가 아니다. 백영서는 자주 핵심현장 가운데의 공민사회의 실천의지를 말하는데, 이는 유가에서 '타인이 굶주리는 것이 자신이 굶주리는 것이며 타인이 물에 빠진 것이 자신이 물에 빠진 것으로(人飢己飢 人溺己溺)' 여기는 '천하도량'과도 꼭 부합한다. 왜냐하면 이러한 천하야말로 국민국가를 초월할 수 있으며, 공감과 공명의 신념과 배려로 자기자신에서 출발해 대동이상을 실천하기 때문이다.

따라서 우리가 인민주권 개념을 논할 때 공자의 천하관은 필연적으로 이 이념을 포섭한다. 고전유가는 권리·주권·공민사회 등 현대의 개념을 직접적으로 말하지 않았지만 그 발전가능성을 '갖지 않았다'고는 할 수 없다. 그것은 인의를 요지로 하는 실천이념을 드러내 보이며, 다만 그 시대에 상응하여 현대와 다른 제도와 관념을 발전시켰던 것뿐이다. 동아시아 국가는 유가의 영향을 깊이 받아 훈도되어왔기에 개인과 지도자에 대한 인격수양, 천하도량의 인의지도가 결코 낯설지 않다. 인민주권을 논하는 데 있어 만약 전통적 동아시아 유학 공통의 정신을 사상자원으로 섭취할 수 있다면 그 이론이 더욱 도처에 퍼지고 또한 재지성(在地性) 내지 동아시아성을 갖추는 데 도움이 될 듯하다.

고전유학 자원으로 본 백영서의 '소통적 보편성'

백영서는 『횡관동아』 제2부 제4장 '핵심현장에서 '새로운 보편'을 다시 생각한다: '신천하주의'에 대한 평론(從核心現場重思「新的普遍」: 評論「新天下主義」)'에서 현행 서구 보편주의와 당대 중국의 '신천하주의'를 통한 보편주의 논의에 관해 상당히 심화된 논평을 전개하고 있다. 필자는 여기서 널리 확산되지 못했음에도 서구 보편주의의 초월을 자인하는 일부 중국 중심 보편주의자들에 대한 백영서의 비판에 대해 논평하기보다, 그가 제출한 '소통적 보편성' 개념과 전통유학 이념의 상통에 주목하여 이 문제에 답하는 일련의 의견을 제출하고자 한다. 백영서는 『사상동아』 제4부 '평화를 바라는 동아시아 역사서술(企求和平的東亞歷史敍述)'에서 1945년 8월 15일의 무조건 항복 및 토오꾜오전범재판에 관한 집단기억을 사례로 들면서, 동아시아 각국의 8·15에 대한 집단기억의 서술이 모두 다르며 피차간에 거의 공통되는 점이 드물다는 것을 보고, 각자의 문맥에서만 서술하는 입장을 타파하는 것이야말로 동아시아인이 상호개별성을 깊이있게 이해하는 데 더욱 도움이 되며 피차간의 대화를 촉진할 수 있다고 호소하였다. 아울러 그는 아래와 같은 '소통적 보편성'의 입장을 표명한다.[30]

그러나 서로의 맥락을 부단히 상대화하는 작업을 되풀이하다가 각각의 문맥을 등가물로 파악하는 데 그친다면 동아시아사의 위계구조는 은폐되고 말 것이다. 각각의 문맥은 중심-주변의 위계질서 속에 위치하는 것이므로 그 구조와 연관지어 서술되어야 한다. 또한 어떤 특정한 날을 종전일로 정할 것인가 등에 매몰될 것이 아니라 8·15에 대한 기억의 개별성을 존중하는 동시에 그것들에 내재하는 보편성, 즉 (일본제국주의를 포함한 일체의) 폭력에서 벗어나 해방과 평화를 희구하는 동아시아 인민의 보편적 바람을 드러내는 역사서술이어야 한다.

백영서가 가진 소통적 보편성이라는 깊이있는 견해는 우리가 비록 일정한 소통가능성을 갖고 있지만 여전히 습관적으로 '분산되어 개체가 된 소통적 개별성'을 피하기 어려워 일종의 '내재적 보편성'의 소통을 결핍하고 있음을 예리하게 파악한 것이다. 필자가 짐작건대 백영서의 '내재적 보편성'은 그가 일상생활 중의 모순과 분규를 발견하는 과정에서 '핵심현장'을 발견하였고, 이러한 모순과 분규를 극복하려는 태도를 가짐으로써 산출해낸 '공생(共生)'하며 '공고(共苦)'한 일종의 생활철학이다.[31] 필자는 이를 '장심비심(將心比心)의 주체철학(자기의 마음으로 남의 마음을 헤아린다는 뜻)'이라 일컬으며, 이로부터 '새로운 보편성'을 불러일으킬 수 있을 것이라 본다. 이 장심비심의 주체철학은 일상생활 가운데서 익히고 응용할 수 있다. 사람과 사람, 국가와 국가, 나아가 세계와 국가, 환경과 사람 간의 각종 모순을 극복하는 일은 모두 '장심비심의 주체'가 부단히 출현하는 핵심현장의 모순에 대응할 것을 요구한다. 이러한 장심비심의 주체철학은 유가의 인학에서 가장 유감없이 발휘된다. '신천하주의' '신조공체제' 모두가 중국중심적 보편주의의 위험에 빠질 수 있는 이상 오히려 풍부한 전통유학 자원에서 보편가치로 삼을 수 있는 자원을 찾는 것이 바람직하며, 따라서 필자가 생각한 것은 공자의 인학 가치체계의 보편주의이다.

필자가 보기에 인학의 가치체계는 완전히 백영서 사상의 다섯개 키워드를 관통한다. 백영서는 『횡관동아』에서 자신이 일찍이 2010년 '공감과 비평의 역사학'이라는 주제의 강연에서 '공감의 역사학'을 제시한 것을 언급하면서, 특별히 중국과 일본 역사학자들이 역사화해를 위해 공동으로 연구하고 집필한 책의 서문 일부를 인용하였다.[32]

역사를 되돌아보는 것은 '마음의 문제'이기도 하다. 상대방의 '마음'을 배려하고 상대방의 주장에 귀를 기울이며 존중하는 것은 일본과 중국이 진정한 화해를 실현하는 제일보가 아닐까.

그는 이처럼 심리·마음의 공감과 공명을 분명하게 드러내 보이면서 이어 다음과 같이 확대해나간다.[33]

사람은 공감을 통해 '인간됨〔爲人〕'의 의의에 대해 이해하며 타인의 행복, 슬픔, 고통을 이해하는 것의 중요성을 깨닫는다. 하지만 여기서 반드시 '공감'과 '동정'의 차이를 강조할 필요가 있다. 공감은 비록 동정(sympathy)과 정서상 공통점을 가지나, 피동적 동정과 다르게 공감은 적극적이고 주동적인 염원, 곧 한 사람이 자발적으로 타인의 경험의 일부가 되어 타인의 경험에 대한 체득〔感受〕을 함께 나누기를 희망하는 데서 나온다.

당연히 백영서의 '공감'(empathy)이라는 용어는 서구 학자로부터 왔지만, 이상의 논의를 자세히 고찰한다면 우리는 이것이 전통적인 천년 이래 공자의 인학정신과 절대적으로 상호 부합한다고 말할 수 있을 것이다. 공자는 예악이 붕괴된 춘추시대에 핵심적인 인학 가치체계를 정련해냈는데, 제자 번지(樊遲)가 인(仁)에 대해 묻자 공자는 답하여 가로되 "사람을 사랑하는 것(愛人)"(『논어』「안연」)이라 했고, 자공(子貢)이 인에 대해 물을 때 답하여 가로되 "대체로 어진 사람은 자기가 서고 싶으면 다른 사람으로 하여금 서게 하고, 자기가 도달하고 싶으면 다른 사람으로 하여금 도달하게 한다"(『논어』「옹야」)라고 했다. 어진 사람은 자신을 사랑할 뿐 아니라 다른 사람도 사랑해야 하며, 자신이 〔근심 없이 생활하는〕 안신입명(安身立命)의 도를 얻는 것뿐 아니라 또한 타인이 안신입명의 도를 얻도록 도와야 한다는 의미이다. 이야말로 바로 앞에서 서술한바 백영서가 언급한 '인간됨'의 공감정신이 아닐까. 과거 중국의 유자는 공자의 공감의 인학에 공명했을 뿐 아니라 인학은 과거 동아시아 지식인들에게 공통된 핵심정신이었다. 일례로 19세기 조선의 유자 정약용은 일찍이 인의 함의를 해석하여 이렇게 말했다.[34]

인이라는 것은 사람 사이의 관계를 가리킨다. 두 사람(人)이 인을 이루니, 부자가 그 분수를 다하면 인인 것이고, 군신이 각기 그 도리를 다하면 인이며, 부부가 그 본분을 다하면 인이 되는 것이다. 〔그러니〕 인이라는 말은 반드시 두 사람 사이에서 생기는 것이다. 가까이는 오교(五敎)로부터 멀리는 천하 모든 사람에 이르기까지 무릇 사람과 사람이 그 본분을 다하는 것, 이를 가리켜 인이라 한다.

동아시아 유자는 모두 인이 반드시 사람과 사람의 상호작용 가운데서 실현되어야 한다고 주장하였다. 가까운 오륜관계에서 천하만민에 이르기까지 각자 본분을 다하는 '자타원융'(自他圓融〔나와 타인이 한데 통하여 아무 구별이 없음〕)의 관계이다. 다산의 사상 가운데서 부·자·군·신은 모두 각자 하나의 자주성(autonomy)을 갖는 독립적 개체이고 상대의 '타자'로 환원되는 유도체 혹은 부속품이 될 수 없으며, 주체 개념으로 말하자면 '상호주체성'

(inter-subjectivity)이라고 칭할 수 있을 것이다.[35] 필자는 이러한 '서로 주체가 되는' 주체가 바로 일종의 장심비심의 심리주체라 할 수 있으며 또한 바로 '공감의 주체'라는 점을 재차 강조한다. 백영서의 '소통적 보편성' 혹은 '공감의 주체'는 모두 고전유가 인학의 핵심적 가치자원 가운데서 근거를 찾을 수 있다. 인학은 또한 동아시아 근대 이전 유자의 공통된 정신자원이며, 그 자체는 동아시아에서 재지성의 색채를 가진다. 동아시아의 인학 가치이념의 발전은 서구 보편주의와 서로 격탕(激盪)하며 충분히 설명될 수 있을 것이다.[36]

4. 결론

필자는 대학원 수업에서 학생들에게 상술한 백영서의 저서 두권을 읽고 토론하도록 했는데, 학생들은 대개 백영서의 다섯 가지 개념 가운데 '핵심현장'과 '지구지역학'에 비교적 실감을 가진 것 외에 '이중적 주변의 시각'과 '복합국가' 두 항목은 한국에만 적용될 것이라고 생각하였다. '동아시아공동체'에 대해는 일방적인 소망이지 결코 보편적으로 대만이나 기타 지역에 적용할 수 없다고 여겼으며, 학생들 모두 하나의 도달 불가능한 '이상국'을 상정하듯 지나치게 '이상화'되었음을 지적하였다. 물론 학생의 시야는 충분히 넓지 못하며 이와 같이 심원한 문제를 사고해본 적 또한 없을 것이다. 나는 하나의 비유를 이용해 연구생들을 지도하였다. 예컨대 하나의 높고 견고한 빌딩을 설계하자면 반드시 먼저 우수한 건축가가 그 청사진을 기획해야 한다. 설계의 청사진과 아울러 그 청사진에 의거해 한 걸음씩 실천하는 것이 없이는 그 높은 빌딩을 지을 수 없다. 백영서는 역사학자이지만 역사를 회고하는 과정에서 교훈을 길어내어 미래에 어떤 길을 가는 것이 한국, 동아시아, 나아가 세계가 평화발전의 길을 가는 데 꼭 필요한 도움을 줄 수 있는가 알 수 있었고, 따라서 번거로움을 마다하지 않고 인류 미래의 출로를 기획하였다. 그가 담당한 역할은 우수한 건축가와 마찬가지며, 비록 이러한 설계를 이해할 수 있는 사람 혹은 이 설계를 활용할 수 있는 사람은 극소수지만 이는 백영서 필생의 지업(志業)일 것이다.

역사는 근대 대격국의 사상가는 모두 자신의 국가를 열애(熱愛)하는 사람이었고 동시에 모두 동아시아론을 포용하는 사람이었음을 증명한다. 다만 일부 팽창 유형에 속해 자신의 종족·국족을 중심으로 하는 자가 있었는데, 일례로 막부 말기의 요시다 쇼오인(吉田松陰)이나 천황주의를 중심으로 삼은 근대 일본의 대동아공영권 제창자들은 겉으로는 동아시아 공존공영을 빌려 실제로는 자국을 확장하는 데 주력하였다. 그와 달리 일부 종족·국족주의를 초월하는 사상가들이 있었다. 쑨 원의 대아시아주의에서 량 치차오(梁啓超), 량 수밍(梁漱溟)에 이르기까지 모두 동아시아를 갈망하였고, 또한 일본에는 미야자끼 토오뗸(宮崎滔天)에서 근현대의 타께우찌 요시미(竹內好), 미조구찌 유우조오(溝口雄三), 코야스 노부꾸니(子安宣邦) 등에 이르기까지, 이들은 비판적 시각에서 혹은 동아시아의 비전을 그리며 기본적으로 모두 동아시아 공통의 정회(情懷)를 품었다. 이들의 좌파사상은 실제로는 유가와 밀접한 관계를 가졌으며, 자세히 분석한다면 이들 사상가 역시 유가 인학의 정회와 뗄 수 없다는 것을 발견할 것이다. 백영서가 핵심현장에 서서 제출한 동아시아론 역시 바로 이 부류의 좌파 학자의 유형에 속한다. 다년간 백영서는 마치 유세객처럼 부단히 그의 동아시아 이념을 분명히 논술해왔다. 그는 때로는 고대의 묵가처럼 바삐 다니며 동아시아 각지의 핵심현장을 관찰하였고, 현지에 융합되어 들어갔고, 그곳에서 함께 슬

퍼하고 더불어 기뻐했다. 그가 한국인일 뿐 아니라 나아가 동아시아인, 세계인임은 추호의 의문도 없다. 나는 그의 책을 삼가 읽고, 그 사람을 보았다. 그가 인정하든 인정하지 않든 간에, 또한 그가 때로 논문 가운데서 유학에 대해 비판하거나 유보했음에도, 나는 결국 그가 매우 고전유가를 닮았다고 생각한다. 아마도 본인은 자각하지 못하겠지만, 그가 제출한 '공감과 비판의 역사학'은 실로 유가 인학의 핵심이념을 담은 깊은 관심과 배려의 산물이다.

〔번역: 김민서·연세대 사학과 박사과정〕

제4장
백영서의 중국현대사 연구와 동아시아 담론*

박경석(연세대 국학연구원 교수)

1. 중국현대사를 통한 동아시아 투영

주지하듯이, 1990년대 초 한국의 지식인사회에서는 '동아시아 담론'이
하나의 화두로 대두하였다. 한국은 해방과 함께 분단체제가 고착되면서 민
족주의적 과제 해결이 시급했기 때문에 아시아는커녕 한반도 전체를 시야
에 넣기도 어려운 상황이었다. 그러나 1990년대에 이르러 탈냉전을 비롯한
국내외 상황 변화를 배경으로 동아시아 담론이 제기되었고, 오늘날에 이르
기까지 관련 학계의 뜨거운 관심을 끌어왔다. 이러한 동아시아 담론의 형
성과 발전과정에 대해서는 수많은 논자들이 다양한 평론을 내놓고 있어 여
기에서 구체적으로 언급할 필요는 없을 듯하다.

한국 지식인사회에서 이렇듯 하나의 학술적 의제가 20년 훨씬 넘게 지속

• 이 글은 『중국근현대사연구』 77, 2018에 게재한 논문을 이 책의 취지와 형식에 맞게
  대폭 수정한 것이다.

적인 관심을 받아온 사례는 다시 찾아보기 어려울 정도로 특별하다. 게다가 여기에는 여러 분과학문의 연구자들이 참여했는데, 중국현대사를 전공한 역사학자가 당초에 동아시아 담론을 선도적으로 제기한 당사자로서 논의를 앞장서 이끌어왔다는 점은 특기할 만하다. 백낙청(白樂晴), 최원식 등과 함께 1990년대 초 이른바 '창비 계열'의 동아시아 담론을 제기한 백영서 교수가 바로 그이다. 백영서 교수(이하 '백영서'로 칭함)는 1990년대 초반 이래 '지적 실험으로서의 동아시아' '주변에서 본 동아시아' '실천과제로서의 동아시아' '지역연대의 현장' '지구지역학' 등으로 논의를 진전시키면서 동아시아 담론에 지속적으로 활력을 불어넣어왔다.

전술했듯이 한국의 동아시아 담론에 관해서는 수많은 평론이 있었고, 이 가운데에 백영서의 동아시아 담론에 대해서도 많은 언급이 있었다. 하지만 여러 평론 가운데 백영서의 동아시아 담론을 그의 중국현대사 연구와 연결지어 고찰한 사례는 거의 찾아볼 수 없다. 이 글에서는 백영서가 동아시아 담론을 본격적으로 제기하기 이전에 수행했던 중국현대사 연구를 전반적으로 살펴보고자 한다.

이는 일차적으로 한국의 중국현대사 연구가 전개되는 과정에서 나타난 이른바 '제2세대' 연구의 한 사례를 분석한다는 의미가 있다. 1970년대 후반에서 80년대에 걸쳐 중국현대사 연구에 입문한 '제2세대' 연구자들은 당시 진행된 "학생운동과 노동운동, 민주화운동의 진전 속에서 한국 사회의 변혁이라는 과제 수행에 기여하겠다는 사명"을 가지고[1] 연구를 진행하였다. 이 글에서는 이러한 '제2세대' 연구자들의 문제의식을 염두에 두면서, 백영서가 중국현대사 연구에서 전개한 논지의 연구사적 특징에 주목할 것이다.

또한 이는 백영서가 한국의 중국현대사 연구에 대한 문제의식을 바탕으로 동아시아 담론을 제기하게 되는 맥락, 말하자면 중국현대사 연구와 동아시아 담론의 제기가 중첩되어 연결되는 고리에 대한 고찰을 통해 동아시아에 대한 이해의 깊이를 더하고자 하는 것이다. 주지하듯이 2000년대 이후 한국의 중국현대사 연구에는 '동아시아적 시각'이 큰 영향을 끼쳤는데, 이처럼 중국현대사 연구와 동아시아 담론이 밀접히 연결되어 있음을 전제로 양자 관계의 발단이라고도 할 수 있는 백영서의 중국현대사 연구와 동아시아 담론이 연결되는 맥락을 살펴보려는 것이다.

중국현대사에 관한 백영서의 학문적 성과를 정리함에 있어 개별 논문의 내용을 소개하는 것은 최소화하고, 백영서의 중국현대사 연구를 관통하는 문제의식을 중시하여 그가 구상한 역사상의 실체를 파악하는 데에 중점을 둘 것이다.

2. 5·4운동과 국민혁명의 맥락 잇기: '쑨원집단', 국민당 개조와 파벌

백영서가 중국현대사를 연구하기로 결정한 경위에는 스스로 밝히고 있듯이 약간의 우여곡절이 있었다.[2] 백영서가 애초에 서울대 동양사학과에 진학한 것은 고교시절 읽은 불트만(R. K. Bultmann)의 『역사와 종말론』(*Geschichte und Eschatologie*, 1958)이 역사에 대한 지적 호기심을 자극했기 때문이다. 이 책은 종말론을 포함해 서양 역사철학의 계보를 정리한 것으로, 말하자면 백영서의 역사에 대한 관심은 역사철학에서 비롯되었던 것이다. 그가 동양사학과를 선택한 것은 불트만이 말하는 역사철학, 역사의 법칙, 역사의 힘이라는 것이 동아시아에서는 어떻게 전개되었나에 깊은 흥미를 느낀 때문이었다. 또한 1971년 당시 중국과 미국의 데땅뜨 분위기에 따라 중국에 대한 관심이 고조된 상황도 작용했다고 한다.

그러나 막상 대학에 입학해 수강하게 된 강의는 모두 실증주의에 입각해 사건들의 인과관계를 다루는 것이어서 정규 교과에 흥미를 느끼지 못하였고 그 대신에 써클에 가입해 사회과학 세미나에 몰두하게 된다. 이후 학생운동에 깊이 간여하면서 1974년 민청학련 사건으로 투옥되기에 이른다. 바로 이 무렵 중국현대사를 공부하게 된 결정적인 계기를 맞이하는데, 교도소에 함께 있던 김지하(金芝河) 시인이 '중국현대사 공부를 하라'고 권유하면서 리영희(李泳禧) 교수를 소개해주었던 것이다. 게다가 그 직전에 친구로부터 리영희의 『전환시대의 논리』(1974)를 건네받아 탐독하면서 큰 감명을 받았고, "중국혁명을 역사적 관점에서 파악할 필요성을 깨닫는 동시에 학문과 실천의 결합가능성을 느낄 수 있었다"라고 한다.

출옥 후 리영희 교수를 찾아 가르침을 받았고 그 인연으로 『창작과비평』의 편집자로 일하기도 했다. 1970년대 말 이래 비판적 지식의 생산과 유통에 참여하면서 언어를 통해 사회를 변화시키는 '운동으로서의 학문'을 경험했지만, 체계적으로 공부할 수 있는 기회에 대한 욕구는 점점 더 강해졌다. 마침내 박정희 암살로 '1980년 봄'을 맞아 복학할 기회가 주어지자 1981년 8월 학부를 졸업하고 이듬해 3월 주저 없이 대학원에 진학해 전문적인 중국현대사 연구자의 길, '제도로서의 학문'의 길에 발을 내딛게 되었다. 근자에 백영서가 '사회인문학'이라는 개념을 통해 '제도와 운동을 넘나들며 학문하기'라는 입론을 제기하면서 "제도 그리고 운동으로서의 학문을 본격적으로 생각하게 된 것은 2001년부터"라고 했으나,[3] 이미 1980년대에 중국현대사 연구에 본격 투신하는 과정에서 그 씨앗이 심어졌다는 생각이 든다. 이런 이력은 후술하듯이 그의 연구주제 설정에서 '자기가 살고 있는 세상'의 현실을 투영하려는 경향과 맞닿아 있다고 할 수 있겠다.

1970, 80년대 한국사회의 변동과 맞물린 우여곡절을 거쳐 대학원에 진학한 백영서가 처음으로 관심을 가진 주제는 '5·4운동을 시야에 둔 국민혁명'이었다. 국민혁명은 1980년대 후반에서 1990년대에 이르기까지 한국의 중국현대사 연구에서 관심이 집중되었던 주제이다. 국민혁명의 정치사를 비롯해 학생운동, 농민운동, 노동운동, 상공계층 및 군벌의 동향 등이 다양하게 고찰되었다. 이런 주제 설정은 당시 한국사회의 정치적 상황이 짙게 반영된 것이었다. 말하자면 민주화운동의 진전 속에서 한국사회의 변혁을 비추어볼 거울을 중국현대사에서 찾아보려는 것이었다. 중국인이 현대사 속에서 추구했던 '혁명(변혁)'이 당시의 우리를 비춰보는 거울이었던 셈이다.

백영서의 5·4운동 및 국민혁명 관련 연구는 구체적으로 주 즈신(朱執信)·다이 지타오(戴季陶)·쩌우 루(鄒魯)를 대상으로 '쑨원집단(孫文集團)' 내부 주요 인사들의 이념적 지향과 정치행태를 분석하고 있다. 먼저, 쑨 원의 대표적 측근 중 한 사람인 주 즈신이 차지했던 '쑨원집단' 내의 위치와 그가 주도한 『건설』지의 운영 및 논조를 분석하여 5·4운동을 거쳐 국공합작에 이르는 내재적 발전과정의 실체를 고찰하고자 했다. 이를 통해 5·4운동 시기 쑨 원 측근의 사상적 모색이 '선전과 민중의 중요성에 대한 인식' '반제·반군벌 추구' 같은 국민혁명 시기 개조된 중국국민당 — 또는 '쑨원집단' — 의 지향으로 연결되었음을 해명하였다. 개조된 중국국민당의 내재적 발전에 내포되어 있는 요소가 이미 5·4운동 시기에 싹텄다는 것이다.[4] 또한 백영서는 별도의 논문에서 주 즈신의 5·4운동 시기 '대중혁명론'을 분석함으로써 앞의 논문에서 강조했던 중국국민당의 내재적 발전 요소가 이미 5·4운동 시기에 싹텄다는 주장, 즉 5·4운동과 국민혁명의 연관성을 구체적으로 뒷받침하였다.[5]

다음으로, 이념적으로 좌파에서 우파에 이르기까지 극단적으로 상이한 평가를 받던 국민혁명 지도자 다이 지타오의 정치행태와 이념적 지향을 분석하여 이렇게 상이한 이미지들이 만들어진 것은 다이 지타오의 정치행태가 국민당 내부 파벌들의 동향에 의해 굴절되었기 때문이라고 비판적 관점에서 재해석했다. 특히 흔히 말하는 좌우파 구분이 아닌, '쑨원집단' 내부의 역할을 둘러싸고 벌어진 파벌 간의 갈등에 주목하였다. 다이 지타오는 국공합작을 기반으로 전개된 국민혁명 과정에서 혁명의 주도권을 국민당이 계속 장악할 수 있는 길을 모색했던 것이고, 이로써 쑨 원 측근 그룹인 원로파의 지지를 획득할 수 있었다. 말하자면 다이 지타오는 좌파도 우파도 아니었고 그의 정치행태와 이념이 결과적으로 원로파의 이해와 맞아떨어졌을 뿐이라는 것이다.[6]

이후에도 국민당 내부 파벌들의 동향에 주목하는 연구가 이어졌다. 구체적으로 우파의 전형으로 평가되던 국민혁명 시기 '서산회의파'의 성격을 재검토하였다. 결론적으로 '서산회의'와 광둥대학 학생운동을 둘러싸고 벌어진 분규의 본질은 중국국민당 내부 '집권세력(주류)'과 '비집권세력(비주류)'이 당권을 쟁취하기 위해 벌인 갈등이라는 것이었다. '청당'(淸黨, 반공反共)이라는 이념은 이를 감싸는 외피였을 뿐이다. 쩌우 루는 이념적 모색보다는 현실정치를 중시했고 이런 점에서 '정치술책파'의 성격을 가졌다고 할 수 있다.[7]

이상에서 언급한 주 즈신, 다이 지타오, 쩌우 루에 대한 연구는 다음과 같은 연구사적 의미를 가지고 있다.

우선 비교적 간단한 것부터 보자면, '쑨원집단'에 주목해 쑨 원 주변 측근들에 대한 주의를 환기하고, 나아가 개조된 국민당 내 파벌을 새롭게 조망했다는 점에서 의미를 찾을 수 있다. 중국공산당과의 거리를 기준으로 구분한 좌우파라는 이념적 단순 분류에서 벗어나, 주도권을 둘러싸고 벌어지는 권력다툼의 양태를 기준으로 국민당 내 세력관계를 보다 다채롭게 파악한 것이다. 쑨 원 추종자들이 수행한 정치적 역할과 그에 대한 쑨 원의 관심을 중시하고 그에 따라 국민당 내 파벌을 원로파·태자파(太子派)·정치술책파·군사집단·공산당계 등으로 분류하였다. 그리고 이들이 쑨 원 생존시에는 쑨 원의 판단에 따라 중용되어 정국을 주도하는 측근세력과 그렇지 못한 주변세력으로, 쑨 원 사후에는 당권을 장악한 집권세력과 비집권세력으로 유동했다고 해석하였다. 이는 국민당 지도자 개개인의 정치행태와 사상의 실체를 보다 온전히 파악하려는 시도였다.

하지만 후속 연구가 여의치 않아서인지 이런 문제제기 자체가 연구사적으로 큰 반향을 일으키지는 못한 듯하다. 나중에 국민당(정당)과 학생운동의 관계를 고찰하는 연구에서는 국민당의 여러 파벌을 단순히 좌우파로 치환하고 있어 ── 논지의 전개를 흐트러뜨리지 않기 위해 어쩔 수 없는 측면도 있으나 ── 파벌의 다양성을 중시하는 관점이 일관되게 적용되지 못한 아쉬움을 남겼다.

그런데 사실상 보다 의미있고 중요한 것은 5·4운동과 국민혁명을 연속적인 것으로 파악하고 5·4운동에서 국민혁명으로 이어지는 내재적 발전에 주목한 백영서의 관점이다. 기존 연구에서는 대체로 중국국민당이 개조되는 과정에서 5·4운동이 국민당에 끼친 영향에 별로 주의를 기울이지 않았고, 오히려 코민테른이라는 외적 계기를 강조하였다. 국민당의 내재적 발전과정을 소홀히 취급했던 것이다. 백영서는 따라서 국민혁명의 성립을 제대로 이해하기 위해서는 국공합작을 가능케 한 객관적 정세와 국공 양당 자체의 대응을 5·4운동 시기와 연결시켜 고려해야 한다고 지적하였다.[8]

이와 같이 5·4운동과 국민혁명을 연속적인 것으로 파악하는 관점은 신해혁명(1911~12, 제1차 공화혁명)과 5·4운동(1919, 제2차 공화혁명)을 일련의 연속되는 과정으로 파악하는 민두기의 '공화혁명론'과 마치 하나의 세트를 이루고 있는 듯하다. 민두기는 신해혁명에서 시작된 여러 특성이 5·4운동에서 실질을 갖추어 뚜렷한 역사적 실체를 드러냈다고 지적했는데, 이에 대해 5·4운동이 어떻게 공화혁명의 실질을 채워나갔는지에 대한 구체적 연구가 빠져 있다는 비판이 일부에서 제기되기도 했다.[9] 이에 호응이라도 하듯 백영서는 1910년대 '공화'라는 핵심적 어휘가 어떻게 사용되었는지를 고찰한 별도의 논문에서 5·4운동을 통해 신해혁명의 실질화가 이루어지는 양상을 매우 소상하게 밝힘으로써 '공화혁명론'의 근거를 풍부하게 뒷받침하기도 했다.[10]

이렇게 해서 신해혁명에서 5·4운동을 거쳐 국민혁명까지를 '내적 연관성' 속에서 연속적인 것으로 파악할 수 있게 되는데, 백영서는 대략 10년이 지난 시점에 발표한 별도의 논문을 통해 연속의 내용에 해당하는 '내적 연관성'을 해명하여 기존 입론을 보완하고 있다.[11] 요약하자면, 신해혁명이 '공화혁명'으로서 형식은 갖추었으나 내용을 채우지는 못했는데 5·4운동에 와서 실질적인 내용을 채우게 된다. 5·4운동에서 '공화의 실질'이 채워진 계기는 신문화운동을 통해 지식인사회에서 공감대를 넓힌 '국민심리 개조'의 필요성과 5·4운동을 통해 대중이 정치적으로 결집하면서 이루어진 '대항세력의 조직화'였다. 이렇게 5·4운동을 통해 민중이 대두하면서 '공화라는 틀' 자체를 넘어설 가능성이 제기되었다. 그 가능성은 바로 '공화'에서 '혁명'으로의 전환이었고, 이는 결국 국민혁명을 통해 실천에 옮겨진다.

백영서에 따르면 5·4운동과 국민혁명을 매개한 것은 민족적 위기상황을 타개하기 위한 민중의 자율적 결집이었다. 이를 담보할 자발적인 민의대표기구로서 '국민회의'가 제기되었고, 국민회의운동은 1920년대 변혁주체 형성의 역사적 의의와 한계를 잘 보여준다. 백영서가 본 국민회의 구상은 장기간에 걸친 민의대표기구 모색의 소산이었다. 국민회의운동은 국민 형성에 관한 것이고, 새로이 형성되고 있던 국민을 결집해낼 정치공동체에 관한 것이다. 백영서는 신해혁명, 제제(帝制)운동, 신문화운동, 5·4운동, 국민혁명으로 이어지는 일련의 과정을 내재적 발전과정으로 파악하고, 그 내용을 '국가 건설'과 '국민(민족) 형성'이라는 서로 다른 두 과정이 동일한 시기에 맞물려 나타난 '국민국가'(nation state) 형성과정으로 본 것이다. 이로써 중국현대사에 있어 국민국가 형성의 다양한 경로와 형태를 드러내고, 20세기 중국사의 전체 구도를 폭넓게 인식하는 데에 기여하였다. 다만 백영서 스스로 "1910년대는 공화정치를 처음으로 실험한 독자적인 시기였기에 집중적으로 탐색할 만한 가치가 있고, 이 시기에 관한 일련의 연구를 기획하고 있다"라고 언명했으나[12] 후속 연구가 이어지지 않아 아쉬움이 없지 않다.

3. 학생운동 연구의 새로운 모색: '대학문화' 연구

전술했듯이 주 즈신·다이 지타오·쩌우 루 등으로 이어지는 '쑨원집단'에 대한 연구는 중국국민당 지도부 내의 파벌을 보다 다채롭게 조명했을 뿐만 아니라 국공합작을 통해 국민당이 개조되는 과정에서 5·4운동의 유산이 국민혁명으로 연속되었음을 밝히는 성과를 거두었다. 그러나 이런 일련의 연구는 미처 완전한 매듭이 지어지기 전에 다소 방향을 전환하게 되는데, 1920년대 중국 대학생 및 학생운동에 관한 일련의 연구가 그것이다.

이는 백영서가 스승의 '직접적' 영향에서 벗어난 독자적 문제의식을 여실히 보여준 성과로서, 박사학위논문으로 결실을 맺어 단행본으로 출간되었다.[13] 백영서의 회고를 통해 이러한 전환의 주관적 계기를 엿볼 수 있다. 우선, 박사논문의 주제를 정할 무렵 그동안의 국민당 지도층 연구에 회의를 품기 시작하면서[14] "소수의 정치엘리트가 아닌 일반인의 일상적인 삶에 다가가 그들의 삶과 역사의 상관관계를 규명하고 싶어졌다"는 것이다.[15] 백영서는 학생운동을 학생문화의 소산으로 파악하여 학생 다수의 경험을 충실히 재현한 뒤, 그들의 일상생활 속에서 개혁 지향을 밝혀내고 이를 '사회개혁적 자아'로 형상화함으로써 애초의 의도를 성공적으로 구현하였다.

또 하나의 동기는 백영서가 교수로 재직하고 있던 대학교의 학생운동에 투영된 그 자신의 학생운동 경험이었다. 대학생 시절 학생운동에 참여했던 그가 교수의 처지에서 또다른 현실의 학생운동을 경험하면서 — 왜 학생들이 정치행동에 나섰는지, 그것이 중국현대사 전개에서 어떤 의미를 지니는지 — 학생과 정치의 관계를 진지하게 따져보는 일이 의미있게 느껴졌던 것이다.[16] 이는 백영서가 일생을 통해 유지해온 '현실과 학문의 긴장관계'를 잘 보여준다. 결국 "자신에게 부여된 현실과 자신이 삶의 방식으로 선택한 대상적 학문 사이의 거리를 어떤 방식으로 극복하려 해왔는가를 보여주었다"라고 할 수 있다.[17]

우선 백영서는 중국 대학생이 일상생활에서 겪은 경험에 주목하여 1920년대 학생층이 변혁주체로 형성되는 과정을 고찰하였다.[18] '톈안먼 집회'를 통해 학생운동의 시각에서 1920년대 베이징정부의 '정당성 위기'를 확인하기도 했다.[19] 베이징정부의 정당성이 대학사회에서 전반적으로 인정받지 못하는 위기 국면과 학교·가족·사회·문화 측면에서 학생들이 겪는 정체성 위기를 그려낸 후, 이들이 민족적 위기라는 상황에서 '사회개혁적 자아'를 형성하여 정체성 위기를 극복하고자 학교 울타리를 넘어 사회 전체의 개혁을 지향하게 되는 과정을 설득력 있게 보여주었다. 더욱이 사회사적 접근을 통해 학생운동의 역사적 실체를 생생하게 재현함으로써 방법론 측면에서 연구의 수준을 높이는 데 기여하였다. 이런 일련의 연구는 모두 추후 박사논문의 바탕이 되었다.

그러나 새로운 정치질서를 추구했다고 해서 학생층이 변혁주체에 가담하게 되는 동기를 모두 설명하는 것은 아니다. 대학생의 정체성 위기를 '일상생활의 구조'를 통해 분석하는 미시적 접근 외에도 '정치적 결집의 구조'에 대한 거시적 분석이 필요했다. 이 문제는 박사논문 제3부에서 답을 찾았다. 구체적으로 항일청원운동, 생활공동체운동, 학내소요와 다양한 민중운동 참여 등 학생들의 정치적 결집 경험을 검토하였고, 일상생활의 경험과 정치적 결집 경험을 연결하는 고리로서 '직업혁명가'의 출현을 부각했다. 즉 정당과 직업혁명가의 연계를 중심으로 학생운동과 정당의 관계에 주목해 5·4운동이 국민혁명으로 전화, 발전하는 과정을 보여줌으로써 5·4운동과 국민혁명의 관계를 더욱 심층적으로 이해할 수 있게 하였다.

이상과 같은 1920년대 중국 대학생 및 학생운동 연구는 전술한 국민혁명 연구와 마찬가지로 제2세대 연구자들의 한국사회 변혁에 관한 문제의식과 무관하지 않다. 1970년대에 대학생활을 보낸 젊은 연구자들은 중국혁명사에서 한국 민족민주운동의 방향을 암시받고자 했던 것이다. 연구사적으로 이들 연구는 다음과 같이 한국의 중국현대사 연구에 기여한 바가 크다.[20]

첫째, 사회사적 접근을 통해 대학생의 일상적 경험을 재구성하고 이를 정치운동과 연결시킴으로써 방법론 측면에서 한국 학계의 연구수준을 한층 높여주었다. 이는 학생운동 연구에서 독창적 성과의 핵심을 이루는데, 학생의 일상생활과 정치운동이라는 이질적인 세계를 통합적으로 이해하는 것은 분명 난제였음에도 '정체성의 위기'라는 개인 심리와 '국민혁명'이라는 정치운동 사이에 '사회개혁적 자아'와 '직업혁명가'를 매개고리로 설정함으로써 이를 효과적으로 해결하였다.

둘째, 기존의 상투적이고 제한적인 소수 엘리트 차원의 역사서술에서 벗어나 새로운 사회사적 방법론을 활용해 국공 양당 중심의 시각에 얽매이지 않고 학생 다수의 경험을 살려냄으로써 그들의 정치참여 과정을 구조적으로 설명하였다. 이는 한국의 중국현대사 연구가 가진 특징과 비슷한 맥락으로 설명할 수 있다. 한국 학계에서는 공산당과 국민당이라는 정치적 '중심'과 거리를 유지해 국공 양당 당사 중심에서 벗어난 제3의 시각이 기조를 이루어왔다. 구체적으로 1910, 20년대에 대한 연구, 그중에서도 국민혁명운동에 대한 실증적 연구성과가 축적되면서 중국현대사를 새롭게 이해하는 분석틀이 제시되었다. 특히 국민혁명 시기 대중운동의 자율성과 국공 양당이 추진한 혁명에 대한 종속성 사이의 긴장관계를 중시하였고, 그 결과 학생·여성·상인·농민·노동자·기업가·비밀결사 등 다양한 사회세력에 대한 연구가 활기를 띠어왔다.[21] 백영서의 연구는 이러한 한국의 중국현대사 연구가 특징적 면모를 갖추는 데에 기여했던 것이다.

셋째, 5·4운동이 1921년을 고비로 퇴조한 것이 아니라 5·4운동 후반기에 출현한 직업혁명가를 매개로 국민혁명으로 전화, 발전한 것으로 파악함으로써 5·4운동과 국민혁명의 연관성을 더욱 심층적으로 이해할 수 있게 한 것도 중요한 성과라 하겠다. 전술했듯이 5·4운동과 국민혁명을 연속적인 것으로 이해하는 관점은 백영서의 '쑨원집단'에 대한 일련의 연구에서도 핵심적인 논지였다. 그는 대학생 및 학생운동 연구를 통해 사회세력이라는 새로운 차원에서 더욱 폭넓고 풍부하게 논지를 뒷받침했다고 할 수 있다. 더욱이 한국 학계에서는 일찍이 신해혁명과 5·4운동을 연속적인 것으로 파악하는 견해가 제기되었으나 이것이 국민혁명으로 연결되지는 못해 아쉬움이 있었는데, 5·4운동과 국민혁명의 연관성을 강조함으로써 이런 아쉬움을 보완하고 20세기 중국사의 구도를 보다 거시적으로 파악할 수 있는 여지가 확대되었다. 이처럼 신해혁명·5·4운동·국민혁명을 연속적인 것으로 파악해 내적 연관성을 강조하는 관점은 한국의 중국현대사 연구가 가진 특징의 하나로 볼 수도 있겠다.

한편, 백영서도 밝히고 있듯이 학생운동을 온전히 평가하려면 결국 학생들이 추진하고 그 과정에서 희생도 무릅썼던 국민혁명이 과연 성공했는지를 따지지 않을 수 없다. 여기서 관건이 되는 문제는 1920년대 변혁주체였던 학생들이 변혁하려던 구조, 군벌정권이 떠받치던 그 구조가 국민혁명 이후 난징(南京)국민정부 시기에도 그대로 남아 있었는가 아니면 정말로 변혁되었는가였다.

하지만 이는 또다른 차원의 주제이기도 해서 정면으로 다루어지지는 못했다. 다만 백영서는 국민혁명의 성공 여부에 대해서는 부정적인 듯하다. 구조적 변혁도 찾아보기 어렵고 1920년대에 나타난 학생들의 자율적 영역도 제도화되지 못한 채 난징국민정부 아래서 좌절되었다고 본 것이다. 그럼에도 1920년대 학생운동의 경험은 지배정권에 대한 비판 기능 내지 저항문화로서 역사적 의미를 가졌고, 변혁주체의 역동성은 자율적 결집체의 경험에 기반을 둔 국민회의운동의 형태로 새로운 정치질서를 추구하도록 이끌었다고 본다. 국민회의운동 같은 시도가 1930년대의 현실 속에서 '민간사회' 같은 것으로 체계화되지는 못했지만, 여러 국가권력 수립방안이 경쟁하고 협상하는 장으로서 국가와 사회의 관계를 제도화하는 영역의 중요성을 일깨운 새로운 경험이었다고 강조하였다.[22]

그런데 이상에서 간략히 정리한 박사논문의 맺음말을 찬찬히 살펴보면 문면의 행간에서 연구의 완결성을 확보하기 위해 추후 수행해야 할 중요한 과제가 읽힌다. 구조적 변화를 포함해 국민혁명이 성공했는지 여부를 본격적으로 따져볼 필요가 있다는 것인데, 이는 크게 보면 1949년에 이르는 국민국가 형성과정, 작게 보면 난징국민정부에 대한 평가나 중국혁명의 과정을 국민혁명과 연결지어 고찰하는 것이 될 수 있다. 후술하겠지만 남은 문제를 국민회의운동 지향의 역사적 중요성에 전가해놓았기 때문에 적어도 국민회의운동의 실질적 내용을 채움으로써 일정한 매듭을 지을 필요는 있었다. 특히 백영서가 중요하게 제기한 민간사회 개념과 국민회의운동의 관련성을 구체적으로 드러낼 필요가 있었다. 그러나 결과적으로 그의 중국현대사 연구에서 이런 문제들이 본격적으로 다뤄지지는 않아 논리적 분석틀의 제시에 그친 느낌이다.

4. 동아시아 담론을 여는 열쇠, 국민회의운동

전술했듯이 백영서는 신해혁명, 5·4운동, 국민혁명으로 이어지는 일련의 과정을 통해 ─'공화에서 혁명으로'─ 중국 국민국가 형성의 특징을 찾아보려 했고, 학생운동 출신의 직업혁명가를 매개로 5·4운동이 국민혁명으로 전화, 발전한 것으로 파악하였다. 그리고 거의 모든 논지 전개의 끝자락에는 항상 국민회의운동이 있었다.

국민회의운동은 백영서의 중국현대사 연구에서 각별한 의미가 있다. 1993년 국민회의운동의 중요성을 처음으로 언급한[23] 이래 그는 기회가 될 때마다 다양한 측면에서 그 의미를 강조하였다.[24] 우선, 직능별 사회집단을 기초로 했다는 점에서 서구의 대의제도와 다른 특이성을 지적하였다. 그 특이성이 국가와 사회를 이분법적으로 인식하는 틀에서 벗어나 국가와 민간사회 관계가 가진 특수성을 해명할 수 있는 열쇠라고 여겼다. 또한 여러 사회집단이 저마다 품게 된 국가권력 구상이 공산당 및 국민당의 구상과 경쟁하고 타협하는 장으로서 대안적 정치공동체를 모색했음을 강조하였다. 학생(운동)과 관련해서는 국가와 사회 관계를 제도화하는 영역의 중요성을 일깨운 새로운 경험으로서 새로운 정치질서를 추구하도록 이끌었다고 보았다.

백영서에게 국민회의운동의 의미는 1920년대에 한정되지 않았다. 국공 양당도 국민회의운동에 참여했기 때문에 운동이 정당에 종속될 한계가 항상 존재했으나, 국민회의는 당시 '민주주의를 향한 열망을 표현하고 여론을 수렴할 수 있는 가장 유용한 도구'였기 때문에 북벌 이후에도 여러 세력이 '국민회의라는 동일한 언어'를 공유하였고, 국민회의운동을 추동했던 민간사회의 역동성이 굴절된 형태로나마 '헌정'논쟁, 중일전쟁 시기의 국민참정회, 내전시기의 정치협상회의로 이어졌다고 보았다. 그뿐만 아니라 ─ 오늘날에도 의미가 있는데 ─ 국민회의운동을 통해 국가와 중간집단(직능집단) 간의 새로운 권력분립의 가능성을 조명하고 민주주의에 대한 좀더 깊은 이해를 이끌어낼 수 있을 것이라고 지적하였다.

이런 관점은 무엇보다도 국공 양당 위주의 정치공동체 구상 외에 다양한 구상에 주목했다는 점에서 연구사적으로 의미가 있다. 중국 국민국가 형성의 다양한 경로와 형태를 고찰함에 있어 국민회의운동에 대한 높은 관심은 한국의 중국현대사 연구가 가진 특징적 면모라고도 할 수 있는데, 백영서의 연구가 한국의 중국현대사 연구에도 일정한 영향을 끼쳐 국민회의운동에 대한 평가를 둘러싼 논쟁으로 이어졌던 것이다.[25] 한국의 중국현대사 연구가 가진 문제점으로 '쟁점이 없다'는 점이 자주 지적되는 상황에서 이는 적잖은 의미를 갖는다.

이상과 같이 백영서가 지대한 관심을 보였던 국민회의운동은 그의 중국현대사 연구와 동아시아 담론을 이어주는 접점이 되는 주제는 아니었을까. 일례로 "국민국가를 대신할 새로운 정치공동체의 대안적 원리들을 고려할 때, 개인도 국가도 아닌 자발적 결사체의 연대 경험이 대안적 원리를 실현시킬 수 있는 계기의 하나가 될 수 있다"는 언급은[26] '서구적 기준'을 극복하려는 '동아시아적' 정치공동체 모색을 연상시킨다. 또한 백영서에 따르면, 서구적 대의제와 질적으로 다른 국민회의운동이라는 역사경험에서 중국은 물론 일본과 남북한이 공통적으로 씨름하고 있는 민주주의 문제에 대해 새로운 설명방식을 확보할 가능성이 있다.

하지만 국민회의운동이 백영서의 중국현대사 연구에서 핵심적인 화두였음에도 정작 이에 대한 본격적인 천착은 이루어지지 않았다. 더욱이 "1930년대 국민회의를 둘러싼 여러 정치세력의 경쟁과 타협의 복잡한 맥락을 규명할 필요가 있다"고 밝히기도 했으나[27] 연구는 더 진행되지 못했다. 그래서인지 '대안적 정치공동체'가 형성되는 구체적 경로가 무엇인지 분명하게 드러나지 않았고, 국민국가 형성의 다양한 형태 중 하나를 지적하는 데에 그쳤다.

백영서에 의해 한국의 중국현대사 연구에 여러 가지 의미있는 문제제기가 이루어졌으나 '완전히' 매듭지어지지는 못했다는 느낌을 지울 수 없다. 미완의 연구들이었다고 말할 수도 있겠다. 이런 문제는 백영서가 '동아시아적 시각'에 주목하게 된 계기를 설명하면서 여러번 언급했던 1990년 하버드 옌칭연구소에서의 경험에서 받은 자극으로[28] 다소 서둘러 연구방향을 '대전환'하면서 발생했다고 볼 수도 있다. 말하자면 1930년대의 중국이나 국민회의운동 연구에 대한 일정한 마무리 내지 일단락 없이 동아시아 담론을 제기하고 그후에는 이에 집중함으로써 발생한 어쩔 수 없는 선택의 댓가 또는 기회비용이라는 것이다. 이런 문제를 동아시아 담론이 이론적 모색에 치중해 구체적 내용을 구성하는 '토대'가 다소 약하다는 비판과 연결짓는다면 지나친 것일까.

5. 중국현대사 연구와 동아시아 담론의 만남: 중간항목·지적 실험· 이중과제

1990년대 초반 한국에서 동아시아 담론이 제기된 배경에 대해서는 매우 다양한 설명이 가능한데, 중국현대사 연구와 관련해 보면 한국 나름의 독자적인 분석틀을 모색할 필요가 있다는 문제의식에 바탕을 두고 있다고 할 수 있다. 이러한 문제의식은 백영서도 공유하는 바여서, "동아시아에 사는 한국인으로서의 체험이 특유의 문제의식을 낳을 것"으로 기대하였다. 나아가 한국인으로서의 체험을 존중하되 이런 시각이 초래할지도 모를 '편협함'의 위험을 피하기 위해 한국의 역사적 경험을 '동아시아적 시각'에 비춰 재구성할 것을 제의하였다.[29]

그렇다고 동아시아를 특권화하려는 것은 아니고 다만 개별 국민국가와 세계체제 사이에 '중간항목으로서' 동아시아를 설정하는 것이다. 요컨대, 근대 이후 중국의 국민국가 형성은 그 자체가 세계체제와 구조적으로 연결된 것이므로 중국현실과 세계체제의 관계에 대한 인식이 긴요한데, 그것을 구체화하기 위해 중간항목으로서 동아시아를 설정하고 국민국가-동아시아-세계체제를 체계적으로 인식하는 '동아시아적 전망'이 필요하다는 것이다.[30]

백영서는 '동아시아적 전망' 또는 '시각'을 '지적 실험으로서의 동아시아'라는 개념으로 구체화하였다. 이는 "동아시아를 어떠한 고정된 실체로 간주하지 않고 항상 자기성찰 속에서 유동하는 것으로 파악하는 사고와 그에 입각한 실천의 과정"을 뜻한다. 말하자면 동아시아인으로서 자신의 정체성을 찾기 위한 주체적인 '지적 실험' 같은 것이다.[31]

백영서는 이러한 지적 실험의 일환으로 1990년대 초반 동아시아 담론을 제기하고 중국현대사 연구를 동아시아 담론에 접속하는 길목에서 '중국은 한국인에게 무엇인가'라는 질문을 던졌다. 구체적으로는 대한제국 시기, 20세기 전반, 1949년 전후 동시대 한국인의 중국에 대한 인식을 고찰하였다.[32] 결론적으로, 한국인의 중국인식이 형성되는 과정을 보면 중국에 대해 '알고 있는 것'과 '바라는 것(알고 싶은 것)'이 상호 침투하면서 동태적으로 형성되는 특징을 보인다고 지적하였다. 또한 동시대 한국인의 인식은 현재의 우리가 중국현대사를 온전히 이해하려 할 때 지적 자산으로 활용할 수 있다고 평가하였다.

사실 백영서가 '지적 실험으로서의 동아시아'라는 관점을 세우고 중국을 통해 동아시아를 발굴해나가는 와중에 '한국인의 역사적 경험 속의 중국'에 주목한 것은 동아시아에 대한 지적 실험을 통해 "자기 속의 동아시아와 동아시아 속의 자기를 돌아보는 성찰적 주체가 형성될 것"이라는[33] 기대에 의거한 것으로 짐작해볼 수 있다. 이렇게 보면 동아시아 담론은 새로운 성찰적 주체를 세우려는 매우 의식적이고 의도적인 지적 실험이라고 할 수 있다. 한 논평에서 언급했듯이 "시선이 의식적일 때, 자신의 지적 전통에서 그 실마리를 찾아보려는 생각에 닿는 것은 자연스러운 일"이기[34] 때문이다.

동아시아를 매개로 한 또 하나의 지적 실험은 백낙청의 '근대적응과 근대극복의 이중과제' 개념을 중국의 근대적응 과정에 내포된 근대극복의 가능성에 적용해본 연구이다. 예컨대 백영서가 제시한 '민간사회'는 서구 기준의 '시민사회'나 '공공영역'과 달리, 국가권력에 대한 자립 지향과 보완 지향을 동시에 갖는 '직능별 집단의 자율적 결집의 영역'이라는 점에서 근대극복의 가능성을 내포하고 있다.[35] 또한 백영서는 민간사회 개념을 단서로 동아시아 중산층이 갖는 국가에 대한 의존성과 자율성이라는 양면성을 드러내면서, 동아시아인의 새로운 정체성을 만들어낼 대중문화의 상상력과 비판의식의 결합가능성에 기대를 걸기도 했다.[36]

이밖에 '근대적응과 근대극복' 문제와 관련해 다양한 주제가 거론되었다. 우선 백영서는 동아시아를 하나의 문명단위로 보고 동아시아가 공유하는 문화·종교·규범으로 인권 관념을 보완함으로써 인권문제를 둘러싼 '보편과 특수'라는 낡은 발상을 극복할 수 있다고 보았다.[37] 량 치차오의 문명관을 검토한 연구에서는 그의 문명에 대한 이해가 '근대극복'까지 전망했는지를 고찰하였다. 동아시아에서 근대성을 완성하려면 '근대적응과 근대극복의 이중과제'를 동시에 수행해야 한다는 긴장감이 요구되는데, 결과적으로 량 치차오는 안이하게 중국문명의 긍정 내지 제3문명의 창출에 안주했다는 것이다.[38]

이상에서 언급한 중국 관련 주제들에 동아시아를 투영해 보려는 일련의 연구는 백영서가 2000년 11월에 펴낸 『동아시아의 귀환』에 그대로 반영되었다.[39] 그는 이 책을 통해 자신의 중국현대사 연구가 어떻게 동아시아 담론으로 전환되었는지를 보여주고자 했다. 『동아시아의 귀환』에서 제기한 문제의식은 중국현대사 학계에도 방향과 방법에서 하나의 지표를 제시한 셈이다.

그렇다면 한국의 중국현대사 연구에는 동아시아 담론의 지향이 어떻게 반영되어왔을까? 백영서가 기대했던 "자기 속의 동아시아와 동아시아 속의 자기를 돌아보는 성찰적 주체가 형성"된 것일까? '지적 실험으로서의 동아시아'를 구체화하는 과제는 한국의 중국현대사 연구에 얼마나, 어떻게 투영되고 있을까?

동아시아 담론은 1990년대 초부터 한국 지식인사회에서 큰 관심을 끌던 가운데 대략 2000년대에 이르러 중국현대사 연구로도 확산되었다.[40] 동아시아 담론에서 제기한 독자적인 담론 생산의 필요성이나 서구중심주의·자국사중심주의(민족주의 역사관)·국민국가 패러다임 등에 대한 비판적 성찰의 필요성은 중국현대사 연구자들도 공감할 수 있는 부분이었다. 이런 상황에서 동아시아 담론이 중국현대사 연구로 확산되는 데에 기폭제 역할을 한 것은 동아시아의 '역사분쟁'이었다. 특히 2002년 본격적으로 제기된 '동북공정'이 한국의 중국현대사 연구에 끼친 영향은 컸다.

동북공정의 성격을 둘러싸고 연구자들은 서로 입장을 달리했지만, 전반적으로 동북공정에 대한 한국사회의 감정적 대응을 비판하면서 '민족주의의 수렁'에 빠지지 않으려고 노력한 것은 공통적이었다. 또한 중국현대사 학계는 동북공정에서 제기한 '다민족통일국가론'에 반론을 제시하고 소수민족의 역사를 되짚어봄으로써 중국 민족주의 혹은 애국주의의 문제점을 지적하고, 국경으로 고정된 영역의 역사를 해체하여 민족주의와 민족문제를 가변적, 신축적인 것으로 파악하였다. 이처럼 동북공정의 여파로 민족주의를 상대화하려는 경향이 생겨났고, 이것이 중국현대사 연구에 동아시아 담론을 확산시키는 계기로 작용했다.

민족주의 역사관의 상대화와 관련하여 가장 주목되는 연구는 2000년대 전반에 이루어진 왕 징웨이(汪精衛) 정권에 대한 심도있는 재평가 작업이다. 이는 기본적으로 민족주의에 바탕을 둔 역사서술에 대한 반성에서 출발하였다. 왕 징웨이 같은 '한잔(漢奸, 매국노)'을 저항민족주의 입장에서 바라보면 그들이 갖고 있던 다른 가능성을 역사에서 지워버릴 수 있기 때문에 민족주의를 근간으로 한 도덕적 관점에서 벗어날 필요가 있다는 것이다. 이런 문제의식 속에서 민족주의적 입장에서 '매도'되었던 '한잔'에 대한 새로운 접근이 이루어졌다. 더욱이 '한잔'이란 용어 사용을 피하고 '협력자'라는 가치판단을 배제한 용어로 대상을 바라봄으로써 민족주의적 시각을 상대화하고자 했다.

동아시아 지역 내에서 국민국가의 경계를 넘어 이루어지는 초국적(transnational) 상호작용에 대한 다양한 연구를 통해서도 동아시아 담론이 투영되었다. 다수의 연구자들이 역사분쟁에 개입하면서 국민국가 패러다임의 극복이라는 과제가 더욱 선명히 부각되었고, 그와 함께 국경을 초월한 상호인식·접촉·교류, 그리고 그것이 전개되는 초국적 공간에 대한 관심이 증대했던 것이다. 이는 중국현대사 연구자들의 한국사에 대한 관심으로 이어지기도 했는데, 여기에서도 민족주의에 입각한 '일국사적 관점'에 근거하지 않고 한국현대사를 상대화, 객관화하려는 노력을 엿볼 수 있다.

이러한 초국적 공간 및 상호작용에 관한 연구는 2000년대 이래 꾸준하게 이루어졌다. 구체적으로 한중 간 상호인식과 상호접촉, 정치 및 외교 문제, 접촉이 이루어지는 공간, 만보산사건이나 배화(排華)운동 같은 한중관계의 중요 사건들, 한국화교(華商)나 재만한인 같은 초국적 이주민, '동아시아 모순의 결절점이자 융합의 공간'으로서의 만주(동북지역), 대만이나 티베트 같은 접경 내지 변경지역 등등 연구소재도 다양하다. 이처럼 초국적 접촉과 공간에 대한 관심이 이어지면서 국민국가의 경계를 넘어 동아시아 지역의 공간지형을 새롭게 인식하려는 경향이 대두했고 이는 동아시아 담론의 지향과 맥을 같이한다.

이밖에 동아시아 담론은 역사교과서 분석을 통해서도 활발하게 검토되어왔다. 역사교과서는 동아시아 역사문제의 '당사자'이기도 하고, 해당 사회와 학계의 지배적 담론과 국민국가의 의지가 관철되어 있을 뿐만 아니라 '역사기억'을 만들어내고 유통시키는 주요 매개물의 하나라는 점에서 많은 주목을 받아왔다. 특히 2012년에 고등학교 '동아시아사' 과목의 교과서가 출판됨에 따라 이에 대한 비판적 검토가 다수 이루어지기도 했다.

한편, 이렇듯 국민국가의 경계를 넘고 민족주의를 상대화하려는 연구사적 경향이 나타났다고는 하지만 이것이 1990년대 이래 동아시아 담론이 제기한 문제의식을 얼마나 충실하게 반영하였는지는 의문이다. 물론 이 문제에 대해서는 추후에 보다 상세하게 분석할 필요가 있지만, 사실상 동아시아 담론의 제기가 없었더라도 민족주의의 상대화와 국민국가에 대한 비판적 성찰은 어느정도 공유되는 관점이었고, 동아시아를 하나의 단위로 설정해 동아시아 근대화의 복합적 근대성을 탐구하려는 '지적 실험'이 충분히 전개되었다고 보기는 어려울 듯하다. 더욱이 해당 연구가 '역사분쟁'에 따른 정부의 연구비 지원과 맞물리면서 활성화되었다는 점도 일정한 취약성을 드러낸다. 초국적 접촉과 공간에 대한 관심이 소재주의의 함정에 빠질 우려가 있다는 것이다. 이럴 경우 동아시아 담론에 걸맞은 진정성 있는 주제의식은 약화될 수밖에 없으며, 이는 역으로 동아시아 담론 자체가 내용을 충분히 채우지 못하고 계속해서 이론적 '모호성'에 갇히는 결과를 초래할지도 모른다.

제2부

동아시아적 시각에서 본 동아시아

제1장

청조하 동아시아 국제질서의 변화·

윤욱(부산대 사학과 교수)

서론

오늘날 청대사 학계에서는 대표적으로 청을 중국사의 일부로 보는 시각과 만주족이 건설한 제국으로 보는 시각이 병존하고 있다. 이 양자가 대립하는 근본적인 이유는 현재 중국의 모태가 되는 청이 현재 중국에서 다수를 점하고 있는 한족이 아닌 만주족이란 소수민족이 지배민족이었으며, 중국을 포함한 동아시아에서 역사상 몽골제국에 버금가는 광대한 영토를 장악한 제국을 건설했고 그것을 현재의 중국이 유산으로 물려받았다는 사실에서 기인한다. 거의 예외 없이 중국 학자들은 지배민족이었던 만주족이 중국문화를 받아들여 동화되었다고 주장한다. 하지만 이른바 청대사 또는 신청사(新淸史)를 지지하는 (주로) 외국 학자들은 청을 제국으로, 청제국을

• 이 글은 『역사와 경계』 106, 2018에 게재된 논문을 일부 수정한 것이다.

만주족의 정복의 산물로 간주한다. 중국은 청제국의 가장 큰 부분이긴 하지만 몽골·신장(新疆)·만주 등과 마찬가지로 그 일부분이라는 것이다. 이들은 더 나아가 청을 17~19세기 영토를 팽창해 식민지를 건설하고 대제국을 건설한 대영제국, 러시아 로마노프 왕조와 비교할 만한 국가로 여긴다.[1]

양자의 주장을 비판적으로 검토한다면, 우선 청이 중국사의 일부라는 주장은 현재 상황을 과거에 투영해 역사적 사실을 호도하는 오류를 범하고 있다. 지금 현재 만주족이 동화되어 중국인이 되었으니 17~19세기에 존재하던 만주족도 중국인이라고 주장한다면 이는 사실과 어긋난다. 당시 만주족은 자신을 '기인(旗人)'이라 불렀는데, 기인은 과거 중국이었던 명나라의 백성을 지칭하던 '민인(民人)'과는 분명 구별되는 존재였다. 한편 청조를 동시기에 존재했던 영국이나 러시아 같은 식민제국과 비견하는 것도 불합리한 측면이 있다. 청의 영토 확장은 영국, 러시아같이 식민지로부터 자원이나 노동력을 조달하기 위한 목적으로 이루어진 것이 아니라 정권안보의 차원에서 진행되었기 때문이다. 북경을 방어하기 위해 동몽골을 위협하던 중가르(Jungar)제국을 정벌해야 했고, 몽골을 안정시키기 위해서는 그들이 신앙하는 티베트불교의 본거지인 티베트를 장악해야 했다. 청조가 막대한 중원의 재화를 허비해가면서 신장을 방비하고 있었음은 이를 증명한다.

청을 바라보는 양대 시각의 한계는 제3의 시각을 모색할 필요를 느끼게 한다. 필자는 요즘 회자되고 있는 '동아시아'란 지역 개념을 청나라의 역사적 의의를 모색하는 분석 도구로 이용하고자 한다.[2] 청이 동아시아 국가였다는 점은 중국뿐만 아니라 한국·일본·미국·유럽 등지의 모든 학자들이 동의하는 바일 것이다. 요즘 역사학 분야에서 동아시아사 서술이 유행이다. 하지만 필자가 동아시아란 분석단위에 주목하는 이유나 필자의 동아시아의 범위는 동아시아를 거론하고 있는 대부분의 저술과는 다르다. 우선,

대부분의 동아시아 관련 저술이 동아시아 국가의 자국사 서술에 팽배한 자민족중심주의를 극복하기 위한 방안으로 동아시아를 하나의 서술단위로 삼고 동아시아 국가들 간의 문화적·경제적 상호교류를 강조하고자 한다.[3] 반면, 필자가 동아시아에 주목하는 이유는 동아시아 세계의 형성과 변화과정에서 청의 역할을 모색함으로써 신청사나 중국 학계의 한화론(漢化論)적 시각에서 간과된 청사의 의의와 특징을 부각하기 위함이다.

청 이전의 동아시아 세계와 청이 멸망한 이후의 동아시아 세계는 상당히 극적인 차이를 보여준다. 명대까지 중국은 동아시아 세계의 문화의 중심이었으며 각국의 문화적 지위는 중국을 기준으로 하여 동심원상에 존재했다. 유학에 대한 조예와 한문 문헌이 부족한 국가일수록 문화세계의 외곽에 위치했다. 각국 간의 외교는 조공체제가 지배하고 있었다. 또한, 중국 황제의 교화가 사방에 골고루 미쳐야 한다는 이상이 중국인들의 사고를 지배하는 상황에서 인근 국가와 중국의 영토적 경계는 명확하지 않았다. 하지만 이 같은 양상은 청대 이후 근대 동아시아의 모습과는 큰 차이를 보인다. 현재 각 국가는 중국을 문화의 중심으로 상정하지 않고 문화적 다양성을 모색하며 각자의 고유한 역사·문화전통을 자랑하고 있다. 조공관계는 자취를 감추었고 각국은 형식적으로는 평등한 관계를 맺고 있으며, 국가 간에는 명확한 경계선이 존재한다.

종래 이러한 변화는 서구와 서구화된 일본이 동아시아 세계에 가져다준 충격과 그로 인한 국민국가의 형성과정에서 비로소 일어난 변화로만 관찰해왔다. 새로운 동아시아 세계질서의 형성과정에서 청의 역할은 주로 서구라는 새로운 세력의 등장으로 인해 청이 동아시아 세계에서 가졌던 주도권의 소멸이란 측면에서 검토되었다. 하지만 우리는 청말에 등장한 서구의 충격이 가져온 동아시아 세계의 급격한 변화에 주목한 나머지 그보다 앞서

200년간 동아시아 세계를 주도했던 청조하에서 일어난 동아시아 세계질서의 변화에 대해서는 간과하고 합당한 평가를 하지 못하고 있는 것은 아닐까? 한편 필자가 이 글에서 지칭하는 동아시아의 범위는 아시아 동쪽에 위치하면서 한자문화권·유교문화권에 속한 국가들로 구성되는데 (대만 포함) 중국·한국·일본 그리고 베트남 등이 그 주요 국가이다. '동아시아'는 주로 동북아 삼국, 즉 중국·한국·일본을 지칭하고 베트남은 동남아시아로 분류되기도 한다. 하지만 이러한 분류는 서구 대학의 교육행정 편의에 따른 분류에 기인하므로 반드시 따라야 하는 당위성이 있는 것은 아니다.[4] 베트남은 이 글의 주된 고찰대상인 청과 접경하고 있으며 한국·중국·일본과 같이 한자문화권·유교문화권에 속한다. 그뿐 아니라 현재 다른 동아시아 국가들에 그 중요성이 나날이 제고되고 있으며 유대관계도 강화되는 추세이므로 베트남을 동아시아 국가에 포함시켜 분석하는 것이 시의성 있다고 판단된다.

아래에서는 청의 등장이 가져온 동아시아 국제질서의 변화를 중국이 문화의 중심이란 사고의 붕괴, 동아시아 각국의 자국 문화와 전통의 재발견, 조공체제의 이완, 국경선의 등장의 순서로 살펴보고자 한다. 그리고 결론에서는 이러한 변화가 동아시아 변방에서 성장한 청조의 특징과 어떠한 연관이 있는지 검토할 것이다.

1. 중화헤게모니의 쇠퇴

헤게모니란 직접적인 군사적 지배나 행정기구를 통한 통치를 넘어 외부 집단의 행동에 영향을 끼치는 권력을 의미한다. 중국은 한자의 종주국이

자 성현이 남긴 학문의 본고장으로서, 주변국으로부터 동아시아 문화의 중심으로 받아들여졌다. 명이 중국을 지배하던 무렵까지도 중국의 문화적 헤게모니는 도전받지 않았다. 남송과 명이 관학으로 받아들인 주자학은 중국과 그 주변 간의 문화적 우열을 더욱 선명하게 강조했다. 주자(朱子)가 살았던 남송은 전통적인 중국의 중심지 황하 유역을 '이적(夷狄)'인 금나라에 내주고 남쪽으로 내려온 망명정권이었다. 주자는 금을 불구대천의 원수로 여기고 같은 인류로 여기지 않았다. 그는 "이적은 인간과 금수의 사이에 있어서 고치기 힘들다"라고 비하했다. 즉, 중국의 사방에 있는 이적은 반(半) 짐승으로 문명화하기 어려운 존재들이었다. 주자의 화이관은 명대의 구준(丘濬) 등을 거쳐 청나라에서는 증정(曾靜) 같은 유학자들에게 계승되었으며 한편으로 주자학과 더불어 조선·일본·베트남 등 각 나라에 전파되었다. 야마자끼 안사이(山崎闇齋)는 화이의 구분이 없어지면 중국은 이적이 되고 인류는 금수가 된다는 구준의 견해에 대해 "경(經)"이자 "만세의 상법(常法)"이라고 평했다.[5] 남송의 멸망과 더불어 지식인층이 베트남으로 망명하면서 주자학이 비교적 이른 시기에 전달된 베트남에서는 침입한 원군(元軍)을 '호로(胡虜)' '북로(北虜)'라고 부른 바 있다.[6]

중국이 문화의 중심이란 사고는 명의 멸망과 청의 등장으로 인해 동아시아에서 의문시되고 심지어 부정되었다. 우선 중국이란 지리적 영역과 문화의 중심지를 등치시키는 사고방식은 중국을 차지하게 된 만주족 통치자 자신들부터 받아들이지 않았다. '중화의 사면은 모두 이적이고 중국과 조금 가까우면 약간 사람의 기운이 있고 멀어지면 금수와 차이가 없다'는 증정의 주장에 대해 옹정제는 '화'와 '이'는 출생지가 어디인가를 떠나서 문화(인의仁義·덕德·오륜五倫)의 유무에 따라 판단해야 한다고 주장한다. 청조가 불과 10만의 병사로 중국을 석권한 사실은 이미 청조의 덕을 증명하고 있었다.[7] 청조가 중외일통(中外一統)을 이룩한 현실을 통해 주자의 화이관을 조소하는 옹정제의 현실주의적 태도는 북방민족 사이에서 지도자가 자신의 통치의 정당성을 혈연이 아닌 능력을 통해 입증하는 관례와도 관련이 있다고 보인다.

한편, 주변 국가들이 중국의 문화적 헤게모니에서 이탈한 것은 주자학적 화이관에서 오랑캐였던 청이 중국을 장악하고 있다는 사실에 근거한 것이었다. 청이 강희·옹정·건륭 성세를 거치면서 세계제국으로 성장하는 동안 조선에서는 '조선중화주의'가 등장했다. 중원은 비록 오랑캐의 말발굽에 짓밟히고 변발과 호복을 강요당해 아름다운 풍속이 사라졌지만 조선이 중화의 예악과 법도를 이어받아 문화적 정통을 계승했다는 사고방식이었다. 조선이 곧 중화라는 이같은 사고방식은 송시열(宋時烈)에 의해 체계화되어 조선왕조가 끝날 때까지 사상계의 주류를 형성했다. 대한제국 시기 원구단으로 이어지는 대보단(大報壇) 제사는 조선이 명의 문화적 적통을 계승했음을 주장하기 위한 행사였다.[8]

조선중화주의는 스스로 문화의 정통이 되었다고 주장하지만 그 근거는 조선이 중국의 예법과 의관을 계승했다는 점, 즉 조선의 문화가 중국의 문화와 흡사함에서 찾고 있을 뿐 문화적 자부심의 근거를 주체적으로 형성하지 못했다는 점에서 한계를 지니고 있다고 지적되기도 한다.[9] 하지만 당시 한자와 유학으로 대표되는 유교문화는 중국이란 국적이 붙은 것이 아니라 동아시아가 공유하던 문화였다. 따라서 조선중화주의를 중국을 문화의 중심으로 보는 사고에서 벗어나지 못했다고 평가절하하는 것은 시대착오적 발상이 아닐까?

일본 지식인들 사이에서 역시 명청교체로 인해 문화의 중심이 자국으로 이동했다고 주장하는 사람들이 나타났다. 토꾸가와 막부에서 중국 관련 정보수집을 담당했고 막부의 정학인 주자학을 전수했던 하야시 라잔(林羅山) 가문의 후대 하야시 가호오(林鵞峰)는 만주족이 명을 정복하자 중국이 문명국에서 야만국으로 전락했다는 의미에서 화이변태(華夷變態)를 주장했는데, 이는 한편으로는 만주족 치하 당대 중국에 대한 일본의 우월감을 주장한 것이었다. 동시기 주자학에 반대했던 사무라이 유학자 야마가 소꼬오(山鹿素行) 역시 만주족이 중국을 정복한 것은 항상 외부의 적을 물리치고 아마떼라스오오미까미(天照大神) 이래 그 계보와 신성성을 유지하고 있는 일본이 중국보다 우월함을 입증한다고 주장했다.[10]

18세기에 이르면 일본 유학자들은 일본이 중국을 초월하는 문헌지방(文獻之邦)임을 알리기 위해 중국에서 이미 사라진 경전을 복원하고 이를 중국으로 역수출하기에 이른다. 토오꾜오에서 멀지 않은 아시까가(足利)서원 도서관에 보관되어 있던 고서를 집일(輯佚)해서 네모또 손시(根本遜志)가 황간(皇侃)의 『논어의소(論語義疏)』를, 야마노이 콘론(山井崑崙)이 『칠경맹자고문(七經孟子考文)』을, 다자이 슌다이(太宰春台)가 공안국(孔安國)의 『효경』 주석서 『고문효경공씨전(古文孝經孔氏傳)』을, 오까다 신센(岡田新川)이 정현(鄭玄)의 『효경주(孝經注)』를 집일했고, 이 책들은 모두 중국으로 전해졌다. 다자이는 당시 중국 배가 들어오는 항구였던 나가사끼의 책임자인 나가사끼 부교에게 자신의 책을 중국으로 보내줄 것을 청원할 정도였다.[11]

베트남에서는 청이 등장할 무렵인 후레(Hâu Lê) 왕조 말기부터 통치자들은 스스로 '화(華)' '한(漢)'임을 내세우고 주변 민족을 만이(蠻夷)로 바라보았다. 후레 조정은 청이 중국에 들어와 치발변복을 강요하자 송·명의 의관과 예속을 고수하고 베트남에 들어온 청인에게도 베트남의 국속을 따르게 했다.[12] 후레 왕조 말기의 유학자 레꾸이돈(Lê Quy Đôn)은 "월방(越邦)이 건국되었을 때부터 문명이 조금도 중국에 뒤지지 않았으며, 본조에 들어서면 지혜로우면서도 매서운 훈계의 왕성함이나 문물제도의 발달이 중국 못지않다"라고 자평했다.[13] 후레 왕조를 계승한 응우옌(Nguyên) 왕조는 궁중의식·의상·갑옷 등 중국의 고전 전통을 자신이 계승하고 있다는 자부심이 강했다.[14] 그 궁극적인 이유는 당대 중국을 지배하고 있는 집단이 야만인인 만주족이라는 것이었다. 민망(Minh Mang) 황제는 "대청(大淸)이라, 그들의 선조는 만인(滿人)이니 (…) 만은 오랑캐다"라고 말한 적이 있는데, 대신들도 같은 입장이었다. 1840년 말 도찰원(都察院)의 책임자는 "만주족이 일어나서 중국은 모두 이적이 되었다"라고 했다.[15]

베트남이 명을 이어 중화문명을 계승했다는 의식을 가장 잘 형상화한 공간이 역대제왕묘이다. 명나라는 역대제왕묘를 세워 5제3왕(五帝三王, 복희伏羲·신농神農·헌원軒轅·요堯·순舜·탕湯·문文·무武) 및 한·당·송 왕조의 창업군주를 모셨는데, 청조가 등장하자 그곳에 요·금·원의 창업군주들을 같이 배향했다. 응우옌 왕조에서는 청조가 중화를 교란한 이적의 군주들을 함께 배설했다고 비판하고, 명나라 제도에 따라 역대제왕묘를 중수했다. 그뿐만 아니라 베트남의 선조인 경양왕(涇陽王), 락롱꾸언(Lac Long Quân), 웅왕(雄王), 사왕(社王), 정선황(丁先皇), 여대행황제(黎大行皇帝) 및 리(Ly)·쩐(Trân)·레 왕조의 창시자와 레타인똥(Lê Thanh Tông) 등 베트남 성군의 위패를 배설했다. 이는 5제3왕과 중국 정통왕조의 법통이 역대 베트남 왕조를 거쳐 응우옌 왕조로 이어졌음을 과시한 것이었다.[16]

이와 같이 청대에 진입하면서 중국 주변의 동아시아 각국에서는 중화헤게모니가 약화되고 각국이 스스로 오랑캐인 청을 대신하여 중국의 문화적 전통을 계승했다는 주장을 제시했다. 자신들이 문화의 중심이란 의식은 더 나아가 각자의 고유문화에 관심을 갖고 재인식하는 데에도 기여하게 된다.

2. 자국 고유문화의 중시

만주족의 다양한 문화에 대한 개방적인 태도는 이미 알려진 바이다. 가령 청나라의 궁정의례에는 유교적 국가의례와 만주족의 샤머니즘, 티베트 불교가 공존하고 있었다.[17] 특히 만주족은 그들 고유의 풍속인 말타기·활쏘기·만주어를 잃어버리지 않기 위해 특별한 노력을 기울였다. 만주족 통치자들은 사상에 있어서도 만주족을 비방하거나 만주족의 통치에 직접적인 위협을 가하지 않으면 검열하거나 탄압하지 않았다. 물론 문자옥(文字獄)이 종종 발생했지만, 전근대사회에서 현왕조에 대한 비방과 모욕은 청조뿐만 아니라 어떠한 왕조에서도 용납되지 않았다는 점을 상기할 필요가 있다.[18]

명조는 정학의 지위를 차지한 정주학을 비판했던 이지(李贄)를 탄압해 자살하도록 강박했고, 청조와 동시기에 존재했던 에도(江戶) 막부에서는 마쓰다이라 사다노부(松平定信)가 집권하던 18세기 말 19세기 초 이학(異學)의 금령이 반포되어 주자학 이외의 학문을 모두 이단으로 간주했다. 조선에서는 주자학을 비판한 윤휴(尹鑴), 박세당(朴世堂)을 사문난적으로 몰았다. 하지만 예외적으로 청조에서는 국가 공인 학문인 주자학에 대한 비판이 용인되었다. 대진(戴震)은 정주학에서 근본이 되는 도덕적 원리라고 주장하는 이(理)란 고귀한 사람, 윗사람이 천한 사람, 아랫사람을 꾸짖고 벌하고 심지어 죽이기 위한 도구라고 주장했다.[19] 염약거(閻若璩)는 국가 과거시험의 공인 텍스트였던 『고문상서(古文尚書)』가 위작임을 밝혔지만 탄압을 당하거나 검열을 겪지는 않았다.[20] 오히려 대진은 사고전서 사업에 기여한 공로를 인정받아 진사 학위를 제수받았으며, 염약거는 나중에 옹정제가 되는 윤진(胤禛)의 기중(器重)을 받아 사후 향현사(鄕賢祠)에 입사되고 윤진이 직접 제문을 짓기까지 하였다. 청조 통치자들의 이와 같은 사상적 방임주의하에서 고증학이 꽃필 수 있었던 것이다.

그런데 고증학은 조선·일본·베트남 등지로 파급되면서 각국의 자국 역사와 문화에 대한 연구를 자극하고 자국의 전통을 중시하는 데 기여하게 된다. 청이 건국된 후 17세기 중반부터 18세기 중반까지 조선에서 조선중화주의가 발달해갈 무렵 국사학 분야에서는 강목체 역사서술이 유행했다. 유계(俞棨)의 『여사제강(麗史提綱)』, 홍여하(洪汝河)의 『동국통감제강(東國通鑑提綱)』, 임상덕(林象德)의 『동사회강(東史會綱)』, 안정복(安鼎福)의 『동사강목(東史綱目)』 등이 대표적이다. 이러한 역사서들은 주희가 북방민족의 침략으로 문명의 위기상황을 맞이하여 『자치통감강목(資治通鑑綱目)』을 편찬, 춘추대의를 밝히고 중화의 위상을 재정립하고자 했던 것을 본받기 위해 『자치통감강목』의 범례에 따라 국사를 개찬한 저작들이었다. 이 책들은 성현 기자(箕子)가 동래(東來)한 시기부터, 또는 그 이전에 존재했던 단군시기부터 이미 요순의 감화를 받아 한국이 중국에 버금가는 문명국인 소중화였다고 주장함으로써 자국사에 대한 자긍심을 고취했다. 강목체가 아니라도 이 시기 국사와 관련된 주요한 저술을 남긴 이종휘(李種徽), 허목(許穆), 이익(李瀷) 등의 역사관도 이러한 입장과 일치하였다.[21]

고증학은 18세기 후반 한양과 경기지방에 거주하여 학문의 정보수집에 유리했던 경기 학인들, 특히 그 가운데서도 초계문신(抄啓文臣)으로 발탁되어 규장각에 비장된 청에서 수입한 책들을 읽을 수 있었던 학자들에게 소개되었다.[22] 이들 외에 벌열가문의 자제로 연행사를 따라 북경에 다녀올 수 있었던 지식인들도 이 대열에 합류했다. 고증학을 접한 조선후기의 학인들은 대개 고증학이 경학의 궁극적 목표인 의리를 밝히고 실천궁행하는 대신에 지엽적인 명물(名物)의 고증으로 흐르는 것을 비판했지만 고증학적 연구방법의 유용성을 부정하지 않았다.[23] 고증학자들의 저술을 읽고 국사를 저술한 대표적 인물은『아방강역고(我邦疆域考)』를 쓴 정약용,『발해고(渤海考)』의 유득공(柳得恭),『해동역사(海東繹史)』를 지은 한치윤(韓致奫) 등이다.

규장각 검서관이자 북경을 두 차례나 방문해 건가고증학의 학풍을 직접 체감했으며 북경 문단에까지 이름을 떨쳤던 유득공은『발해고』를 지어 발해와 관련된 중국과 일본의 자료를 모으고 발해 도읍의 위치를 고증해냈다.[24] 앞서 안정복이 발해를 한국사에서 제외하고 이종휘가 발해를 다루면서 중국문화의 접근성과 기자의 전통을 강조했던 반면,『발해고』는 발해를 한국사의 일부로 간주한다.『발해고』에서는 소중화의식에 입각해 발해를 평가하려는 시도를 찾아보기 어렵다. 초계문신으로 규장각 장서를 이용할 수 있었던 정약용은 모기령(毛奇齡), 염약거 등 고증학자들의 서적을 탐독한 바 있다.『아방강역고』에서 실행한 지리고증은 엄격한 문헌고증에 입각해 신뢰성이 높다고 알려져 있다. 여기서 정약용은 삼한의 역사를 복원하여 삼한, 즉 백제·신라·가야 계통이 고조선-고구려-발해와는 독립된 역사계통을 형성하고 있음을 밝히고, 삼한의 구성원을 우리 민족의 핵심으로 여겼다. 한치윤은 북경에 다녀온 경험이 있으며 유득공, 정약용 및 김정희(金正喜) 같은 북학파 학자들과 교류하면서 고증학을 접했다.[25] 그 역시 삼한의 역사에 주목했다. 기자조선에 대해서는 고증학적으로 접근해 자료를 수집했을 뿐 정통임을 강조하지 않은 반면, 삼한을 한사군 앞에 수록하고 삼한의 상한이 기자조선의 멸망 이전까지 거슬러 올라간다고 주장했다.[26] 이들의 공통점은 이전의 역사학자들과 달리 정통론이나 주자학적 세계관을 통해 한국사를 인식하고 소중화로서 조선에 대한 자부심을 얻는 대신, 호기심에서 출발해 광범위한 사료를 수집하는 과정에서 한국 역사와 문화에 대한 지식을 확장하고 자긍심을 발전시켰다는 것이다. 이들이 모두 고증학을 수용한 학자였다는 점을 감안할 때 고증학의 전래가 한국의 고유한 역사와 전통을 발굴하고 민족의 자긍심을 고취하는 유산을 낳는 데 기여했다고 볼 수 있다.

일본에서는 17, 18세기 고문사학(古文辭學)이란 학파가 등장했다. 고문사학은 이또오 진사이 등에서 시작된다. 이또오는 유교 경전에서 노장사상과 불교의 영향을 걷어내고 원래 성현이 의미한 바를 궁구했는데, 이를 고학(古學)이라고 했다. 이것이 오규우 소라이(荻生徂徠, 1666~1728)에 의해 고문사학(古文辭學)으로 발전했다. 고문사학은 중국의 전설상 성왕의 문물제도를 구현하는 것을 목표로 했는데, 이 목표에 도달하기 위해 문헌의 분석과 교감(校勘), 집일을 통해 성왕의 문물제도를 담고 있는 경전과 주석서의 본연의 모습을 찾아내고자 했다.[27]

고문사학의 이와 같은 학문적 목표와 방법론은 사실 동시기 중국에서 발생한 고증학의 그것과 차이가 없었으므로 오래전부터 양자의 상관관계가 주목되었다. 일부 일본 학자들은 이또오 진사이 등의 저작이 대진 등에게 영향을 주었다고 주장하기도 하지만, 오히려 이또오와 오규우가 중국의 고증학 선배들의 영향을 받았을 가능성이 더욱 농후하다. 이또오와 오규우는 기일원론(氣一元論)을 주장했는데, 이또오보다 약간 앞서 또는 같은 시기를 살았던 명말청초 유학자 류종주(劉宗周, 1578~1645), 진확(陳確, 1604~77), 황종희(黃宗羲, 1610~95)가 이미 이러한 방면의 주장을 하고 있다. 자의(字義)를 하나하나 따져서 『논어』와 『맹자』 등을 읽어야 한다는 이또오의 주장은 경학이 곧 이학(理學)이란 고염무의 주장과 다름없다. 이또오는 10가지 증거를 제시하면서 『대학』은 공자의 말이 아니라고 주장하는데, 고염무와 마찬가지로 이또오보다 연장자인 진확은 "『대학』의 수장(首章)은 성경(聖經)이 아니고 전10장(傳十章)은 현전(賢傳)이 아니다"라고 「대사변(大學辨)」에서 언급한 바 있었다.[28] 1683년 정성공(鄭成功) 일당이 멸망하고 전해령(展海令)을 내린 후 중국 선박이 나가사끼로 생사(生絲)·서적 등을 활발하게 실어나르기 전에도 매년 수십척의 중국 배가 히라도·나가사끼 등지로 입항했는데, 이들 배를 통해 한적(漢籍)이 일본으로 전해졌을 것을 추정할 수 있다.[29]

청나라 고증학이 일본으로 분명히 전파되는 것은 18세기 말 오오따 킨조오(太田錦城) 등 송학과 고증학의 절충을 주장하던 일군의 학자들에 의해서였다. 오오따 킨조오는 이또오의 연구방법이 청조 고증학자들의 그것과 비견했을 때 고증기술에서 현저히 낙후해 있는 것을 발견했다. 마쓰다이라 사다노부가 취한 '이학(異學)의 금(禁)' 정책은 오규우 같은 고문사파뿐만 아니라 절충파까지 이단으로 몰았지만, 그럼에도 불구하고 오오따 킨조오 등이 시도한 청나라에서 수입된 발달한 고증학에 의지한 연구방법은 점차 자리를 잡았다. 고문사파가 정주학파와 절충파의 공격으로 경학자들 사이에서 설 자리를 잃게 되면서 19세기에는 절충파가 경학 분야에서 큰 목소리를 내기 시작했고, 청나라 학문의 최신 성과를 반영한 중국에서 온 책들을 이용한 연구서 『구경담(九經談)』『벽경판정(壁經辦正)』 등을 생산해냈다.[30] 모또오리 노리나가(本居宣長) 등 국학자들은 일본의 고전 『만엽집』『고사기』에서 중국이란 장애물을 걷어내고 순수성을 회복하여 고대 일본인의 정신세계에 접근하기 위해 고증학적 방법론을 사용했는데, 이 국학의 등장에도 청대 고증학자들의 영향이 작용하고 있었던 것이다.[31]

베트남 지배계급에서도 후레 왕조 말기인 18세기부터 베트남 고유문명에 대한 자긍심이 '경학의 민족화'와 주변 민족에 대한 민족동화정책의 형태로 나타났다. 베트남의 독자적 문자인 쯔놈(chữnôm)이 문학작품을 창작하는 데 사용될 정도로 완성 단계에 도달한 시기는 13세기경이다. 쩐 왕조, 호(Hô) 왕조 시기에는 쯔놈을 이용해 작품이 만들어졌다는 기록만 있고 현재까지 남아 있는 작품은 없다. 쯔놈으로 만들어진 서적들은 명나라 지배기에 대거 파괴되었을 것으로 추정된다. 명나라 지배기와 후레 왕조 시기에 주자학이 비교적 성행했는데, 이와 함께 한문학도 같이 융성하면서 쯔놈문학은 위축되었다. 후레 왕조 시기에 쯔놈문학은 유학자들에게 베트남 사회 엘리트의 자리를 내주고 뒤로 밀려난 불교 승려들에 의해 명맥을 유지했다. 이들은 항간에서 불교를 전파하기 위해 구어체 표기인 쯔놈을 이용했다.[32]

그런데 18세기에 이르면 유학자들이 한자 경전을 쯔놈으로 번역하고, 쯔놈을 이용해 경전의 강의록을 만들고, 경전의 의미를 해석하고 요약하거나 노래를 짓기도 했다. 이러한 작업은 유교 경전을 현지화하려는 노력이었다고 할 수 있다. 그전에도 호꾸이리(Hô Quy Ly), 풍칵코안(Phung Khăc Khoan) 등이 이미 쯔놈으로 경전을 풀이하는 작업을 진행했지만 이 시기만큼 성한 적은 없었다. 이 시기의 대표적인 유학자 레꾸이돈과 그의 제자 부이후이빅(Bui Huy Bich) 등도 이러한 작업에 동참했다.[33] 레꾸이돈이 베트남이 중국 못지않은 문헌지방임을 강조했던 인물임을 감안한다면 이 시기 쯔놈을 이용한 '경학의 민족화'도 베트남 고유문화에 대한 자긍심의 소산이라고 할 것이다. 경학의 민족화가 청대 고증학의 영향이라고 단정할 수는 없지만 18세기 베트남에서 경전을 고증하는 경향이 상당히 발전하고 있었던 것만은 분명한 사실이다.[34]

한편 응우옌 왕조의 지배자들은 현재 '이적'의 지배하에 들어간 중국을 대신해 베트남이 문명을 보전하고 있다는 사고에서 출발하여 자국 문화에 대한 자긍심이 유별났다. 실록에 종종 베트남 황제들이 베트남 풍속·말·글자를 '한풍(漢風)' '한음(漢音)' '한자(漢字)'로 언급했는데, 이는 단순히 베트남이 이제 중국이 되었다는 의미가 아니었다. '한(漢)'은 '위대함' '선함' '순수함' '거대함' 등의 의미를 갖는 접두사였다.[35] 즉, 베트남의 풍속·말· 글자가 위대하다는 뜻이었다.

베트남 황제들의 자국 문화에 대한 자신감은 주변 민족에 자신의 문화를 전파해야 한다는 문화적 사명감과 우월감으로 나타났다. 응우옌 왕조의 민망제는 복속된 짬파(Champa)와 캄보디아 왕국의 의례도 베트남식으로 바꿨다. 베트남 조정은 화장하는 대신 베트남식으로 캄보디아 왕들을 위한 봉분을 조영했으며, 짬파와 캄보디아 역대 왕들의 위패를 만들어 후에(Huê) 지방에 안치하고 제사를 지냈다. 비엔호아(Biên Hoa) 등 산간지역 소수민족들의 부락은 베트남 행정구역으로 재편되었고, 이곳 주민들에게는 베트남식 성(姓)이 하사되고 베트남의 언어·의복·음식·문자를 배우도록 했다. 그뿐 아니라 식사할 때는 베트남인들과 마찬가지로 젓가락을 사용하는 문화를 보급했다.[36] 약소민족뿐만 아니라 중국인도 교화의 대상이었다. 민망제는 캄보디아에서 베트남인과 중국인을 혼거하게 하고 중국인을 베트남화하는 정책을 시도했다.[37] 1842년 민망제의 후계자 티에우찌(Thiêu Tri) 황제는 장사를 위해 베트남 사회에 들어온 중국인들이 낳은 자손에게 변발과 중국 옷 입는 것을 금지했으며 이들이 성년이 되면 베트남 사회에 동화된 중국인인 명향인(明香人)으로 분류하도록 했다.[38]

3. 조공체제의 이완

조공체제란 외국에서 중국에 사절을 파견하여 공물을 바치고 중국은 외국의 수장을 군왕으로 책봉함으로써 맺어지는, 동아시아에서 전통시대에 널리 행해지던 국가 간 외교방식이다. 유목민족을 연구하는 학자들은 유목민족이 조공체제 형식에 반발하지 않았고 오히려 이를 활용해 중원을 착취했다고 지적한다. 이들은 약간의 아첨을 바치고 중국이 유목민족을 달래기 위해 지불하는 막대한 이익을 얻었다. 이들은 조공체제 속에서 조공이란 중국이 자신들에게 바치는 것으로 인식했다.[39] 만주에서 등장한 여진족이나 만주족은 반수렵·반농경민족으로서 유목민족이 아니었지만 주위의 유목민족과 접촉하면서 동일한 사고를 발전시켰다. 만주족의 조상인 여진족이 세운 금은 송으로부터 정기적으로 세폐(歲幣)를 받았다. 그후 등장한 명조는 천하의 지배자로서의 위상을 얻기 위해 경제적 이익을 미끼로 주변국들이 조공의례를 수행하도록 인도했다. 여진족은 이러한 명을 상대로 호시(互市)를 개설하게 하고 북경에 상인을 파견하여 역시 막대한 이득을 챙겼다. 명이 호시나 마시(馬市)를 폐쇄하면 여진족은 변경을 약탈했다.[40] 이는 유목민족이 중국을 다루던 전형적인 양상이다.

입관 전 만주족은 조공체제를 통해 중국으로부터 실리를 취해 국력을 신장해왔으므로 한족 왕조같이 천하의 공주(公主)란 명예를 확인받기 위해 주변국들에 조공체제를 이용하는 데 의구심을 가질 수밖에 없었다. 이것은 청대에 이르러 전통적인 조공체제가 차츰 이완되는 형태로 나타나게 된다. 최근에 명말부터 '조공질서'가 해체되어간다고 주장하는 연구들이 등장하고 있는데, 이들은 구체적으로 말한다면 명초 북경과 국경, 해안에서 벌어진 중국과 외국 간의 불평등한 관계를 전제로 한 조공무역의 쇠퇴를 지적한 것이다.[41] 필자는 사절의 파견, 그리고 이에 동반되는 조공품과 의례 등 상징적인 측면에서 조공체제의 쇠퇴를 살펴보고자 한다.

우선 조선과의 관계를 본다면, 명대에 비해 청대에는 조공사신을 파견하는 횟수 자체가 줄어들었다. 명나라로의 사신 파견은 기본적으로 매년 정조사(正朝使, 동지사冬至使), 성절사(聖節使), 천추사(千秋使)의 정기 사절 외에 고애(告哀)·위문·보고 등 특별한 상황에 보내는 별사(別使)가 더해져 빈번한 편이었다. 반면, 청대에 들어오면 정조사, 성절사, 조공사가 1차로 합쳐지고 황태자의 생일에 파견하는 천추사가 없어지면서 정기 사행이 줄어들었다. 조선은 명 조정에 1392~1495년 102년간에만 635회의 사절을 파견했던 반면, 청 조정으로는 1637~1894년까지 257년간 507회의 사절을 보냈다.[42]

명나라에서 파견된 칙사들은 조선 국왕과 신하들이 중국 황제의 조서를 받드는 의례인 영조례(迎詔禮)의 절차를 번거롭게 따졌다. 조선에 온 명의 칙사들은 빈번히 의례논쟁을 야기했다. 이들은 근정전에 올라갈 때 사신이 국왕이 다니는 섬돌을 이용하게 할 것인가 옆길로 다니게 할 것인가, 조선 국왕이 칙사의 자리와 동서로 마주보게 할 것인가 칙사의 아래에 위치하게 할 것인가, 칙사를 맞이할 때 국왕이 말을 타고 나갈 것인가 가마를 타고 나갈 것인가, 모화관에서 조서를 맞을 때 오배고두(五拜叩頭)할 것인가 국궁(鞠躬)할 것인가, 국왕이 어리거나 병중일 때 모화관에 맞으러 나오는 것을 면제해줄 것인가 등등의 문제를 놓고 자주 실랑이를 벌였다. 심지어 상중인 국왕에게 칙사를 맞이하는 것은 길한 일이므로 길복을 입고 조서를 맞이할 것을 강요해 관철시키기도 했다.[43]

하지만 이러한 예법논쟁은 청대에 들어가면 거의 등장하지 않는다. 청나라 칙사들이 남긴 사행록에는 조선의 의례가 융숭했다고만 언급할 뿐 의례를 둘러싸고 마찰을 빚었다는 기록이 없다. 1761년 조선에 온 아극돈(阿克敦)과 1866년 동래했던 괴령(魁齡)의 조선 기행문에는 조칙을 개독(開讀)하고 삼궤구고두(三跪九叩頭)를 하는 예절이 끝나자 정사·부사와 국왕이 각각 동서로 마주보며 안부를 물었다고 기록하고 있다. 국왕을 칙사보다 아랫자리에 앉히려고 생떼를 부리는 내용이 없다.[44] 청대에 영조례는 조명시대의 관행을 이어온 것일 뿐 이미 생명력을 상실했던 것이다.[45]

일본도 명나라와 조공관계를 맺고 있었다. 명나라가 주위 국가들에 칭신입공을 권하기 위해 입공하는 나라에 한해서 조공을 통한 무역을 허락했기 때문이다. 일본은 1403년 당시 쇼오군 아시까가 요시미쯔(足利義滿)가 국왕의 자격으로 표문을 바치고 입공했다. 이에 명조에서는 무역허가증인 감합(勘合)을 지급했다. 명 조정이 발급한 감합을 제출한 선박에 대해서만 무역을 허락했다는 점에서 감합무역에 참여한 명과 일본은 명의 우위를 인정한 셈이었다. 임진왜란이 끝난 후 일본은 명과의 국교정상화와 감합무역의 회복을 요구했으나 명은 받아들이지 않았다.[46] 대국과 전쟁을 벌여 조공체제를 유린한 일본에는 무역의 기회마저 박탈했던 것이다.

하지만 임진왜란을 통해 일본의 강성함을 관찰한 청은 조공관계를 일본과의 외교원칙으로 삼지 않았다. 청태종은 1637년 조선과 강화조약을 맺을 때 조선에 일본의 사자를 인도해 청 조정으로 보내도록 요구하고 청조도 일본에 사자를 파견해 왕래하고자 한다고 일본과 수교를 희망했다.[47] 청조는 강희초년 평남왕(平南王) 상가희(尙可喜)를 통해 나가사끼 봉행에게 서간을 보내 통상을 요청했고, 그후 복건·광동 상인들로서 나가사끼 무역에 참여하고 그곳에 거주하는 자들이 점차 증가했다.[48] 1684년 대만을 평정한 후에는 투항한 정성공 집단으로부터 도자기·비단 등의 물품을 일본에 팔아 금·은·동을 구입해 많은 이익을 낼 수 있다는 것을 알고 전해령을 내렸다. 실제로 이로 인해 나가사끼에 입항하는 중국 선박이 한때 3, 4배가 증가하기도 했다. 중국으로 은·동 등 귀금속의 유출을 막기 위해 막부는 1715년 세이또꾸(正德)신령을 반포했다. 막부는 명이 일본 등 조공국에 발부한 감합과 같은 기능을 가진 신패(信牌)를 발부해 이를 제출한 선박에 대해서만 입항과 무역을 허가했다. 더군다나 신패에는 '세이또꾸'라는 일본 천황의 연호가 적혀 있었다. 중국의 선박이 신패를 발부받아 무역에 종사한다는 것은 청이 일본의 조공국임을 인정하는 것이나 다름없었지만 청 조정은 은과 구리를 획득하기 위해 비공식적 무역을 사실상 허용했다. 그후 청-일본 사이에는 공식 외교관계는 없었지만 무역은 계속되었다.[49]

한편, 명초부터 중국의 조공국이던 류우뀨우가 1609년 사쯔마(薩摩)의 정벌로 일본에 복속된 사실을 중국은 적극적인 정보수집 활동으로 명말부터 이미 알고 있었지만 현상유지 노선에 따라 무관심과 방임의 자세를 취했다.[50] 이는 아마도 당시 명조가 여진-만주족의 침입에 시달리던 와중이어서 류우뀨우 문제를 돌아볼 겨를이 없었기 때문일 것이다. 청조는 대륙을 석권하고 일본이 두려워할 만큼 국력이 성장한 후에도 명말의 대(對)류우뀨우 외교방침을 계승하여 형식적인 책봉-조공관계가 계속되는 한 류우뀨우와 일본의 관계에 무관심했다.[51]

베트남은 중국으로부터 독립한 이후 최초로 등장한 왕조인 딘(Đinh) 왕조(968~80)부터 역대 왕조가 모두 황제의 칭호를 사용하여 중국과의 대등의식을 드러냈다. 하지만 조공과 책봉의 예는 딘 왕조와 그 뒤를 이은 전례 왕조, 쩐 왕조 등 역대 왕조에서 계속되었다. 20여년간의 명나라의 식민지 지배를 청산하고 1428년 등장한 후레 왕조 역시 명나라에 여러 차례 조공사신을 파견하고 청봉(請封)한 후 책봉을 받았다. 레 왕조의 전성기를 이끌었던 타인똥(Lê Thanh Tông)은 베트남 역사상 가장 위대한 봉건군주로 칭송되지만 그 역시 평소에 "대국을 사랑하고 소국에는 권위를 유지해야 한다"라고 언급하며 사대관을 드러냈다.[52] 후레 왕조는 1527년 막당중(Mac Đăng Dung)이 찬탈할 때까지 3년1공 원칙을 엄격하게 지켜 사절을 파견했다. 28회의 정기 세공(歲貢)과 사은사·구봉사·사봉사·고애사·진향사·하즉위

사·사죄사 등 임시 사행을 합한다면 200년간 114회 사신을 파견했다.[53]

한편 명은 1431~1527년 동안 총 27차례 베트남에 사신을 파견했다. 그 가운데 7차례는 책봉사였다. 이 기간 동안 등극한 왕은 도합 10명이었는데 책봉을 받지 못한 3명은 청봉사를 파견하기 전에 사망하거나 농민반란이나 찬탈 등 청봉할 수 없는 불가피한 사정이 있었으므로 사실상 모든 국왕이 책봉을 받은 셈이었다. 나머지 20번은 조문 등 특별한 업무를 띠고 파견된 사신들이었다. 후레 왕조는 책봉사가 오면 국경을 통과하는 시점부터 수도에 도착할 때까지 길에서 성대하게 맞이함으로써 중국-베트남 간의 상하관계를 보여주었고, 책봉사가 궁정에 도착하면 베트남 국왕은 책봉조서를 향해 수차례 배례했다.[54]

하지만 청조와 그와 공존했던 응우옌 왕조 사이에는 의례적인 사절만이 오갔을 뿐이다. 잘롱(Gia Long), 민망제 치세인 1802~41년 사이 베트남은 오직 12번 사절을 파견했다. 특히 민망제 시기에는 20년간 5회에 불과했다. 19세기 전반기 청의 칙사가 파견되어오는 경우는 오직 각 황제의 책봉식뿐이었는데, 책봉의식에 관한 베트남측의 기록을 보면 항상 "시종일관 우리의 국례를 좇았다"라거나 "모든 일에서 우리나라 예전(禮典)을 따랐다"라는 표현이 있다. 청나라 의례에는 책봉의식에 삼궤구고두례가 규정되어 있었지만 이것은 적당히 생략되었던 듯하다. 민망제는 즉위식에 앞서 "청나라의 예에 삼궤구고두가 있지만 (…) 예는 나라의 풍속을 따라야 하는 것이니 나는 스스로 내 나라의 예를 행할 것이다"라고 신하들에게 공언했다. 청나라 칙사들은 응우옌 조정이 자신의 예법을 고수하려 할 때 관대한 자세를 취했다.[55] 응우옌 왕조의 첫 황제인 잘롱제가 수도인 후에를 떠나 중국과 가까운 곳에 위치한 고도 하노이(Ha Nôi)에서 책봉을 받은 이래 하노이에서 책봉사를 맞이하는 것이 관례가 되었다. 신황제는 등극하자마자 북순

(北巡)이란 미명하에 책봉을 받으러 긴 여행을 다녀야 했으므로 국가의 체면에도 누가 되었다. 황제의 책봉여행은 연도의 베트남인들에게 베트남이 중국의 조공국이란 사실을 상기시키는 역할을 했을 것이다. 1849년 4대 뜨득(Tự Đức) 황제는 칙사가 수도인 하노이까지 와서 책봉해줄 것을 청에 요청했는데 청 조정에서는 이를 받아들였다.[56]

조공품의 종류와 양에서도 조공이 형식화되어갔음을 확인할 수 있다. 명대 베트남이 중국에 납부한 조공의 양이나 품목은 정확히 알 수 없으나 보통 금·은·진주·상아·코뿔소 뿔·부채·비단·후추·쟁반·과일·향료 등으로 종류도 다양했고 그 수량도 막대했다. 후레 왕조를 개창한 레러이(Lê Lợi)는 1427년 조공품으로 금인(金人) 2개와 1개의 은향로, 한쌍의 은화병을 중국에 보냈는데, 금인 2개 가운데 하나는 무게가 100량(1량은 100그램)이었다. 1431년 명의 책봉사가 왔을 때 레러이가 금 5만량을 납부하면서 3년1공할 것을 청했더니, 3년 후인 1434년 명조가 베트남에 다시 금 5만량을 요구한 적도 있었다. 후레 왕조를 찬탈한 막(Mạc) 왕조도 1542년 금화병·금향로·금거북·은학 등 귀금속품을 보냈는데, 총 무게가 금 190량, 은 841량에 달했다.[57]

그런데 청조가 성립한 후인 18세기에 베트남이 정기적으로 중국에 보낸 물품을 살펴보면, 사신을 보내는 목적에 따라 차이가 있었지만 감사례로 보내는 금은 기물의 무게는 금 57.5량, 은 98.7량이었고, 축하례의 경우는 금 18량, 은 148량, 침향 30근, 60근의 속향, 100개의 칠기부채를 바쳤다. 조문례로 보내는 조공품은 침향 30근과 속향 70근에 불과했다.[58] 조공품의 부담이 상당히 많이 줄어든 것을 알 수 있다. 그뿐 아니라 강희제는 상아·코뿔소 뿔 등의 조공품은 덜어주고 금·은 등 귀금속으로 만든 기물은 금은으로 바꿔서 진공하되 수송의 어려움을 고려하여 금은은 일단 국경을 넘으면 광서포정사(廣西布政使)에게 납부하도록 했다.[59] 응우옌 왕조에 들어오면 공물의 양은 더욱 줄어들었다. 1839에는 응우옌 왕조 초기의 공물을 다시 반감했는데, 반감된 후의 공물은 상아 1쌍, 코뿔소 뿔 2개, 주환견포(綢紈絹布) 각 100필, 침향 300량, 속향 400량, 사인빈랑(砂仁檳榔) 각 45근에 불과했다. 응우옌조 초기에 이미 금은 등은 공물에서 제외되었음을 알 수 있다.[60]

조공 횟수도 3년1공에서 건륭 말년부터는 4년1공으로 바꾸었다.[61] 청조가 조공 횟수를 줄여준 것은 단순히 상국의 은혜를 보인 것이 아니라 실리적인 고려가 작용한 것이었다. 일단 사신이 국경에 들어오면 체재하는 비용을 모두 청조가 부담해야 했는데, 베트남 사신들은 왕복하고 북경에 체류하는 기간이 1년 넘게 걸리기도 했기 때문에 청조로서는 조공사신을 맞이하는 것도 상당한 부담이었던 것이다.[62]

청조는 조공관계의 구속에도 연연하지 않았다. 원래 종주국은 책봉을 받은 왕조가 내란이나 외침을 겪으면 구원해야 할 의무가 있었다. 떠이선(Tây Sơn) 왕조가 북베트남의 찐씨 정권을 멸하고 책봉-조공관계를 맺은 후레 왕조의 국왕이 중국 내지로 피란해오자 청에서는 그를 복위시키기 위한 군대를 파견했다. 떠이선 군대가 청군의 예봉을 피해 작전상 철수하여 군사적 충돌 없이 성공적으로 후레의 국왕이 복위되자 건륭제는 원정군에게 곧바로 철군을 명령하고 더이상 내정간섭을 삼가도록 했다. 아직 떠이선 군대의 위협이 상존하는 가운데 철군한다는 것은 종주국의 의무를 다했다는 생색만 내는 형국이었다. 현지에 있던 장군 손사의(孫士毅)는 자의적으로 철군을 미루다가 떠이선 왕조의 수장 응우옌반후에(Nguyễn Văn Huệ)에게 대패를 당했다. 손사의의 후임으로 파견된 복강안(福康安)은 응우옌후에가 직접 건륭제의 팔순 의식에 참석하는 것을 조건으로 강화를 맺었다. 하지만 실제로 두 사람은 반후에의 친척을 그로 가장해 북경으로 파견했다.[63] 건륭제는 그 베트남에서 온 귀빈이 반후에가 아니라는 것을 알았지만 내색하지 않고 융숭하게 대접했다.[64] 청조로서는 베트남에 대한 종주국의 지위를 만천하에 알리고 국경을 안정시키는 것이 중요했을 뿐 국왕의 조하(朝賀)란 대전(大典)이 명실상부하게 이루어지는지 여부에는 연연하지 않았던 것이다.

4. 국경선의 형성

청의 모체는 누르하치(Nurhachi)가 세운 부족국가로 거슬러 올라갈 수 있다. 누르하치의 만주 부족국가는 하다, 호이파, 여허 등 여러 부족국가와 공존하고 있었다. 이들 국가는 성채를 중심으로 그 주변을 장악하고 각자의 경계를 갖고 있었다. 1596년 누르하치를 만나본 신충일(申忠一)은 건주위(建州衛)의 영역이 서쪽 요동계로부터 동쪽 만차(蔓遮) 부락까지라고 서술한 바 있다.[65] 누르하치의 세력이 확장되자 점차 그의 국가는 명, 조선과 국경을 마주하게 되었으며 이 두 나라와의 국경에서는 월경사건을 숱하게 경험해야 했다. 누르하치가 명나라에 선포한 이른바 '칠대한(七大恨)'가운데 국경을 침범하고 약탈하거나 국경을 넘어 적국을 도운 것과 관련된 것이 다섯 가지나 된다. 범월과 약탈을 막기 위해 당시 이미 명나라 당국과는 비석을 세워 각자 경계로 삼고 서로 넘지 않기로 약속하기도 했다.[66] 그후 비록 만주족이 입관해서 중국을 차지하게 되었다고 할지라도 만주에 있었을 때 인근 부족이나 주변국과 국경분쟁을 치르고 국경을 설치했던 경험은 청조가 중국의 한족 왕조들이 갖고 있던 하늘 아래 그들 왕토가 아닌 곳이 없다는 중국의 전통적 세계관을 지양하고 주변국과의 공존을 인정하는 가운데 이들과 국경을 명확하게 하는 데 기여했다고 여겨진다.

명대에 조선, 베트남과 중국 간 국경의 특징은 국경이 명확한 지리적 경계를 따라 형성되는 것이 아니라 경계에 살고 있는 주민의 충성심에 의존하는 경향이 있었다는 점이다. 따라서 이들이 충성의 대상을 바꾸어 다른 나라에 귀부하거나 베트남과 중국에 귀속된 주민들 간에 분쟁이 일어나면 국가 간 경계는 쉽게 변경되었으므로 경계는 불안정했다. 명태조 주원장(朱元璋)이 일방적으로 여말 국경지역에 철령위(鐵嶺衛)를 설치하려고한 계획을 취소한 후에도 영락제는 두만강 이남의 여진인을 초치하려는 정책을 취하여 조선의 북진정책과 충돌하게 된다. 이후 조선이 두만강 이남 11곳의 여진족 추장들을 계속 조선의 관할하에 두도록 양해를 구하고 명조가 이를 받아들임으로써 조선은 궁극적으로 이들이 거주하던 지역을 영토로 확보하게 된다. 하지만 조선이 이 지역을 확보할 수 있었던 실질적인 원인은 조선이 이역리불화(李亦里不花) 등 이곳 여진족 추장들이 조선측에 남아 있도록 설복하는 데 성공했기 때문이었다.[67] 17세기까지도 조선의 북쪽국경은 누르하치 등 신흥 여진세력과 조선 사이에 존재하는 번호(藩胡)의 향배에 좌우되고 있었다.

베트남과 명의 국경은 산악지역인데다가 다양한 소수민족이 잡거하는 곳이었다. 1427년 레러이가 의병을 일으키자 명의 광동성 흠주에 소속되어있던 시품(澌品), 나부(羅浮) 등지의 소수민족이 레러이에게 귀부하고 명이아직 장악하고 있던 흠주의 몇몇 지역에서도 베트남에 투항한 소수민족들이 약탈을 자행하는 사례가 끊이지 않았다. 양국에서는 쌍방 입회하에 흠주 지방을 답사하고 경계를 정하기로 했지만 실제로 회감(會勘)은 이루어지지 않았다.[68] 여러 소수민족이 교착해 분쟁이 끊임없이 일어나는 곳이었으므로 실제로 회감이 이루어진다고 해도 양국의 국경이 확정되긴 어려웠다. 광서성에 연한 국경지방에서는 명의 광서성 용주와 베트남 까오방(Cao Băng)성 사릉주(思陵州) 양 지역의 토관(土官)들이 서로 상대방이 자신을 공격했다고 주장했다. 이곳에서는 분쟁 당사자들이 입회한 가운데 회감이 진행되었고 1448년 분쟁지역의 11개 촌은 명의 용주에, 6개 촌은 배트남의 사릉주에 귀속시켰다. 하지만 1467년 명의 토민들이 베트남 사릉주를 공격하고 1470년에는 거꾸로 베트남측 토민이 국경을 넘어 명의 용주에 침입해 몇몇 고장을 점령해버렸다.[69] 한편, 운남성 변경지역에서는 베트남 영원주(寧遠州)의 소수민족인 흑타이족이 1467년, 1474년, 1480년 지속적으로 중국의 변경을 침입했다. 1480년의 침입을 계기로 명은 산중의 요로를 차단하고 초소를 설치하기로 계획했으나,[70] 별 소용이 없었던 듯하다. 1620년 운남 당국은 각처에 외이가 함부로 들어오지 못하도록 경계비를 세울 것을 건의하고 있다.[71]

그런데 청대에는 변경 주민들의 충성심에 의지해서 국경을 설정하는 대신 상대국과 회감하고 지형지물을 이용하여 국경선을 확정하는 경향이 그전보다 두드러진다. 청은 북쪽으로 러시아 로마노프 왕조와 국경을 접했다. 강희연간까지 이곳 국경의 상황도 명대 조선, 베트남 변경의 상황과 비슷했다. 아무르강 유역에 거주하는 간티무르(Ghantimur) 등의 부족이 충성의 대상을 바꿈에 따라 국경이 요동치면서 경계가 확정되지 않았다. 1689년 러시아와 청의 사절이 네르친스끄에서 만나 아무르강 북안의 산맥을 따라 국경을 정하고 표석을 세웠다. 그리고 아르군강 어귀에는 러시아어·한자·만주어·몽골어 및 라틴어 등 5개국어로 된 조약문을 새긴 비석을 배치했다.[72] 조선과의 경계는 압록강과 두만강 사이 지방이 불분명했으므로 1712년 목극등(穆克登)을 파견해 조선 관원과 함께 백두산 일대를 답사하고 두 강의 수원지 중간에 위치한 분수령에 경계비를 세웠다.[73] 한편

1725년에는 운남 방면의 월중 국경지역에 위치한 사로촌(斜路村) 등 40여리를 둘러싸고 양국 간에 마찰이 발생했는데, 옹정제는 이 지역이 지난 수백년간 베트남이 영유하던 지역이었으므로 베트남에 귀속시키도록 했다. 양국에서는 위원을 파견하여 경계지역을 답사하고 도주하(賭呪河)를 경계로 삼는다는 내용의 비를 백마신(白馬汛)에 세웠다.[74] 네르친스끄·백두산·백마신에서 보여준바 양국이 감계위원을 파견해 시찰하고 표지를 세우고 지형지물을 경계로 이용해 국경을 확정하는 양상은 동아시아에서 근대적 국경이 점차 탄생하고 있음을 보여준다고 할 수 있다.

결론

서구의 충격의 여파로 동아시아의 국제질서는 커다란 혼란에 휩싸이게 된다. 1870, 80년대를 거치며 서구화에 먼저 성공한 일본이 동아시아 세계에서 종래 중국의 지위를 대체해갔다. 청은 조선, 베트남이 조공국에서 이탈하는 것을 막기 위해 이들 나라에 군대를 파견, 진주하거나 총독을 파견함으로써 스스로 전통적인 외교관행을 붕괴시켜가면서 제국주의 국가가 되어갔다. 그러나 결국 조선, 베트남이 다른 제국주의 열강의 식민지가 되는 것을 막지 못하고 급기야 그 자신이 반 식민지 상태로 전락하고 만다. 하지만 서구의 충격이 가해지기 전 청조가 아직 전성기를 누리고 있을 무렵의 동아시아 국제질서도 그 전형적인 모습은 아니었다.

이 글에서는 서구의 충격이 가해지기 전 청조가 동아시아의 주도권을 장악하고 있던 200여년 동안 동아시아의 전통적 국제질서가 이미 상당한 변화를 겪었음을 살펴보았다. 조선·베트남·일본에서 중국이 문화의 중심이란 사고는 이미 희박해졌으며, 조공무역체제뿐만 아니라 조공과 책봉 의례와 공물 같은 상징적인 요소들도 이미 쇠미해져가고 있었다. 한편 각국에서는 자국의 전통과 문화를 발견하고 그에 대한 자긍심을 발전시켜가는 경향이 나타나기 시작한다. 또한 전통시기 중국 지배자들의 왕토사상 아래에서 명확하지 않았던 국가 간 국경을 조사하고 분명하게 표시하려는 노력이 등장하고 있다. 이러한 것들은 전통적이기보다는 근대적인 국제질서 속에서 비로소 볼 수 있는 현상에 가깝다.

청조 치하 동아시아에서 등장한 이러한 국제질서의 새로운 양상들은 청조가 한족에 의해 중국 내지에서 등장한 왕조가 아니라 만주족에 의해 동아시아의 변방인 만주에서 탄생해 성장한 후 중국을 정복한 정복왕조였다는 점에서 기인한다고 여겨진다. 옹정제가 "이적이라는 이름을 본조(本朝)가 회피하는 바가 아니다"라고[75] 당당하게 말하고 문화의 유무로 화와 이를 구별해야 한다고 주장했지만, 주자학적 화이관을 수용한 주변국들은 이적으로 출발한 청을 중화, 즉 문명의 중심으로 받아들이지 않았다. 만주족은 만주에서 등장해 주위 부족국가와 명, 조선 등 여러 국가가 공존하는 세계를 경험했고 그 가운데서 살아남기 위한 현실주의 외교에 익숙해져 있었으므로 입관한 후에도 주변국을 상대할 때 조공의 형식과 의례에 덜 구애받을 수 있었고, 한편으로는 국경을 확정하는 데 관심을 갖게 되었다. 또한 유목민·농경민·수렵민이 공존하는 만주에서 성장한 것은 다양한 문화와 사상체계를 거부감 없이 받아들이는 데 기여했다. 이것이 결국 주자학적 해석에 반기를 든 고증학이 청조에서 꽃을 피우고 주변국에 전파되어 각국의 문화를 풍부하게 하는 데 기여했던 것이다.

이 글에서는 동아시아 세계의 일원으로서 청조를 바라보려는 시도를 해보았다. 동아시아 국가로서 청조가 동아시아 세계에서 발휘한 역할을 탐색함으로써 청조의 역사상 의의에 접근하려는 시각은, 청을 만주족이 건설한 제국으로 간주하는 신청사의 시각이나 중국사의 일부로 보는 중국 학자들의 시각에 입각한 연구에서 미처 주목하지 못한 청조의 다양한 측면을 이해하는 데 기여하리라 생각된다. 이 글에서 미흡하게 다루어진 고증학이 주변 국가들의 학술계에 끼친 영향이나, 필자의 역량 부족으로 언급할 수조차 없었던 청을 중심으로 한 동아시아의 경제교류와 현재 점차 중요해지고 있는 동아시아 경제권과의 연관성 등의 주제가 그러한 예가 될 것이다. 이들 주제가 앞으로 연구자들에 의해 심층적으로 다루어지길 기대해본다.

제2장

'지방'을 정의하다

청말 민국초 지방서사와 공간 개념에 대한 성찰

류 룽신(대만 둥우대 역사학과 부교수)

　　최근 몇년간 '지방' 연구는 점차 학계가 주시하는 의제가 되었는데, 이러한 현상과 전지구사가 성황인 것은 분명 흥미로운 대비이다. 인류학자 클리퍼드 기어츠(Clifford Geertz)의 영향을 받아 역사학계에서도 소위 '지방지식(地方知識)'이란 문제를 어떻게 새롭게 이해할 것인가에 대해 사고하는 이들이 늘어났고, '지방'을 연구하는 것은 마치 국사 해석구조를 돌파하는 또다른 선택처럼 되었다. 지방과 관련한 연구는 매우 중요하지만, 결코 쉬운 일은 아니다. 그 주요한 원인의 하나는 확실하게 지방에 속하는 자료를 구하기가 쉽지 않다는 것이고, 다른 하나는 지방과 관계가 밀접한 하층사회에 대한 우리의 지식이 매우 적은 탓도 있다. 지방은 흡사 침묵하는 '무성(無聲)의 세계'와 같은데,[1] 최근에는 그나마 환경이 좋아졌다고 할 수 있는 것이, 연구자들이 지방 당안(檔案)·사회조사·희곡·지방신문·회고록·문헌자료 등에 기대어 보통 사람들의 일상생활의 궤적을 추적할 수 있게 된 것이다.[2] 그러나 전통 중국사회는 "예(禮)는 아래로 서인(庶人)에게까지 적용되지 않고, 형(刑)은 위로 대부(大夫)에게까지 적용되지 않는다"는 논리를 따르고 있어 확실히 곤란하다. 사대부와 백성으로 말하자면 지방의 문헌자료를 남길 수 있는 사람은 늘 사대부였으니, 연구자들이 각종 지방 사물과 활동에 남겨진 상징과 함의에서 찾는 단서를 제외하면 '지방지식' 의 절대다수는 여전히 지식엘리트들의 시각인 것이다.

근래 나는 역사학의 공간서술 문제에 흥미를 느껴서 19세기 말부터 20세기 초까지의 지리 관련 글들을 비교적 두루 살펴보았다. 지방지(地方志)·향토지·향토교과서 및 이와 관련된 학자들의 논저가 다수를 차지했다. 그리고 이 지방지·향토지 같은 지방기록물이 고향을 묘사하는 것 외에 늘 어렴풋이 '무엇이 지방인가?'라는 질문을 탐색하고 그에 답하려 한다는 것을 발견했다. 특히 청 조정이 『향토지례목(鄕土志例目)』을 반포하여 전국 각부·청·주·현(府廳州縣)에 향토지를 편찬하라고 명령을 내린 후,[3] 지방을 규명하려는 것이 어떤 의미를 갖는지가 더욱 확연히 드러났다. 사실상 지방은 줄곧 모호한 개념이었는데, 소위 '지방요원'은 수도 밖 관원들에 대한 범칭이었다. 주현의 관원은 흔히 '지방 부모관(父母官)'이라 불렸는데, 지방은 성(省)·부·주·현일 수도 있고 현급 이하 향리를 가리키는 것일 수도 있었으며, 대체로 특정 범위를 갖추지 못한 구역을 지칭했다. 그러나 지방이 가리키는 것이 무엇이든 간에, 지방서술에서 지방은 모두 중앙·조정·국가와 상대적 의미를 지니는 것으로 보인다. 이는 방지(方志)는 국사(國史)를 갖추기 위해 수집하는 것이라고 여겼던 오래된 관념과 비슷하다. 아울러 20세기 초 향토교육에서 강조한 '그 나라를 사랑하려면 반드시 그 향촌을 먼저 사랑해야 한다'는 기본 전제와 마찬가지로, 지방은 늘 천하·국가 같은 말이 중심·전체를 의미하는 데 대해 상대적인 의미를 갖도록 만들어졌고, 존재했다.

그러나 지방과 국가의 관계가 반드시 상반되는 입장을 대표한다고만은 볼 수 없으며,[4] 따라서 20세기 초 지방서사에서 그들이 묘사한 지방이 무엇인가에 더해, 더욱 중요하게는 그들이 어떻게 지방을 사고했고 왜 이러저러하게 지방을 사고했는지에 대해 살펴볼 필요가 있다. 이러한 문제는 당대 사람들이 지방을 정의하는 과정에서 어떤 지방 관념을 구성하여 새로운 지방과 국가 관계에 대응해보려 시도했는지와 관련된다. 즉 내가 좀더 적극적으로 이해해보고 싶은 것은, 이렇게 지시성이 복잡한 지방 관념이 사회에서 어떻게 구성되었으며, 그것이 점차 현대 민족국가가 형성되는 과정에서 어떤 의미를 나타냈는가의 문제이다. 따라서 이 글에서는 공간 개념에서 출발해 지방과 국가를 제외한 맥락에서 근대인들이 말하는 지방을 이해해보고, 또한 근대 지방서사에서 '지방'(place)이 공간 전형(轉型)에서 갖는 의미를 분명히 드러내보려 한다.[5] 물론 이러한 생각은 방대한 논증을 필요로 하지만, 지면 관계상 이 글에서는 우선 몇가지 개념만 가지고 나의 견해를 설명하겠다.

1

20세기 초 국사재편성운동이 출현하면서 지방서사와 관련한 새로운 풍조도 활기차게 전개되었다. 이미 40, 50년간 지방지가 중수(重修)되지 못하다가, 지방 사인(士人)들이 부단히 새로운 지방지 편찬을 제안하는 가운데 옛 지방지를 속수(續修)하자는 움직임이 나타났던 것이다. 그리하여 청조 정부가 지방자치를 북돋는 분위기 속에서 향토교과서 편찬도 잠시 거대한 흐름이 되었다. 지방지의 중수·속수는 중국역사상 흔히 보이는 일이긴 하지만, 그때마다 새로운 의미를 가졌던 것은 아니고 많은 경우 전례를 답습하였을 뿐, 부족한 점을 보완하고 기록을 엮어 이전 지방지의 공백을 보충했다고는 할 수 없었다. 그러나 20세기 초 서학(西學)의 거대한 기류가 엄습한 가운데 전통지식은 변하지 않을 수 없었고, 새로운 지방지를 어떻게 다시 만들어낼 것인가 하는 계획은 당대인들의 미래에 대한 상상을 담는 중요한 표현이 되었다.

절강학인(浙江學人)인 진회(陳懷, 1877~1917)의 방지(方志)를 신수(新修)하자는 견해가 매우 대표적이다. 진회는 청말의 명사 진불신(陳黻宸)의 친조카로, 진불신이 『신세계학보(新世界學報)』를 경영하는 것을 도왔다. 진회는 『신세계학보』에 자주 글을 발표했는데, 「방지」라는 글에서 방지가 실제로 일종의 국민의 역사라고 공언하며 다음과 같이 말했다.

방지라는 것은 순수한 민사(民史)다.[6]

방지를 민사로 보는 이러한 견해는 실상 20세기 초 신사학(新史學) 사조의 맥락에서 이해할 수 있다. 진회는 당시 '마반진범(馬班陳范)'과 전통 24사(史)의 구법(舊法)을 능가하는 것은 오직 세계사뿐이라고 여겼는데, 오로지 해석하고 또 해석하여 인민의 활동을 기재하는 것을 방지의 기초로 삼고 나서야 비로소 "민(民)을 쌓아서" 극대한 세계사를 "완성"할 수 있다고 하였다.

사람들이 세계사를 말하길, 분주히 옛것을 많이 증명하지 말고, 우선 지금의 방지를 살펴보는 것이 좋다고 한다. 이른바 그 시대가 오늘에 이르고, 그 경계는 작은 것에 이른다. 서둘러 밖으로 5대륙의 거대함, 전세계의 광대함을 증명하려 해서는 안되고 우선 지금의 방지에 게재된 민사(民事)를 살펴보아야 할 것이니, 이른바 그 역사가 사소한 것에 이르고 그 역사가 단순한 것에 이른다.[7]

진회의 관념에서 방지는 서방의 통계학과 완전히 같은 것으로 "서양의 민간사정(西方民事)"에 비춰 상세하고 빈틈없이 한 것인데, 역사를 쓰는 사람은 "일향일읍(一鄕一邑)의 실정" "일인일사(一人一事)의 시종(始終)"을 알아야만 비로소 "장구한 세월의 견문을 철저히" 하고 "6대륙의 흥망을 증명"할 수 있다고 하였다. 진회는 지방은 세계의 기점을 인식하는 것이고 지방사는 민사(民史)라는 것을 강조했는데, 지방은 민에 의해 조성된 것이라고 정의하기도 하므로 "반드시 한 사람(一民)으로부터 쌓아서 한 읍이 되고, 한 주가 되고, 한 나라가 되고, 한 세계(一球)가 되는 것이며, 그러한 연후에 역사가 있는 것이다."[8] 이 지방-국가-세계의 서열은 진회가 새로이 지방을 정의하는 의도를 분명하게 나타낸다.

지방-국가-세계의 서열에서 지방사의 일단은 민으로 연결되고 다른 일단은 곧 국가·세계를 향해 연장된다. 지방은 민의의 취합체이자 국가와 세계로 통하는 기점이다. 진회는 지방이 국가를 구성하는 보편성과 지방 본연으로 존재하는 지역적 차이를 어느정도 겸비했다고 보았고, 따라서 "방지는 민족에 가장 관계가 밀접하고 민간사정에서 가장 상세하다"라고 하였다.[9] "민족에 가장 관계가 밀접"하므로 한 나라 민의 공통된 "체질·성정·지식"은 종종 수많은 민이 장구한 세월 경험하여 비로소 만들어진 것이고, 한편 방지는 "민간사정에 대해 가장 상세"하기 때문에 한 지역의 습속·기풍·경향은 또한 "마땅히 이로부터 하고 그로부터 해서는 안되며, 마땅히 지난날로부터 해야 하고 오늘로부터 해서는 안되는" 것이니,[10] 각기 그 특수성이 있다. 진회의 시각에서 지방과 국가의 관계는 밀접하면서도 복잡한 것으로, 그는 지방을 전부 더해 구성된 것이 국가라고 보았으며 더욱 마음에 둔 것은 민에 의해 조성된 지방이었다. 지방의 시각에서 출발해 그가 본 것은 각지의 민이 본연으로 지닌 차이점 및 그러한 차이로부터 구성된 지방이었다. 따라서 각기 모습이 다르고 민풍(民風)이 다른 지방은 진회에게 있어서 그야말로 국가를 구성하는 중요한 조건이었다.

진회의 관점에 반영된 것은 바로 청말 이래 유행한 소위 '국가유기체론'이다. 국가유기체론은 국가가 개개 지방들로 조성된 유기체로서 생장, 발달, 쇠망할 수 있으며, 각개 지방은 마치 유기체의 일부분과 같고 전체 유기체의 온전함은 반드시 부분 유기체의 온전함에 의지해야 하므로, 국가는 지방을 통제하거나 압제하는 수단을 채택해서는 안되고 지방이 자치·자주의 능력을 발휘하게 해야 한다고 생각하였다.[11] 량 치차오가 다음과 같이 말한 바와 같다.

서양인들이 말하는 정치라는 것이 설마 국내 소국(小國)에 대한 것이겠는가. 국내 소국이란 하나의 성, 하나의 부, 하나의 주, 하나의 현, 하나의 향(鄕), 하나의 시, 하나의 공사(公司), 하나의 학교로, 모두 흡사 한 나라의 형태를 지닌 것 같다. 성·부·주·현·향·시·공사·학교는 국가의 축도에 불과하다. 국가란 성·부·주·현·향·시·공사·학교의 영상을 증폭한 것에 불과하다. 그러므로 그 일부분이 능히 자치할 수 있는 것은 바로 그 큰 부분이 전부를 베푸는 것이다.[12]

여기서 말하는 성·부·주·현·향·시·공사·학교는 하나하나가 유기체이고 국가로 조합되며, 국가는 각 유기체의 영향을 받는 거대 유기체이다.

량 치차오가 하나의 성, 하나의 부, 하나의 주, 하나의 현, 하나의 향, 하나의 시, 하나의 공사, 하나의 학교가 "모두 흡사 한 나라의 형태를 지닌 것 같다"라고 말한 이 개념은 실상 공간에 입각해 지방을 설명한 것이고, '민'은 바로 그가 각 지방의 원소로 정의한 것이다. 이런 의미에서 성·부·주·현·향·시·공사·학교는 지방(place)이고 국가도 지방(place)이며 지방과 국가의 핵심은 모두 민인데, 차이는 그저 공간의 크고 작음에 있을 따름이다.

어쩌면 이러한 국가유기체 관념 때문에 진회는 늘 중국 과거의 방지가 그저 "개인이 편찬한 사서(史書)의 관례"를 답습했을 뿐이며, 연혁을 상세히 하는 것이 오히려 풍속의 교화를 간략하게 만들었고 역사적 사건을 과시하는 데 능한 것이 오히려 민의를 분발시키지 못했다고 비평한 것인지도 모른다. 예컨대 그는 다음과 같이 말했다.

진나라 이후 장고(掌故)가 결여되었으니, 나는 늘 우리나라의 통인(通人)이 방지를 편찬한 것을 개탄하였다. 문헌을 고증하고 우아함을 과도하게 구하니, 한 언덕에 사는 담비(一丘之貉)이고 다른 궤도를 함께 달리는(異軌同奔) 것이니, 비록 관할지가 수만리이고 역대 수천년 전책(典冊)이 구름과 같고 문인은 전력을 다하는 것 같을지라도, 끝내 민의의 발달에 적절하지 않은 탓에 정치가 진보하는 이유다.[13]

여기서 '한 언덕에 사는 담비이고, 다른 궤도를 함께 내달린다'는 것은 결코 일종의 묘사가 아니다. 진회가 비판하는 것은 중앙에서 지방을 보는 전통 방지의 오래된 시각인데, 이런 시각에서 지방의 특성은 초월될 수 있고,[14] 하나하나 달라 보이는 지방, 하나하나 마치 구름 같은 전적은 사실상 단지 왕조의 지리관과 유교적 통치윤리의 사회공간 구성을 반영한 것일 뿐이다.[15] 그런 까닭에 진회는 매우 감개무량하여 새로운 방지 편찬에 대한 기대를 제시했던 것이다. 그는 다음과 같이 말했다.

(지금) 천하만세의 민으로 하여금 모두 그 육신이 역사상 최고의 위치에 있고, 역사는 그 육신에서 모두 직접적으로 정신을 취하며, 민 각자가 역사계의 일원이 됨을 알게 해야 한다. (…) 더군다나 민이 역사에서 버려진 지 오래다. 역사가 민을 방기한 것은 두려워할 가치가 없으나 민이 스스로를 역사에서 방기하는 것은 두려운 일이다.[16]

'역사가 민을 방기한 것은 누려워할 가치가 없다'는 말은 오랫동안 방지가 모두 민을 중심으로 삼지 않았기 때문이지만, 만일 새로 편찬한 방지가 다시 "사(史)가 민을 숨김없이 드러냄으로써 민이 사를 전하는 것이 된다"라는 사실을 알지 못한다면,[17] 이는 "민이 스스로를 역사에서 방기"하게 하는 것이다. 진회는 방지 편찬을 통해 언젠가 방지로써 국사를 만들 수 있기를 기대했으나, 이러한 기대는 반드시 "천하만세의 역사를 받들어 모두 민사(民史)로 삼은 후에야 가능"한 것이었다.[18] 이것으로 보아 지방에서 국가로 통하는 길에서 민의 뜻과 가치야말로 문제의 핵심이다.

수많은 청대 학인들에게 있어 지방이 국가와 세계의 기본단위라는 인식은 열강이 압박해 들어오는 민족적 위기를 체험하는 가운데 차츰 생겨났다. 1907년 『광익총보(廣益叢報)』에 광둥(廣東)의 향토지리와 향토사 교과서 관련 글이 두편 실렸는데 거기에는 다음과 같은 언급이 있다. "오령(五嶺) 이남은 예전에 중원과 차단되었는데, 지금은 유라시아 교통의 대로가 되어 50, 60년 동안 광둥의 사건 또한 많아졌다."[19] 이 필자의 향토의식은 확실히 열강이 중국을 넘보는 데에서 비롯한 것인데, 연해지역에서 위급한 상황을 알리고 경계강화를 요청하였으니, 그는 중국의 흥망성쇠로부터 지방의 안위득실을 생각하지 않을 수 없었다. 따라서 그는 이렇게 말한다. "광둥 치란(治亂)의 성패는 중국에 관련된 대국(大局)이면서 또한 세계에 영향을 미친다. 그러므로 무릇 중국을 넘겨다보는 세력이 광둥을 진지하게 넘겨다보지 않은 적이 없고, 우리의 애국이란 것 또한 광둥을 진지하게 사랑하지 않은 적이 없다."[20] 청말의 사람들은 일반적으로 지방-국가-세계의 연동관계가 일단 세워지면 향토의식은 국가의식으로 확장될 수 있으며 향토도 더는 고향이기만 한 것은 아님을 인식하고 있었다.

우리는 우리나라의 후예가 우리 15주의 토지를 받들어 수중에 받아들이길 기원하며, 가로되 앉아서 남에게 바라서는 안된다. 가까이하는 것은 정치체제가 크게 바뀌는 것이니, 모든 근원에서 지방자치를 우선하지 않으면 이후 지방의 이해득실은 우리나라 모든 후예의 책임이다. 그러지 않으면 열강이 곁을 넘봄으로써 우리 광둥은 천하쟁탈의 장이 되어 간신히 아직은 마지막이 아니라고 할 수 있을 뿐이다. (…) 우리 15주의 토지가 우리나라 사람들이 보기에는 모두 우리 향토와 같다지만 중국의 먼 변방의 바다, 동남의 문호는 여기에 있지 거기에 있지 않다.[21]

열강이 넘보는 상황에서 그는 독자들에게 향토가 그저 자기의 향토가 아니라 국가가 동남문호를 수호하는 관건임을 일깨우고자 했고, 향토국가(鄕邦)의 젊은 후진들이 향토지리를 쓰는 목적은 "우리 향토에서 중원의 전체 국면과 그 5주의 교통대세와 관련된 것이 적지 않"기 때문임을 이해하기를 바랐다.

우환 중에 향토의식이 높아지는 사람들이 있으니, 많은 향토지와 향토교과서에서 지방을 국가-세계의 구조에 편입하려 하고 지방의 특색과 중요성을 강화하는 논술도 적지 않았음은, 남사(南社(1909~23년 활동한 자산계급혁명 문학단체)) 발기인 중 한 사람인 천 칭린(陳慶林, 1874~1933)이 「후베이(湖北) 향토지리교과서 서(敍)」에서 말했던 것과 같다.

오늘 유럽 바람이 크게 불어 상선이 동에서 오니, 후베이성은 특히 각국 상업의 전장이 되었다. 비좁은 한커우(漢口)가 세액(稅額)은 창장(長江) 최고다. 어(鄂, 후베이)의 4개 통상항을 합산하면 상하이해관(江海關)을 뛰어넘기조차 하는데, 하물며 우편·철도가 폭풍처럼 남북·베이징·한수이(漢水)·볜수이(汴水)를 하나로 잇는다. 디욱이 남으로는 샹(湘, 후난湖南)과 웨(粵, 광둥)를 잇고 서로는 바수(巴蜀)로 통하고 동으로는 위창(豫昌)에 접하니, 9주를 합해 하나의 궤도처럼 하는 일이 일사천리로 진행된 것이 곧 훗날의 후베이이니, 그 기상이 중국의 영웅됨을 기대하지 못하겠는가.[22]

천 칭린은 후베이가 "천하의 가운데에 있어서" 예부터 '사전지국(四戰之國)'이라 불렸는데, 대대로 군대를 부리고 전쟁에서 지키고 빼앗는 것이 모두 군사(軍事)에서 반드시 쟁탈해야 하는 땅이라고 하였다. 삼번의 난, 천초교란(川楚敎亂)이 모두 여기에 의지하여 웅위가 견고했고, 도광(道光)·함풍(咸豊) 이래 홍수전(洪秀全)과 양수청(楊秀淸)도 후샹(湖湘, 후난)을 거점으로 삼아 우창(武昌)으로부터 동으로 흘러간 것이 물동이 같은 기세가 되었다. 천 칭린은 후베이가 창장 중류를 제어한 것을 강조했는데, 그 군사전략상 위치는 예부터 지극히 중요했다. 그럼에도 불구하고 이를 지방과 국가 측면에서 논하자면, 천 칭린은 서방세력이 내륙에 깊이 침투한 이후 후베이가 그 지리적 위치로써 남북을 소통시키고 동서를 이어주고 9주를 합해 하나의 궤도를 만들어 우세를 이루어 각국 상업의 전장이 되었다고 여긴 것이다. 이에 이르러 후베이는 군사전략상의 중요성에 더해 상업무역의 왕래로 세계와 밀접한 연동관계를 만들어냈다.

이밖에 세계의 측면에서 지방을 잇는 전형적 논술로는 1905년 량 치차오의 「세계사에서 광둥의 위치(世界史上廣東之位置)」만 한 것이 없는데, 여기서 그는 세계사의 구조에서 광둥의 역사적 중요성을 새롭게 정의했다.

> 광둥이라는 땅은 중국사에서 조금도 가치있는 곳이 아니었다고 말할 수 있다. 100년 전 어떤 비범한 인물을 배출한 적이 없다는 것이 일국의 경중일 수 있다는 것은 어떤 사람이 그 지방에서 활약함으로써 전국에 절대적인 영향을 미친 적이 없다는 것이다. (…) 그러므로 국사에서 광둥을 살펴보는 것은 계륵(鷄肋)일 따름이다. 세계사의 측면에서 살펴보아 각 민족이 교통을 경쟁하는 추세를 고려한다 해도, 지구상 가장 중요한 지점이 겨우 10여곳인데 광둥이 더불어 한 자리를 차지한다는 것 또한 기이하다.[23]

국사의 측면에서 볼 때 광둥이라는 땅은 영남의 궁벽한 곳인데 조정이 회유로써 묶어두었고, 또한 중원 밖에 있으나 세계사의 측면에서 보자면 도리어 일찍이 동서교통사에서 매우 중요한 역할을 담당하였다. 특히 16세기 포르투갈인들이 신항로를 발견한 후 장차 네덜란드·스페인·영국이 계속해서 통상의 촉각을 광둥으로 뻗는 계기를 열었는데, 19세기 말 아편전쟁과 난징조약으로 다시 "광둥의 지위가 일변하고 전국의 지위가 일변"하여 "이후 40년 동안 교섭은 날로 많아지고 우환은 날로 커"지는 상황을 초래했다는 것이 량 치차오의 생각이었다.[24] 량 치차오는 광둥이 오랫동안 중원에서 중시되지 못했다는 사실에서 방향을 바꾸어, 해로교통의 측면에서 보면 광둥이 내지와의 교통에는 불편할지라도 해외교통에는 편리하여 오히려 중국과 세계의 문화·상업교류의 중요한 경로가 되었다고 강조하였다. 그는 세계사에 입각하여, 원래 영남에 벽거한 광둥이 세계의 항로가 크게 열리고 국제상업무역의 왕래가 빈번해짐에 따라 전세계 10여개 중요 지점의 하나가 되었다고 주장했는데, 이렇듯 먼저 세계가 지방을 연결하고 다시 중국과 연결시키는 방식은 지방-국가-세계의 서열에서 상대적으로 보기 드문 것으로, 이러한 접합방식이 어느정도는 광둥이란 곳의 특질과 중요성을 분명하게 느러냈다고 본 것이다.

2

청말 학인들로 말하자면, 지방을 국가와 세계로 통하는 서열에 둔 것은 지방의 존재의의와 가치를 새롭게 규정하기 위해서였다. 무엇이 지방인가? 왜 이렇게 또는 저렇게 지방을 정의하는가? 이에 관련된 것은 결코 지방 자체가 아니다. 오히려 사람들이 이로써 어떻게 세계를 인식하고 이해하는가, 그 방식과 관련된 것이다.[25] 청말 민국초에 출판된 수많은 방지·향토지·향토교과서는 종종 명청시대 방지의 전례를 답습하여, 어떤 지방을 어떻게 정의할 것인가에 있어 흔히 역사의 근원을 캐는 방식을 취하곤 했다. 예를 들어 수많은 통지(通志)·부지(府志)·현지(縣志)가 모두 그 근원을『우공(禹貢)』『산해경(山海經)』『한서지리지(漢書地理志)』또는『주례(周禮)』등의 책으로 거슬러 올라가 찾을 수 있다는 것은 방지의 역사상 근원을 설명해준다. 많은 향토지가 지방지 체제를 모방하고 답습했기 때문에 그것들은 늘 지방서사와 관련해 가장 오래된 기록으로 간주된다.[26] 어떤 방지들은 직접 서술한 지방을 좀더 잘 증명할 수 있었는데, 이는 『우공』『주례·직방(職方)』 등에 기재된 9주 지방에 대응시킬 수 있다. 이러한 서사전통은 예부터 방지에서 흔히 볼 수 있다. 탕 샤오펑(唐曉峰)은 대우(大禹)의 치수로 출현한 9주가 일종의 구획 관념일지라도 그것과 오복(五服)이 강조한 공간등급 구획이 다르며, 9주가 상징하는 것은 화하(華夏) 전체의 지역 개념이고, 그와 관련된 9개 구역이 '부분'을 이룰지라도 결코 '하나됨'의 본질을 잃지 않는다고 지적한다.[27] 이로 볼 때 9주로 연원을 거슬러 올라가는 지방지의 서사관습은 역사적 기원의 측면에서 어떤 지방이 예부터 화하문명권에 속한 범위임을 강조하는 것에 불과하다. 이렇게 방지가 지방역사의 연원으로 거슬러 올라가는 서술방식은 주로 20세기 초 방지의 중수 논의와 향토지 편찬 붐에서뿐만 아니라 지방 행정구역 재정의를 논하는 저서들에서도 볼 수 있으며, 그 논의 각도만 미묘하게 변화했을 뿐이다.

민국기에 국체(國體)가 제제(帝制)로부터 공화(共和)를 지향하고 지방 행정구획이 새로운 조정에 직면하자, 방치되거나 보류되었던 여러 사안이 모두 개시되기를 고대하면서 많은 학자들이 분분히 자신의 관점을 제출하였다. 이때 중국지학회(中國地學會) 편집부장 바이 웨헝(白月恒, 1876~1940)은 즉시 『지학잡지(地學雜誌)』에 「행정구역제정비고(釐定行政區域備考)」를 발표하고, 『우공』『직방』에 기재된 9주와 진(秦) 40군 및 서한 13자사부 간의 차이를 대비함으로써 공화정부가 지방 행정구역을 획정하는 데 참조할 기초를 제시하였다. 바이 웨헝은 우선 하대(夏代) 강역을 나타낼 수 있는 『우공』과 주대(周代) 분봉지의 경계를 나타낼 수 있는 『직방』을 언급했는데, 이 두 책에 언급된 9주가 서로 일치하지는 않을지라도[28] 모두 똑같이 자연

산천으로써 9주를 구획한 것이 거의 일치하여 나타났다고 보았다. 『우공』과 『직방』에 기재된 9주에서 그는 분명하여 옮길 수 없는 산천의 천연 경계선을 보았다. 그는 이러한 산천의 경계가 지리적 표징일 뿐 아니라 "천연의 흐르는 물과 우뚝 솟은 것이 정치의 경계가 됨"으로써, 정무를 주관하는 자가 이러한 천연 경계선을 따르면 한 구역의 민이 농전 수리와 교통시설을 발전시키는 데 편리할 뿐 아니라 한 지역을 "풍속이 같으나 어지럽지 않고 이익이 같으나 다투지 아니하도록" 육성하는 선결조건이기도 하다는 점을 강조했다.[29]

진이 6국을 멸한 후에 봉건제도를 폐지하고 군현을 설치해 안으로 36군을 설치하고 영남 4군을 합친 것이 모두 40군인데, 바이 웨헝은 진의 강역과 오늘날의 내지 18성의 차이가 크지 않고 특히 그 군현 구획의 원칙은 오늘날 구역 제정이 모방했다고 보았다.

진 40군은 오늘의 18성과 비교하면 평톈(奉天), 안난(安南)보다 많고, 간쑤(甘肅)와 쓰촨(四川)의 서부, 구이저우(貴州)의 대부분, 윈난(雲南) 전체보다는 적다. 북부의 군은 오늘의 성과 비교하면 성을 3, 4, 5, 6으로 나누어 군마다 2, 3부를 담당하거나 4, 5부를 담당하는데, 착오가 크지 않고 착오가 적지 않다. 역량이 미치지 못하는 어려움이 없고, 서로 단결하기 쉬운 형세다. 여러 줄기의 산수와 지세의 고저에 따라 경계를 긋는 것은 특히 교통과 풍속에 충분히 편리하고, 확실히 구역을 정하는 데에서 마땅히 본보기로 삼는 바이다.[30]

바이 웨헝은, 진이 설치한 군현은 옛사람들의 소위 '산천형세' 원칙에 따라 설치한 것인데, 군현은 대소와 관계없이 모두 산수지형이 자연적으

로 나아가는 방향을 고려해야 하고 지방행정과 풍속문화 사이의 협조를 중
시해야 한다고 보았다. 이는 다시 말해『주례·왕제(王制)』에서 "무릇 거민
(居民)자료는 반드시 천지·한열·건습에 의거해야 하는데, 넓은 계곡, 큰 하
천은 제도를 달리하고 민생은 그 사이에서 풍속을 달리한다"라고 한 것이
다.[31] 그는 이러한 구획의 원칙이 교통을 편리하게 하고 풍속을 같게 하고
그 적용 범위에서 "역량이 미치지 못하는 어려움이 없"게 할 뿐 아니라 "서
로 단결하기 쉬운 형세"도 이룬다고 생각하였다.

바이 웨헝이 민국 건립 초에 발표한 현재 행정구역을 어떻게 정할 것인
가를 논한 글에서『우공』『직방』그리고 진이 군현을 건설한 갖가지 규제와
이념을 되짚은 것은 단지 일종의 역사애호만으로 볼 수 없다. 삼대와 진 왕
조가 지방에 경계를 설정하는 것을 극찬한 그의 글에서 지방 구획은 반드
시 '자연지세의 뛰어남'이란 원칙을 존중해야 한다고 도처에서 강조한 것
을 볼 수 있다. 그 글에서 바이 웨헝은 의도적으로 '산천형편'의 의미에 대
한 설명을 통해 지방이 스스로 하나의 품격을 지닌 특색과 가치를 완성한
다는 점을 부각했는데, 본래의 여러 산수획경(山水劃境) 원칙이 만들어낸
농경지의 이로움, 교통의 편리함, 민정풍속의 훌륭함을 십분 드러낸 데서
이것이 시선을 인민과 지방으로 향해야만 비로소 생겨날 수 있는 사유라는
점이 명확히 드러난다.

「행정구역제정비고」는『지학잡지』에 6호에 걸쳐 연재되었다. 바이 웨헝
은 계속해서『우공』의 9주에서부터 한조(漢朝)까지 썼으나 이를 완성하지
는 못했다. 한은 군국제(郡國制)를 시행하여 천하를 13부로 나눴는데, 바이
웨헝은 겨우 8부를 쓰는 데 그쳤고 이로 인해 우리는 한대와 이후 각 왕조
의 지방 행정구획에 대한 그의 견해를 완전히 알 방법이 없다. 그러나 그가
「전한13부(前漢十三部)」의 총론에서 대략 "한나라 군의 8, 9, 10은 모양이 제

후들마다 들쑥날쑥한 것이 개이빨이 서로 맞물려 있는 것(犬牙相臨) 같고, 경계는 줄기의 약한 가지(疆幹弱枝) 같다” 등등을 언급한 것에서,[32] 진한 양대의 지방 건설 사유의 차이를 은근히 드러냈던 것은 이미 관찰된 바가 있다. 바꿔 말해서 바이 웨헝은 한대가 “제국(諸國)을 무리지어 건설하여 그 힘을 사라지게” 하는 방식으로 중앙집권을 하고, 지방을 쇠약하게 하며, 또한 ‘견아상입(犬牙相入)’의 원칙을 택해 제후국과 군현 사이의 상호제약을 통해 균형을 이룬 것에 주목했다. 이는 진 이전에 산천형세를 고려하여 지방행정을 배합하는 방법과는 확실히 매우 큰 차이가 있는 것이다.

소위 ‘견아상입’은 ‘산천형편’과 완전히 대립되는 사고인데, 자연지리 형세에 근거하여 획경함으로써 불러올 수 있는 지방할기를 방지하는 데 목적이 있었다. 저우 전허(周振鶴)의 연구에 따르면, ‘산천형편’이 고대에 영토를 나눠 경계를 긋는 가장 직관적 원칙일지라도 역대 왕조의 통치자들이 통치상 필요를 위해 반드시 모두 지리환경을 행정구역 구획의 기준으로 삼았다고 할 수는 없고, 중앙집권국가는 관리상의 필요에 따라 역으로 ‘견아상입’의 경계선 긋기 방식을 채용한 경우도 많았다. 진한 이후, 특히 원·명·청 시대에는 특정 구역이나 통치중심에서 비교적 멀리 떨어진 지방에 대해 중앙정부가 통제력을 강화하기 위해 자주 자연형세에 반하는 구획방식을 고심하여 택하곤 했다. 다시 말해서 중앙집권적 왕조일수록 ‘산천형편’이 불러올지도 모를 지방할거를 참아낼 수 없었던 것이다.[33]

어쩌면 바이 웨헝은 바로 진한시기의 이러한 변화 및 중국 군주전제정체가 갈수록 지방정권을 회수하는 방향으로 발전하여 전통왕조가 비로소 통제를 목적으로 하는 사고방식에서 벗어날 것이라고 보았기 때문에, “우리나라의 구역은 수천년 역사의 결과물이어서 난삽하고 그릇되니, 식자(識者)가 근심하는 것이다. 근래 국체가 변화하고 정치가 개혁되면서 행정구역을 정하는 것이 문제가 된즉, 가까스로 역사의 약점을 개혁하는 시기가 된 것인가?"라고 강조했던 것이다.[34] 바이 웨헝의 뜻은 매우 분명하다. 그는 당시 지방 행정구획의 갖가지 불합리한 현상이 실제로는 역사에서 오랫동안 누적되어온 결과라고 인식했다. 그는 지금 제제(帝制)가 붕괴되고 공화가 창신하는 전환점에서 이 기회를 틈타 일거에 역사의 적폐를 숙청할 수 있으며 역사의 '약점'을 개혁할 수 있다는 큰 기대를 갖고 있었다. 그가 말한 약점은 무엇이었을까? 아래 인용문에서 몇가지 단서를 찾아볼 수 있을지도 모른다.

인류가 처음 탄생했을 때는 밀림이 우거지고 짐승이 출몰하여 스스로를 도모할 겨를이 없었으니, 어찌 땅을 걱정했겠는가. 부락이 합하여 국가가 발생하고, 제후가 나뉘어 천자가 출현하고, 봉건이 세워져 경계가 생겼다. 민간이 일어나니 귀족이 망하고, 종족이 다투어 화이(華夷)가 하나되고, 군현이 창설되니 경계가 변했다. 할거가 극렬해지니 약탈이 분연해지고, 정치가 부패하니 체제가 혼란해졌으며, 전제(專制)가 심해지니 경계가 뒤엉켰다.[35]

그는 봉건-군현-전제가 중국역사상 지방 행정제도의 변화를 이끌어낸 3단계라고 보았다. 따라서 '봉건이 세워져 경계가 생기고, 군현이 창설되니 경계가 변하며, 전제가 심해지니 경계가 뒤엉켰다'는 것은 어느정도는 중국이 천하국가에서 왕조국가로 가는 과정에서 영토를 나눠 경계를 긋는 관념을 확립하고 그것이 변화한 것과, 전제왕권이 고도집중화된 후 결국 지방 구획구조의 혼란과 변형을 이끌어낸 것을 말한 것이다.

바이 웨헝은 역사의 변화에서 변화를 유발한 이유를 찾는 한편 역사가

능히 현실반성의 자원을 제공해주기를 바랐다. 왕권이 고도로 집중될 때 '경계를 나눠 통치를 쉽게 한다(分界易治)'는 이상 때문에 과도한 중앙집권으로 결국 지방의 무능을 초래하는 일은 없어야 했다. 역사적 연원을 거꾸로 거슬러 올라가, 바이웨이헝은 삼대와 진(秦)왕조가 천연지리 형세로써 지방의 경계를 정하는 관념을 분명히 의도적으로 반복하여, 전제왕조가 의도적으로 지방을 통제하려는 사고에서 벗어난 것을 지방 특색을 발전시키는 근거로 삼았다. 이처럼 지방이 각기 저마다 다른 지형, 기후, 생산조건 및 지방 차이로 인해 만들어진 풍속습관을 갖게 한 것은[36] 지방의 자주·자치의식을 높였으며, 지방의 가치와 의의를 새롭게 회복시켰다. 어느정도는 바이 웨이헝이 고대 산천형편의 사유에서 지방의 가치를 천명하는 영감을 얻은 것으로 보이는데, 만일 지방을 이렇게 새롭게 정의하는 방식이 그저 단순한 복고라면 지방의 내용이 그 양을 충족하는 것도 그저 '견아상입'에서 '산천형편'으로 되돌아간 데 불과할 따름이며, 지방은 여전히 왕조의 연장일 뿐이고 삼대로 돌아가는 것은 결코 새로운 국가적 사유를 가져올 수 없다. 그런데 어쩌면 이것이야말로 바이 웨이헝이 일부러 지방 특색의 의미와 풍속민정의 가치를 강조한 가장 중요한 목적일지도 모른다. 다만, 지방의 특질을 근거로 지방과 국가 관계의 방향을 새롭게 정의한 것은 20세기 초 민족국가를 탐색하는 시도의 일종이 아니라고는 할 수 없을 것이다.

3

민국 초 지방 행정규획 의제에 대해서는 바이 웨이헝처럼 자연지리 형세를 경계의 근거로 삼는 것으로 돌아가기를 주장하는 사람들이 적지 않았다. 이들은 심지어 '행정구역제정연구회(釐定行政區域研究會)'를 조직하여 수시로 연구결과를 발표했다. 마찬가지로 중국지학회 회원인 리 즈민(李志敏)은 다음과 같이 말했다.

성제(省制)의 구획에서 고려하는 것은 여러 봉건유적이거나 역대 영웅의 할거에 기반한 것인데, 토지가 거대하고 개이빨처럼 교차하니(犬牙錯綜), 산천의 형세, 시정의 편리함, 민정·풍속·언어·습관의 차이는 따지지 않는다. 오래된 동성인(同省人)을 소 닭 보듯 하고, 삼면이 다른 행정구역으로 둘러싸인 곳은 실로 도망을 돕고, 권리와 의무 부담이 균등하지 않으며, 쟁의하는 가운데 내분한 것이 번갈아 보인다.[37]

리 즈민은 이처럼 나라의 근본이 변한 후에 청이 억지로 가져다붙인 모든 것이 당시 요구되던 제도에 부합하지 않으니 반드시 빨리 제도를 개혁해야 한다고 주장하며, "민정·풍속·언어·습관이 평소 서로 조화롭다는 것을 들어 자치단체로 맺어진 것이 이 추세의 본모습이다"라고 하였다.[38] 이처럼 민정·풍속·언어·습관 등 지방 특색에 중점을 두는 것이 일시에 수많은 이들이 지방 행정구획을 고려할 때의 중요한 표준이 된 듯하다. 사실상 민국 초 어떻게 지방 행정구역을 정할 것인가의 쟁점은 대부분 중앙집권과 지방분권 지지자 간의 관점의 차이에 따라 나뉘었고, 따라서 어떻게 지방 특색을 유지하고 지방자치를 보유할까에 대한 발언도 같은 시기 '폐성치도(廢省置道)'의 토론에서 보인다.[39] 겅스(耕石, 필명)는 민국 원년 성관제(省官制) 제2차 수정안에서 폐성치도의 안을 제출한 뒤 중앙집권에 경도된 듯 도관제(道官制)를 지지한 것으로 보이는데, 세심하게 주의를 기울여 보면 오히려 그가 지방자치에 입각해 논한 것을 발견할 수 있다. 그는 이 글에서 진한 이후 군현 2급제를 순서대로 배열하여 한대의 각 군은 자사가 있을지라도 군 감찰의 책임을 지녔을 뿐 지방사무에는 개입하지 않았고 후세에 개혁이 있었다 해도 최대 3급제에 지나지 않았으나, 청대에 이르면 1성관제는 많게는 5급에 이르고 겹겹이 속박하여 끝까지 따져물을 수가 없다고 하였다. 그리하여 경스는 "끝없이 광막한 성제를 제거하고 성을 나눠 도로 삼음"으로써 "중앙의 통일을 공고히 하고 행정구역을 축소함으로써 자치의 발달을 도모"하고자 했다.[40] 즉 도에서 지방 행정사무를 주관할 것을 주장한 것이다. 이렇게 보면 지방 행정구역을 축소한 것은 중앙집권을 공고히 했지만 실제로는 도리어 지방자치의 권한을 강화했고, 지방의 경찰·교육·선거 등의 사무를 실질적으로 도에 부담시키면서 외교·군사·재정·교통·우전 등은 중앙에 통일적으로 귀속되었다. 이로 보건대 경스가 '폐성치도'를 주장한 이유도 마찬가지로 지방자치를 유지하려는 데 근거한 것이다.

사실상 청말 이래 많은 이들이 지방자치 문제를 언급할 때 삼대의 봉건이 남긴 뜻을 모방해 중국 지방자치의 전통을 보존할 것을 주장하였다. 예를 들어 캉 유웨이(康有爲)는 중국에 본래 향치(鄕治)의 전통이 있다고 보아 "민은 나라의 근본이고 향은 통치의 근본이니, 근본이 서야 기초가 견고하다"라고 하였다.[41] 량 치차오도 향치를 논하기를 "유럽의 국가는 시가 쌓여 만들어졌고 중국의 국가는 향이 쌓여 만들어진 것이므로, 중국에는 향의 자치가 있으나 시의 자치는 없다"라고 하였다. 그는 중국의 '국가'는 '향이 쌓여 만들어졌다'고 여겼으므로 그의 심중에서 향은 가장 작은 자치단위일 뿐 아니라 일국자치의 기점이기도 했다.[42] 캉 유웨이와 량 치차오 두 사람 모두 중국 지방자치의 전통을 향치로 높이 받들었고 봉건시기 향관의 치(治)를 매우 숭상했는데, 어느정도는 중앙집권의 지방통제를 피해 지방자치의 전통을 '회복'하기를 기대한 것이다. 쑹 수(宋恕)도 진이 천하를 통일한 후에 봉건이 폐지되고 이에 따라 중국 수천년 지방자치의 전통이 완전히 사라졌으며, 수(隋)가 향관을 폐한 후에는 지방에서 세가대족의 영향력도 다시는 존재하지 않았다고 하였다.[43] 이러한 주장에는 대체로 매우 비슷한 논리가 있다. 봉건시대에는 자치가 실행되고, 대일통의 시대에는 자치가 끝났다. 만일 중국이 중앙집권–지방실능(地方失能)의 문제를 피하려 한다면 지방의 자치권을 향상시키고 현대국가를 구현하고 조직하는 데서 지방의 의의를 강화해야 할 것이다. 역사상 봉건·군현의 배후에서 굴절된 지방분권·중앙집권의 이미지와 지방·국가의 관계는 요사이 사람들이 지방자치의 합리성을 구성하는 중요한 근원이 되었다.

지방이 '자치'를 가지려면 반드시 중앙집권과 일정한 거리를 유지해야만 한다. 지방 '특색'을 강조하는 것은 반드시 어느정도 배타성을 형성한다. 여기서 어쩌면 팀 크레스웰(Tim Cresswell)의 관점을 빌릴 수 있을 것이다. 그는 지방(place)의 구조는 종종 일종의 배외적 행위를 기초로 하며, 정체성은 지방이 다시 '우리'와 '그들'을 나눠 다루게 했고 또한 타자로 하여금 폄하와 억압을 당하게 했다고 하였다.[44] 언제나 지방과 국가의 상대적 관계가 상반된 입장에 서 있기만 한 것은 아닌데, 많은 경우에 이는 상반되는 동시에 상호 보완하는 관계였다. 그러나 공간의 관점에서 출발하면, 민족국가가 형성되는 과정에서 지방이 새롭게 정의될 것을 요구받는 '지방'(place)이 될 때 도리어 종종 모종의 지방 특성을 만들어내야 했고, 청말 민국 이래 수많은 향토지·방지는 늘 본향본토의 특성을 전력을 다해 발굴하여 그 독특하고 남다른 면을 보여주었다. 혁명의 입장이 선명했던 류 스페이(劉師培, 1884~1919)는 자신이 저술한 향토교과서에서 종종 각 성의 지방 형세로부터 해당 지역의 민속풍습을 논했다. 예컨대 그는 뭇사람과 다르게 일가를 이루는 안후이(安徽)의 민풍을 묘사하면서 안후이 북쪽(완베이皖北)

의 다양한 평원과 남쪽(완난晥南)의 산이 많은 지형을 강조하였다. 완베이인은 대대로 평원이 넓은 곳에 살아 강풍에 익숙하기 때문에 고대의 협객 같은 것을 양성했고, 완난인은 오히려 산이 많고 물이 세차며 넘치고 마르는 것이 일정치 않기 때문에 농업을 버리고 상업에 종사할 수 있었을 따름이라고 썼다. 따라서 류 스페이는 완베이·완난의 완전히 상이한 지형과 민풍이 오히려 오늘날 안후이성에 매우 특수한 풍모를 창출하여, "완베이의 민은 군병에 적합"하여 군국민(軍國民) 발전교육에 적합하고 "완난의 민은 상업에 적합"하여 실업(實業) 발전교육에 적합한 것은[45] 다른 성에는 없는 특색이라고 보았다.

이밖에 산둥(山東) 일대에서 저명한 예술가이자 지리학자 딩 시톈(丁錫田, 1896~1941)이 민국 초년에 지방지 편사에 응하여 지은 「웨이현지리설략(濰縣地理說略)」은 상당히 의식적으로 필자 자신의 가향인 산둥 웨이현의 특산과 공업제품을 근거로 웨이현의 지방 특색을 드러냈다. 그는 "산둥 동부 20여 현은 물산이 대체로 같으므로, 내가 서술하는 읍의 물산에서는 그와 같은 것은 쓰지 않고 특별한 것을 기록하겠다"라면서[46] 가향의 물산이 여타의 것들과 많이 다르다는 것을 강조했다. 이를 위해 그는 특히 웨이수이(濰水)의 잉어, 바이렁허(白狼河)의 붕어, 베이와(北窪)의 게, 조류의 알과 길고 파란 무, 담배와 소금, 석탄, 빈랑석, 흑석 등 동식물과 광석을 언급했다. 사실상 어떤 지방의 특산은 분명히 인근 지역의 지리조건과 비슷하기 때문에 큰 차이가 있을 수 없음에도 지방 서술자들은 통상 매우 전력을 다해 '본향에는 있고 다른 읍에는 없는' 특산물을 부각시켰는데, 특히 인위적으로 가공하거나 향인이 교묘한 구상으로 제작해낸 물건들을 강조한다. 예컨대 딩 시톈이 웨이현 특유의 여성용 머리장식, 농사용구, 학교 분필 등의 물건을 힘껏 소개하고 또한 매우 과장된 어투로 가향에서 생산된 은상

감 문구, 모조 동기를 묘사한 것은 "사람들에게 완상품을 제공하고 대지의 미술계에서 패권을 다투기에" 충분했다. 동식물을 원료로 한 또다른 공산품으로 애국포(愛國布), 무두질한 가죽, 면포, 짚을 꼬아 만든 끈, 상피지(桑皮紙), 수예품, 난간(闌干), 돼지털, 새우식초 같은 것들이 모두 그 현 특유의 제품임을 그는 특히 강조하면서, 무릇 "다른 현과 같거나 그만 못한 것은 모두 적지 않았다"라고 쓰고 있다.[47] 이렇게 딩 시텐이 절실하게 본향본토의 특색을 만들어내기를 바랄 때, 거기에서는 강렬한 배타적 의향이 넌지시 드러난다.

풍부한 지방 특색을 발굴하기 위해 20세기 초 방지·향토지는 기존 문헌에서 각종 자료를 열심히 정리한 것 말고도[48] 현지취재와 지방조사를 강조한 경우도 많았다. 가장 전형적인 예가 민국 초 전국 공동 지리지 편찬을 발의한 린 촨자(林傳甲, 1877~22)인데, 그는『대중화지리지(大中華地理志)』총서를 쓸 때 각 성의 사범대 교수와 학생을 동원해 가외시간에 귀향하여 취재, 조사하도록 했고, 이러한 조사보고를 토대로 각 성을 각 권으로 다룬『대중화지리지』를 완성했다. 다만 아쉬운 것은, 린 촨자가 해당 지역 학생과 교원을 동원해 수행한 지방 조사보고가 오늘에는 이미 따라할 것이 없다는 점이다. 그리하여,『대중화지리지』의 '각 성을 합해 국가가 된다'는 개념은 비록 청말 이래의 '국가유기체론'과 상통하는 사유이긴 하지만, 이 책의 균질적인 서술구조와 지방정체성을 초월한 국가정체성의 특성에서[49] 각 지방의 특성과 지방조사가 지리지 서술에 남긴 영향을 찾아보기 어렵게 되었다.

그러나 어찌되었든 간에 청말 민국 초 이래 현지조사를 통해 지방 특색을 발굴하는 것은 확실히 지방서술에서 매우 흔히 보이는 방법이다. 이는 어떻게 보면 다른 지방과의 비교를 통해 획득한 지방 특색으로 해당 지방이 유일무이하고 대체할 수 없는 것임을 증명하려는 것에 불과하다고도 할 수 있다. 하지만 이러한 형태의 지방지식 구성은 지방이 구체적이고 정교한 존재임을 설명해줄 뿐 아니라, 지방이 더이상은 국가권력의 연장이 아니고 현대국가의 일원을 이룬다는 것을 드러낸다. 지방과 국가 관계는 전통 방지에서 응집성을 지닌 방식으로 자주 표현되었고 각 지방은 방지 서술에서 확실히 대동소이하고 특색이 결여되었으니, 상대적으로 국가에 대해 지방은 그저 국가의 거꾸로 선 그림자, 가상이면서 비슷하고 모양은 다르나 실질은 같은 것이라 하겠다. 그러나 지방 특색을 강조하는 사고방식은 도리어 지방과 국가의 전통적 관계를 반대방향으로 돌렸다. 이는 이푸 투안(Yi-Fu Tuan)이 말한 바와 완전히 같다. "많은 경우 국가는 그 크기가 사람들이 감수하지 못하는 데 이르고 사람들이 능히 경험하는 범위 밖에 이르므로 반드시 상징적 부호를 사용하여 민족국가가 하나의 구체적 지방처럼 보이게 하는데, 이는 사람들이 의탁하는 정치적 이상으로 여기게 하는 것만은 아니다."[50] 이런 의미에서 국가는 사실 '지방'(place)이기도 하며, 사람들은 특색있는 각각의 지방에 관련된 것들을 통해 아메바 같은 가상의 모양을 상상하면서 상징적 국가를 필요로 한다.

이렇듯 자기와 '무리'〔衆〕의 다름을 강조하는 것은 다른 지방의 두드러진 특색이나 지방과 지방 간의 비교를 근거로 완성되는데, 많은 경우 지방 특색을 구성하는 배타성은 그것과 그것의 과거 사이에서 드러난다. 청말 민국 초의 지방지들은 오늘날 쓰이는 신지(新志)와 전통지 사이에 분절이 있음을 상당히 강조하는 것 같다. 예를 들면, 1918년 베이징대학 국사편찬처 위원을 맡은 덩 즈청(鄧之誠, 1887~1960)은 「성지금례발범(省志今例發凡)」에서 매우 분명하게, 국체가 이미 변하고 무릇 백가지 금기가 모두 폐기되어, 방지를 짓는 것은 더욱이 「서유전정지리(西儒塼精地理)」의 서술을 본받아 실용을 숭상하고 분류를 보태거나 뺌으로써 금제(今制)를 중시해야 한다고 표명하였다. 이 글에서 덩 즈청은 7대 항목이 더는 구지(舊志)의 체제를 답습할 수 없음을 거침없이 써내려가는데, 그중에서 가장 중요한 내용은 다음의 것들이다. 첫째, 덩 즈청은 오늘과 어제의 차이는 어제의 정무(政)는 간단하고 오늘의 정무는 번잡한 데 있음을 지적하며, 기존 정치·경제 일문지하(一門之下)에 속한 무비(武備)·학제·농상·교통 등은 반드시 독립하여 스스로 하나의 부문을 이뤄야 한다고 하였다. 둘째, 사마천의 「평준(平準)」 「화식(貨殖)」이 그 의미가 정심함에도 후세가 이익을 말하는 것을 부끄러워하여 상업을 천한 직업으로 보았고, 설령 반고의 『한서』가 『식화(食貨)』라고 바뀌어 불린다 해도 그저 "허언교양"에 지나지 않아 "생계의 기술(治生之術)"을 말하지 않았으며, 교역은 거의 사민(四民)에 속해서는 안되는 것이어서 오랫동안 국가에 통상(通商)이 없는 정치를 초래하였으며, 방지 또한 반드시 허물을 필요로 하는 것이 아니어서 기록하지 않았다고 덩 즈청은 강조하였다. 그러나 오늘의 상업은 절대로 어제의 그것에 비할 것이 아니니 응당 "천하의 힘을 모음으로써 기량을 겨루어 마지막 승패를 결정지어야 한다"라고 하였다. 셋째, 구지에는 「황언(皇言)」 「신장(宸章)」이 앞머리에 덧붙여진 것이 많은데, 설령 장 쉐청(張學誠)처럼 역사를 이해하는 이일지라도 공령(功令)을 면할 수 없어서, 지금 국체는 이미 변화했는데 「황언」 「신장」같이 황제가 지은 시문은 당연히 그 구절이 아름답기 때문에 여러 부문에 나누어 넣되, 다시 별도로 밖에서 나누어 취하여 편집할 필요가 없다. 넷째, 덩 즈청은 "사(史)의 기록은 조정에 연결되고" "방지의 기록은 의당 지(地)에 연결된다"라고 이해했는데,[51] 방지와 사의 기록은 응당 구별됨이 있다. 덩 즈청은 구지가 오늘날 사용하기에 적합하지 않다는 관점을 지적하면서 왕조국가를 통치의 핵심으로 삼는 전통 방지의 서사

방식과 분류개념을 강렬히 암시하여, 왕권이 붕괴하고 상업이 크게 흥하고 지식이 변형되며 심지어 지방과 국가 관계가 변화하기 시작한 이후에 어떻게 그것이 "시의적절하지 않음"을 드러냈는지를 밝혔다. 지방의 특색인 배타성이 틀림없이 현재와 과거 사이에서 구성된다고 할 때, 전통 방지의 배후에 반영된 국가와 지방 관계도 조용히 변화하는 중인 것 같다.

그밖에 「성지금례발범」보다 약간 늦게 나온 신지의 제안으로 첸 지보(錢基博, 1887~1957)가 쓴 「우시현신지설명서(無錫縣新志說明書)」도 있다. 당시 우시도서관 관장으로 부임한 첸 지보와 덩 즈청은 모두 30세에 두각을 나타난 신세대 지식인인데, 지방 지식인의 추천에 따라 첸 지보는 국(局)을 설치하지 않고 급료를 받지 않는 방식으로 향인을 규합해 자신의 가향 우시를 위해 신지를 편찬했다. 그가 제출한 「우시현신지설명서」에서 그는 덩 즈청보다 더욱 대담하게 전면적으로 새로운 지서(志書)체제를 제언했다. 우선 첸 지보는 「우시현신지설명서」는 응당 "현인의 지"가 되어야 하고, 현인의 지를 쓰고자 하는 데 있어 가장 긴요한 것은 "풍속을 기록하는 것"보다 더한 것이 없는데, 왜냐하면 "풍속이란 것은 현인의 특성을 표현함으로써 정교(政敎)를 따르는 바"이기 때문이라고 강조하였다.[52] 따라서 첸 지보는 우시 신지의 초안을 세울 때 특히 풍속류를 지리·수리 다음에 두어, 한 지역의 '민풍정교'는 본래의 산천으로서 지리·수리에 다음가는 큰 항목인데 그 가운데 '상혼습관, 세시풍물, 방언의 속담, 마을의 노래(邑謳)'는 모두 상세히 기재되어야 한다고 강조했다. 이밖에 첸 지보는 우시라는 땅에서 민국 원년 이후의 가장 큰 변화가 지방자치의 시행이었음을 신지 한가운데 집어넣음으로써, 구지와의 차이를 보여주었다. 총체적으로 보아 신지류의 목적에 대한 첸 지보의 기획이 모두 상세한 것은 아닐지라도, 구지와는 매우 다른 시각을 보여주었다. 그는 우시의 신지를 연혁·지리·수리·풍속·식화·부세·지방자치·자선·교육·종교·선거·경비·역대 병사(兵事)·인물·예문·금석·물산·설원(說苑) 등의 18개 항목으로 나누어 썼다. 어떤 면에서 이들 항목은 몇가지 신구가 뒤섞인 관점을 지닌 것이지만, 첸 지보의 지방지식 처리방식은 대체로 이미 현대지식의 성질을 분류의 근거로 삼는 데 매우 근접했음을 볼 수 있다. 이러한 분류개념 아래, 전통 방지 이면에 있는 중심에서 지방을 보는 시각과 함께 지식(통치)계층이 어떻게 관을 설치하고 직을 나누고 강토를 다스렸는지를 반영한 것, 어떻게 정체·관감(官箴)·품행·기구를 빌려 성도왕공(聖道王功) 사상의 기본 구조를 체현했는가 등은 점차 사라졌다. 지방지식은 이제 유가도덕의 윤리적 색채와 왕조 통치질서의 사고방식을 지니지 않고 점차 각종 현대국가의 시각과 지식의 특색을 지닌 전문항목으로 분해되어 객관적으로 연구하고 실증적으로 분석할 수 있는 대상이 되었는데, 이는 전통 방지에 반영된 지방지식관과 명백히 매우 큰 차이가 있다.

4

오랫동안 우리는 민족국가가 구성한 공간구조 속에서 이 세계를 인식했고 심지어 이러한 시각에서 이 공간으로 인해 파생된 모든 정치·사회·경제·문화 등의 문제를 이해하는 데 매우 익숙하다. 그런데 이러한 공간구성이 어떤 역사적 맥락에서 만들어진 것인지에는 거의 관심이 없었다. 이러한 공간에 익숙해져서 관찰하지 않음으로써 마치 모든 것이 자연스럽고 줄곧 그래온 것인 듯 생각했다. 사실상 20세기 초의 중국은 외세 침략의 민족적 위기에서 민족국가에 의해 피동적으로 구성된 이 공간구조를 받아들였는데, 외세는 중국의 독서인이 어떻게 '민'의 시각에서 이 새로운 공간구성을 체험으로써 이해할 것인가를 배우도록 자극했다. 향토교육, 지방자치, 그리고 훗날의 연성자치 주장은 하나같이 지방을 국가의 기초를 구성하는 공간으로 사유하도록 했다. 량 치차오 이후의 '국가유기체론'이 마치 서양 정체(政體)라는 기치를 세운 것처럼 보이지만, 도리어 전통적 향관, 보갑(保甲)에서 지방을 찾으려 한 것이 국가 근본의 근거가 되는 것을 피할 수 없었다. 바이 웨헝의 산천형편과 견아상입의 사유는 마찬가지로 전통 행정구역 규획의 원칙에서 지방과 국가 관계를 구성하는 자원을 찾는 것이기도 하다. 국가유기체의 관점에서 논하자면, 행정구획으로서의 지방은 국가를 조직하는 한 요소이고 이 지방들이 한데 모여 국가를 이루는 것이다. 공간의 관점에서 논하자면, 지방은 그저 일개 성, 일개 현이나 향이라기보다 국가와 마찬가지로 일종의 공간구성이고, 마찬가지로 모두 '지방'(place)이며, 변화한 민족국가가 사람들의 상상을 불허할 정도로 커졌을 때, 내용은 대체로 갖춰져 있으나 규모는 작은 지방은 국가의 축소판이 되었다.

이렇듯 근대 지식인은 전통에서 서방의 지방자치 관념과 상통할 수 있는 자원을 흡수했고 왕조국가에서 민족국가로 넘어가는 전환의 도구를 찾아냈으나, 문제는 오히려 공간을 보는 시각과 방향에 생긴 거대한 변화였다. 몸이 왕조국가에 있던 지식·통치계급은 항상 하층 백성을 보지 못했고, 관방의 지방서술은 그 양이 기껏해야 현의 그것에 이를 따름이다. 지방 지식인은 그가 비록 늘 유가의 가르침을 기억해 백성을 걱정할지라도 아무래도 교화와 윤리의 시선을 지니게 되며, 많은 경우 지방 독서인은 결코 지방 기층으로 자처하지 않았고 그들이 집필한 지방지 또한 시종 중심에서 지방을 바라보는 시각을 가졌으니, 지방의 공간구성은 유가윤리와 왕조 통치질서의 연장에 지나지 않았다. 따라서 '국가유기체론'이 민족국가의 핵심을 지방으로 돌려놓고서야 비로소 독서인은 자신이 지방을 제대로 이해한 것이 아님을 알아차렸다. 지방은 어떤 특색이 있을까? 이용하고 개발할 수 있는 자원들이 있을까? 어떤 자연환경, 지리조건, 인구구성, 사회조직이 있을까? 모두 새롭게 연구해야 하는 것이다. 그리하여 지방조사·사회조사는 지방을 이해하는 방안이자 자본공간을 발굴하는 중요 수단이 되었는데, 다시 말해 지방이 민족국가의 가장 중요한 공간구성으로 간주된 후라야만 '민'의 의의가 비로소 나타날 수 있고 현대국가를 떠받치는 지식이 비로소 하나하나 본모습을 드러낼 수 있게 된 것이다. 이처럼 민족국가란 이식성을 지닌 개념에 지나지 않으며, 국가·사회·경제·문화통합에 직면하여 여전히 배치하고 응용할 것들로 가득 채워져 있음은 말할 것도 없는데, 이러한 사정이 모두 우리의 진일보한 탐색을 기다리고 있으니, 이는 결코 20세기 초만의 일은 아니다.

〔번역: 유현정·연세대 사학과 박사과정〕

제3장

동아시아 방역행정의 기원*

1870, 80년대 콜레라 유행과 메이지정부의 대응

신규환(연세의대 인문사회의학교실 의사학과 교수)

1. 머리말

일본에서는 1822년 나가사끼(長崎)와 시모노세끼(下關) 등에서 콜레라가 대유행한 이후 1850년대까지 적어도 세 차례의 대유행이 있었다.[1] 그러나 이 시기만 해도 일본 정부는 콜레라에 대한 정확한 정보를 갖고 있지 못했고 적극적인 대응도 하지 못했다. 또한 콜레라가 어떤 경로로 확산되어 얼마나 많은 사상자가 발생했는지조차 파악하지 못했다. 일본에서 콜레라는 '밋까코로리(三日コロリ)' '코레라(虎列剌)' '코로리(虎狼痢)' '호오샤뵤오(暴瀉病)' 등으로 불리며 공포스런 이미지만 증폭되어갔을 뿐이다.

1871년 7월 폐번치현(廢藩置縣)이 단행되고 중앙관제가 개편되면서 1872년 2월 문부성 산하에 의무과(醫務課)가 신설되었고, 이는 1873년

• 이 글은 『사림』 64, 2018에 게재된 논문을 일부 수정한 것이다.

3월 의무국(醫務局)으로 확대 개편되었다. 사가라 토모야스(相良知安, 1836~1906)가 초대 의무국장으로 취임했고, 1873년 6월 나가요 센사이(長與專齋, 1838~1902)가 2대 의무국장에 등용되었다. 1874년 8월, 메이지정부는 서양의학을 중심으로 의학교육에서 위생행정 전반에 이르는 제도를 정비하기 위해 「의제(醫制)」 76조를 반포했고 1875년 5월에는 이를 55조의 「의제」로 개정했다. 같은 해 7월에는 의학교육과 위생행정을 총괄하던 문부성 의무국의 위생업무가 신설된 내무성 위생국으로 이관되었다. 일본의 근대적 위생행정은 위생국이라는 위생행정 전담부서가 설치됨으로써 본격화될 수 있었다. 아울러 일본 정부는 토오꾜오(東京)·쿄오또(京都)·오오사까(大阪) 등 3부(府)에서 「의제」 55조를 우선 시행하도록 했다.

1874년 「의제」는 독일의학을 일본의학의 모델로 설정하여 의학교육과 면허제도를 확정하고, 근대적인 의약분업제도를 확립한 것으로 평가받는다.[2] 나가요는 위생국 재임시기(1873~92)에 구미 각국의 의료제도를 참고하여 의제를 정비하고 위생국을 설립하는 등 기존의 단속 위주의 의무행정에서 벗어나 국민 건강에 적극적으로 개입하는 위생행정으로의 전환을 시도했다. 이를 위해서는 의학교육뿐만 아니라 전염병 예방과 식품 및 의약품 관리를 최우선 과제로 삼아야 했다. 위생국은 서무·제표(製表)·매약(賣藥)·종두(種痘)·출납 등 5개과로 업무를 분담하고 있었는데, 실제적인 전염병 업무는 서무과와 종두과가 분담하였다. 그러다가 1886년에는 위생과, 1893년부터는 보건과 등이 신설되어 전염병 업무를 담당했으며, 위생국에 방역과가 설치된 것은 1907년 이후였다.[3]

일본 위생행정의 또다른 총아 고오또 심페이(後藤新平, 1857~1929)는 1883년 나가요에 의해 위생국 관료로 발탁되고 1892년에는 나가요의 뒤를 이어 위생국장에 올랐다. 그는 내무성 위생국 재임시기(1883~98)에 「전염병

예방법」(1897)을 제정하는 등 근대 일본의 방역행정을 정비한 인물이다. 나가요에서 시작해 고오또에 이르는 이 30여년은 일본의 근대적 방역체계가 구축되는 시기이고, 이 시기 일본의 방역법규와 행정은 20세기 중국과 동아시아 각국에 적지 않은 영향을 미쳤다.[4]

1874년 「의제」 반포가 근대 일본에서 의료제도의 방향을 정한 이정표였다면, 1870년대 후반 콜레라의 유행은 일본 전염병사에서, 그리고 근대 일본의 위생행정사에서 중요한 전환점이었다. 「의제」가 일본의 근대적 의료제도의 시작이라는 선언적 의미를 갖는다면, 이후의 콜레라 유행과 그 대응은 의료제도와 위생행정의 실제 운영과 그 한계를 점검할 수 있는 시금석이었다. 1879년과 1886년의 콜레라 유행은 메이지정부가 국가체계를 구축하는 가운데 발생한 것으로, 「의제」 제정으로 근대적 의료위생 행정체계를 구축한 메이지정부가 직면한 첫번째 시련으로,[5] 각각 10만명 이상의 사망자가 발생하였다. 지금까지 1879년의 콜레라 유행은 메이지정부가 독일식 위생행정을 확립했을 뿐만 아니라 관치성 강한 '천황제 자혜의료(慈惠醫療)'라는 일본 위생행정의 특징을 강화한 계기였으며, 위생경찰과 자치위생을 강화하게 만든 사건으로 이해되어왔다.[6] 바꿔 말하면, 1870년대 콜레라 유행으로 일본사회는 중앙의 강압적인 상명하달식 방역조치의 한계를 인식하고, 위생조합 같은 민간조직을 통한 아래로부터의 대응에 주목하기 시작했다는 것이다. 이 시기는 일본에서 중앙과 지방, 관과 민간 사이의 상호 협력적인 근대 위생행정체계를 확립한 매우 중요한 시기로 이해된다.[7] 또한 1880년대 지속적인 콜레라의 유행 속에서 메이지정부는 위생행정 강화 방침을 명시하고, 위생경찰의 역할을 확대해나갔다.[8]

일반적으로 「의제」 반포 이후 일본은 의학교육뿐만 아니라 위생행정체계까지도 독일의학을 모델로 삼은 것으로 이해된다.[9] 그러나 카사하라 히

데히꼬(笠原英彦)의 일련의 연구에 따르면 나가요는 구미시찰을 통해서 영미식 자치 모델로 위생행정을 운용하는 데 관심을 갖게 되었고, 고오또 역시 이를 토착화하는 데 관심을 두고 있었다.[10] 말하자면 메이지 초기의 위생관료들은 독일식 의사(醫事)행정과 영미식 위생행정을 구분했다. 의사행정이란 의학교육·의료면허 등에 관한 업무를 말하고, 위생행정이란 방역·공중위생·식품위생·환경위생 등에 관한 업무를 뜻한다. 메이지 초기 의사행정은 일찍부터 독일식으로 정착되어간 반면, 위생행정은 영미의 영향을 수렴해가고 있었다.

이 글은 메이지 초기 영미식 위생행정이 일본사회에서 어떻게 정착하고 변모해나갔는지를 살펴보고, 더 나아가 메이지시기 콜레라 유행이 위생관료들의 위생인식과 일본의 근대적 방역체계 형성과 굴절에 어떠한 영향을 미쳤는지를 검토하고자 한다. 이를 통해 동아시아에서 전개된 위생행정의 이상과 실제를 이해하고, 콜레라 유행이 일본의 근대국가 성립에 끼친 영향도 설명할 수 있을 것이다.

2. 콜레라 유행과 「전염병예방규칙」(1880)의 제정

콜레라 유행상황

메이지정부 성립 이후 메이지정부가 가장 관심을 가졌던 전염병은 두창(痘瘡)이었다. 1870년 3월 「종두관규칙(種痘館規則)」을 반포했는데, 이는 일본 정부가 반포한 최초의 전염병 예방규칙이었다. 1871년 11월 대학동교(大學東校, 토오꾜오제국대학 전신)에 종두국(種痘局) 설치, 1874년 10월 「종두규칙」 제정 등 일본 정부는 두창 예방에 지속적인 관심을 보였다. 1876년 내무성 위생국은 「천연두예방규칙」을 통해 우두 접종을 의무화했고, 이에 따라 우두 접종이 크게 확대되었다. 1883년 「지방순찰사 복명서(復命書)」에서도 우두 접종에 대해서는 국민들이 잘 따르고 있어 독촉할 필요를 느끼지 않는다고 보고될 정도였다.[11]

반면 콜레라는 전혀 다른 양상을 보였다. 이미 1820년대 이래로 세 차례의 유행이 있었지만, 이에 대해 별다른 대비책이 없었다. 나가요도 "안세이(安政, 1854~59) 이후 처음 콜레라가 유행하자 관민 모두가 예방과 소독에 익숙하지 않아 그저 허둥지둥하는 사이에 지나갔다"라고 지적할 정도였다.[12] 폐번치현으로 중앙집권화의 기초를 닦은 메이지정부는 사족(士族)계급을 해체하고 특권을 폐지하는 등 중앙집권화에 박차를 가했다. 이에 대한 반발로 각지에서 사족들이 반란을 일으켰고, 이는 1877년 세이난(西南)전쟁으로 정점으로 치달았다. 콜레라는 세이난전쟁의 전장이 된 큐우슈우(九州)를 중심으로 발생했는데, 1877년 10월부터는 종전 후 고향으로 귀환하는 병사들을 통해 전국으로 확대되었다.

1877년 콜레라가 확대된 경로는 세 가지였다. 첫째는 요꼬하마(横濱) 경로로, 1877년 9월 5일 요꼬하마 미국삼번관(美國三番館)의 일본인 노동자에게서 콜레라가 발생한 이래 토오꾜오·치바(千葉)·이바라끼(茨城)·야마나시(山梨)·후꾸시마(福島)·사이따마(埼玉)·니이가따(新潟)·군마(群馬)·토찌기(栃木)·시즈오까(静岡)·미에(三重)·아이찌(愛知) 등으로 확대되었다. 둘째는 나가사끼 경로로, 나가사끼에 입항했던 외국 군함에서 유행하기 시작해 카고시마(鹿兒島)·쿠마모또(熊本)·오오사까·효오고(兵庫)·와까야마(和歌山)·코오찌(高知) 등에서 유행했고, 멀리는 홋까이도오(北海島)까지 확대되었다. 셋째는 군대 경로인데, 세이난전쟁 후 카고시마를 출항한 군함이 10월 1일 코오베항(神戸港)에 입항했을 때 폭발적으로 유행하기 시작하여

[표1] 1877~1900년 일본의 콜레라 환자 수 및 사망자 수[13]

연도(년)	신고환자 수(명)	사망자 수(명)	사망률(%)
1877(메이지10)	13,816	8,027	58.1
1878	902	275	30.5
1879	162,637	105,786	65.0
1880	1,580	618	39.1
1881	9,389	6,237	66.4
1882	51,631	33,784	65.4
1883	669	434	64.9
1884	904	417	46.1
1885	13,824	9,329	67.5
1886	155,923	108,405	69.5
1887(메이지20)	1,228	654	53.3
1888	811	460	56.7
1889	751	431	57.4
1890	46,019	35,227	76.5
1891	11,142	7,760	69.6
1892	874	497	56.9
1893	633	364	57.5
1894	546	314	57.5
1895	55,144	40,154	72.8
1896	1,481	908	61.3
1897(메이지30)	894	488	54.6
1898	655	374	57.1
1899	829	487	58.7
1900	378	231	61.1

쿄오또·시가(滋賀)·에히메(愛媛)·야마구찌(山口)·히로시마(廣島)·기후(岐阜) 등으로 유행했다. 1877년의 콜레라 유행은 8월에 시작되어 전국적으로 1도 3부 33현에 이르렀으며, 1877년 12월에 종식되었다.[14]

1879년의 콜레라는 3월 14일 시코꾸(四國) 지방의 서부인 에히메현 우오마찌(魚町)에서 시작되었다. 발병 원인은 외부 유입이 아닌 부패한 음식 섭

취로 인한 것으로 추정된다. 에히메현의 콜레라는 점차 확대되어 8월에만 912명의 환자가 발생했다. 4월 중순에는 에히메현의 콜레라 환자가 치료를 위해 온천장을 찾으면서 바다 건너 오오이따현(大分縣)으로 확대되었다. 이것을 기점으로 큐우슈우 전지역으로 확대되었는데, 4월 하순에는 카고시마, 5월 상순에는 오끼나와(沖繩) 등으로 확대되었다. 이어 5월 중순부터는 서일본으로, 6월에는 동일본, 7월에는 토오호꾸(東北) 지역으로 확대되었으며, 8월부터는 전국에 걸쳐 유행했고, 12월이 되어서야 진정되었다.[15]

1877년 유행에서는 한해 동안 13,816명의 환자가 발생하고 8,027명이 사망하여 치사율은 58.1%였다. 콜레라 유행은 1879년에 최고조에 달해, 162,637명의 환자가 발생했고 105,786명이 사망하여 치사율은 65.0%였다.[16] 콜레라 유행은 메이지정부의 의료제도를 정비하고 위생행정을 주도하던 나가요로서는 최대의 위기였다. 1879년 다시 콜레라가 유행하자, 7월 내무성에 중앙위생회를 설치했고 8월에는 토오꾜오에 호열자피병원(虎列剌避病院)을 설립했으며 「호열자예방가규칙」을 반포했다.

내무성 중앙위생회는 처음에는 콜레라에 대응하기 위한 임시적인 기구로 출범했으나, 점차 내무경(內務卿) 관리하의 상설기구로 변화했다. 1879년 12월 「중앙위생회 직제 및 사무장정」에 따르면 정원은 13명으로, 회장 1명, 부회장 1명, 의사위원 8명, 화학자 1명, 공학자 1명, 위생국장, 내무서기관, 경찰관 1명 등으로 구성되었고 의사가 중심적 역할을 담당하였다.

콜레라 관련 법규의 제정

메이지정부가 제정한 최초의 근대적인 방역법규는 1874년 「의제」 76조였다. 「의제」 76조는 발진티푸스·콜레라·두창·홍역 등 4종을 악성전염병으로 규정했는데, 이것이 일본 최초의 법정전염병에 대한 규정이었다. 그런데 「의제」 76조의 시행세칙에는 4종 전염병 이외에 성홍열·백일해·이질 등에 대해서도 전염상황을 보고하도록 규정하고 있다. 따라서 「의제」는 실질적으로 7종 전염병을 법정전염병으로 규정했다고 할 수 있다. 「의제」에서는 의사가 3일 이내에 사망보고를 실시하도록 했고, 시행세칙에서는 7일 이내에 사망보고를 실시하도록 했다.[17]

1877년 8월, 메이지정부는 콜레라 유행 직전 「호열자병예방법심득(心得)」(내무성달을達乙 제79호)을 반포했는데, 이것은 메이지정부가 콜레라 방역법에 관해 정리한 일종의 안내서 내지 주의서로서, 최초의 콜레라 관련 규정이었다. 「호열자병예방법심득」은 전문 24조로 검역·피병원·격리·소독·환경정비 등 이후 반포되는 콜레라 예방법규들이 포함해야 할 주요 사항을 담은 콜레라 예방법규의 원형이라고 할 수 있는데, 주요 내용은 다음과 같다. 콜레라 유행시 개항장이 있는 지역의 지방관은 의사·경찰·위생원 등을 위원으로 하여 외국 영사와 협의하여 검역을 실시한다(제1조). 항구와 동떨어져 있거나 인가와 격절된 곳에 임시피병원을 설치하고, 경증·중증·회복기 환자를 별도로 수용할 수 있는 공간을 구획해야 한다(제3조). 피병원에서 콜레라 환자 사망시 위원이 지정한 곳에 신속히 매장한다. 단, 그 지방에 환자의 묘지가 있을 경우 위원의 허락을 득한 후 소독하여 운반한다(제6조). 관내에 콜레라 환자가 있다는 것을 의사가 신고했을 때, 지방장관은 그 진위를 상세히 검토하여 만약 진성 콜레라 환자로 확인될 때는 위원에게 명하여 예방법을 개시하고, 내무성 및 관내 지방청에 보고한다(제7조). 의사가 콜레라 환자를 진찰했을 때는 그 정도를 곧바로 구장(區長)이나 호장(戶長) 혹은 의무단속을 경유하여 지방청에 신고한다(제8조). 콜레라 유행이 극심할 때, 지방장관은 매일 24시간의 사망자 수를 관내에 고시해야 한다(제10조). 콜레라 환자가 있는 가정은 간호에 긴급한 것을 제외하고 다른 집으로 피난하거나 함부로 외출할 수 없다. 환자가 회복하거나 사망한 후에는 소독법을 실시하고, 10일을 경과하지 않고서 학교에 등교해서는 안된다(제 12조). 위원은 콜레라 환자가 있는 가옥·선박 등의 입구에 전염병이 있다는 문구를 기록하여 붙이고, 가능한 한 무관한 자들과의 교통을 차단한다(제 16조). 위원은 콜레라 환자가 있는 가옥·선박·기구 등에 소독을 행하고 극히 오염된 기구는 소각하거나 매장하는 등 완전히 병독 전파를 막을 수 있는 방법으로 진행하고, 지방장관의 허가를 얻어 시행한다(제18조).[18]

「호열자병예방법심득」은 콜레라 방역을 위한 기초적인 보고체계와 방역 매뉴얼을 규정한 것으로, 전반적으로 의사와 지역사회의 역할이 중시되었다. 경찰의 역할은 구체적으로 명시되지 않았지만 실제적인 교통차단·소독·각종 통제 등의 역할을 수행하는 것으로 추정할 수 있다. 대체로「호열자병예방법심득」의 규정은 콜레라 환자 격리, 사망자의 매장과 이동 등과 관련해 느슨한 편이었다. 의사가 환자를 진단하고 신고하는 것 역시 정확한 시간을 설정하지 않았고, 가옥 등에 콜레라 환자가 있음을 표시해 차단하는 방안 등을 보면 콜레라 예방안내서가 현실사회에서 얼마나 실효성이 있었는지에는 의문의 여지가 많다.

1877년 9~12월 콜레라 유행을 경험한 내무성 위생국은「전염병예방규칙」의 필요성을 절감하고 1879년 1월 27일 그 초안을 작성하여 태정관(太政官)에 보고했다. 그런데 규칙을 반포하기도 전에 콜레라가 다시 유행하자 내무성 위생국은 콜레라 관련 부분만 발췌하여 6월 26일「호열자병예방가규칙(假規則)」(태정관포고 제23호)으로 반포하기에 이른다. 이것이 일본 최초의 콜레라 관련 법규이자 전염병 예방법으로 여겨지고 있다.[19] 그런 후 2개월이 지난 8월 25일 내무성 위생국은 기존 규칙을 일부 수정하여「호열자병예방가규칙」(태정관포고 제32호)을 재반포하였다.

1879년 6월의 「호열자병예방가규칙」(태정관포고 제23호)은 전문 24조로, 환자의 신고, 검역위원 선정, 피병원 설비, 교통차단, 소독법, 사체처리 등의 내용을 포함하고 있다. 의사는 콜레라를 진단했을 때 신속히 환자가 거주하는 군구(郡區)와 정촌(町村)의 행정관리 혹은 경찰분서에 통지하고, 행정관리와 경찰분서는 지방청에 신고한다. 단, 의사의 통지는 늦어도 24시간을 경과해서는 안된다(제1조). 지방장관은 관내에 콜레라가 있다는 신고를 받았을 때 우선 유행지역에 예방법을 통지하고, 그 병징의 진위와 완급을 명확히 하여 내무성에 보고하며, 또한 관내 일반 및 근린 지방청, 병영에 보고한다(제2조). 검역위원으로는 의사·위생원·경찰관리·군구관리(郡區吏) 등을 임명한다(제6조). 피병원은 경증·중증·회복기 환자 등을 분리 수용하고, 황색포에 콜레라라는 글자를 검정색으로 표기하고 그 경계에는 방어책을 설치하여 외부인의 출입을 통제한다. 단, 병자의 친인척이 문병을 위해 피병원에 출입하고자 할 때 그 정황을 고려하여 출입할 수 있는데, 반드시 소독해야 한다(제9조). 검역위원은 콜레라 환자를 돌볼 수 없거나 소독하기 어렵고 병독 전파를 막기 어렵다고 판단될 때 피병원으로 강제 입원시킬 수 있다(제11조). 콜레라 환자의 사체는 소독 후 화장하거나 매장하는데, 매장 시에는 깊이 매장하여 다시 매장하는 일이 없도록 한다(제17조). 의사가 콜레라 환자를 진단하고도 24시간 이내에 보고하지 않을 때는 30엔 이하의 벌금에 처한다(제24조).[20]

「호열자병예방가규칙」(1879. 6. 26)을 이전에 공포된 「호열자병예방법심득」(1877. 8. 27)과 비교할 때, 의사·경찰·지방관을 중심으로 한 전염병 보고체계는 그대로 유지되었음을 알 수 있다.[21] 다만 의사는 환자를 진단한 이후 24시간 이내에 신고하도록 규정했고, 이를 어길 시에는 벌금에 처하도록 했다. 피병원으로의 강제격리, 사체 화장에 대한 규정 등 강제성이 강화되어 콜레라 방역 관련 규정이 이전보다 구체화되고 엄격해진 것을 알 수 있다.

1879년 8월 25일의 「호열자병예방가규칙」(태정관포고 제32호)은 전문이 24조이고 1879년 6월 공포된 규칙을 일부 수정한 것이다. 대체적인 내용은 이전과 유사했지만 전체 항목에 걸쳐 첨삭과 수정을 통해 보다 명시적으로 규정을 변경했다. 대표적으로 달라진 것은 제22조(구법 제24조)인데, "의사가 고의로 콜레라 진단 사실을 은폐했을 경우 100엔 이하의 벌금을 부과하고, 의사면허를 취소하고, 100일 이내 의업을 정지시킬 수 있다"라고 수정되었다. 이전보다 관련 규정을 강화했음을 알 수 있다.[22]

한편, 1879년 일본 전역에 걸친 콜레라를 경험한 메이지정부는 「호열자병예방가규칙」을 대신하여 종합적인 전염병 예방규칙을 제정하기 위해 노력했고, 1880년 7월 9일 중앙위생회 주도로 「전염병예방규칙」(태정관포고 제34호)을 제정하기에 이르렀다. 「전염병예방규칙」은 6종의 전염병을 법정전염병으로 규정했는데, 콜레라·장티푸스·이질·디프테리아·발진티푸스·두창 등이었다(제1조). 전염병을 진단한 자는 24시간 이내에 환자 소재지의 정촌호장(町村戶長)에게 통지하고, 호장은 신속히 군구장 및 근처 경찰분서에 통지하고, 군구장은 신속히 이것을 지방청에 신고해야 한다. 단, 편의상 의사가 직접 경찰분서에 신고하거나 경찰분서가 호장에게 통지하는 것도 무방하다(제2조). 지방장관은 관내에 전염병 유행의 조짐이 보일 때는 그 상황을 기록하여 신속히 내무성에 보고하고, 관내 및 인근 혹은 선박교통이 있는 부현, 인근 병영, 기타 정박 중인 군함 등에 보고한다(제3조). 콜레라 환자의 사체를 매장할 때는 그 매장지를 구획해야 하고, 멋대로 잡장(雜葬)하거나 개장(改葬)해서는 안된다. 단, 화장시에 그 유골을 개장하는 것은 무방하다(제10조). 콜레라 유행이 극심할 때, 지방장관은 내무경에게 상신하여 허

[표2] 1870년대 일본의 콜레라 관련 법령

반포 일시	법령 명칭	문서 번호
1877. 8. 27.	호열자병예방법심득	내무성달을 제79호
1879. 6. 27.	호열자병예방가규칙	태정관포고 제23호
1879. 8. 25.	호열자병예방가규칙	태정관포고 제32호
1880. 7. 9.	전염병예방규칙	태정관포고 제34호
1880. 9. 10.	전염병예방법심득서	내무성달을 제36호

가를 득한 후 의사·위생관·경찰관·군구정촌리 등에서 적당한 인원을 선발하여 검역위원으로 하고 예방과 소독에 관한 사무를 담당하게 할 수 있다(제14조). 의사·호장이 이 규칙을 위반할 때에는 50엔 이하의 벌금에 처한다(제22조). 「전염병예방규칙」은 의사의 진단을 중시하여 전염병 보고체계에서 의사가 핵심적인 역할을 담당하도록 했고, 이에 의거해 전염병 보고를 받은 내무성은 중앙위생회의 자문을 받아 중앙과 지방에서 전염병 관리를 체계화하도록 했다.[23]

여기서 주목해야 할 점은 일본의 위생행정에서 경찰의 등장과 역할이다. 위생경찰의 활동은 일본제국과 식민지의 위생행정을 특징짓는 중요한 요소이기 때문이다. 경찰이 처음 등장한 것은 1850년대에 발행한 「보통객사규칙(普通客舍規則)」을 통해서였다. '보통객사'라는 것은 오물을 보관하는 건물로 전염병과 악취 통제를 위해 엄격한 관리가 필요했는데, 보통객사의 위생관리를 담당하던 존재가 바로 경찰이었다.[24] 이후로 경찰이 위생행정 분야의 실무자로서 적극적으로 자리 잡았던 것은 아니지만, 1870년대의 콜레라 방역을 통해 다시금 경찰의 역할이 주목받기 시작했다. 그러나 1870년대 후반의 콜레라 방역시기 방역규칙에 등장하는 경찰은 지방 방역체계의 일부였을 뿐 실제 방역행정에서 어떤 역할을 수행했는지는 알기 어렵다.

이와 관련하여 한 가지 흥미로운 사례는 1880년 4월 내무성 위생국이 발간한『호열자병예방유해(諭解)』라는 콜레라 해설서이다. '유해'라는 것은 타일러 깨닫게 한다는 뜻으로 백성을 계몽한다는 의미다. 이 책은 대중교육용 콜레라 예방 입문서로서 콜레라의 발생원인, 전염경로, 예방 및 방역 조치 등에 대해서 설명했다. 주로 미아스마설(Miasma Theory, 대기 중의 독소를 병인病因으로 보는 이론)에 입각해 콜레라 예방조치를 강구했으며 깨끗한 환경과 청결의 중요성을 강조했다. 방역당국이 이미 콜레라를 수인성 전염병으로 인식하고 있었음에도 불구하고 이 책은 공기나 환경 오염에 의한 전염병 확산에 주의할 것을 강조했던 것이다. 또한 1877년「호열자병예방법 심득」이래로 경찰은 의사·위생원 등과 함께 전염병 보고체계의 한 축을 형성한 바 있는데도 불구하고 이 책에는 경찰의 역할이 제시되어 있지 않고, 위생위원 또는 의사의 지시를 받아야 한다는 점만이 강조되어 있다.[25]

그렇다면 경찰은 실제 방역에서 어떤 역할을 수행했을까? 1879년 6월과 8월의「호열자병예방가규칙」이 강제격리·소독·교통차단·사체 화장 등 공권력을 통한 방역행정의 강화를 정당화해주었기 때문에, 실제 방역에서 경찰의 역할도 강화될 수밖에 없었다. 그렇다고 해도 1880년 7월「전염병예방 규칙」이 전염병 보고체계상에서 경찰의 역할을 확고하게 만든 것은 아니었다. 1880~90년에도 콜레라는 크게 유행하여 일본사회에 타격을 주었다. 1886년, 1890년, 1895년의 콜레라는 막대한 피해를 주었고, 이에 대응하면서 일본의 방역체계가 구축되었다. 1880년 7월의「전염병예방규칙」이 경찰 중심 방역법규의 근간을 확립했다면 1897년의「전염병예방법」(1897. 4. 1)은 방역법규상 최종적인 완결판이었는데, 여기서도 경찰은 방역행정상 보고 체계와 집행체계에서 연결점을 차지했을 뿐 절대적인 역할이 규정된 것은 아니었다.[26] 오히려 모호한 법규정으로 인해 실제 방역에서 경찰을 비롯한 공권력의 역할이 얼마든지 강화될 여지가 있었다.

3. 메이지 위생관료의 위생인식과 그 변화

나가요 센사이의 위생행정과 위생인식

1871년 12월 23일, 이와꾸라사절단이 요꼬하마를 떠나 미국으로 향했다. 전권대사 이와꾸라 토모미(岩倉見視)를 비롯해 총 107명에 달하는 대규모 사절단은 미국·영국·프랑스 등 미국과 유럽 12개국을 순방하고 1년 10개월 만에 귀국했다. 이 사절단에는 나가요 센사이도 포함되어 있었다. 당시 나가요는 근대 위생행정에 대해 "국민 일반의 건강보호를 담당하는 특수한 행정조직이 있다는 것을 발견하고" "의학지식 등을 정무적으로 운용하여" "인생의 위해를 제거하고 국가의 복지를 완수"하는 제도로 인식하고 있었다.[27] 따라서 나가요는 위생행정에 의학지식을 활용하기 위해서 처음부터 의사의 역할에 중요성을 부여하였다.

1874년 나가요는 "일본의 종합적 위생제도의 시원"이라고 여겨지는 「의제」를 제정, 반포했다. 주목해야 할 것은 메이지 초기 나가요는 의료제도(개달위생介達衛生, 의제)와 위생행정(직달위생直達衛生, 위생법)을 구분했다는 사실이다. 따라서 1874년 「의제」의 제정은 사실은 의료제도의 정비를 뜻하는 것일 뿐 위생행정의 정비는 아직 미완의 상태였다. 나가요는 1870년대 초 구미여행을 통해 의학교육과 의료제도는 독일식으로 정비해나가기로 정리했지만 위생행정의 방향에 대해서는 아직 결론을 내지 않은 상태였다.

1876년 나가요는 만국의학회에 참석하기 위해 도미했는데, 이때 미국 각지의 위생행정을 다시 한번 살펴볼 기회가 있었다. 다음해인 1877년 10월 그는 내무경 오오꾸보 토시미찌(大久保利通)에게 시찰결과를 정리한「위생의견」을 제출했다. 나가요의「위생의견」은 '자치위생'이라는 개념을 통해 미국식 위생혁명을 일본식으로 소화하고자 한 것이었다. 말하자면「위생의견」은 위생행정을 미국식으로 개조하는 방안이었다.[28]

그는 위생사무를 의사·약포(藥舖)의 권장 감찰, 약제의 검사·단속 등 위생의 근본을 배양하는 것을 다루는 개달위생법(介達衛生法), 즉 구미의 의제와, 빈민의 시료(施療), 전염병·유행병의 구치(救治)·예방, 출생·사망·혼인의 조사 및 통계, 음식료 검사, 오수 및 구거(溝渠, 방추)의 소통과 제거 등 인신의 건강을 보호하기 위한 직달위생법(直達衛生法), 즉 구미의 위생법으로 구분하고, 위생국에서 이 두 가지를 시행하고자 한 것이다.「위생의견」은 상하편으로 구성되었는데, 상편은 의료제도를 다루고 하편은 위생행정을 검토했다. 의료제도에서는 의사·약포·약품검사·제약면허·온천검사 등을 다루었고, 위생행정에서는 의사와 약포의 개업시험·빈민시료·유행병예방·우두종법·매독검사·사인통계 등을 언급했다.

그는 위생행정을 인민의 의식주와 건강을 해하는 유행병·전염병의 근원을 구제, 방어하는 방법을 설정하여 그를 시행하는 것이라고 규정했다. 구미에서는 인구가 밀집한 지방에 반드시 위생국을 설치하여 위생국장과 의사 등이 위생 단속 및 검사를 실시하고, 위생국은 의사·약포·산파 등 의료인에 대한 면허 및 자격을 단속하며, 전염병 예방을 위해 항구에서 40일 검역, 우두종법 및 매독검사, 출생·사망·혼인통계, 사망 확인 및 매장, 음식물 검사, 가축위생 관리 등을 실시하고 있다고 언급했다. 이 가운데 나가요가 특히 주목한 것은 워싱턴의 구의제도(區醫制度)와 전염병 예방제도였다. 구의제도는 시내를 4개 구역으로 나누고 각 구에 구의를 설치하여 빈민의 시료를 담당하게 하는 것이었다. 그는 전염병 예방은 위생행정의 요체로서 위생단속과 구의활동을 통해서 충분히 억제될 수 있다고 보았다. 그의 구상은 전염병이 유행하면 의사가 환자를 발견, 확진한 후 구호장에게 보고하고, 구호장은 지방관에게 보고하고, 지방관은 다시 위생국에 보고한 후 위생국이 의사를 파견하는 방식으로 전염병을 관리하는 체계였다. 또한 콜레라와 두창 등 악성전염병을 예방하기 위해서는 해항검역이 반드시 필요하다고 역설했다. 이처럼 나가요에게 있어 전염병 관리의 관건은 의사의 역할에 있었다.[29]

나가요는 미국 시찰을 계기로 미국의 방역법규를 반영하여 일본의 방역법규를 제정했다.[30] 그러나 이러한 방역법규가 일본의 현실에 맞을 리 없었다. 나가요가 「위생의견」을 제안하던 시기, 일본은 콜레라의 유행이라는 중대한 위기에 직면했다. 그리하여 나가요는 1877년의 콜레라 방역 경험을 토대로 1879년 전염병 일반에 적용할 수 있는 「전염병예방규칙」안을 마련하여 일본 정부의 최고기관인 태정관에 상신했다. 1879년 새로운 「전염병예방규칙」이 반포도 되기 전에 또다시 콜레라가 유행하자, 태정관은 「전염병예방규칙」 중 콜레라 방역과 관련된 부분만을 발췌하여 「호열자병예방가규칙」 24조(1879. 6. 27)를 반포했다.

피병원은 임시로 가옥을 지어 법률상의 책임을 없앴을 뿐 아니라 치료나 간호가 세세하게 미치지 못했다. 그래서 한번 피병원에 들어간 자는 살아서 다시 돌아갈 수 없는 것처럼 흥분하여 설사 죽더라도 입원하지 않겠다는 생각을 낳게 했다.[31]

1879년 8월, 태정관은 「호열자병예방가규칙」을 정식으로 공포했다. 1880년에는 「전염병예방규칙」을 반포하여 콜레라 이외에 두창·디프테리아·장티푸스·발진티푸스·이질 등 전염병에 대해서 유사한 조치를 강구하도록 했다. 1880년 9월에는 「전염병예방법심득서」를 제정하여 소독과 예방에도 각별한 신경을 썼다. 1880년의 「전염병예방규칙」에 따라 환자와 그 가족에 대한 강제격리가 합법화되었다. 1880년대 이후에도 콜레라 유행이 멈출 기미가 없자, 일본 정부는 위생행정을 확대 강화한다는 방침을 분명히 밝히고 중앙과 지방에서 경찰의 역할을 강화하고 확대해나가고자 했다. 우선은 1884년 관제개혁으로 중앙기구인 중앙위생회를 개편하여 경보국장과 경시총감 등 경찰 수뇌부를 새롭게 증원했다.[32]

1885년 6월 제정된 「내무성 처무조례」에 의거, 내무성은 관방·총무국·현치국(縣治局)·경보국(警保局)·토목국·위생국·지리국·호적국·사사국·회계국 등으로 구성되었고, 1886년 1월 조례 개정으로 호적국이 폐지되어 총무국으로 흡수되었다. 이후 내무성 내에서 지방사무를 담당하는 현치국과 경찰행정을 담당하는 경보국이 내무행정의 중심으로 부상했다.

1886년 관제개혁 중 「경시청관제」에 의하면 종래 위생국이 관할하던 제조소·공원·도로 등의 관리는 경찰사무로 이관되었고, 「지방관관제」 24조에 의해 위생에 관한 사항이 각 부현의 제2부 위생과 소관이 되었다. 또한 「지방관관제」 31조에 의해 전염병 및 소독, 음료·약품 관리 등 위생사무가 모두 경찰사무로 개편되었다. 이처럼 기존 위생국과 지방위생 사무 중 많은 분야가 일반 경찰에 이관되었다. 위생행정에 일반 경찰이 개입하면서 1885년 이래 정촌위생위원과 부현연합위생회는 폐지되었다. 경찰의 역할을 확대한 정부의 이러한 조치는 위생국 관료들의 반발과 비판을 불러일으켰는데, 나가요는 이를 "1886년의 좌절"이라고 말할 정도였다.[33]

예방과 치료는 메이지시기 위생행정의 양대 관심사였고, 나가요는 예방을 보다 중요시했다. 나가요는 『대일본사립위생회잡지』에 발표한 「위생과 자치의 관계」(1888. 4)라는 논문에서 청결, 상하수도 정비, 도로와 가옥의 개선 등 환경개선을 통한 위생행정의 증진을 기대하고 있었다. 말하자면 미아스마설의 영향을 많이 받고 있었던 것이다.[34]

나가요는 중앙위생회 활동뿐만 아니라 지방의 위생자치에 많은 것을 걸고 있었고, 의사들의 전문지식과 지방자치조직을 활용하여 전염병을 관리하고자 했다. 그러나 1885년 위생행정에 경찰행정이 개입하면서 자치조직의 활동은 폐지되었다. 이에 나가요는 위생행정에 대한 경찰행정의 개입을 비판했다. 나가요의 위생인식에 나타난 위생행정 구상의 특징은 다음과 같다. 첫째, 그는 영미식 위생행정을 이상적이라고 간주했고, 미아스마설에 입각해 환경과 위생 등을 중시했다. 둘째, 그는 영미식 자치위생을 일본사회에 적극적으로 도입하고자 했다. 그는 위생과 자치의 관계에 있어서 중앙정부의 일방적 지시와 통제를 통해 위생행정을 실시하기보다는 지방의 실정에 맞게 점진적으로 시행하고자 했다. 셋째, 그는 위생행정에서 의사의 역할을 중시했다. 전염병 및 보건 관리에서 의사의 전문적 식견이 반드시 필요하다고 생각했기 때문이다.

고오또 심페이의 위생사상과 위생경찰

나가요에 이어 메이지 초기의 위생행정을 총괄한 것은 후임자 고오또 심페이였다. 그는 토오호꾸 지방의 몰락한 중급 무사 집안에서 태어나 인재로 발탁되어 후꾸시마 지역의 스까가와(須賀川)의학교에서 서양식 의학교육을 받았다. 졸업 후에는 아이찌현의학교와 병원에서 근무했는데, 1881년 초고속으로 승진하여 학교장과 병원장 등을 역임했다. 1882년 2월에 고오또는 내무성 위생국 관료로서 위생시찰과 병원사무 등을 담당했다. 그는 1890~91년 독일에서 세균학과 위생공학을 공부하고 박사학위를 받았으며 1892년 12월 나가요의 추천으로 내무성 위생국장에 취임했다. 고오또는 1896년에는 대만총독부 위생고문, 1898년에는 대만총독부의 제2인자인 민정장관에 임명되었고, 1906년에는 남만주철도주식회사(만철) 총재로 임명되었다. 이후 고오또는 1916년 테라우찌(寺內正毅) 내각의 내무성장관, 1920년 토오꾜오시장, 1923년 야마모또(山本權兵衛) 내각의 내무성장관 등을 역임했다. 고오또는 메이지 초기의 위생의료제도를 정착시키고, 대만과 만주 등지에서 식민지경영에 직접 참여하면서 일본의 제국의료를 식민지에 확대해나간 인물이다.

고오또에게 가장 큰 영향을 준 사람은 스코틀랜드 출신 상하수도 설비 및 위생 전문가 버턴(W. K. Burton)이었다. 버턴은 "일본의 상하수도·위생 공학의 아버지"로 불리며 1887년 일본 정부의 초빙으로 들어와 고오또와 함께 일본의 위생 및 하수도 상태에 대한 정밀조사를 시행하고 갖가지 위생정책을 입안했다. 1896년에는 고오또의 추천으로 대만으로 넘어가 대만의 상하수도시설 개선 및 근대적 위생 관련 정책을 시행했다.[35]

1877년 콜레라 유행시기 방역의 경험을 통해 고오또는 아이찌현병원장으로서 '건강경찰(健康警察)'의 중요성을 강조했다.[36] 1878년에는 아이찌현에 건강경찰의관(健康警察醫官)을 설치하여 주민의 건강관리를 도모할 수 있다는 의견을 제시하기도 했다.[37] 또한 지방사회가 조직적이고 주체적으로 예방활동을 강화해야 한다고 주장하고,[38] 이를 위해서 인민의 건강보호에 종사할 수 있는 의학적 전문지식을 갖춘 의관들이 필요하다고 보았는데, 그들이 바로 '위생경찰'의 시원이었다. 이러한 고오또의 구상은 자치위생과 의사의 역할을 중시했던 나가요의 관심을 사게 되었고 1882년 내무성 위생관료로 발탁되는 계기가 되었다.

고오또가 제안한 '건강경찰'은 의학적 전문지식을 갖춘 의사를 지칭하는 것이었지만, 콜레라 유행에 따라 메이지정부의 방침은 위생국 관료들의 위생인식과는 다르게 형성되고 있었다. 즉 현실적으로 의학적 전문지식을 갖춘 의사를 위생경찰로 활용하기는 어렵다고 보고 일반 경찰을 위생사무에 종사하게 하는 방안을 모색한 것이다. 1880년대 메이지정부는 관제개혁을 통해 위생업무를 경보국 등에 이관하여 경찰력을 적극 활용하는 방안을 추진했다. 지방의 주요 위생업무가 경찰업무로 이관됨에 따라 위생국과 중앙위생회는 해항검역, 위생공사, 위생조합 등으로 전환되었다.[39]

고오또는 1880년 반포된 「전염병예방규칙」을 수정하여 1897년 「전염병예방법」을 제정했는데, 기존 「전염병예방규칙」이 법적 책임소재가 불분명하다는 점을 들어 위생문제를 효과적으로 해결하기 위해서는 지방 위생관리와 위생경찰의 법적 책임을 명확히 할 필요가 있다는 점을 강조했다.[40]

고오또의 초기 위생사상은 『국가위생원리』(1889)와 『위생제도론』(1890)에 잘 반영되어 있다. 『국가위생원리』에서 고오또는 인류의 목적은 생체에 부여된 '생리적 동기'를 발휘하여 '생리적 원만'에 도달하는 것이라고 말한다. 그러나 생존경쟁과 자연도태에 의해 생리적 원만을 이루지 못할 때 이를 향유할 수 있도록 만드는 것이 바로 위생법이다. 위생법은 사법(私法)과 공법(公法)으로 나뉘며, 양생(養生)을 통한 것이 사법이고 위생제도를 통한 것이 공법이 된다. 각 개인이 생리적 원만에 이르지 못할 때 이 위생제도는 국가의 정무나 경찰의 행위를 통해 인민의 생리적 원만을 보호하게 된다.[41] 즉 위생경찰의 적극적 개입의 필요성을 인정한 것이다. '1886년의 좌절'을 겪으면서 고오또의 위생사상과 위생경찰에 대한 인식도 일부 변한 것으로 보인다. 더이상 전문 의학지식을 갖춘 건강경찰을 주장하기보다는 위생경찰의 현실적 역할을 찾고자 했던 것이다.

4. 맺음말

일본에서는 1822년 콜레라 대유행 이후 1860년대까지 적어도 세 차례의 대유행이 있었다. 그러나 이 시기만 해도 일본 정부는 콜레라에 적극적으로 대응하지 못했다. 메이지유신 이후 메이지정부는 위생국을 설립했고 위생국은 공식적인 사망통계를 작성하기 시작했는데, 콜레라는 치사율이 70%에 이를 정도로 매우 치명적인 질병이었다. 당시만 해도 일본은 콜레라를 비롯한 각종 전염병에 적극적으로 대처하지 못했는데, 일본 정부는 전염병을 연구할 수 있는 의학자 양성과 법적인 제도정비를 통해 콜레라에 대응하고자 했다. 특히 경찰력을 활용하여 위생의료체계를 구축하는 데 관심을 기울였다.

1874년 「의제」의 반포는 일본의 근대 위생의료행정에서 새로운 획기였다. 독일식 의학교육이 제도화되었으며, 의사면허가 확립되었다. 방역제도역시 「의제」를 통해 기본틀을 구축했다고 볼 수 있다. 그러나 「의제」의 정비와는 별도로 위생행정은 미완의 상태여서 실제적인 방역정책을 수행하는데 한계가 있었다. 그 시험대에 올랐던 것이 1879년과 1886년의 콜레라 유행이었다. 1870, 80년대에 빈번한 콜레라 유행으로 막대한 인명피해가 초래됨에 따라 메이지정부는 정권의 사활을 걸고 방역에 전력을 기울여야 했다.

초대 위생국장으로서 「의제」 정비를 주도했던 나가요 센사이는 1870년대 초반 이와꾸라사절단 참여와 70년대 중반 만국의학회 참석 등을 계기로 구미 위생시찰의 기회를 얻었고, 이를 계기로 영미식 위생행정과 방역행정에 깊은 관심을 가졌다. 이후 그는 「의제」를 구체화하고 개정하는 데 영미식 위생행정을 적잖게 참고했다. 1876년 미국 방문은 나가요가 일본 위생행정의 대계를 정하는 중요한 계기가 되었다. 미국의 각 지방정부는 위생국을 설치하고 지방의 자치적인 위생협의회를 조직하여 전염병과 위생사무에 대처하고 있었다. 나가요는 1877년 10월 미국 시찰결과인 「위생의견」을 내무경 오오꾸보에게 제출했다. 나가요 보고서의 핵심은 의료제도와 위생행정을 구분하고, 각 지방에서 위생자치를 실시하고, 그 실무는 의사와 약포가 담당하게 하는 것이었다. 나가요는 중앙정부 차원에서 중앙위생회를 조직하는 등 중앙정부의 역할과 지방정부의 역할을 이원화했다. 이 시기 동안 일본의 방역행정은 중앙에서 의사의 역할과 판단, 지방자치의 강화라는 이상주의적인 방역관리를 지향했다. 특히 그는 지방자치에 의한 위생행정의 강화를 기대했다. 나가요는 방역행정에서 자치위생과 의사의 역할에 중요성을 부여했지만, 1879년 콜레라가 유행하자 실제 방역에서 책임소재가 불분명했고, 방역행정에서 지방과 민간에 많은 역할을 기대하긴 어려웠다.

고오또 심페이는 지방에서의 현장경험을 통해 자치위생과 의사의 역할을 강조하는 견해를 제출하고, 전문적인 의학적 식견을 갖춘 '건강경찰'을 제안하기도 했다. 그 결과 고오또는 위생국 관료로 등용되어 나가요에 이어서 메이지정부의 위생행정을 계승하게 되었다.

1880년 「전염병예방규칙」을 전후하여 의사와 경찰의 역할이 제도화되었다. 그러나 1880년대에 콜레라 유행이 지속되면서 나가요와 고오또의 자치위생과 건강경찰은 점차 현실성을 잃게 되었다. 메이지정부는 대부분의 위생사무를 경찰행정으로 이관했고, 방역행정에서 위생경찰의 역할을 확대, 강화하였다. 의학적 전문지식을 갖춘 건강경찰을 제안했던 고오또 역시 보다 현실적인 위생경찰의 역할을 받아들여야 했다. 콜레라 방역과정에서 위생경찰의 위상이 강화된 것은 메이지시기 방역체계 구축과정에서 중요한 특징이 되었는데, 이는 콜레라 유행이 가져다준 의외의 산물이었다.

제4장

현재 중국대륙에서 정신윤리의 곤경*
역사적·사상적 분석

허 자오톈(중국사회과학원 문학연구소 교수)

1

중국대륙의 최근 30여년 역사에 대해 잘 아는 사람이라면 모두 알듯이, 1978년 말부터 현재까지 중국의 역사는 신시대로 인식되고 있고, 그 시작

• **필자의 말** 사상을 공부하는 데 힘을 쏟은 사상학습의 과정에서 내게 인상 깊은 변화는 2000년을 전후해 일어났다. 그것은 바로, 그전에는 우리가 열심히 읽고 지식과 사상의 자원이라고 생각했던 것이 주로 구미와 일본 저자들의 저작이었지만 2000년을 전후해서는 한국 저자의 지식과 사고가 우리가 중시하는 사상적 자원이 되었고 또한 내 연구에서 점점 더 중요한 역할을 하기 시작했다는 점이다.

최근 20년 동안 내가 받아들인 한국의 지식과 사상의 영향에서 백영서 교수는 의심할 바 없이 그 전체를 관통하는 지표적인 인물이다. 내가 그의 영향을 받고 그를 마음깊이 존경하는 것은 단지 한국 학술계·사상계에서 그의 지위나 그의 대표성을 중시하기 때문만은 아니다. 또한 그의 구체적인 글이 내가 이해하기 좋거나 때로 잘 이해가 되지 않더라도 그 구체적인 내용에 깊이 빠져들었기 때문만도 아니다. 그것은 한편으로 그의 사상의 응축 때문인데, 그 사상의 응축이란 매우 계몽적이면서도 실천에 있어 지도적 의미가 깊은 '실천과제로서의 동아시아' '이중적 주변의 눈' '핵심현장' '복

시점에 추진자들의 지향은 물질문명과 정신문명 양자 모두에서 고도의 성취를 이루는 것이었다. 이미 몇십년의 역사가 지난 지금 신시대의 추진자들이 그렸던 청사진을 돌이켜보면, 물질문명 분야의 성취는 순조롭게 당초 그들이 품었던 모습으로 실현되어 사람들이 놀랄 정도라고 말할 수 있다. 하지만 정신문명 측면에서는 당초 역사의 추진자들의 예상을 한참 벗어나

합국가' '국민국가의 '해방과 억압의 이중 역할'' '제도로서의 학문, 운동으로서의 학문' '사회인문학' 등으로 집약된다. 백영서 교수의 이러한 창조적 사상의 응축을 귀하게 여기는 것은 이들 사상의 응축이 내가 현재 중국대륙의 현실과 중국대륙이 처한 동아시아와 세계의 현실을 인식하고 사고할 때, 또한 중국대륙에 반드시 올 가능한 미래, 동아시아와 세계에 반드시 올 가능한 미래를 사고하고 상상하는 데 매우 큰 도움이 되기 때문이다.

이번에 백영서 교수의 동학·제자 들이 선생의 퇴임 기념 논총을 기획하며 내게 원고를 요청해왔다. 나는 비록 백영서 교수의 제자가 될 행운은 얻지 못했으나 근 20년 동안 다방면에서 영향을 받아왔고 내심 일찍부터 그를 가장 존경하는 스승으로 품고 있었으므로 이번 원고 요청은 극히 원하는 바였다. 내가 처음 제출한 글의 제목은 '중국이 부강해지기 시작할 때를 맞아……'로, 중국의 전통적 천하의식이 중국의 문화와 심리에 가져다준 후과와 1950, 60년대 이후 중국대륙에서 발생한 몇가지 역사·사상현상을 결합해 비판적으로 고찰하는 것이었다. 그런데 논총 편자의 구상인 ''동아시아론'의 궤적과 전망'이라는 주제에도 맞춰야 했다. 그러다보니 생각보다 남은 집필 기간이 짧았고 아버지가 편찮으시고 나 자신도 아팠기 때문에, 길지 않지만 과거 10여년 나의 가장 주요한 연구에 기반을 둔 지금 이 글로 대체하기로 했다. 원래의 글을 이 글로 대체한 데에는 다음의 두 가지 이유도 있다. 첫째로, 이 글을 쓸 때 내게 백영서 선생님의 '제도로서의 학문, 운동으로서의 학문' '사회인문학' 같은 사고와 제안에 호응하고자 하는 의식이 분명히 있었다는 것이다. 비록 백선생님의 사고 및 제안과 나 자신 사이에 거리가 있다는 것은 알지만, 당시 내심 '백선생님이 이 글을 읽으시면 어떻게 생각하실까' 하는 생각도 갖고 있었다. 둘째는 바로 백영서 선생님이 대표적 논자의 한 사람인 한국의 '동아시아론' 때문이다. 그것이 보다 깊게 전개되려면 중국대륙의 보다 많은 분야에 대한 파악과 분석이 이루어질 수밖에 없고, 이러한 측면에서 이 글이 논하는 문제와 동아시아론의 전망의 심화와 발전은 실질적인 관계가 있다. 이렇게 보면 이 글은 편자의 요구에서 그리 크게 벗어나지는 않을 것이다.

끝으로, 백선생님의 퇴임 후 건강과 건필을 삼가 축원하며, 또한 선생님이 깊은 책임감을 갖고 계신 동아시아 지식인들의 사상과 유기적 연대에서도 더욱더 큰 역할을 하시길 빈다!

놀랄 만큼 이상적이지 못한 모습이라고 말할 수 있다.

　중국대륙의 근 30여년간의 초고속 경제발전은 이미 많은 학자들의 흥미를 끌었고, 점점 더 많은 이들이 이 경제기적을 진지한 연구과제로 삼아왔다. 또한 거기서 생겨난 인식을 현재의 중국을 이해하고 미래의 중국을 상상하는 데 필수불가결한 시각으로 미리 설정하기도 했다. 이러한 상황에 비해 중국대륙의 정신문명은 갈수록 엄혹한 현실에 처해 있다. 실제 생활에서 중국대륙 절대다수의 사람들이 어려움을 겪고 있음에도 그것을 중요한 과제로 연구하고 사고하는 사람은 적으며, 소수의 사람들만이 정신문명 문제를 중국대륙 근 몇십년의 역사와 현실을 깊이있게 파악하기 위해 없어서는 안될 이해와 질문의 시각이라고 여긴다.

　한편으로 당대 중국대륙은 갈수록 정신·윤리·심리 측면에서 심각한 상황에 처하게 되었다. 또한 이 엄중한 상황을 예리하게 드러내는 극단적인 사건들이 끊임없이 발생하면서 정신윤리에 대한 논의가 종종 일어나고 있다. 그러나 당대 중국 정신사의 과제를 진지하게 연구하는 사람들은 일부이기 때문에 이러한 담론의 인식가치는 극히 제한적이다.

　예컨대 많은 이들은 오늘날 중국대륙 정신윤리의 곤경이 당과 국가가 경제만 장악하고 정신을 장악하지 않았기 때문에 일어난 것으로 해석하면서도, 이러한 해석이 역사적 사실에 부합하지 않는다는 것은 모르고 있다. 중국공산당은 정신과 사상 문제를 장악하는 데 집중해온 전통이 있고, 이 전통은 문화혁명이 끝난 오늘날까지도 여전히 강력하게 존재한다. 예를 들어 1982년 개최된 제12차 중국공산당 전국대표대회에서는 당시 총서기 후 야오방(胡耀邦)이 중국공산당 중앙을 대표하여 정치보고를 했는데, 이때 중국공산당이 절박하게 실현해야 할 중요 임무 세 항목 중 두 항목을 당의 기풍과 사회의 기풍을 호전시키는 것으로 규정했다. 중국대륙의 당과 국가가 대체로 가장 중요하다고 여기는 문건에서 세 항목의 중요 임무 중 두 항목이 정신윤리와 직접적인 상관관계를 갖고 있는데 공산당이 정신윤리 문제에 집중하지 않는다고 한다면 그것이 가당키나 한가. 또한 이후 중공 지도자들이 반복적으로 당의 기풍 문제가 당과 국가의 생사존망과 관련 있다고 언급했다는 언론보도가 더욱 귓가에 맴돈다. 따라서 중국대륙 신시대의 공산당이 정신윤리 문제를 중시하지 않았다는 주장은 실제와 매우 동떨어져 있다. 다만, 중시했음에도 불구하고 그 분야의 상황을 효과적으로 개선할 수 있었는가는 불분명하다는 것이 역사적 실체에 훨씬 부합하는 평가일 것이다.

이 문제에 대한 공산당의 관심이 현재 중국대륙의 도덕정신이 처한 곤경에 효과를 발휘하지 못했던 것은, 그들이 현대 도덕정신 문제의 형성에 대해 진정으로 역사적 구체성을 지닌 분석을 수행하지 못한 것과 연관된다. 예를 들어 문화혁명(이하 '문혁')이 끝난 지 얼마 되지 않은 1970년대 말 80년대 초 중국공산당은 당시 당풍과 사회기풍의 나쁜 상황을 모두 문혁 탓으로 돌려버렸다. 이러한 막연한 해결은 알게 모르게 사람들에게 문혁을 비판하고 문혁만 소멸시키면 사회 윤리와 기풍이 개선되고 유익해질 것이라고 믿게 만들었다. 이후 시간이 흘러 신시대가 전개됨에 따라 중국대륙 당과 국가의 정치·경제 관념과 계획은 점차로 문혁과 결별했지만 당풍과 사회기풍에서는 여전히 실질적인 전환이 이루어지지 않았다. 80년대 상반기부터 공산당은 당풍과 사회기풍이 좋지 않은 주된 이유를 점점 더 자본주의적 이익만 좇는 것, 개인주의 등 당시 '자산계급 자유화'라고 통칭되던 기풍과 관념이 낳은 영향으로 돌리기 시작했다. 이러한 모호한 인식의 귀결은 사회윤리·사회기풍의 실질적 개선이 '자산계급 자유화'에 대한 과도한 경계와 비판으로 전가된 것이었다.

이러한 문제는 1992년 덩 샤오핑(鄧小平)의 남순강화(南巡講話) 이후 중국대륙에서 갈수록 심화되었다. '해외와 연결되어(與國際接軌)'가 갑자기 시대이념이자 주류 감각이 되었을 때, 분명 한편에서는 '자산계급 자유화'를 크게 제창하는 것이 시의적절하지 않고 자가당착이라는 인식을 갖게 되었다. 다른 한편으로는 세계에 대한 이해가 넓어짐에 따라 중국인들도 점점 더, 대다수 발달된 자본주의 국가들의 사회기풍과 사회도덕이 더이상 예전에 생각했던 것처럼 수습할 수 없는 상태가 아니며 또한 다수 사회가 사회기풍과 사회도덕 면에서 부러워할 만한 수준이라는 것을 알게 되었다. 바로 이러한 시대-관념기제와 함께, 90년대 중국공산당과 정부 내 많은 사람(당연히 수많은 지식인을 포함하여)은 당풍과 사회기풍의 호전을 중국의 현대화와 발전에 더 크게 의탁했다. 경제가 순조롭게 발전함에 따라 중국인들이 '곳간에 곡식이 가득 차서 예절을 알게 되기를(倉廩實而知禮節)' 바랐다. 경제적으로 풍족해지면 분명 사람들이 자연스럽게 물질적 이익에만 너무 집착하지 않고 행위의 단정함과 심신의 수양 강화에 힘을 쏟을 것이라 여긴 것이다. 이러한 일종의 관념-감각상태는 자연스레 90년대 공산당의 도덕에 관한 사고를 현대화를 지향하는 사고로 치환하게 만들었는데, 그것은 바로 현대화와 경제발전 자체가 도덕적 효능이 있다고 여기는 것이었다. 더 나아가 그 효능은 현대화와 발전에 부합하는 보다 많은 현대적 교육, 현대적 관념의 도야가 중국대륙의 도덕과 정신의 문제를 상당히 해결할 수 있다는 믿음을 불러왔다. 이러한 감각-인식은 당연히 현단계 중국대륙의 정신윤리 문제에 관한 이해와 사고를, 중국대륙을 어떻게 순조롭게 현대화할 것인가라는 문제의 시야 내로 너무 빨리, 과도하게, 너무 직접적으로 회수하도록 만들었다. 그래서 알게 모르게, 힘써 현대화를 전개하고 현대적 교육을 직접 느끼고 이해하게 하는 것이 당대 중국이 정신윤리 문제를 직면하는 방법이 된 것이다.

그러나 바로 중국대륙의 90년대 이후의 현실이 이러한 감각과 이해의 논리에 가장 첨예한 도전이 되었다. 이렇게 말하는 것은, 중국대륙이 근년의 역사 가운데서 첨예하게 보여준 대로 현대화는 순조롭게 진전된 반면 도덕의 개선은 전혀 이루어지지 않고, 도덕과 정신상황은 오히려 갈수록 더 사람을 곤혹스럽게 만들고 있기 때문이다. 이렇게 갈수록 첨예해지고 선명해지는 시대적 곤경으로 인해 21세기에 진입한 이후 공산당은 현대화 외에 다시금 도덕과 정신 문제를 심사숙고하게 되었다. 결국에는 '팔영팔치(八榮八恥)' '사회주의의 핵심가치' 같은 새로운 담론을 차례로 제시하면서 곤경에 대응하는 조치를 취할 수밖에 없게 되었다. 그러나 이러한 담론과 조치가 병행되고 있음에도 여전히 현실의 정신윤리 상황은 갈수록 불안해지고 더욱 곤혹스러워지고 있다.

정신과 도덕 문제에 관한 중국공산당의 사고에 비하면 중국대륙 지식인들의 사고는 종종 더 개방적이고 다양하며 더 비판적인 것처럼 보인다. 그러나 그 실체를 깊이 살펴보면 표면적으로는 개방적이고 다양하고 비판적일지라도 그렇다고 지식인들의 사고가 더 유효한 것은 아니라는 점을 발견할 수 있을 것이다.

예를 들어 80년대 당과 국가는 당풍과 사회기풍 문제를 자본주의의 불량한 측면의 영향이라고 책임을 돌렸고, 80년대 중반 중국대륙 지식계의 주류가 된 신계몽주의는 이 문제를 중국사회·중국문화·중국인이 진정한 현대화를 이루지 못하고 현대적 관념의 세례를 받지 못한 때문이라고 보았다. 90년대에 중국의 시장화 개혁이 대규모로 펼쳐진 이후에는 중국공산당의 많은 이들이 공개적이지도 않고 확실하지도 않은 방식으로 80년대 지식계의 계몽사조가 현대화에 도움이 되는 도덕과 정신의 개선과 관련된 이해였다고 받아들였다. 동시기 중국대륙의 지식계는 입장이 분화되어 있어서 당대의 도덕과 정신 상황 문제에 상당히 다양한 해답을 내놓는 것처럼 보였다. 예컨대 좌파 지식인들은 주로 자본주의 시장논리나 소비주의와 개인주의 관념 등이 중국사회의 도덕과 윤리 문제에 미친 영향을 강조했는데, 이 역시 당대 중국의 도덕과 정신 문제를 주로 자본주의 문제로 귀결시킨 것이었다. 자유주의 지식인들은 이 문제를 주로 권력 부패의 영향으로 귀결시켰는데, 그들이 보기에 중국대륙의 정치·행정권력이 부패한 것은 당국체제로 인해 권력을 장악한 자들이 제약을 받지 않기 때문이었고, 절대권력은 반드시 부패할 수밖에 없는 것이었다. 이렇게 당대 중국의 도덕정신 문제는 주로 정치제도의 문제로, 특히 일당독재의 문제로 해석된다. 보수주의 지식인들은 또 현재 도덕윤리의 곤경이 주로 만청 이래 급진사조들이 차례로 전통에 가한 충격과 파괴에서 비롯했다고 본다. 즉 당대 도덕정신 문제의 해결을 주로 전통의 부흥 문제로 이해하는데, 특히 도덕윤리에서 유가 전통의 부흥에 대한 관심이 두드러진다. 또한 민족주의 지식인들은 오늘날 도덕윤리의 곤경이 주로 민족자신감의 상실, 민족정체성의 상실에서 비롯했다고 봄으로써 이 문제를 곧장 민족자존감의 회복 문제, 국가와 민족 정체성의 구축 문제로 해석해버린다.

이렇게 각기 자신들의 정치적·사회적 입장을 상당히 직접적으로 확장하여 당대 도덕정신의 곤경에 답을 내놓은 것과 달리, 1993, 94년 중국대륙의 인문정신 토론은, 그 초창기에는 이런 식의 논리나 입장의 선입견에 곧바로 깊이 빠지지 않았다. 당시 처음 인문정신의 상실을 제기한 토론자들은 당대의 정신과 심신 문제를 중국대륙의 진정한 경험과 연결하여 토론할 수 있는 인식이나 사고 경로를 제공하지 않았다. 그리하여 당시 많은 관심을 끌었던 인문정신 토론은 곧장 중국에 종교가 없기 때문에 중국인들이 이런 해설과 토론의 과정에 궁극적으로 관심이 없다는 방향으로 전환되었고, 이 토론은 비록 일시적으로 강렬하고 광범위한 공감을 얻기는 했으나 그 인식적 성과는 상당히 제한적이었다. 이와 같이 당대 도덕·정신·심신의 이상적이지 않은 상황에 직접적으로 관심을 갖는 풍조가 2000년 이후 중국대륙 지식계에서 다시 일어나고 있다. 이들 지식인은 중국대륙의 허무주의에 관심을 가지고 있는데, 사상인식에서 레오 슈트라우스(Leo Strauss)의 허무주의 극복과 관련된 사고의 영향을 받아서 당대의 허무주의는 중국의 문화·교육·생활이 중국문명의 근원과 유리되었기 때문이라고만 볼 뿐이다. 그래서 이를 해결하기 위해서는 중국의 문화·교육·생활이 모두 이러한 중국을 전통 중국으로 만드는 근원적 존재에 의해 철저한 씻김을 받아야 한다는 것이다. 이러한 사고가 제시한 처방전은 그들이 고대 중국에서 중요하다고 생각한 존재의 복귀이고, 이 복귀 가운데서도 새로운 것과 만나고(接新), 새로운 것을 만들어내고(塑新), 새로운 것을 개척하는(开新) 것임은 명백하다.

2

앞의 개요 정리를 통해 우리는 다음과 같은 것을 알 수 있다. 문혁 이후 국가, 공산당, 지식인을 막론하고 현재 중국대륙의 정신과 윤리의 곤경에 대해 내놓은 해답은 겉보기에는 매우 다양하고 종종 조정되고 변화하는 것처럼 보이지만 실제로는 치명적인 공통점이 있다. 그것은 역사에 대한 진지하고 심도있는 고찰과 분석 없이 곧장 당대 정신윤리 상황에 대한 해석과 해답을 내놓고 있다는 것이다.

문혁이 종결된 이후 70년대 말부터 현재에 이르기까지 30여년간 당대 중국사회의 기풍, 정신도덕의 불합리한 상황에 대한 담론과 사고는 왜 이러한 격막(膈膜)상태에 빠지게 되었는가? 간단히 대답하자면 이는 문혁 이후 몇년간 중국대륙 주류 사상의 상황과 연관이 있다.

  문혁 후 최초 몇년간 사상의 초점은 문혁을 반성하고 검토하는 것이었고, 이 검토와 반성의 사조 가운데서 점차로 압도적인 지위를 차지하게 된 것은 문혁을 하나의 반현대적 운동이라고 보는 견해였다. 이러한 판정은 또한 다음과 같은 질문을 이끌어냈다. 어떻게 이미 사회주의 단계에 접어들었다고 자인했던 중국에서 10년간 역사를 휩쓴 이런 반현대적 운동이 일어날 수 있었는가? 바로 이 질문에 시대가 내놓은 대답의 핵심은 확실히 신계몽사조 ─80년대 중국대륙 지식계에서 압도적 주류의 지위에 있었던 ─ 의 역사감각·현실감각·사회감각에 입각해 있었다.

  그 대답의 핵심은 다음과 같다. 중국대륙은 1956년에 사회주의 사회에 진입한 것처럼 보였지만, 중국에서는 봉건주의가 장기간 유지되어왔고 봉건사회의 체질을 개조할 힘있는 현대적 사회나 생산·경제구조가 발달하지 못했기 때문에, 중국 봉건주의 문제는 어디에서도 철저히 해결되지 못했다는 것이다. 사회의 실체적 상황으로 드러난 것은 바로 그 시기 중국의 사회적 주체, 그것이 농민이든 노동자든 간부나 해방군이든 대다수가 현대의 세례를, 각기 차이는 있어 보이지만 모두 충분히는 받지 못하고 실제로는 여전히 뼛속 깊이 전근대의 소생산자와 같았다는 것이다. 이렇게 겉으로는 혁명적이지만 실제로는 소생산자 체질이라는 사회적 상황은 겉보기에는 상충하는 것처럼 보이지만 실제로는 서로 결탁하는 양면성이 있어서, 평시에는 폐쇄적·봉건적·근시안적이고 민주의식이 없어 보이지만 열광적일 때는 평균주의(平均主義) 지향을 핵심 특징으로 하는 반근대 '농업사회주의'

유토피아를 만들었다.[1]

바로 이러한 이해와 인식을 통해서 신계몽사조의 추진자들은 그들을 매우 곤혹스럽게 한 문제, 왜 겉으로 보기엔 사회주의 단계에 진입한 것 같은 중국대륙에서 그들이 보기엔 정치적·경제적으로나 사상·문화의 측면으로나 모두 반근대적인, 게다가 장장 10년에 달하는 전국적인 운동이 발생했는가 하는 문제에 대해 역사·사회·문화·심리 측면에서 해석을 내놓은 것이다. 즉 중국은 한편으로는 이러한 역사적·사회적·문화적·심리적 체질을 가지고 있었고 다른 한편으로는 당시 국가 지도자들이 자산계급과 자본주의 문제에만 과도하게 집중하고 봉건주의 문제에는 주의를 기울이지 않았기 때문에, 뱃속은 전근대적인 '농업사회주의' 유토피아이면서 표면적으로는 더 급진적인 반자본주의, 더 급진적인 사회주의를 명목으로 하는 반근대의 문혁 사조가 기회를 잡을 수 있었다는 것이다.

그런데 당연하게도 문혁 발생에 대한 이러한 이해와 인식은 그렇게 이해하고 인식하는 측에 영향을 미친다. 무엇이 앞으로 올 시대에 가장 핵심적이고 절박한 임무인가에 대한 이해와 인식에 있어서 그렇다. 어차피 중국 봉건주의 문제가 진정으로 해결되지 않았고 중국 현실에는 여전히 봉건주의의 강력한 폐해와 위험이 존재하므로, 시대의 가장 핵심적이고 절박한 과제는 바로 반봉건이지 마오 시대의 자본주의 비판은 아니라는 것이다.

그러나 그들이 보기에 효과적으로 반봉건을 이루기 위해서는 당연히 경제 면에서 상품경제(후에는 시장경제)의 지위와 작용이 대대적으로 성장해야 한다. 그들은 그것이 소생산자들이 의존하여 존재하는 사회경제 양태를 가장 효과적으로 파괴할 수 있을 것으로 본다. 또한 사상·문화 측면에서는 봉건주의를 크게 비판해야 할 뿐만 아니라 더욱 중요하게는 신문화운동 시기에 미완성된 계몽을 지속해서 중국사회에 철저하고도 전면적인 현대적 계몽을 이루어야 한다. 경제·사상·문화 분야에 대한 태도나 견해와 비교하면 훨씬 명쾌하지만, 신계몽사조가 정치 분야에서 민주를 강조하는 데에는 모종의 모호함이 있다. 신계몽사조는 물론 민주를 강조하지만 이 강조는 주로 소생산자로 구성된 광대한 중국 사회계층을 심각하게 불신하기 때문이다. 그래서 실제로 어떤 사람이 민주에 적합한가와 관련해 매우 엄격한 기준을 설정하게 된다. 즉 80년대 계몽사조의 추진자들과 지도자들의 의식 깊은 곳에는 계몽의 세례를 흠뻑 받아 만들어진 일부 '현대인'의 민주만이 진정 이상적이고 믿을 만한 민주라는 생각이 자리하고 있다.

바로 이러한 이해와 인정 때문에, 80년대 중국대륙 지식계의 수많은 사람들이 소생산자사회를 만들어내는 경제적 양태를 가장 효과적으로 부수고 개조하려는 국가가 추동하는 개혁을 성취하는 데에, 또한 중국을 현대적 사회경제 상태로 이끌어가는 데 가장 도움이 된다고 여겨지는 상품경제(후에는 시장경제)의 지위 강화 및 작용의 개혁을 종종 구체적으로 분석하지 않은 채 그것을 강력하게 옹호하기만 한 것이다. 왜냐하면 그들의 감각 속에서 이러한 경제개혁 관련 사안은 단지 경제만이 아니라, 그들이 생각하기에 중국의 현실과 미래의 운명에 핵심적으로 관련된 부분의 근본적인 개혁과 긍정적으로 관계를 맺고 있었기 때문이다.

한편으로 이러한 이해와 인식 때문에, 80년대 중국대륙의 사상·문화·문학·예술계는 봉건주의를 극력 비판했을 뿐 아니라 스스로가 봉건의 영향에서 충분히 벗어나지 못할까 두려워하고, 진정한 '현대'로 넘어가지 못하고 진짜 '현대'의 일원이 되지 못할까 하는 염려가 점점 더 널리 퍼지게 되었다. 그중에서도 특히 젊은 급진파는 자신이 봉건주의의 영향에서 철저히 벗어나야 진정한 '현대인'이 되고 자신이 하는 봉건주의 비판과 사회계몽, 국민성 개조에 충분히 정확하고 철저해질 수 있다고 점점 더 강렬하게 믿게 되었다. 또한 많은 사람이 이렇게 완전한 결별을 실천해야만 중국이 봉건주의 체질에서 벗어나고 그 마수에서 탈피하여 철저하게 현대화될 수 있다고 믿었다.

당연하게도 이러한 이해와 인식이, 바로 80년대에 그들 스스로 이미 '현대'를 이끌고 있다고 생각하던 지식인들에게, 비록 정치에 참여한 경험은 없지만 그럼에도 당시 중국이 반드시 가져야 할 정치감각이 무엇이며 가야할 정치의 방향이 무엇인지 자신들은 잘 알고 있다는 자신감을 갖게 했던 것이다. 그리고 이러한 자신감은 평소 그들이 자신들의 이해에 비추어 열렬히 개혁을 호소하고 선전하며 지지하도록 만들었고, 또한 중국의 개혁이 지장을 받거나 자신들이 인정하는 항로에서 벗어났다고 여겨지면 책임지고 중국이라는 항선을 다시 그들이 선택한 항로로 돌아오게 만들어야 한다고 생각하도록 했다.

이러한 감각과 이해 속에서 중국사회의 주요 구성요소로 인정받은 주축은 물론 소생산자들인데, 이들은 또한 실은 봉건주의가 중국에서 사라지지 않고 살아 있도록 만든 사회적 담지체로도 여겨졌다. 소생산자는 그 이상적 충동과 일상적 성격 역시 모두 비현대적이거나 반현대적이기 때문에, 당연히 신계몽사조의 추동자·추앙자들이 추구하는 사회적 실천을 수용하지는 않았을 것이다. 특히 문화생활과 정신생활 측면의 실천을 추구할 가능성에 있어서는 더욱 그렇다.[2] 이러한 점들을 종합하면, 자연스럽게 중국사회는 상명하달식으로 이미 현대적 안목과 의식을 갖춘 급진적인 사람들의 철저한 계몽과 개조의 대상이 된다. 말하자면 신계몽사조가 80년대 후기에 중국대륙 지식계의 결정적 주류가 되었을 때, 그 사조에 휩싸인 급진적 청장년 지식인들 사이에서 중국사회에 관한 이해와 체감은 이미 사회현실에 대한 진지한 분석이나 파악과는 무관하게 곧바로 다음을 인정하게 된 것이다. 즉 중국사회는 '현대인'이 구획한 사회적·경제적 경로로 충분히 진입해야만 철저히 개조될 수 있다. 또한 중국사회는 '현대인'이 제시하는 '계몽'의 세례를 충분히 받아 이 사회에 들러붙은 봉건주의의 병균이 철저히 제거되어야만 더이상의 돌봄이나 감독이 필요 없어지고 진정으로 존중받으며 평등하게 대우받게 된다는 것이다.

문혁 이후 특히 80년대의 이러한 관념감각·이해 상태는 한편으로는 자신이 현대 지식과 관념을 가지고 있다고 생각하는 지식인들에게 현실에 개입하고자 하는 열망과 자신감을 대폭 증대시켰다. 이들은 자신들이 중국대륙의 관념상태가 하루빨리 변화하도록 만들고 중국대륙의 역사가 하루빨리 새로운 역사단계로 진입하는 데 도움이 될 것이라고 생각했다. 다른 한편으로 이들은 마치 웅변하듯 역사 전체에 답하고자 하는 것처럼 보이는데, 이는 오히려 진지하고 정밀하게 역사를 연구하는 데 심각하게 방해가 된다.

문제는 이것이다. 만약 우리가 역사의 경험을 정밀하고 깊이있게 고찰하지 않는다면 우리는 당대 중국대륙의 정신윤리 문제에 적절하고도 힘있는 이해와 대답을 제시할 수 있을까?

3

나의 대답은 물론 "할 수 없다!"이다.

최근 몇년 사이 당대 중국대륙의 정신윤리 연구에 힘쓰면서 이 점에 대해 조금 깊이 알게 되었다.

그런데 이 점을 확실히 하는 것은 또한 다음과 같은 것을 의미한다. 즉 당대 중국대륙의 정신윤리 문제를 깊이있게 파악하는 것은 회피할 수 없는 작업이고, 그렇게 하려면 반드시 당대 중국대륙의 역사-현실 속으로 파고들어 그 역사-현실에 내재하는 당대 중국대륙의 정신·윤리경험을 진지하게 관찰하고 깊이 이해해야 한다는 것이다.

이렇게 하기 위해서는 현재 우리가 가진 인식과 이해를 깨뜨리는 데 가장 도움이 될 만한 경험에서부터 착수해야 한다. 그런 경험은 매우 많지만, 나 자신이 역사-관념의 관점에서 이 문제에 접근할 것이기 때문에 내가 가장 잘할 수 있는 것, 자신있는 것을 여기에서 모두와 공유하고자 한다. 그것은 어떻게 역사-관념의 관점에서 효과적으로 이 문제에 파고들 수 있는가에 관한 것이다.

내가 최근 몇년간 역사의 관점에서 당대 중국대륙의 정신윤리 문제를 연구하면서 더욱 분명하게 알게 된 것은, 관련 작업을 보다 깊이 진전시키려 할 때 피할 수 없는 관건이 바로 마오 쩌둥(毛澤東) 시대와 이후 역사의 복잡한 관련성에 대해 세심하게 살펴야 한다는 것이라는 점이다. 즉 마오 쩌둥 시대의 역사적 좌절이 문혁 이후 중국대륙의 정신상태에 가져다준 부정적 영향을 볼 때, 문혁 이후 중국대륙의 정신사가 드러내고 있는 지금 우리 눈앞의 모습을 함께 보아야 한다. 마오 시대의 직접적인 영향 외에도, 또한 문혁이 종결된 이후 일반적인 역사의 당사자와 정치엘리트·지식인엘리트를 막론하고 모두가 그 시기의 정신사 문제와의 긴밀한 관련성을 제대로 파악하거나 사고하지 못했던 것이다. 문혁 이후 중국대륙의 정신사가 우리가 목도하는 것과 같은 모습을 하게 된 것은 역사적 필연이 아니다. 그것은 역사와 역사 가운데 우리의 관념과 의식상태 및 그 상태가 추출해낸 실천이 함께 모여서 만들어진 결과물이다.

이렇듯 정신사 구조 형성에서 근본적인 위치를 점하는 역사-관념-실천이라는 고리에 대한 면밀한 해명과 분석을 전제로 삼아야만 비로소 그러한 관념의 논리 ── 합당해 보이지만 실은 우리가 역사-현실을 스쳐지나가게 만드는 논리 ── 를 완전히 벗어던질 수 있고, 수많은 역사적 사건과 관념의 변화가 만들어낸 이 정신사가 어떻게 우리가 본 역사적 변화를 거쳐왔는지를 분명히 알 수 있는 것이다.

이는 또한 문혁 이후 사회기풍과 정신윤리 문제와 관련된 일련의 논의에 세심하게 주의를 기울여야 하는 이유이기도 하다. 1980년대 중국대륙의 한 세대를 휩쓴 인생의 의미에 대한 대토론, '판샤오 토론(潘曉討論)'이 특히 중요한 것도 그래서이다. 이 '판샤오 토론'에 대해 당대 중국대륙의 저명한 기자이자 르뽀문학가 루 위에강(盧躍剛)은 최근에 이루어진 인터뷰에서 핵심을 찌르는 언급을 하였다.[3]

'판샤오 토론'('인생관 대토론'이라고도 부른다)은 잡지 『중국청년』에서 시작해 『중국청년보(中國靑年報)』 『공인일보(工人日報)』 양대 잡지가 뒤를 이었고, 지속기간은 근 반년이었다.[4] '판샤오(潘曉)'란 명칭은 두 청년의 이름자를 따서 만든 것이다. 판샤오는 "주관은 자신을 위한 것이고 객관은 다른 사람을 위한 것"이라는 윤리적 명제를 제시하고, "인생의 길은 왜 걸으면 걸을수록 더 좁아지는 걸까……"라는 당혹스러움이 담긴 긴 편지를 보내왔다.[5] 이것이 『중국청년』 1980년 5월호에 발표된다. 그때 『중국청년』의 발행부수는 398만부로, 적어도 1,500만명이 읽었다고 볼 수 있다. 『중국청년보』 『공인일보』의 당시 발행부수는 각각 220만부와 240만부로, 각기 천만명 이상의 독자를 가지고 있었고 그중 절대다수는 청년이었다. 수천만 청년들은 사회윤리와 인생관에 대한 대토론에 휩쓸려들어갔다. 가히 '그 기세가 어마어마했다'고 해도 과언이 아니다.

1980년대는 판샤오 토론으로 문을 열었다고 해야 한다. 판샤오 토론의 사상사적 가치는 한참 저평가되었는데, 그것은 중국사회에 두 가지 영향을 미쳤다. 첫째, 문제를 들쑤셨다. 둘째, 1980년대 청년엘리트 대오를 길러냈다. 판샤오 토론은 진정한 사상해방운동이었고, 미디어가 개혁개방 초기의 중국인, 특히 청년들의 정신적 위기에 직면하여 만들어낸 반응이었다.

1980년의 판샤오 토론이 신시대 정신윤리 문제를 이해하는 데 특히 중요하다고 보는 이유는 이 토론을 촉발한 판샤오 서신이 그 시기 가장 선명하고 강렬하게 충실한 인생의 의미를 탐구하던 청년들의 정신상태의 양면성을 드러내고 있다는 특성 때문이다. 한편에는 고민과 허무, 파괴적이고 불의한 세상에 대한 분노가 있고, 다른 한편으로는 이러한 상태에 대한 강렬한 불만과 달갑지 않음, 명확한 의미를 느낄 수 있는 충만한 인생에 대한 갈망이 있었다. 그런데 이러한 양면적 감정은 그 시기 정신사가 건설적인 방향으로도 파괴적인 방향으로도 갈 수 있다는, 전혀 다른 양방향의 역사의 가능성에 대응하는 것이었다. 즉 '판샤오들'의 결연한 단절처럼 보이는 허무감 이면에는 반대로 이상주의를 강렬하게 원하는 격정, 가치와 의미 문제에 대한 고도의 바람이 있었다. 이 점을 정확히 인식하고 건설적으로 판샤오 문제를 마주하려면 반드시 진지하게 다음의 문제를 사고해야 했다. 고귀한 이상주의의 격정을 어떻게 받아들이며 전화할 것인가, 그리고 어떻게 그 이상주의의 격정을 새롭게 안정시킬 거점을 찾는 동시에 이상주의의 좌절이 만들어낸 강렬한 허무감과 환멸감, 그에 대응하는 파괴적 역량과 충격을 소화하고 흡수할 것인가.

또한 판샤오 서신이 반영하는 시대정신의 상황이 보여주는 것은, 이 시기가 금후 정신사의 기본 양상의 방향을 결정하는 위치에 연결되어 있었다는 것이다.

그러나 안타깝게도 당시 판샤오 서신이 촉발한 토론에서는 일반 토론 참여자든 지식인과 국가를 대표하는 정치인사든, 판샤오 서신이 전달한 문제의 중요성을 초보적으로 인식한 후에는 판샤오 토론이 제기한 문제 — 역사 도전의 관건은 어디에 있는가? 역사의 좋은 기회는 어디에 있는가? — 에서 더 깊이 진전을 이루지 못했다. 이것은 당연히도 중국대륙의 당대 정신사에서 중요 시기를 사는 사람들과 이 정신사의 접점에서 역사에 긴밀히 연결될 가능성을 가진 건설적 이해와 사고에 영향을 미쳤다.[6]

이 모든 것을 인식하지 못한 또다른 중대한 후과는, 예전의 중국혁명과 사회주의 실천이 남긴 이상주의가 1980년대까지 지속되었는데, 그 이상주의는 그에 찬동하는 사람들이 여전히 주로 국가가 추동하는 대규모 역사계획에 참여하는 방식으로 존재하고 있었음에도 제대로 뿌리내리지 못하여 그 건설적 기능이 광범위하게 변화했다는 점이다. 이렇게 마오 시대의 이상주의를 80년대 대규모 역사에 참여하는 방식으로 순연(順延)시킨 주된 형식은 개혁개방을 지지하고 반개혁개방에 반대하는 것이었다. 이러한 역사에 대한 책임감의 격정은 80년대에 이상주의가 시대에 개입하는 형식을 찾게 만들었고, 그것이 하나의 진영을 이루었다고 선언하게끔 했다. 80년대 중국대륙의 이상주의는 마오 쩌둥 시대처럼 그 기세가 강렬하지는 않았지만 줄곧 제약되고 균형 잡힌 허무주의, 자기중심적 개인주의가 만연하게 된 중요한 힘이었다. 그러나 이렇듯 한 시대를 구성하는 형식이었던 80년대의 이상주의는 그 추종자 다수가 1989년의 민중운동으로 말려들어간 뒤 국가로부터 심각한 타격을 입었다. 그전까지는 상당히 신임받았고 특히 80년대 개혁의 가장 중요한 상징이던 덩 샤오핑 역시 이때 그 국가에 참여하고 있었다. 타격을 받자 구조적 형식에서는 국가개혁의 동력을 얻은 것처럼 보였던 80년대의 이상주의는 무너져내렸고, 제약과 균형의 허무주의, 물질주의, 단순하고 소박한 개인주의의 효용을 급속하게 상실했다. 이렇게 이상주의의 격정이 쇠했을 뿐 아니라 그것이 시대에 구체적으로 개입할 수 있는 형식을 일시적으로 상실한 상태로, 사람들은 80년대보다 더욱 극렬한 1992년 이후 중국대륙의 전면적인 경제·사회·문화변동을 맞이한 것이다.

이 시기의 이러한 역사-관념에 대한 깊이있는 이해와 세밀한 분석이 있어야만 문혁 이후의 정신윤리 문제와 마오 시대가 남긴 역사적 풍토가 어떠한 관련을 맺고 있으며, 문혁 이후 사람들이 새롭게 역사적 기획을 하고자 할 때의 관념상태와 방안은 어떻게 관련되어 있는가를 우리는 진정으로 정확하게 인식할 수 있다. 또한 신시대의 수많은 추진자들이 자신들이 옳다고 여기고 책임감을 갖고 수행한 관념의 추동과 현실의 기획이 실제로 어떤 정신사적 후과를 가져왔는가를 통찰력 있게 이해할 수 있다. 그리고 신시대 국가와 지식인의 중국대륙 정신윤리에 대한 이해가 얼마나 자주, 역사 속의 사람들이 만난 정신윤리의 곤혹스러운 실제와 너무도 크게 격절되고 아무런 관계조차 없었는지를 철저하게 인식할 수 있다.[7]

4

그러나 중국인들의 정신·심신의 처지는 지식과 사상의 도움을 매우 필요로 하고 있다. 이 강력한 수요는 실제로 당대 중국대륙의 역사를 사는 사람들이 정신윤리·심신의미 측면에서 처해 있는 상황이 다음과 같은 매우 강력하고 도전적인 역사-구조에 놓여 있다는 것과 관련된다.

첫째로, 간단히 말해서 중국이 근대국가를 건설하면서 겪은 불우함 때문에 대다수 중국인은 건국기 상당히 새로운 기상을 보여준 중국공산혁명의 결과, 즉 중화인민공화국의 건설에 높은 기대와 열정을 품게 되었다. 건국 후 새로운 국가가 선대가 남긴 문제를 처리하고 새로운 국면을 창조하는 과정에서 보여준 특별한 업적은 대다수 중국인에게 국가의 지도자 마오 쩌둥과 공산당에 대해 더욱 열렬한 신임 내지 신앙을 갖게 만들었다. 건국 초기의 이러한 유리한 사회적 정서를 기반으로, 중국공산당은 건국 이전에 그들이 발굴한 사회의 잠재력, 동원한 사회의 역량, 사회의 예술에 대한 충분한 조직력을 최대한으로 발휘해서[8] 몇년 안에 전체 사회의 조직화를 실현할 수 있었던 것이다. 이후 중국대륙은 ─ 지도자는 스스로가 인정하는 논리와 이상에 강한 자신감을 가졌고 사회와 민중은 마오 쩌둥과 공산당에 대해 강한 신임 내지 신앙을 가져서 그 시기 사회는 다시금 당과 국가에 고도로 통합되었는데 ─ 몇가지 분야에서 서로 맞춰가는 가운데 국가와 사회가 모두 함께 중국 전통윤리에 대한 비판과 파괴를 전개하고 당시에 이해하고 인정했던 공산주의 윤리와 정서로 중국 전통윤리를 대체하고자 했으며, 이러한 윤리와 정서를 가진 사회주의·공산주의의 새로운 인간형에게 중국과 전세계에서 공산주의를 실현하는 역사적 중임을 맡기려는 의도를 가지고 있었다.

중국 전통윤리의 정서를 1950~70년대에 강조된 공산주의 윤리의 정서와 비교할 때 양자가 요구하는 것에 내용적 차별성이 있다는 점은 물론 중요하다. 그러나 더욱 중요한 것은 그렇게 제창되고 강조된 공산주의의 새로운 윤리, 새로운 정서가 실제로는 당시 이야기되던 이데올로기의 올바름을 바탕으로 하고 있었고, 국가 원수와 공산당 지도의 올바름을 전제로 하고 있었다는 것이다. 이것은 중국 전통윤리가 그 기원과 현실에서 모두 일정한 이데올로기와 관련이 있기는 하지만 천지자연의 구조, 개인의 양심에 대한 그 시대의 상당히 안정적인 이해와 그러한 이해에 부합하는 사회구조와 일상생활의 원리 위에서 드러나고 격발되는 측면이 강했던 것과는 차이가 있다. 여기서는 이러한 원리에 부합하는 인생의 경계감(境界感)과 개인 심신의 충실한 상태, 행위의 가치와 의미 사이에 상당히 유기적으로 부합하는 관계를 발전시킬 수 있었다. 이것은 곧 중국인이 전통적으로 가져온 인생의 의미에 대한 감각이 자신의 심신과 행위가 천지의 질서, 개인의 양심과 연결된다는 생각에서 비롯했다는 뜻이다. 그들은 때로 연약한 인간이 자연의 생명력과 서로 통하고 화해하며 심신의 태연함, 안정감이 종교심과 연결됨으로써 개인이 수행하고 덕을 쌓고 선을 행하는 것이 가져다줄 속죄의 가능성에서 인생의 의미를 찾기도 했다. 혹은 가족, 마을, 친구 사이의 구체적인 윤리도덕 관계 가운데서 책임을 맡은 지위가 자신에게 요구하는 실천 같은 것에서 인생의 의미를 찾기도 했다. 그런데 이 시기 제창된 공산주의의 새로운 윤리와 정서란 ─ 이 또한 일상적인 일과 생활과 개인의 심신상태로 녹아들긴 했지만 ─ 그 근본적인 구성에 대해 말하자면, 실질적인 버팀목은 여전히 이데올로기적 올바름,[9] 국가 원수와 공산당 지도의 올바름을 바탕으로 하고 있었다. 이러한 윤리구조는 바로 그 구조로 인해 그에 상응하는 위험도 존재했다. 즉, 선대의 광신적 이데올로기 논리에 대한 불신이 생기고 선대에 광신했던 국가 원수와 공산당에 대한 불신 같은 역사적 상황이 등장하면 선대에 열렬한 노력으로 획득하고 권장된 윤리와 정서에 대한 불신과 반감도 연달아 생겨난다는 점이다.

문혁 역사의 좌절이 다음 세대에 가져다준 것은 바로 앞세대의 이데올로기적 서술과 마오 쩌둥과 공산당이 모두 옳았다는 믿음에 대한 격렬한 회의였다. 따라서 문혁 다음 세대의 정신적 위기는 단지 역사적 좌절이 불러일으킨, 마오 시대가 창도한 정신과 가치에 대한 회의 때문만은 아니다. 이 좌절은 기본 구조의 중심점에서 사람들이 경건히 믿고 따랐던 가치와 정신의 창도가 훼손되고, 근본적으로 이러한 가치와 정신을 지탱하던 진리의 논술이 요동친 데에서 비롯되었다. 그리고 이 근본적 중심점에서 선대의 정신·심리·신앙구조가 와해되는 위기가 가져온 심각한 후과에 더해 앞선 세대의 전통··가치·윤리·심신자원이 강한 타격을 입고 허약해지면서, 시대적 좌절로 인해 문득 가치의 상실을 느끼고 정신적 허무감을 느끼게 된 많은 사람들, 특히 젊은이들은 제때에 그것을 대체할 자원, 허무감을 채워줄 무엇을 제공받을 수 없었다. 이것이 문혁 이후 신시대 역사에서 윤리 방면의 출발선을 모두 매우 불리한 곳으로 옮겨놓았다.

둘째, 1970년대 말 시작되고 1992년이 되어서야 확실히 전개된 당대 중국대륙의 개혁을 정신사의 각도에서 볼 때 우선 주의해야 할 현실이 한 가지 있다. 대부분의 사회는 전통에서 현대로 상당히 긴 과정을 거쳐서 변용되었고, 이는 어떤 의미에서 현대가 한 걸음 나아가고 전통이 한 걸음 퇴장하는 과정이었다. 이 과정을 통해 상대적으로 잘 짜인 전통의 형태가 상당히 장기간에 걸쳐서 현대의 형태와 공존하고, 이러한 조건이 그 역사 속의 사람들로 하여금 넉넉한 시간 동안 침착하게 경험과 성찰에 입각해서 전통을 전환해 현대에 적응하게 만든다. 이에 비해 당대 중국대륙의 개혁은 고도의 긴박감과 통제력을 가진 현대국가에 의해 주도적으로 이루어진 것으로, 한 가지 형태의 현대로부터 수많은 측면에서 극단적으로 상이한 또다른 형태의 현대로 단시간 내에 형태변환을 한 것이다. 시간적으로 급박했고 공간상으로는 동시에 전개되었으며 내용에서는 광범위하고 그 변동 폭도 매우 컸다. 그래서 이 역사적 과정 속에 있는 사람이라면 누구나 상대적으로 평온한 심리상태로 차분한 시간을 갖거나, 의존할 만한 사고의 착안

점을 가지고 자신이나 자신이 태어난 역사를 대면하기가 어려웠다. 또한 상대적으로 이러한 점들에 대한 충분한 정리를 기초로 자기 생명의 연속성, 인생의 의미와 심신의 안정 같은 여러 문제를 사고하는 것도 힘들었다. 그러니 이런 차원의 정밀한 사고를 기초로 당대 사회의 생활방식과 그와 관련된 문화적 방식에 대해 세심하고 깊이있게 분석하고 검토하기 어려웠던 것은 말할 나위도 없다.

더욱 불행한 것은, 비록 당대 중국대륙의 개혁이 확실히 현대적인 것에서 또다른 현대적인 것으로의 변환이었음에도, 도시에서 이는 무수한 개인이 경제적 차원 외에도 정치적·윤리적·정신적·문화적인 것들을 포괄하는 사회주의 단위공동체로부터 방출되었음을 의미했다는 점이다. 농촌에서 이는 개개인을 조밀하게 조직하고 엄격하게 관리하며 계획, 설계하는, 정치·윤리·정신·문화를 포괄하는 집단경제공동체로부터 무수한 개인들이 방출되었음을 의미했다. 당대 중국대륙은 이렇게 한 가지 현대성에서 다른 현대성으로 전환하는 개혁을 했다. 사실상 개인들이 생활-윤리-정신공동체로부터 방출되었다는 이 거대한 문제로 인해 당대 중국대륙의 개혁은 정신-주체의 측면에서 이중의 압력을 받은 것이다. 그 하나는 이러한 상황에 놓인 당대의 개인들이 반드시 한 종류의 현대성에서 다른 종류의 현대성으로 급속하고 강압적인 변화를 받아들여야 했다는 것이고, 다른 하나는 전통사회가 시장경제를 주요 경제형식으로 삼는 현대사회로 진입할 때 받게 되는 정신-주체의 압력까지 개인이 함께 받아들일 수밖에 없었다는 것이다.

이 모든 것을 더욱 냉혹하게 만든 것은, 이렇게 시대 자체가 역사 속 개인들에게 가져다준 불리함을 국가와 지식인이 개입하여 어느정도 완화해주지 못하고 오히려 문제를 더 어렵게 만들었다는 점이다. 앞서 서술한 대로 국가와 지식인의 개입은 이 개혁에 처한 사람들의 생명의 지속성, 인생의 의미와 심신의 안정이라는 여러 문제를 건설적으로 사고하고 정리하는 데 도움이 되지 못했다. 도리어 어떤 측면, 어떤 분위기 면에서는 이 역사 속의 사람들이 토론할 수 있는 계기를 걸어잠갔고, 이로 인해 건설적 탐색을 주도할 가능성도 잠겨버렸다(판샤오 토론에 대한 국가와 지식인의 개입이 매우 전형적이다). 특히, 국가와 수많은 지식인들이 사회와 경제의 개혁을 추동할 때 이 역사 속의 수많은 개인들은 실질적으로 물질적 이익에만 관심을 갖는 소생산자로, 스스로를 위해 개혁을 추동하는 인간상으로 인식되었다. 비록 개혁과정에서 국영단위들이 살아남긴 했지만 이러한 설정에 상응하는 관리·분배방식과 관념의 변화는 다수의 집단에서, 보통은 그 집단 속에서 심신과 생활의 편안함과 안정감을 얻었던 개인들에게 특히 더욱 파괴적인 결과를 가져왔다. 게다가 개혁의 와중에 집단에서 방출된 개인들은 국가와 지식인의 이런 설정에 상응하는 일련의 논리와 분위기에서 도망치기 어려웠기 때문에, 비록 자발적으로 합작을 조직한다 하더라도 중국의 전통적 합작에서 가질 수 있었던 상호유대감(團契感, 펠로십fellowship)을 갖기가 매우 어려웠다.[10] 이는 또한 국가와 지식인의 개입이 문혁 이후 당대 중국대륙 사람들의 정신과 심신의 어려움을 가중시켰을 뿐 완화하지는 못했다는 뜻이기도 하다.

이미 상당히 냉혹한 시대에, 설상가상으로 중국의 전통적 정신윤리는 이미 개혁 이전 30년의 사회주의 역사 속에서 장기간 호되게 전면적인 공격을 받았다. 중국혁명과 30년의 사회주의 역사가 남긴 이상주의 또한 필요한 정리나 반성을 거쳐 계승되거나 전환되지 않았다. 그뿐 아니라 그 이상주의는 주로 80년대에 찾아낸 새로운 시대적 형식의 관성에 의존하고 있었다. 먼저는 80년대 이래 일련의 사회·문화사조가 침식당했고, 나중에는 1989년에 또다시 치명적인 타격을 입었다. 어디서든 그 이상주의를 통해 시장이데올로기와 소비주의 분위기의 균형을 잡아야만 했던 90년대에, 그 이상주의는 이미 무너져서 힘을 잃은 상태였다. 이 모든 것으로 인해 1992년 중국이 시장경제를 향해 큰 발을 내디뎠을 때는 상당히 협소한 이 해와 경제감각이 사람들의 경제행위를 좌우했을 뿐 아니라 매우 신속하게 사람들의 정치·문화·일상생활의 감각과 상상 전반을 좌우하게 되었다.

만약 이전 30년간 사회주의가 과도한 자신감으로 중국 전통 정신윤리에 극렬한 행위를 하지 않았더라면, 그에 이은 개혁시기에 중국혁명과 30년간의 사회주의 실천이 남긴 유산을 잘못 처리하지 않았더라면, 1989년에 점차 약해지고는 있었지만 여전히 존재하던 이상주의의 역량에 대한 치명적인 공격이 없었더라면, 어땠을까? 그랬다면 몇천년간 윤리를 본위로 삼았다고 여겨지는 전통 중국이, 마오 쩌둥 시대 몇십년간 이상주의를 강조하고 그것을 교육한 중국이, 시장의 강림 속에서 이런 지경까지, 그것도 이런 방식으로 무너져내릴 것이라 상상하기는 어려웠을 것이다. 오랫동안 누적된 일상생활과 일상윤리는 90년대에 그렇게나 쉽게 상업윤리와 상업적 미디어에 의해 인생에 대한 이해와 상상이 관통당한 모습으로 나타났다. 또한 시장주의·물질주의의 논리 외에는 성공적인 인생이나 인생의 충실한 감각과 상상이라는 것들이 일순간 무너져버렸다. 90년대 수많은 사람들의 감각과 주의력을 뒤덮고 이끈 것은 주로 억압적인 것들이었다. 물질 소유의 정량화, 상업문화와 대중문화가 규정하는 것에 상응하는 향유, 또한 그런 계산과 향유로 쉽게 치환할 수 있는 것들의 성장 등이 그것이다. 인생에 대한 획일적 감각의 분위기가, 이것들과는 다른 목표를 추구하며 인생의 충실함과 의미를 찾으려는 사람들에게 긍정적인 도움이 될 만한 자원을 제공하지 못할 뿐 아니라 잘못된 방향을 제시하는 것은 당연하다. 실제로는 도리어 그들이 이해받을 수 있는 언어와 감각을 추구하기에 더 어려운 환경을 만들었다. 또한 그들이 자기에게 더 걸맞고 더 의미를 가질 수 있는 방향을 추구하는 것 역시 쉽사리 지나친 오해를 사거나 억압을 받도록 만들었다. 주로 경제성장을 통해 인생의 의미와 충실함을 구하고 경제적인 면에서 순조로웠던 사람의 입장에서는 현재 중국대륙이 풍요롭고 다채롭게 보일 수도 있다. 그러나 궁극적으로 인생의 문제를 모두 경제적인 방식으로 해결할 수는 없다. 경제에만 집중하여 경제적 성공에서 의미와 충실함을 충분히 찾았다고 느끼는 사람, 매우 원만한 생활을 하고 있다고 느끼는 사람이라도 문화와 사회생활 가운데서 자양분을 섭취해야만 하는 것이다. 겉으로는 풍족하지만 실제로는 획일적이고 억압적인 이 분위기가—그들이 이로 인해 넘치도록 인정과 긍정을 얻을 수 있다 해도—그런 분위기의 총아들에게 편리하고 효과적인 자양분이 되기 어렵다는 것은 확실하다. 그러니 경제적 성공으로 자기 인생의 지렛대를 찾고자 하는 사람이나 그런 성공의 꿈과는 아무런 연이 없는 너무나 많은 사람에게 모두, 겉으로는 지극히 풍족하지만 실질적으로는 획일화된 분위기는 더욱더 그들의 실패를 견디기 어려운 것으로 만들지 않겠는가.

이러한 상황에서 대다수 사람들은, 자각하든 그렇지 않든 간에 당연히 지식과 사상의 도움을 매우 필요로 한다. 그러나 서두에서 지적했듯이 지식계의 사고는 보기에는 매우 당당하고 그럴듯한 학설이지만 실제로는 이러한 역사 속 사람들의 심신의 어려움과는 상당히 동떨어진 것이다. 이러한 지식계·사상계의 상황으로 인해, 심신과 정신의 어려움을 겪고 있는 개인들은 지식계로부터 어떠한 효과적인 도움도 얻을 수 없다. 거기서 대처할 만한 자원을 얻기는커녕 자신의 초조함과 허무감을 어느정도 대상화해 파악하는 인식에 도움이 될 만한 자원도 얻지 못하는 것이다.

대역사의 구조적 조건이 불리하고 지식계의 관련 사상 또한 효과적인 도움을 주지 못하는 가운데, 당대인들의 정신과 심신이 더욱 엄혹한 상태에 처하고 더욱 위험한 곤경에 들게 될 것은 당연하다.

5

국가와 지식인의 이러한 지식과 사고에 대해 느끼는 바가 있어 나는 2005년 초에 특별히 다음과 같은 주장을 제기한 바 있다. 만약 '중국 경제기적의 배후에 있는 사람들의 영혼과 정신의 불안과 고뇌' 현상 이면에 있는 사회와 개인 정신생활의 실제에 대해 진심으로 깊이있는 사고를 진전시키고자 한다면 적어도 두 가지 질문을 더해야 한다. 첫째, 몇천년 동안 '의와 이를 논하는(義利之辨)' 전통이 있고 (마오 쩌둥 시대) 근 몇십년 동안 이상과 믿음을 더욱 고양해온 중국사회가 고작 10여년 사이에, 적어도 담론 차원에서는, 실리만을 모든 것의 기준으로 삼는 사회가 되어버린 이유는 무엇인가? 그 과정은 어떠한 단계를 거쳤는가? 그 역사와 관념의 기제는 무엇인가? 둘째, 신흥종교가 이렇게 단시간 내에 전국 사회생활과 정신생활의 토양에 보급되도록 만든 것은 무엇인가? 적어도 내가 여러 사례를 조사해 이해한 바에 따르면 수많은 신흥종교 신자들은 정신생활의 가치 문제에 극히 민감하며 그것을 중시하고 있었다.

당시 이러한 문제들을 더 탐구해야 한다고 강조했던 이유는, 우리가 그러한 연구를 통해 역사와 현실 가운데로 들어갈 수 있고, 그래야만 균형 잡히고 확장성 있으면서도 복잡성을 놓치지 않으면서 '중국 경제기적의 배후에 있는 사람들의 영혼과 정신의 불안과 고뇌라는 일대문제'의 구조에 대한 기본 감각과 이해를 세울 수 있기 때문이다. 또한 그렇게 해야만 당대 중국 정신윤리 문제의 역사-사회-관념의 메커니즘을 제대로 발견할 수 있기 때문이다. 왜냐하면 "언어와 수많은 행위로 볼 때 이 사회는 이미 오로지 이익만 좇는 사회로 변한 것 같다. 그러나 몇몇 신흥종교가 단시간 내에 전국으로 전파된 것을 보면 이 사회는 실제로는 정신·심신의 안정을 요구하는 상당한 토양을 가지고 있고" "마치 서로 모순되는 것처럼 보이는 두 측면은 실제로는 서로 보완하는 관계이다. 즉 현재 이들 신흥종교의 성공은 바로 그 맥락이 드러내는바 일반적인 사회·문화·관념상황이 사실은 그들이 필요로 하는 것, 그들이 정치·경제·사회·제도의 역사적 조건하에서 정신생활과 가치에 대한 의문을 정리하는 데 필요한 진정한 자원을 찾도록 도와주기 때문이다."[11]

당대 중국대륙의 정신과 윤리 문제 배후의 이러한 복잡성을 일단 발견하게 되면, 우리는 "지금 정신적 안정, 정신적 배려를 요구하는 토양이 없지 않기 때문에, 인문지식인이 제공하는 관념과 분석의 부족, 사회가 요구하는 정신의 안정, 정신에 대한 관심의 토양이 효과적으로 상호작용하는 능력"을 분명히 알 수 있을 것이다. 문혁 이후 국가와 지식인이 지나치게 빨리 당대 정신과 윤리 문제에 다양한 이해를 내놓은 것이 우리가 문제를 제기하고 분석하는 데 방해가 되는 이유가, 오늘날의 이러한 정신과 윤리 국면의 실제 역사-관념의 과정을 만들어냈기 때문이라는 점도 분명히 알 수 있다. 그 때문에 오늘날 사회 전체가 이러한 정신적·육체적·심리적 곤경에 빠지게 된 역사-사회-개념의 구조적 결함에 대해 실제적으로 다룰 수 없으며, 오늘날 사람들의 정신윤리 상황을 개선하는 데 효과적인 도움을 제공하지 못할 것임도 똑똑히 보게 되는 것이다. 또한 지식인들이 당대 중국대륙의 정신윤리 문제와 실제로는 동떨어져 있으면서도 자신의 계획은 실현되었다고 여기는 그 상태로 인해, 당대 중국대륙의 인문적 사고가 그것의 도움을 절박하게 필요로 하는 메마른 땅에 뿌리를 내릴 수 없게 된 것이다.

당대 중국대륙의 정신윤리 문제를 깊이 천착해 인식할 수 있는가는 곧 인문학이 당대 중국대륙이라는 토양에 뿌리내릴 수 있는가를 결정짓는 시금석이다. 당대 중국대륙의 정신·윤리·심신의 문제를 실제로 인지적으로 돌파할 수 있는가? 이는 중국대륙의 '인문지식인들'의 '인문'작업이 진정 '당대 중국 인문'의 문제가 될 수 있는가와만 연관된 문제가 아니라, 그들이 지나치게 정치·경제의 관점에서 당대 중국대륙을 이해하는 와중에 진정으로 당대 중국대륙을 이해하는 관점을 세울 수 있는가 하는 문제까지 연결된다.

이제까지 당대 중국대륙의 정신사를 정밀하게 연구하는 과제가 인문연구에서 핵심적으로 중요하다는 것을 강조하고, 이 과제가 당대 중국대륙을 전체적으로 파악하고 실천하는 데에도 근본적으로 중요하다는 점을 강조했다. 그 이유에 대해 나는 2005년 초에 다음과 같이 명료하게 제시한 바 있다.

당대 심신의 근심과 불안정이 형성된 역사적 과정과 그것이 생겨난 사회생활·문화·제도·언어관념의 기제에 대해 치밀하게 고찰해야 한다고 강조한 이유는 다음과 같다. 우선, 당연히 이것 없이는 당대 심신 문제의 실제를 올바르고 정밀하게 이해하고 파악할 수 없기 때문이다. 또한 이것 없이는 당대 심신 문제를 형성한 역사·사회·언어의 조건을 이해할 수 없기 때문이다. 중국 당대 정신의 위기에 대한 이해와 파악을 조금 비틀면, 당대 사회·제도·문화·역사·언어관념 상황에 대해 심신감각의 측면에서 분석·평가·비판·검토하고, 나아가 이 분석과 평가를 기초로 사회·제도·교육·문화의 건설과 발전에 대한 인문학적 요구와 계획을 제시할 수 있을 것이다. 심신감각 변화의 역사-관념에 대한 분석을 강조하는 것은 확실히 우리 심신의 상황과 사회·역사·언어·문화·교육의 상황을 연결하여 사고하려는 노력이다. 이러한 노력을 통해 역사와 현실 속으로 파고들어가는 인지와 이해의 방식으로, 사회적 가치로 환원될 수 없는 인문가치를 확립해야 한다. 사회적 가치라는 차원 바깥에서 확립된 이 인문가치는 그 자체가 역사에 내재되어 인식되고 분석되기 때문에, 그로 인해 다시 인문의 관점에서 사회를 검토하고 비판할 수 있는 자원이 되고 새로운 지식의 출발점이자 비판지점을 제공할 수 있다. 이러한 측면에서 보면 인문학적 작업방식의 확립이라는 것은 사회비판을 약화시키지 않을 뿐 아니라 오히려 인문적으로 예리하게 더욱 많은 사회·문화·교육·제도에 대한 분석과 비판에 개입하고 관점을 세울 수 있게 해준다. 이로써 사회비판의 폭을 확대하면서도 중요한 문제에 대해 사회비판이 실질적으로 갖는 능력을 강화할 수 있는 것이다.

이것이 바로 내가 당대 중국 인문문제를 검토하는 데에서 출발할 수 있었던 동력이기도 하다. 인문적 관점을 확립하지 않는 한 사회적 가치(특히 과도한 경제적 가치)를 중심으로 삼은 당대 중국의 실천이 사람들의 심신에 가져다준 여러 후과를 직시하라고 사람들에게 강력하게 말할 수 없다. 또한 유효한 인문가치의 관점을 명백하게 결여한 개혁이 사람들에게 대체 어떠한 심신의 상처를 만들어냈는가를 정확하게 인식할 수 없다. 이 두 가지 전제를 기초로 삼아야만 우리는 중국의 미래 변혁에서 인문적 관심과 사회적 관심이 하나가 될 것이라고 기대할 수 있다. 비록 지금 같은 절박한 시기에는 두 분야에서 출발한 요구를 한순간에 통일할 수는 없겠지만, 사람들이 그 상처를 최소화할 수 있는 방안을 찾고 또한 마음속에서 이 두 가지 문제를 놓지 않는다면 이 충돌하는 지혜의 최종

적 해결을 기대해볼 수 있을 것이다.[12]

이 전제를 세우기 위해 거듭 강조하고 싶은 것은, 당대 지식인들이 당대 중국대륙을 이해하고 파악할 때 반드시 다음을 회피할 수 없는 기본 문제로 삼아야 한다는 것이다. 앞서 중국 경제기적의 문제를 따진 것처럼, 우리는 신시대의 추진자들이 설정한 중요한 역사적 목표 가운데 정신문명 관련 목표가 왜 물질문명 관련 목표처럼 이상적으로 발전하지 못하고 오히려 근 30여년의 역사 속에서 상처 입고 몰락하게 되었는가를 물어야 한다. 중국 경제기적에 대한 문제제기와 마찬가지로 당대 중국대륙의 역사와 현실을 깊이있게 인식하는 것은 필수불가결할 뿐 아니라, 당대 중국의 시대, 역사, 역사 속 인물들이 안정적으로 나아가기 위해서도 반드시 필요하다는 것을 분명히 알아야 한다. 이는 또한 중국대륙이 보다 힘있고 유효하게 우리가 기대하는 미래를 맞이하기 위해서도 필수불가결한 것이다!

〔번역: 장수지·연세대 사학과 박사과정〕

제5장

'일대일로'와 제국의 지정학'

백지운(서울대 통일평화연구원 HK교수)

1. 다시 제기되는 탈근대

카를 슈미트(Carl Schmitt)는 『땅과 바다』(*Land und Meer*, 1942)에서 공간혁명이야말로 지구적 변화의 진정한 핵심이라고 말했다. 그에 따르면 공간혁명이란 인간 실존의 모든 측면과 모든 수준을 포괄하는 공간 개념에 대한 의식의 전환으로서, 인류 역사상 발생한 중요한 변화는 새로운 공간인식의 변화에 종속된다. 알렉산드로스 대왕의 정복으로 '헬레니즘'이라는 공간지평이 열리고 로마제국 시기 오늘날 '유럽'이라 불리는 공간의 실재를 형성했던 것처럼 말이다. 그런데 이런 수많은 사례는 역사상 가장 철저한 지구적 관점의 전환, 즉 16, 17세기 아메리카 대륙의 '발견'과 세계일주가 탄생시킨 '신세계'에 비하면 아무것도 아니다. 16세기의 공간혁명은 새

• 이 글은 『역사비평』 2018년 여름호에 실린 같은 제목의 글을 재수록한 것이다.

로운 천문학적 표상과 예술감각을 탄생시켰고, '유럽식 합리주의'라 불리는 사고방식과 국민국가라는 국가형태의 기틀을 다졌으며, 식민지를 합리화화는 대륙법의 토양을 다짐으로써 고대와 중세의 전통을 일소한 '근대'를 가져왔던 것이다.[1]

이 새로운 '근대'의 본질은 땅에서 바다를 향한 역사적 실존의 이동에 있다. '신세계'의 분배를 둘러싸고 포르투갈·스페인·프랑스·네덜란드·영국 사이에서 벌어진 싸움은 땅의 노모스(nomos)에서 바다의 노모스로의 이동을 담고 있었다. 18세기 말 영국의 '대양 취득'(Seenahme)은 이러한 근대적 노모스의 절정이었다. 영국은 '대륙에서 떨어져나온 일부'라는 섬의식에서 등을 돌려 바다를 향해 자신의 실존을 재확립함으로써 세계를 지배하는 제국이 되었던 것이다. "대양을 지배하는 자가 세계의 무역을 지배하고, 세계의 무역을 지배하는 자가 세계의 모든 부를, 사실상 세계 전체를 소유한다"(월터 롤리 경)라는 저 유명한 말이 나온 것도 이런 배경에서다. 영국은 "은빛 대양에 붙들려 있는 작은 금괴"(셰익스피어)라는 대륙적 실존에서 등을 돌려 세계 어디든 헤엄쳐갈 수 있는 물고기로 정체성을 전환함으로써, 근대적 공간질서의 근본노선으로서 대양의 노모스를 확립했다.[2]

19세기 말 영국의 세가 점차 기울고 미국을 중심으로 하는 세계질서가 수립되었다. 공간구성의 중심축이 지중해에서 대서양으로, 그리고 다시 태평양으로 이어지는 과정을 조반니 아리기(Giovanni Arrighi)는 제노바 순환·네덜란드 순환·영국 순환·미국 순환으로 이행하는 자본주의의 장기지속으로 정의했다. 『장기20세기』(1994)의 에필로그에서 그는 네번째 단계의 자본주의가 이미 가을에 접어들었다면서 다음 이행기인 동아시아를 주목했다.[3] 그런데 다섯번째 이행기는 앞의 네 이행기와 큰 차이가 있다. 새로 떠오르는 자본주의 행위자와 지배적 질서 간의 모순적 관계가 모든 이행기의 특징이었다면, 다섯번째 단계에서는 그것이 보이지 않는 것이다. 앞의 단계들에서 양자 간의 모순이 지배질서의 붕괴와 자본주의세계경제 감제고지(瞰制高地)의 경비병 교체를 통해 진행되었다면, 다섯번째 이행기에서는 새로운 행위자인 동아시아와 지배질서인 미국 사이의 정치적 교환관계라는 특수성으로 인해 경비병이 쉽게 교체되지 않았던 것이다.[4] 이 책에서 아리기는 동아시아 축적체제가 종국적으로 독자적인 체제를 형성할 수 있는가라는 물음에 결론을 유보했다. 그럴 수밖에 없었던 것이,『장기20세기』가 집필되던 1990년대 중국의 부상을 좀처럼 예상할 수 없었던 시점에서, 일본을 선두로 하고 미국과의 긴밀한 의존관계에 의해 지탱되는 이 체제가 미국을 대체할 것을 예상하긴 어려웠기 때문이다.

2007년에 출간된『베이징의 애덤 스미스』는 이런 한계에 대한 전면적 보완이다. 아리기는 자본주의의 장기지속성이 미국 축적체제에서 동아시아 축적체제로 이동하는 기존 구도를 유지하되, 동아시아 축적체제의 중심축을 일본에서 중국으로 재조정한다. 주목할 것은 그 과정에서『장기20세기』의 핵심전제였던 근대의 장기지속에 모종의 단절이 감지된다는 점이다. 이를테면, 그가 중화제국의 '내향성'과 중화인민공화국의 '스미스적 개혁'을 강조하면서 종국적으로 중국식 축적체제의 특징을 "비자본주의적 시장경제"로 규정할 때,[5] 그것은 중국이 앞단계의 자본주의 축적체제들과는 근본적으로 다른 속성을 지니고 있음을 암시한다. 과연 중국식 축적체제가 근대의 장기지속 궤도 바깥을 향하는지 단정하진 않지만, "강탈 없는 축적"(해외 팽창을 지향하지 않는) "자국중심적 시장발전" 같은 표현들에서 아리기가 '근대 너머'에 대한 기대를 중국의 부상과 결부시키고 있음을 엿보기는 어렵지 않다.

슈미트의 '공간혁명'과 아리기의 '장기지속' 개념을 연결시켜보면, 16세기 이래 근대 자본주의는 유럽 역사의 실존을 육상에서 해양 중심으로 전환하는 공간혁명의 과정이었다. 해양적 실존은 전지구가 보편적 규범으로 따라야 할 '문명'을 만들었고 그것이 19세기 말 태평양을 건너 동아시아의 근대를 규정하는 준거가 되었다. 엄습해오는 해양 실존에 저항하며 '대륙 웅비'를 외쳤던 메이지 일본의 아시아주의도 결국 해양 실존 위에 구축된 '문명'에 가세함으로써 동아시아를 식민과 전쟁의 소용돌이로 빠뜨렸으며, 이후 냉전체제와 결속하면서 한층 내재화된 해양 실존은 '환태평양'(Pacific Rim)이라는 새 이름으로 동아시아의 질서와 논리를 형성했다. 브루스 커밍스(Bruce Cummings)의 말처럼 '환태평양'이라는 개념은 1970년대 중반 이후 '유로-아메리카'의 발명품으로 출현한 것이지만, 실제 그 기원은 페리 제독의 흑선이 토오꾜오에 도착했던 토꾸가와 시대로까지 올라가는 것이었다.[6]

이런 관점에서 보면 1990년대 초 탈냉전의 여명 속에서 한국 지식계에 '동아시아'가 제기되었던 의미가 새삼 각별하다. 소련과 동구 사회주의권의 몰락이라는 세계사적 충격 속에서, 한 세기 반에 걸쳐 동아시아에 형성된 근대의 문제를 총체적으로 되돌아볼 수 있는 계기가 비로소 열렸던 것이다. 1993년 한국 지식계에 처음 동아시아를 화두로 던졌던 글 「탈냉전시대와 동아시아적 시각의 모색」에서 최원식은 태평양을 건너온 자본주의 근대와 그에 저항했던 반(反)근대적 실험들이 박투해온 근대 동아시아의 역사를 점검하면서, 지구적 냉전의 최후 보루인 동아시아의 탈냉전을 실현하기 위해 서구의 근대는 물론 그에 저항했던 사회주의와 민족해방론을 포함하는 반근대까지 일거에 넘어서는 제3의 길로서 동아시아적 시각을 제기했다.[7] 왜 새로운 문명적 대안으로서 동아시아인가. 먼저 그는 20세기 각축했던 근대의 두 축인 미국식 자본주의와 소련식 사회주의 사이에서 독자적인 길을 모색해온 20세기 동아시아의 실험들에 주목한다. 중국과 북한의 사회주의가 소련식 사회주의와 거리를 두며 독자노선을 추구했다면, 한국과 일본, 대만 등 이른바 '유교적 자본주의'라 일컫는 동아시아 자본주의 역시 서구 자본주의와 구별되는 특수한 형태를 구축했다고 보는 것이다. 물론 미소 냉전 사이에서 동아시아 각 주체들이 추구해온 실험들의 한계 또한 자명했다. 이에 그는, 사회주의권이 몰락했어도 사회주의 국가들이 건재한 동아시아에서 탈냉전을 실현하기 위해서는 미소의 외래적 근대는 물론 그 대안으로 제기되었던 실험들까지 총체적으로 반성함으로써 '대안의 대안'을 사유할 것을 요구했던 것이다.

　자본주의 근대와 그 대안으로 제출된 소련식 사회주의, 그리고 그 둘 사이에서 독자적 길을 모색했던 — 민족주의가 깊이 각인된 — 동아시아 사회주의와 동아시아 자본주의 역시 궁극적으로 거대한 근대체제의 '안'이었다는 인식을 기반으로, 최원식의 동아시아론은 궁극적으로 탈근대를 향한다. 그 점에서 동아시아론은 단순한 반근대론이 아닌, 자기부정을 수반하는 실존적 의제였다. 그것이 극복하고자 하는 것은 외재하는 근대뿐 아니라 그에 저항하는 과정에서 자기 안에 내재된 근대까지 포함하고 있었기 때문이다. 자본주의는 물론 사회주의와 민족해방론까지 극복해야 한다고 할 때, 그것은 냉전시대 동아시아의 서로 반목했던 두 진영뿐 아니라 분단된 한국사회의 지식계와 운동진영 내부의 뿌리 깊은 대결과 갈등을 염두에 둔 것이기도 했다. 탈근대의 전망 속에 한반도의 분단문제를 재위치시키는 것은 우리 안에 내재화된 반/근대의 얽힌 관계를 푸는 것이면서, 동시에 지난 세기 동아시아가 각기 다른 방향으로 추구했던 반/근대에 대한 총체적 반성을 포함하는 것이었다.

　한반도의 운명과 탈근대의 전망을 연결하는 사유와 실천의 장소로서 출발했던 90년대 한국발(發) 동아시아론은 이후 한반도와 오끼나와, 대만, 홍콩 등 동아시아 "핵심현장" 간의 연계를 구축함으로써 명실상부한 동아시아론으로 발전해나갔다. 2013년에 출간된 『핵심현장에서 동아시아를 다시 묻다』에서 백영서는 근대 서구의 지정학 지도가 만든 중심-주변의 구조가 그 '주변'에 속하는 동아시아 내부에서 또다시 재생산되는 중층구조에 주목하며 "이중적 주변"의 관점을 제안했다.[8] '이중적 주변'에서 '핵심현장'이 형성되는 이유는 억압의 연쇄이양 때문이다. 식민과 냉전, 탈냉전 과정에서 발생하는 억압이 부단히 주변지대로 이양되는 구조로 인해, 동아시아 근대/탈근대의 모순이 집약된 '주변의 주변'이야말로 동아시아의 실존이 응축된 핵심적 장소가 되는 것이다. '이중적 주변'의 관점에 기반한 새 지도 그리기는 동아시아의 외적 실존과 내적 실존의 관계에 대한 역사적 탐색이자 재배열이라 할 수 있다. 근대적 지정학이 규정해온 실존과 그에 대한 대응과 저항 속에 자기화된 내적 실존이 서로 길항하는 관계로부터 비균질적이고 비대칭적인 네트워크로서 동아시아의 생생한 실존이 형성되는 것이다. 이 생생한 실존은 '동아시아란 무엇인가'라는 물음이 동과 서, 자아와 타자라는 이원구조를 넘어, 그 구조가 내부에서 발생시키는 관계들의 현장을 직시할 것을 요구한다.

동아시아론이 직면했던 가장 큰 도전은 궁극적으로 그것이 어떤 탈근대의 전망을 제시할 수 있느냐는 것이었다. 그것은 또한 동아시아론이 처음부터 안고 출발했던 문제의식이기도 하다. 중국의 부상과 더불어 자본주의의 무게중심이 훌쩍 동아시아로 이동해온 지금, 이 질문은 동아시아론의 입지를 어렵게 만든 면이 분명 없지 않다. 그러나 다른 각도에서 보면, 중국의 부상으로 인해 동아시아가 지구적 자본주의체제의 첨예한 모순의 중심에 진입한 지금이야말로, 오히려 당시로서는 모호했던 탈근대적 문명론으로서 동아시아라는 의제가 한층 문제적으로 되고 있는 것이 아닐까. 이미 중국의 부상은 한 나라가 아닌 문명의 차원으로 다뤄지는 중이다. '베이징 콘센서스'로 시작해 '제국론'으로 이어진 최근 10여년의 '중국발화'(Sino-speak)는 부상하는 중국에 탈근대적 대안문명을 기탁하는 여망을 점차 노골적으로 드러내고 있다. 거기에 시 진핑(習近平) 시대 '중국몽(中國夢)'의 로드맵인 '일대일로(一帶一路)'가 펼쳐 보이는 지정학은 서구의 해양적 실존 위에 구축된 근대에 전면적인 도전장을 내밀고 있는 것이다. 과거 영국이 해양적 실존으로 자기를 변모시킴으로써 세계제국으로 군림했던 것처럼, 현재 중국은 태평양에서 등을 돌려 서쪽을 향함으로써 대륙적 실존을 준비하고 있다. 바야흐로 '유라시아'라는 새로운 공간지평이 눈앞에 열리는 참이다.

슈미트의 관점에서 보면 아리기가 말한 근대의 '장기지속'에서 앞의 네 단계는 해양 안에서의 공간이동이었다. 그렇다면 중국이 주도하게 될 동아시아로의 이행기는 해양에서 내륙으로 더 근본적인 공간 개념의 전환을 준비하고 있는 것일까. 만약 그렇다면 그것은 16세기 아메리카 대륙의 '발견'과 세계일주가 가져온 것에 비견되는 공간혁명을 의미할 것이며, 수세기 동안 '보편'으로 군림해온 근대에 도전하는 문명적 전환의 의미를 수반할 것이다. 유라시아라는 '신세계'가 탈근대문명의 태동지로 꿈틀거리는 지금, 이 거대한 낯선 의제 앞에서 우리는 동아시아론이 던졌던 탈근대문명의 의제를 다시 마주하지 않을 수 없게 되었다.

2. '중국발화'의 사상계보

'중국발화'란 중국의 부상 이후 중국과 미국, 유럽 등지의 지식인과 정책결정자들 사이에 부상한 오리엔탈리즘적 중국관으로, '조공체제'나 '문명' '제국' '천하' 같은 중국 고유의 질서 관념을 현실적인 국제정치의 영역으로 불러들임으로써 중국이 주도하고자 하는 세계질서를 정당화하는 언설들을 말한다. 이 말은 윌리엄 캘러핸(William Callahan)이 브루스 커밍스의 '환발화'(Rimspeak)에 대한 상대개념으로 고안한 것이다. 환발화가 '태평양시대' 아시아-태평양을 횡단하는 경제·사회 네트워크를 지탱하는 것이었다면, 중국발화는 아시아 국가들을 중국 주변을 회전하는 궤도 안으로 끌어들인다. 전자가 해양적이라면 후자는 대륙적이다.[9]

사실 중국발화의 뿌리는 이보다 더 깊다. 그것은 '중국굴기'가 가시화되기 전인 1990년대 중국 사상계의 논쟁으로 거슬러 올라간다. 자본주의 세계궤도로의 진입을 목전에 두고 당시 중국 지식계는 신좌파-자유주의 논쟁으로 뜨거웠다. 서구의 제도적 민주주의를 중국에 정착시키는 것을 급선무로 삼았던 자유주의파와 마오 쩌둥의 인민민주주의 전통을 회복함으로써 개혁개방이 초래한 폐해를 극복하자고 주장했던 신좌파 간의 논쟁은 오랜 세월이 지난 지금까지도 중국 지식인들에게 깊은 앙금을 남길 만큼 격렬했다. 이 논쟁의 핵심은 중국이 어떤 (탈)근대를 지향할 것인지에 있었다. 자유주의 진영이 서구 자유민주주의체제를 중국이 따라야 할 보편적 준거로 삼았다면, 신좌파 지식인들은 서구적 근대를 극복하기 위한 '반근대적 근대'의 사상자원을 사회주의 기획에서 찾고자 했다. 이윽고 포스트모더니즘의 조류에 휩싸인 세기말, 중국 지식계는 한동안 적막강산이었다. 논쟁의 불씨를 되살린 것은 뜻밖에도 2008년 서구의 금융위기와 베이징올

림픽을 계기로 예상치 못한 속도와 규모로 출현한 '중국굴기'였다.

그런데 되살아난 사상논쟁은 그 범위와 규모 면에서 과거에 비할 바가 아니었다. 1990년대의 논쟁이 중국의 향방에 집중된 일국적 범위의 토론이었다면, '중국굴기'를 등에 업고 화려하게 복귀한 그것은 중국의 향방이 세계의 미래와 단단히 결부된, 이른바 전지구적 시야를 획득하고 있었다. 베이징 콘센서스·중국모델론의 출현은 90년대 사상논쟁의 승자가 신좌파임을 보여주었다. 물론 신좌파 논리에도 변주가 있었다. 90년대만 해도 그들에게는 자본주의 근대에 대한 대항기획으로서의 사회주의가 사실상 실패했다는 현실인식이 있었다. 실패와 좌절에 대한 냉철한 현실인식이 있었기에, 개혁개방 직후 자본주의화의 급류 속에서 폐기처분될 위기에 놓인 사회주의 전통으로부터 합리적 유전자를 찾아내려는 시도가 모종의 사상적 긴장을 지닐 수 있었던 것이다. 그러나 불과 20, 30년의 짧은 시간 동안 천지개벽과 같은 변화가 쓸고 간 지금, 상황은 완전히 뒤바뀌었다. 이제 사회주의는 실패한 기획이 아니며 자본주의는 더이상 중국에 위협적인 적이 아니게 되었다. 중국의 사회주의가 도태되기는커녕 위기에 빠진 세계자본주의의 구원자로 등극한 지금, 자본주의와 사회주의의 경계는 분간할 수 없을 만큼 모호해졌다. "두 세계가 하나의 세계, 전지구적 자본주의 세계로 변했다"라는[10] 비장감마저 감돌던 90년대 초반 신좌파의 침울한 현실인식은 이제 미래에 대한 확신과 낙관으로 가득 찬 승자의 선언이 된 것이다.

승자의 담론으로서 중국발화는 중국과 근대의 관계를 근본적으로 재설정했다. 과거의 신좌파 담론에서 서구의 자본주의 근대와 중국의 사회주의 반근대가 서로 대결관계였다면, 이제 중국은 서구의 근대와는 전적으로 다른 차원에 놓인다. 이는 본격적 담론권력 싸움에 진입한 2000년대 중국발화의 주요한 전략이다. 상대편이 만들어놓은 프레임 안에서 싸우기보다 독자적인 프레임을 구축함으로써 세계질서의 주도권을 선점하는 것이다. 제 아무리 중국의 국제적 위상이 높아졌다 해도 베스트팔렌체제에 기반한 프레임이 주도하는 담론구조라면 중국은 필경 국가의 기본 자격요건을 갖추지 못한 미숙아거나 '불량국가'(rouge state)일 뿐이며, 그런 중국의 부상은 인류의 미래를 위협하는 근심거리가 될 것이다. 따라서 중국의 선택은 자국의 존재를 자기의 언어로 정당화하는 담론 프레임을 짜는 것이다. '자유' '민주' '인권' 등으로 표상되는 근대 국민국가체제를 거부하고 '문명' '왕도' '천하' 같은 새로운 언어와 문법으로 새 프레임을 짬으로써 중국발화를 구축해나가는 것이 그것이다.

담론으로서 중국발화의 종착지는 '제국'이었다. 그런데 이 새 프레임은 단지 국민국가와 제국의 차이를 말하는 데 그치지 않고 양자를 근대와 탈근대라는 위계적 가치체계에 귀속시킨다. 그리하여 근대 자본주의의 산물인 국민국가체제에서 발생하는 불평등하고 폭력적인 현실은 '관용'과 '다양성'을 지닌 제국이라는 미래의 세계질서에 의해 '극복'되어야 할 대상이 된다. 제국은 근대의 폐해를 극복할 탈근대적 원리의 담지체인 것이다.[11] 이 대목에서 우리는 90년대 신좌파가 제기했던 '반근대적 근대기획'으로서의 사회주의를 떠올리게 된다. 당시 신좌파가 자본주의 근대체제를 극복하는 대안으로 사회주의 전통을 강조했다면, 중국발화에서는 제국이 그 역할을 맡게 된 것이다. 여기서 중대한 비약이 발생한다. 전자가 자본주의 극복을 위한 단서를 마오 시기 사회주의의 특정 요소(유전자) 속에서 찾았다면, 이제는 중국의 문명 전반이 반근대의 자원인 것이다.

바로 이 지점에서 90년대 사상논쟁의 승계자로서 중국발화의 사상적 가능성은 심각한 의문에 처하게 된다. 신좌파가 마오 시대의 사회주의 전통을 옹호할 때, 적어도 그것은 덩 샤오핑 체제에 대한 비판적 거리를 견인하는 동력으로서의 기능을 지니고 있었다. 그러나 사회주의라는 몸이 '문명'이라는 영혼과 결합한 지금, 현실과 이상 사이의 경계는 모호해지고 현체제를 견인할 사상적 동력은 사라져버린다. 현실체제가 '문명'이라는 이상의 육화라면 어디서 현실에 대한 비판의 계기를 찾을 수 있겠는가. 90년대 인간의 자유와 해방을 강조했던 계몽주의 사조가 이미 자본주의적 근대화에 들어선 덩 샤오핑 시대에 비판적 힘을 발휘할 수 없었던 것만큼이나,[12] 제국론으로 수렴되는 중국발화는 '사회주의 문명대국'을 향하는 시 진핑 시대에 사상적으로 창백하다.

물론 중국의 자본주의가 어떤 발전경로를 걷게 될지는 더 지켜봐야 할 것이며, 필경 그것은 사회주의 유산과의 상호관계 속에서 관찰되어야 할 것이다.[13] 문제는 제국론으로 귀결되는 중국발화가 이상으로서의 사회주의와 현존 사회주의 사이에서 어떻게 비판적 거리를 견지할 수 있느냐이다. 2013년 중국이 내놓은 메가급 프로젝트 '일대일로'에 제국론이 마치 준비라도 한 듯 화답하는 상황은 이런 우려가 기우가 아님을 말해주고 있다.

3. '일대일로'와 지정학의 중심이동

일대일로는 건국 이래 오랜 시간 웅크리고 있던 중국이 처음으로 세상에 야심차게 내놓은 그랜드 디자인이다. 이 기획의 재정적 기반인 아시아인프라투자은행(AIIB)에 대한 세계의 예상 밖의 적극적인 반응은 일대일로의 위력을 예고하기에 충분했다. 설립 준비단계인 2014년 10월 AIIB는 22개 국가와 MOU를 체결했고 2015년 3월 57개국을 창립회원국으로 결정했으며 2016년 1월 공식 출범 이후 지금까지 86개의 회원국을 거느리고 있다.

창립회원국의 면모를 살펴보면 광의의 의미에서 역내 국가가 37개국, 영국과 스위스를 포함한 역외 국가가 20개국이다. 말하자면 미국과 일본을 제외한 주요 서구 국가와 유라시아 대부분의 국가들이 AIIB의 창립회원국으로 참여한 것이다.[14]

처음부터 완성된 청사진과 체계적인 계획을 지니고 출범한 것이 아님에도 불구하고,[15] 일대일로는 짧은 기간 안에 가공할 추진력을 보여주었다. 2017년 초까지 40개 국가와 MOU를 체결했으며 100여개에 달하는 국가 및 국제기구들이 참여 의사를 밝혀왔다.[16] 물리적인 성과도 상당하다. 아프리카를 보면 케냐 나이로비-몸바사 고속철도가 2017년 6월 개통되었고, 에티오피아에서는 아디스아바바-지부티 철도 부설이 논의 중이다. 중동부 유럽에서는 세르비아의 수도 베오그라드와 부다페스트를 연결하는 철로 부설계획이 2017년 11월 중국과 중동유럽협력회의(China-CEEC 16+1)에서 공식 선언되었다. 동남아시아에서는 2016년 인도네시아의 자카르타와 반둥을 잇는 고속철도 기공식이 거행되었고, 2015년 12월에 착공한 윈난성 쿤밍(昆明)과 라오스의 수도 비엔티안을 잇는 고속철도가 2021년 완공을 앞두고 있다. 또한 일대일로의 주력 상품인 '중국-파키스탄 경제회랑'(CPEC)이 추진되는 서남아시아에서는 파키스탄 남부 해안의 카라치와 북동부의 라호르를 관통하는 물탄-수쿠르 간 고속도로가 건설 중이다. 2017년 6월에는 이란의 테헤란-마슈하드 고속철도의 전기화 사업을 위한 협약이 체결되었다. 중앙아시아에서는 우즈베키스탄 동부의 안그렌과 팝을 잇는 전기철로가 2016년 개통되었다. 이 중앙아시아 최초의 터널형 철도는 카자흐스탄·키르기스스탄·타지키스탄에 둘러싸인 교통의 요지에 건설되어 향후 중국-중앙아시아-유라시아를 연결하는 국제운송로의 중요한 축이 될 전망이다.

중국 정부에 따르면 일대일로는 중국 국내의 과잉생산과 잉여자본을 낙후한 국가들의 인프라 건설에 투여함으로써 상호 윈윈(win-win)을 추구하는 '평화발전'의 전략이다. 그러나 지정학적 요인이 더 중요하다는 것은 익히 알려져 있다. 일대일로는 (지금은 유명무실해졌지만) 중국을 고립시켜온 환태평양경제동반자협정(TPP)과 범대서양무역투자동반자협정(TTIP)에 대한 대응이자 달러 중심의 브레턴우즈체제에 대한 도전으로, 단적으로 말해 해상권력으로 육상권력을 포위해온 미국 주도의 지정학에 대한 중국의 반격이다.[17]

수십년을 내다보는 장기 기획으로서 일대일로가 궁극적으로 추구하는 것은 지구적 지정학 지도를 뒤집는 것이다. 아시아와 유럽의 테두리 지역을 미국의 영향 아래 두어 심장부(heartland) 지역을 확보한 공산주의세력이 뻗어나오지 못하게 막는다는 '주변지대론'(Rimland Theory)이 보여주는 것처럼, 태평양은 냉전 이래 미국의 강력한 영향력 아래 있었다. 태평양을 중심으로 하는 지정학에서 보면 중국이 바깥으로 진출하려는 입구 곳곳에 미국이 포진해 있다. 그렇다면 중국의 전략은 전통적으로 미국의 세력권인 태평양 연해에서 미국과 경쟁하기보다, 아예 지정학의 중심을 유라시아로 옮겨오는 것이다. 이를테면 2010년 이후 중국 학계에 등장한 '서진론'은 그 준비작업이었다.[18] 중국이 전통적으로 해방(海防)보다 색방(塞防)을 중시하는 내륙국가임을 강조하는 서진론의 기초 위에서 일대일로는 '유라시아 대륙국가'라는 중국 본래의 정체성으로 회귀한다는 역사적 정당성을 확보할 수 있었던 것이다.[19] 2015년 3월 국가발전개혁위원회와 외교부·상무부가 공동 작성한 「전략과 비전」에서 확립된 일대일로의 기본노선은 새로운 지정학 지도가 유라시아를 대륙의 종심(縱深)으로, 인도양을 해상거점으로 삼고 있음을 여실히 보여주었다.[20]

유라시아로 지정학의 중심을 이동하려는 일대일로에 대한 역내외 반응 또한 그리 나쁘지 않다. 당사자인 중앙아시아 국가와 러시아는 대체로 환영하는 분위기이다.[21] 그것은 일대일로가 해당 지역의 오랜 요구와 만나기 때문이다. 인구 7천만이 밀집한 중앙아시아와 몽골은 태평양을 중심으로 하는 냉전적 지정학 속에서 오랫동안 고립과 빈곤, 안보의 불안을 겪어왔다. 카자흐스탄의 '광명의 길'(Nurly Zhol), 몽골의 '초원의 길'(Steppe Road) 이니셔티브는 이러한 지정학적 한계를 돌파하여 '내륙에 갇힌 국가'(land-locked countries)에서 '내륙 연결 국가'(land-linked countries)로 탈바꿈하기 위한 노력이다. 러시아 역시 유가하락과 경제제재로 인한 경제 불황과 정치적 고립의 타개책으로 2015년 유라시아경제연합(EAEU)을 결성하는 등 적극적인 유라시아 정책을 취해왔다.[22] 최근 열린 지역 개념으로 제기된 '대유라시아'(Greater Eurasia) 구상도 일대일로와의 적극적인 결합을 꾀하는 중이다.[23] 이처럼 일대일로는 유라시아 역내에서 이미 추진 중인 지역구상들과의 도킹에 성공함으로써 씨너지 효과를 내고 있다.

유럽의 반응도 신중하되 부정적이진 않다. 스톡홀름국제평화연구소(Stockholm International Peace Research Institute)가 2017년 발간한 보고서는 일대일로가 중국판 마셜플랜일 수 있다는 우려를 견지하면서도, 종국적으로는 이 거대 기획에 유럽이 협조해야 한다는 진단을 내놓았다.

그럼에도 불구하고 '벨트'(一帶)가 진정으로 유라시아를 통합하기 위해서는 EU경제와의 더 긴밀한 협조가 요구된다. 중국은 국제질서 측면에서 미국의 대항마가 될 유라시아에서, EU를 평화로운 잠재적 동반자로 간주하고 있다. '벨트'는 아시아와 유럽의 경제적 상호의존성을 강화할 것이며, 결과적으로 환대서양 무역동맹의 의미를 부식할 것이다. 이런 시나리오에서 세계 경제와 정치의 무게중심은 환대서양과 환태평양 경제블록에서 유라시아 대륙으로 재조준될 것이다.[24]

여기에는 브레턴우즈체제에 대한 피로, 특히 트럼프 행정부 이후 미국에 대한 불안을 상쇄하려는 심리도 있겠지만, 기본적으로는 일대일로가 미완의 그림이라는 판단이 작용하고 있다. 설사 중국의 패권적 야심이 들어 있다 하더라도 유럽과 아시아를 연결하는 이 거대한 기획은 참여국들의 협력 없이는 완성될 수 없기 때문이다. 그런 만큼 관건은 일대일로가 현재와 미래의 참여자들에게 어떤 논리와 비전을 제공해주느냐에 달려 있다. 일대일로는 중국 중심의 맹목적 개발주의가 아닌 지속 가능한 성장을 추구하고 나아가 부패와 불평등, 환경오염, 종교분쟁, 테러리즘을 포함한 인류 전반의 문제에 비전을 제시할 보편서사를 만들어야 하는 것이다.[25] 원 톄쥔(溫鐵軍)과 황 더싱(黃德興) 역시 지금의 일대일로는 영혼이 없으며, 향후의 성패는 미국의 자유민주주의 이념에 도전할 문화적·사상적 함의를 담은 자생적 사회정의 담론을 창출해낼 수 있느냐에 달려 있다고 말한 바 있다.[26]

이러한 이론적 결핍을 인식해서인지 최근 중국 학자들은 일대일로에 살 붙이기 작업이 한창이다. 친(親)·성(誠)·혜(惠)·용(容)이라는 시 진핑 시대 외교방향의 연원을 유가와 도가의 치국 이념에서 찾거나 '호리호혜(互利互惠)' '호련호통(互聯互通)' 같은 일대일로의 슬로건을 고대 실크로드의 문명정신과 연결하는 작업들이 그런 경우다. 그러나 대부분은 일대일로의 앙상한 뼈대를 더 드러낼 뿐이다.

4. 제국의 소환

일대일로의 사상적 곤궁을 타개할 이데올로그로 등장한 것은 왕 후이(汪暉)이다. 신좌파에서 제국론으로 이어지는 '중국발화'의 중심에 있었던 만큼 그의 이러한 행보가 아주 놀랄 만한 것은 아니다. 과연 이론의 대가답게 그는 '평화발전'이니 '상호공영' 같은 관방 언설에 부화뇌동하지 않는다. 그의 주력은 일대일로의 핵심인 지정학적 재편에 역사적·이념적 옷을 입히는 데 집중된다.

현재 '일대일로'를 논하는 대다수는 국내 생산과잉의 해결과 금융확장만을 논하고 있다. 이는 자본주의 경제체제에서 반복적으로 출현하는 것이다. 자본주의가 걸은 길을 답습한다면 '일대일로'는 성공할 수 없으며 거대한 위험과 반격을 맞게 될 것이다. 신장(新疆)문제가 하나의 신호이고 2014년의 대만문제가 하나의 신호이다. 그러나 어쨌든 경제관계의 변화에 따라 17세기 이후 대만이 전지구와 지역 경제에서 누려온 특수한 지위에 변화가 오는 것은 불가피하다. 중국대륙 연해경제의 발전과 유라시아대륙 관계의 변화는 현재 지구적 역사의 변화를 추동하고 있다. 대륙과 해양의 관계가 역전된다면 거대한 변화가 일어날 것이다.[27]

놀랍게도, 2014년 대만에서 벌어진 이례적 규모의 반중시위 '해바라기 운동(太陽花運動)'을 응시하는 왕 후이의 눈에는 이미 지정학적 역전의 동학이 투영되어 있었던 것이다. 그가 볼 때, 냉전 이래 대만이 누려온 우월한 경제적 지위는 환태평양의 주요 거점이라는 지정학적 조건 덕이며 아직도 대만이 '독립'을 운운할 수 있는 근거도 거기서 나온다. 그러나 지정

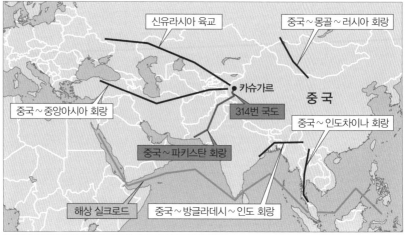

[그림1] 일대일로 육상노선의 중심 카슈가르(『중앙선데이』 2017. 10. 15)

학의 중심이 유라시아로 옮겨가면 대만은 한갓 변방의 작은 섬으로 떨어진다. 신장은 그 반대이다. 태평양을 중심으로 삼는 지도에서 변방에 불과했던 신장, 그중에서도 최서단에 위치한 카슈가르는 일대일로의 육상노선 중 3개 회랑의 기점이다(그림1 참조).[28] 새 지정학 지도에서 신장은 중국과 중앙아시아·유럽·남아시아를 연결하는 유라시아의 중심으로 떠오르는 것이다.

신장과 대만의 위치의 전도, 그것은 바로 해양과 내륙의 역전을 의미한다. 2017년 11월 발표한 「두 대양 사이의 신(新)대동상상」이라는 글에서 왕후이는 역전된 해양과 내륙 관계 위에 중국의 새 정체성 수립을 시도했다.[29] 동부 연해를 중심으로 중심과 주변을 경계짓는 근대 지정학의 지도를 뒤집어 태평양과 인도양 사이 유라시아 대륙을 중심에 두는 지도를 그리고, 그에 의거하여 중국과 세계의 관계를 재설정하는 것이다. 그런데 그 방식은 다소 복고적이다. 그것은 '해양시대'로 대표되는 근대 자본주의체제가 침입하기 이전 중국 원래의 상태, 즉 청제국의 면모로 돌아가자는 것으로 귀결된다.

민족국가체제의 확장을 지표로 하는 해양시대는 중국 북방 소수민족 지역에 민족국가의 성질을 부여하여 조공관계와 다원성에 기반한 고유의 예의(禮義)제도를 와해시켰다. 내부를 동원해 분열을 면해야 했던 청 제국은 내부 정치구조를 변화시키고 내부의 통일을 강화하여, '무외(無外)'의 다원성 제국으로부터 내외가 구별되는 '민족-국가'로 자신을 전환해야 했다. 다만, 이 '민족국가'에 내포된 '제국성'으로 인해 청조는 다시 '트랜스시스템 사회〔跨體系社會〕'가 되지 않을 수 없었다.[30]

중국의 정체성을 '제국'과 '민족국가'의 이중성 속에서 보아야 한다는 주장은 여기서 처음 나온 것은 아니다. 일찍이 왕 후이는, 송대를 성숙한 군현제 국가로 묘사하고 그로부터 민족국가의 원형을 찾으려 했던 쿄오또학파의 주장과 중국을 하나의 대륙이자 문명으로 보았던 서구의 오리엔탈리즘적 역사서술 양자가 모두 근대 민족국가를 보편적 규범으로 전제하는 유럽 근대성의 파생물이라고 비판하면서, 중국을 '제국'이라는 장기적 시간 속에 '민족국가'가 중첩된 구조로 보아야 한다고 주장한 바 있다. 중국을 민족국가적 성격과 제국적 성격의 긴장관계로 보자는 것이다.[31] 그런데 「두 대양 사이의 신대동상상」을 비롯한 최근의 글로 오면 양자 사이의 긴장은 약해지고 '제국'은 점차 중국의 본질을 규정하는 개념으로서 압도해나간다.

그렇다면 새 지정학 지도는 어떻게 역사 속의 제국을 불러내는가. 왕 후이는 해양시대 이전까지 중국을 움직인 동력은 북방의 이민족이 남쪽 관내(關內)로 침입하는 과정에서 발생한 제도적·인적·문화적 교융이었다고 말한다. 거기서 생겨난 이질성과 잡종성이야말로 해양시대와 함께 밀려온 근대의 단일화된 규범이 폄훼하고 공격해온 제국의 면모라는 것이다. 따라서 새 지도의 중심은 이민족과의 문화적 교융이 빈번했던 북서쪽으로 옮겨진다. 이 지도는 수세기 동안 빈곤과 불안으로 표상되어온 중국 서부와 중앙아시아 지역을 이질적 문화 간의 활발한 교융이 발생하는 역동적 문명공간으로 재탄생시킨다. 이렇게 하여, 카슈가르를 중심에 두고 변경 저편의 유라시아 대륙까지를 온전히 시야에 담는 청제국이 다시 지도 안으로 소환되는 것이다.

물론 해양시대 이전으로 돌아가자는 복고적 슬로건만으로 제국의 정체성을 회복할 수는 없다. 새 지정학의 구축을 위해서는 해양과 내륙에 대한 근대적 관념의 전복이 일어나야 한다.

이런 맥락에서 실크로드는 〔근대 자본주의의〕 무역노선의 쇠퇴로서뿐 아니라 이념으로서 고대의 유산에 다름 아니다. 그 점에서 '일대일로'가 대동하는 역사상상은 역사관의 전환, 즉 근대 해양사관의 역전을 내포한다. 이 역전은 해양시대에 대한 부정이 아니라, 해양시대의 완성이다. 해양이 철저히 내륙화되고 육지와 해양의 경계가 소멸할 때 내륙은 비로소 다른 모습으로 그 의미를 드러내게 될 것이다.[32]

해양시대의 내륙과 해양 관계가 '해양의 내해화(海洋內海化)'였다면, 새로운 지도 속에서 양자관계는 '해양의 내륙화'로 뒤바뀐다. '해양의 내해화'란 "보편성으로 무한성을 소거하고 탈신비화함으로써 세계를 단일한 규범체계로 만드"는[33] 서구적 근대세계의 규범질서 안에 태평양과 대서양이 장악된 상황을 지칭한다. 이에 대해 '해양의 철저한 내륙화'란 해양에 각인된 근대적 규범성을 소거하고 거기에 다원성과 무한성이라는 제국의 이념을 주입함으로써 해양에 대한 내륙의 주도권을 되찾는 것이다.

이러한 역전은 한층 근본적인 인식의 전환을 요하는데, 그것이 바로 해양과 육지 경계의 소멸이다. 이것은 영국의 '대양 취득'을 '바다와 땅의 분리'라는 공간 관념의 대전환 속에서 읽었던 슈미트의 관점과 흥미로운 대비를 이룬다. 슈미트는 '바다와 땅의 분리'를 통해 비로소 바다가 영국의 소유가 될 수 있었다고 했다. 바다와 땅이 분리되면서 육지는 20여개 주권 국가에 귀속된 반면 바다는 누구에게도 속하지 않거나 모두의 것으로 여겨졌지만, 실은 단 하나의 국가, 영국의 소유가 되었다는 것이다.[34] 그렇다면 영국이 대서양을, 그리고 20세기 이후 미국이 태평양을 소유했던 근대의 노모스를 뒤집어 바다를 누구에게도 속하지 않거나 모두의 것인 상태로 되돌리기 위해서는 바다를 땅에 귀속시키는 내륙적 실존을 수립해야 한다. 왕 후이가 "육지와 해양의 경계가 소멸할 때 내륙은 비로소 다른 모습으로 그 의미를 드러"낼 것이라고 말한 것은 이런 맥락일 것이다. 과거 영국이 자신을 해양적 실존으로 변모시켰던 것과 정반대로(혹은 유사하게), 중국은 자신을 대륙적 실존으로 변모시킨다. 그리하여 중국은 더이상 바다에 포위된 땅이 아니라 바다를 거느리는 '무외의 천하'가[35] 되는 것이다.

'무외의 천하'는 해양시대가 만든 근대적 공간표상과는 전혀 다른 차원의 공간이다. 해양시대가 발견한 것이 (누구든 먼저 가서 차지하면 되는) "끝없이 비어 있는 공간"이었다면,[36] 일대일로가 발견한 공간은 무한히 늘어나는 탄성적인 공간이다.

바로 그렇기 때문에, 그것〔일대일로〕은 팽창의 기획, 영토 확장의 기획이 아니다. 그것은 상호 네트워크, 유와 무의 연결, 상호교통의 기획이다. 그것은 역사자본주의의 기획이 아니라 역사자본주의를 초월하는 문명

재건의 기획이다. 길, 띠, 회랑, 다리는 우리가 세계를 인식하는 기초개념이지 결코 경제적 기획이 아니다. 길, 띠, 회랑, 다리의 개념은 해양의 내해화가 낳은 지구적 규범과 전적으로 다른 것이다.[37]

길·띠·회랑·다리로 이루어진 일대일로는 땅과 바다를 구분하고 영토를 획분했던 근대적 노모스와는 근본적으로 다른 공간규범을 창출한다. 그 규범의 핵심원리는 '네트워크'다. 네트워크는 공간을 획분하지 않고 연결한다. 그것의 특징은 안과 밖의 경계의 부재, 그리고 타자의 부재이다. 일대일로의 공간은 "오직 원근(遠近)과 친소(親疎)만 있을 뿐 바깥이 존재하지 않아" "이단 관념이 발생할 수 없었던"[38] '무외의 천하'와 호응한다. 일대일로가 해양 중심의 딱딱한 규범과 구별되는 "탄력적 세계관"을 표상한다는[39] 설명 역시 이런 맥락이다.

이데올로그로서 왕 후이의 진면목은 여기서부터 본격화된다. 근대적 노모스를 전복하는 새로운 공간혁명으로서, 일대일로는 "역사적 자본주의를 초월하는 문명재건의 기획"이라는 탈근대의 사명을 부여받게 되는 것이다. 그 사명은 다름 아닌 사회주의의 길을 통해 구현된다.

따라서 '일대일로'는 필경 자본주의적 경제양식을 개혁하는 지난한 과정이며, 역사문명과 미래의 사회주의를 연결하는 과정이다. 역사문명이라고 말하는 것은 이 새로운 계획의 네개의 핵심개념인 길, 띠, 회랑, 다리가 아시아의 트랜스시스템 사회와 역사문명을 잇는 띠이기 때문이다. 이 계획은 필연적으로 사회주의 색채를 띤다. 왜냐하면 자본주의 경제논리가 이 광활하고 복잡한 네트워크를 지배하는 국면을 극복하지 못한다면, 이 계획은 필연적으로 실패와 복수에 직면할 것이기 때문이다.[40]

인용문을 곰곰이 살펴보면, 일대일로는 두개의 사명을 안고 있다. 하나는 중국의 과거와 미래, 즉 역사문명과 사회주의를 연결하는 것이고, 다른 하나는 자본주의적 경제양식을 극복하는 것이다. 왕 후이의 논리에서 이 둘은 하나이다. 중국의 역사문명과 사회주의를 하나로 연결하는 것이 바로 "자본주의적 경제체제를 극복하는 장구한 과정",[41] 즉 탈근대의 임무를 완성하는 것이기 때문이다. 여기서 발견되는 것은 자본주의와 사회주의를 획분하는 이원론적 세계관이다. 왕 후이에게 '두 세계가 하나의 세계로 변했다'는 왕년의 냉철한 현실인식은 더이상 보이지 않는다. 사회주의는 자본주의의 대안체제로서 건재한다. 물론 그가 말하는 "미래의 사회주의"가 현존 사회주의로부터 얼마만큼의 간극을 갖고 있는지는 알 수 없다. 하지만 바로 그 모호성으로 인해 일대일로에 투시된 탈근대문명의 비전은 사상이 되기보다 이데올로기에 더 근접하는 것이다.

자본주의가 잉여자본과 노동과잉으로 포화상태에 이를 때마다 새로운 영토를 찾아 옮겨다니는 '공간적 해결'(spacial fix)을 통해 위기를 극복해왔다는 데이비드 하비(David Harvey)의 주장을 참조한다면,[42] 국외의 인프라 건설을 통해 자국의 잉여자본과 노동력 문제를 해결하려는 일대일로는 자본주의의 전형적인 자기재생방식의 일환일 뿐이다. 물론 수십개 국가가 참여하는 지구적 기획으로서 일대일로가 향후 어떻게 전개될지는 더 지켜봐야 할 것이며, 남남원조라는 중국의 투자방식이 이제까지 서구 국가들이 개도국에 행해온 투자와 어떤 다른 질서를 만들어낼지에 대해서도[43] 열린 마음으로 관찰해야 할 것이다. 덮어놓고 패권주의 운운하는 비판은 비판으로서도 무기력하다. 다만 현재로서는 일대일로보다 더 우려스러운 것이 일대일로의 서사이다. 개혁개방 이래 중국의 사상사적 계보를 조망하건대,

신좌파에서 베이징 콘센서스·중국모델론을 거쳐 제국론으로 이어지는 사상 흐름이 마치 일대일로의 등장을 준비해온 것 같은 기이한 느낌마저 주는 지금의 상황을 어떻게 보아야 할까. 적어도 일대일로의 서사가 시 진핑 시대 '사회주의 문명국가'의 슬로건과 한목소리를 내는 한, 사상이 들어설 자리는 기대하기 어려워 보인다.

5. 유라시아라는 복안, 그리고 동아시아

가공할 만한 속도와 규모로 엄습해오는 일대일로의 지정학적 재편은 중국 지식계만의 의제는 아니다. 미국의 세기가 끝났다는 선언은 섣부르지만 적어도 100년 이상 세계를 지배해온 미국의 '일극시대'(unipolar moment)가 저물었다는 진단은 보편적인 설득력을 얻고 있다.[44] 일본 저널리스트 타까노 하지메(高野孟)는 목전의 미국의 쇠퇴가 16세기 이래 포르투갈에서 시작한 일극패권 시대의 종말을 의미하며, 조만간 도래할 중국과 인도, 그리고 러시아가 각축하는 '포스트패권 시대'에는 유라시아가 번영의 중심으로 떠오를 것이라 진단했다.[45] 사실 유라시아는 일대일로가 제기되기 전부터 세계의 주목을 얻고 있었다. 러시아의 '신동방정책'에 이은 '대유라시아' 정책이 그렇고, EU는 이미 1993년 트라세카(TRACECA, Transport Corridor Europe-Caucasus-Asia)를 발의하여 유럽과 중앙아시아를 잇는 국제운송로 계획을 세웠다. 오바마 정부의 '아시아 재균형' 역시 2011년 클린턴 국무장관이 제기했던 '신실크로드 구상'(New Silk Road Initiative)의 일환이었으니,[46] 말하자면 일대일로는 이미 부상하고 있는 유라시아에 대한 중국의 이데올로기적 선취였던 셈이다.

우리 앞에 던져진 유라시아라는 이 낯선 개념은 90년대 한국 지식계에 동아시아가 지적 과제로 제기되었던 상황을 상기시킨다. 당시 최원식이 탈냉전의 입구에 선 동아시아가 "특수한 지역사가 아니라 세계사의 향방에 관건으로 작용할" "세계사적 지역"이 되리라고 진단한 데는 "사회주의 국가들에 대한 자본의 공세가 집중"될 것이라는[47] 예측이 깔려 있었다. 그러나 당시 자본주의 세계체제의 주변부였던 중국이 중심부를 향해 대대적 역공을 펼치는 지금, '세계사적 지역으로서의 동아시아'라는 당시의 예측은 역설적인 의미에서 적중했다고 할까. 중국의 부상은 이제껏 서구 중심으로 쓰여온 자본주의 역사를 중국 중심으로 고쳐쓰는 역사서술을 견인하기에 이르렀다.[48] 어떤 면에서 동아시아론이 글로벌 자본주의의 구조변동 속에서 중국의 부상에 대한 분석을 소홀히 한 사이,[49] 중국의 서진 선언과 함께 유라시아가 홀연 우리의 눈앞에 나타난 것이다.

동아시아가 근대에 대한 반성을 기초로 탈근대의 문명을 모색하는 사상적 과제로 제기되었다면, 유라시아는 탈근대에 대한 확신의 땅으로 떠올랐다. 한국발 동아시아론이 근대와 그에 저항했던 사회주의와 민족해방론까지 일거에 넘어서는 후천(後天)세상, 즉 헤테로토피아(Heterotopia)를 꿈꾸었다면, '제국'을 영혼으로 '일대일로'를 육체로 삼는 중국발 유라시아는 근대극복의 문명비전을 오롯이 자신의 영토 안에 담고 있다. 자기 안의 근대를 극복하자는 자기부정에서 출발한 동아시아론에 탈근대가 미지의 영역으로 남겨져 있다면, 근대가 침투하기 이전의 면모를 회복함으로써 탈근대에 도달하는 제국론은 자기회귀적이며 폐쇄적이다. 이 자기중심의 회로에서 근대의 극복을 위한 길은 오직 하나, '문명을 기억'하는 것이다. 일대일로가 "역사경로의 회귀"(왕 후이)라거나 중국이 "자고 이래 유라시아"(궁 팅쑹襲嫏)라거나 실크로드가 "고대문명에 대한 아름다운 기억"이라는 등[50] 복고적 서사들이 횡행하는 것은 이 때문이다.

제국론에는 자기부정의 계기가 없다. 근대 너머를 주장하면서도 부단히 자기 안으로 되돌아오는 제국론의 폐쇄회로가 결락하고 있는 것은 카라따니 코오진(柄谷行人)이 말했던 '고차원적 회복'의 계기이다.『제국의 구조』에서 코오진은 호수(互酬, 증여와 답례)에 기초하는 교환양식 A의 고차원적 회복으로서 교환양식 D를 상정했다. 교환양식 D란 약탈에 기초한 교환양식 B, 상품경제에 기초한 교환양식 C에 의해 억압되었던 호수적 공동체를 상상적으로 회복하는 것이다. 그런데 상상적 회복이 곧 '고차원적 회복'은 아니다. 고차원적 회복이란 (호수적) "공동체를 한 차례 부정을 통해 회복하는 것"이다.[51]『제국의 구조』의 가장 핵심적이자 문제적인 개념인 '고차원적 회복'을 코오진은 모순된 방식으로 설명한다. 그에 따르면, 교환양식 D는 인간이 바라는 방식으로 상상되는 것이 아니라 외부에서 부과되는 명령=의무이다. 교환양식 D가 언제나 강박적인 것으로 도래하는 이유다. 그런가 하면, 그것은 외부의 초월적 이념을 수동적으로 받아들이는 것이 아니라 인간의 자유의지를 통해 실현되는 것이기도 하다. 이를테면 칸트가 전쟁을 억제하는 제도는 오직 전쟁충동에서 나온다고 했던 것처럼, 자연상태에 대한 이성적 인식이 자기규범으로 전화됨으로써 발현되는 것이다.[52] 이렇게 보면, 코오진이 말하는 '고차원적 회복'이란 외부의 초월적 규범과 내부의 자유의지가 상호부정을 통해 하나로 합치되는 어떤 역설적 순간을 지칭하는 듯하다. 그가 '신의 명령'을 이성의 범주로 설명하려 했던 칸트와 '초자아'를 타율성이 아닌 자율성으로 규명하려 했던 프로이트를 끌어온 것도 바로 이러한 역설성을 강조하기 위함이었다.

코오진에게 '고차원적 회복'의 역설성은 네이션과 제국을 구별하는 중요한 기준이다. 호수적 공동체를 원래 있는 것으로 상상하는 것이 네이션이라면, 그것을 한 차례 부정을 통해 구현한 것이 제국이다. 공동체의 고차원적 회복으로서 제국은 "과거로 회귀하는 것이지만" "아직 이루어지지 않은 것"으로서 "미래에서 도래하는 형태"를[53] 취한다. 바로 '고차원적 회복'을 통과하기 때문에, 제국은 설령 그 이념적 근거를 과거에 둔다 하더라도 그 실현은 과거로의 회귀가 아닌, 미래에서 도래하는 미지의 형태를 띠게 되는 것이다. 그 점에서 코오진의 '고차원적 회복' 개념은 부단히 자기 안으로 회귀하는 제국론의 폐쇄적 회로를 돌파하는 중대한 단서가 된다.[54] 자기부정의 계기가 없는 한, 제국은 결국 상상된 공동체로 회귀하는 네이션의 욕망으로 흡수될 뿐이다.

제국론에서 또다른 문제적 개념은 다양성과 혼종성이다. 근대를 표상하는 동질성과 대비되는 특질로서 다양성과 혼종성은 제국의 탈근대성을 담보하는 요소로서 제국론에서 누차 강조되었다. 그러나 백영서가 비판했듯이, 제국은 "하나가 동시에 여럿으로 열리는" 원심력이라기보다는[55] 그 무한한 공간 안으로 이질적인 것들을 빨아들이는 구심력의 세계이다. 이것은 제국론의 가장 치명적 한계인 이원론적 세계관에서 기인한다. '근대=국민국가=자본주의' 대(對) '탈근대=제국=사회주의'라는 이원구도 속에서 세계를 바라보기 때문에, 제국론은 이미 '하나가 된' 전지구적 세계 안에 자신이 들어 있다는 현실을 직시하지 않는다. 그래서 지구적 패권은 동질성에 대한 강제뿐 아니라 다양성을 추구하는 가운데서도 추진된다는 아리프 딜릭(Arif Dirlik)의 비판이나,[56] 제국이 강조하는 다원성과 잡종성이 지구적 권력네트워크로 편성됨으로써 오히려 차이의 정치를 확립한다는 네그리(A. Negri)와 하트(M. Hart)의 비판에[57] 제국론은 속수무책이다.

이러한 한계들은 궁극적으로 왜 제국론이 유라시아라는 새로운 영토를 필요로 하는지를 설명해준다. 자기부정의 계기가 없는 '제국'은 아무리 다원성과 혼종성을 강조한들 그 질서 안으로 순순히 편입되지 않는 타자를 온전히 받아들일 수 없는 것이다. 지난 100년의 근대를 거치면서 이미 자체의 정치제도와 경제체제, 가치체계를 안착시켜온 동아시아는 이 구심력의 영토로서는 버거운 존재이다. 반면, 근대 지정학의 주변으로 밀려나 있었던 유라시아는 그 저개발 상태로 인해 중국의 자본과 규범이 진입할 수 있는 장벽이 상대적으로 낮다. 1960년대 일본이 선두에서 위계적 분업구조에 기초한 동아시아 경제모델을 이끌었던 것처럼, 유라시아는 중국판 '기러기 편대 모델'의 실험장소가 될 가능성이 다분하다.[58]

그러나 '일대일로-제국론'이 진정으로 근대의 동질화된 규범세계를 극복하고 이질적 타자들이 공생하는 세계를 지향한다면, 유라시아로의 중심이동이 근대 지정학의 한복판에서 이질적인 정치·경제제도와 사회규범, 가치체계들이 서로 갈등해온 동아시아를 회피하는 전략이어서는 안될 것이다. 진정한 의미에서 다원성과 혼종성은 한 세기 넘게 다른 체제 속에 살았던 대만·홍콩문제에 제대로 대면하고, 냉전시대 대척점에 있었던 미국의 동맹국 혹은 준동맹국으로 이루어진 동아시아 국가들, 아울러 탈냉전의 입구를 내기 위해 고투하는 북한과의 공존공생을 추구하는 과정에서 구현되어야 한다. 현실에 존재하는 복잡한 난제들을 외면하고 추상적인 문명 운운하는 혼종성은 신뢰하기 어렵다. 일대일로가 과거로, 자기로 회귀하는 폐쇄회로를 돌파하여 이제껏 인류가 경험한 바 없는 '아직 의식되지 않은' '미래에서 도래하는' 세계를 향할 때, 비로소 탈근대적 문명실험이라는 이름에 값하게 될 것이다.

1990년대 초 사회주의권의 붕괴와 지구적 탈냉전의 기류 속에서 동아시아가 중요한 인식론적 개념으로 제기되었다면, 다가오는 다극화 시대의 입구에서, 복수의 주체들의 같고 다른 요구 속에서, 유라시아가 또 하나의 문제적 영토로 떠오르고 있다. 그 물질적·이념적 주도권을 이미 중국이 선취하고 나선 가운데 한국에서도 새 정부의 '신북방정책'이 유라시아의 비전을 담아야 한다는 시각이 제출되고 있다.[59] 그러나 지식계에서 유라시아는 여전히 낯설다. 태평양을 사이에 두고 근대와 근대 너머를 사유해온 동아시아론은 어떤 의미에서 보면 세계의 절반만을 시야에 담고 있었다고 할 수 있다. 이제 그 반대편에서 탈근대라는 낯익은 의제를 들고 유라시아가 떠오르고 있다. 그 점에서 일대일로는 현실정치나 경제전략의 차원을 넘어 지적·사상적 의제이다. 유라시아의 출현은 이제껏 서양이라는 하나의 거울만 가지고 인문담론의 고질적 병폐인 동서이원론을 넘어서기 위해 고투해온 동아시아론에 어떤 돌파의 계기를 제공해줄지 모른다. 유라시아라는 복안(複眼)을 품고, 지난 30년간 지적 실험으로서 다양한 층위에서 이뤄낸 동아시아 연구의 성과와 한계를 점검하면서, 미완으로 남아 있는 탈근대에 대한 물음을 지속해나가야 할 것이다.

제6장
개혁개방 '신시대'와 시진핑사상*

이남주(성공회대 중어중국학과 교수)

1. 서론: 시진핑사상과 이중과제

2017년 10월 제19차 중국공산당 전국대표대회(이하 '당대회')를 앞두고 '시진핑사상'을 당장(黨章)에 삽입할 것인가를 둘러싼 논란이 이어졌다.[1] 그때까지 이름을 명기하는 방식(마오쩌둥사상·덩샤오핑이론)으로 당장에 포함된 것은 중공 지도자들 중 마오 쩌둥과 덩 샤오핑의 지도사상뿐이었다. 따라서 '시진핑사상' 같은 표현방식은 시 진핑을 사상적으로 마오 쩌둥, 덩 샤오핑과 같은 반열에 올리는 의미가 있다. 총서기직에 오른 지 5년에 불과한 시진핑의 사상적 지위를 이처럼 높이는 데 이론이 없을 리 만무했다. 결국 당장에는 "시 진핑 신시대 중국 특색 사회주의사상"이라는 표현으로 삽입되었다. 시진핑사상을 덩 샤오핑의 중국 특색 사회주의이론 범주 내에 위치

• 이 글은 『동향과전망』 2018년 여름호에 게재된 논문을 일부 수정한 것이다.

지음으로써 과도한 의미부여를 피했지만, 여전히 이름을 포함시켜 시 진핑의 사상적 권위를 그에 앞서 총서기를 역임한 장 쩌민(江澤民), 후 진타오(胡錦濤)보다는 높인 것이다.[2] 덩 샤오핑도 사후에야 '덩샤오핑이론'이라는 표현이 중공 지도사상에 포함되었음을 고려하면 시 진핑의 이름이 포함된 지도사상이 확정된 의미는 작지 않다.

이와 관련한 논의는 주로 시 진핑으로의 권력집중이라는 측면에서 다루어져왔다.[3] 이는 2018년 3월 중국 전국인민대표대회에서 통과된 개정 헌법으로 국가주석의 3연임을 제한하는 조항이 폐기되는 등 시 진핑으로의 권력집중이 이례적 수준으로 진행되는 상황에서 필요한 논의이다. 그렇지만 개혁개방 이후 중공에서 이념이 주변화되었고 기껏해야 잔여적 의미밖에 없다는 관습적 이해 또한 시진핑사상에 대한 논의를 지나치게 권력정치의 측면에서 다루어지도록 만든 원인 중 하나이다.

중공의 통치정당성에 대한 기존 논의에서 이러한 면이 두드러지게 나타난다. 즉 개혁개방 중공의 통치는 이념적 정당성과 역사적 정당성에서 '실적 기반 정당성'(performance base legitimacy)에 의존하는 방향으로 전환했다는 평가가 지배적이다. 이것은 개혁개방 시기 중국의 경제적 성공을 이끈 중요한 요인으로 평가되기도 한다. 그러나 동시에 중공의 통치가 절차적 정당성을 확보하지 못했고 그렇기 때문에 내부에 정치적 불안요인이 상존하며 경제성장에 따라 그 불안정성은 더 커질 것이라는 문제점이 지적된다.[4] 데이비드 샴보(David Shambaugh)는 중공 통치에서 사상사업의 중요성을 강조하긴 하지만 또한 중공이 상황 변화에 맞게 이념의 성격을 변화시킨 것이 통치정당성을 유지하는 주요 원인의 하나라고 주장했다.[5] 사회주의·공산주의 이념이 이미 중국에서 실질적인 의미를 갖기 힘들기 때문에 중공이 애국주의로 그 공백을 대체하려 시도하고 있다고 지적한다.[6]

이처럼 사회주의·공산주의 이념의 효용성이 끝났기 때문에 국가주의나 민족주의로 그 공백을 메우려 한다는 주장은 중국의 변화에 대한 꽤나 일반적인 해석이다. 이러한 논의들은 모두 중국에서 사회주의·공산주의 이념이 주변화되었음을 전제하고 있다. 이념적 정당성이 약화된 중공에는 절차적 정당성을 확보하는(중공에는 스스로 사망선고를 내리는 결과를 초래할 수 있는) 정치개혁을 진행하거나, 민족주의나 국가주의에 의존하여 생명력을 유지하는 선택(중공의 극우적 통치세력으로의 전환)만이 남아 있는 것처럼 보인다. 그렇지만 이 글은 중공이 국가 비전과 노선을 만들어가는 데 맑스주의와 사회주의·공산주의 이념이 여전히 유의미한 역할을 하고 있으며, 이러한 각도에서 볼 때만 중공과 중국의 최근 변화에 대한 종합적 설명이 가능하다고 주장하고자 한다.

시 진핑 체제는 출범 초기부터 단순히 권력집중에만 몰두한 것이 아니라 사상사업의 중요성을 강조해왔다. 특히 맑스주의와 사회주의·공산주의 이념을 강조했다. 예를 들어 시 진핑은 2018년 5월 4일 맑스 탄생 200주년을 기념하는 연설에서 중공 지도사상으로서 맑스주의의 의미를 강조하면서 "맑스주의를 학습하려면 맑스주의의 인류사회 발전규율에 관한 사상을 학습해야 한다. 맑스는 과학적으로 인류사회가 최종적으로 공산주의로 나아가는 필연적 추세를 보여주었다"라고 주장했다.[7] 시 진핑 체제가 이렇듯 맑스주의와 사회주의·공산주의 이념을 강조하는 과정에서 당과 국가 노선의 중점은 미묘하게, 그러나 매우 중요하게 변화하고 있다. 물론 이러한 변화가 중국에서 사회주의·공산주의 이념이 실현되는 길을 열고 있다고 단언할 수는 없으며, 많은 사람이 우려하듯이 이런 변화가 중국을 잘못된 길로 이끌 수도 있다. 그럼에도 불구하고 이와 같은 공산주의·사회주의 이념에 대한 강조가 중국의 변화에 미치는 영향에 대해서는 진지한 검토가 필요하다.

이를 위해서는 '근대 극복과 적응의 이중과제'(이하 '이중과제')에 관한 논의를 참조할 만하다.[8] 이중과제론은 자본주의가 일국적 체제로서가 아니라 세계체제(자본주의 세계체제)로 구축된 조건에서, 일국 차원에서는 자본주의 논리나 근대성을 무조건 거부할 것이 아니라 주체적으로 수용하고 활용하는 가운데 그 극복의 길을 모색하는 것이 자본주의 세계체제 극복을 위한 더 적절한 선택이라는 의미에서 '근대적응'과 '근대극복'을 동시적 과제로 제기한다. 그런데 이중과제 내의 적응과 극복의 긴장관계는 실천과정에서 제대로 유지되지 못하고 한쪽으로 편향되기 쉽다. 중국현대사에서 그 사례를 쉽게 찾을 수 있다. 이중과제 내의 긴장이 사회주의 개조부터 문화대혁명 사이에는 극복의 방향으로 무너졌다면, 개혁개방 시기에는 적응의 방향으로 무너질 가능성이 출현했다고 할 수 있다.[9]

시 진핑 체제에서 진행되고 있는 변화는 이중과제 내의 긴장을 회복하려는 시도의 일환으로 볼 수 있다. 물론 이런 시도가 성공할 수 있는가는 별개의 문제지만, 이중과제의 시각은 시 진핑 체제와 중국의 변화를 서구 자유주의의 시각에서 벗어나 '근대극복'의 비판적 준거에 기초해 평가할 수 있도록 한다. 이는 중국이 현재 수사적 차원을 넘어 진지하게 근대극복의 가능성을 모색하는 것인지, 이러한 모색이 있다고 인정할 경우 이것이 실제로 근대극복의 가능성을 여는 것인지 등을 검토하는 것으로 이어지며, 이것이 이 글에서 제기하는 핵심 질문이다. 이를 통해 우리는 중국은 물론 중국이 세계와 관계 맺는 방식을 새롭게 인식할 길을 찾을 수 있을 것이다. 이러한 접근은 '비판적 중국연구'의 전통에 서 있다. 백영서는 이러한 인식틀을 "당대의 중국 현실과 주류적 사유체계에 대해 비판적 거리를 유지하는 동시에 (…) '우리가 살고 있는 사회(지구적 차원·지역적 차원·일국적 차원)에 대한 인식을 재구성하는 계기'로 삼는 것이다"라고 설명했다.[10]

다음에서는 먼저 시 진핑 체제에서 사상사업의 배경과 방향을 설명하고, 이어서 시진핑사상의 형성과정과 핵심 내용을 분석하고, 마지막으로 시진 핑사상을 평가하고 그 함의를 정리하는 순으로 논의를 진행한다.

2. 시 진핑 체제 사상사업의 배경과 방향

개혁개방기에 형성된 중국 특색 사회주의이론 혹은 덩샤오핑이론은 사 회주의 초급단계라는 시대규정을 기초로 '하나의 중심, 두개의 기본점'이 라는 기본노선을 제시했다. 1987년 제13차 당대회 정치보고에서는 중국 특 색 사회주의이론을 맑스주의와 중국현대화 건설의 결합의 산물이라고 주 장하면서 사회주의초급단계론을 그 핵심 내용으로 제시했다. 사회주의초 급단계론에서 주목할 점은, 그 설명에서 고급단계에 대한 언급이 아예 없 다는 것이다. 이는 사회주의 발전이 어떤 단계를 거칠지는 장래의 실천과 이론에 의해서 결정될 것이라는 의미이다.[11] 사회주의 초급단계는 "인민들 의 날로 증가하는 물질문화 수요와 낙후된 사회생산력 사이의 모순"을 주 요모순으로 하기 때문에 생산력 발전 혹은 경제발전을 중심과제로 하며(하 나의 중심), 개혁개방 및 '네개의 견지'(四項堅持, 사회주의도로道路·인민민주독재· 중국공산당 영도·맑스레닌주의 및 마오쩌둥사상을 반드시 견지해야 한다는 주장)를 이 과 제를 달성하기 위한 기본방침(두개의 기본점)으로 삼는다. 이는 당과 국가 사 업의 중점을 경제건설로 이동시키는 것을 이론적으로 뒷받침한 것이다.

개혁개방 초기 중국의 지식인들은 '신계몽'이라는 기치 아래 이러한 변 화를 기본적으로 지지했다. 그렇지만 이러한 공감대는 1990년대 들어 빠르 게 약화되었고 비판적 지식인들 내부의 분화가 시작되었다. 한편에서는 자유주의 지향을 분명하게 하면서 헌정·인권·삼권분립 등 서구의 대의정치를 모델로 한 정치개혁을 요구하는 흐름이 출현했다. 다른 한편에서는 시장화 개혁과 대외개방에 따라 출현한 문제들을 주목하며 지구적 자본주의와 신자유주의를 문제 삼아야 한다고 주장하는 흐름이 등장했다. 1990년대 중반 이들 사이의 논쟁은 "자유주의와 신좌파" 논쟁으로 불렸다.[12]

2000년대 들어 마오좌파·사민주의 등의 새로운 경향이 논쟁에 참여하면서 중국 사상계의 지형은 더 복잡해졌으며 중공이 보기에 논쟁은 지나치게 혼란스러운 양상으로 전개되었다. 특히 중국 개혁개방에 대한 비판적 경향이 강화되어갔다. 우선 마오좌파는 "무산계급 영도하의 계속혁명"이라는 문혁의 계급투쟁 노선의 계승을 주장한다.[13] 개혁개방 노선을 전면 부정하고 심지어는 중공을 극복대상으로 규정하기도 했다. 신좌파도 문혁의 긍정적 유산을 강조하기는 하지만 이들처럼 문혁 노선의 전면적 계승을 주장하지는 않으며, 개혁개방 노선의 일부 부정적 측면을 비판하지만 이들처럼 개혁개방 노선 전체를 부정하지는 않는다. 사회민주주의론은 셰 타오(謝韜) 등에 의해 제기되었다. 셰 타오는 「민주사회주의와 중국의 출로(民主社會主義與中國出路)」라는 글에서 계급투쟁을 앞세우는 폭력사회주의가 아니라 (북유럽의 사회민주주의 같은) 민주사회주의가 맑스를 올바르게 계승한 것이며, 중국도 이를 목표로 하는 개혁을 추진해야 한다고 주장했다.[14] 이는 당의 영도를 기초로 하는 정치체제를 개혁할 것을 요구하는 흐름의 확대를 보여준다.

그뿐만 아니라 이러한 이념논쟁이 중국사회에 미치는 영향이 크게 증가했다. 개혁개방 노선에 도전적인 경향들이 중국 내부의 파벌, 사회세력과 적극적이고 활발한 상호작용을 만들어냈다. 예를 들어 마오좌파나 신좌파의 일부 아이디어가 충칭(重慶)모델 같은 시도와 결합되었다. 자유주의 세력은 당국체제와의 관계가 대립적이고 대중적 기반도 취약하지만 지식인과 언론매체에서의 영향력은 무시하지 못할 정도로 증가했다. 남방집단(南方集團, 『난팡르바오南方日報』 등 자유주의 논조의 매체를 소유한 언론그룹)의 활동과 영향력이 대표적이다. 중공 내에도 사회민주주의 경향에 암묵적으로 동조하는 개혁파들이 존재한다.[15] 이러한 추세는 중공의 사상적 주도력과 통치 정당성을 직간접적으로 위협했다.

2012년 제18차 당대회에서 총서기로 선출된 시 진핑은 이와 같은 사상영역의 혼란과 중공의 영향력 저하를 중공 통치에 중대한 위협으로 간주했다. 2013년 8월 19일 전국선전사상공작회의에서 "경제건설은 당의 중심사업이며 이데올로기 사업도 당의 극도로 중요한(極端重要) 사업"이라고 강조한 것이 이를 잘 보여준다. 중공이 사상사업의 중요성을 강조한 것은 이상할 것이 없지만, 다음 두 가지 점에 주목할 필요가 있다.

첫째, 시 진핑의 이데올로기 사업에 대한 강조는 덩 샤오핑이 개혁개방이라는 새로운 실험이 사상논쟁으로 좌초되지 않도록 하기 위해 제시했던 '부쟁론(不爭論)' 원칙의 변화를 함의하고 있다. 경제개혁과 관련한 여러 실험이 중공이 신봉했던 전통적 사회주의론에 따라 사회주의로부터의 일탈이나 반사회주의적인 것으로 비판받는 것을 피하고 경제개혁을 지속할 수 있는 시간과 공간을 확보하는 것은 덩 샤오핑에게 매우 중요한 과제였다. 1989년 6월 톈안먼사건 이후에는 보수파가 정치불안의 원인을 사회주의 원칙에서 벗어난 경제개혁으로 돌리면서 경제개혁의 성격이 사회주의적인 것인가 아니면 자본주의적인 것인가를 분명하게 할 필요가 있다고 주장했고, 경제개혁의 방향과 관련한 논란이 더 증가했다. 이러한 시점에서 덩은 개혁개방을 더 적극적으로 추진할 것을 요구하며 "논쟁을 하지 않는 것은 나의 발명이다. 부쟁론은 무언가를 할 수 있는 시간을 벌기 위한 것이다. 논쟁이 시작되면 상황이 복잡해지고 논쟁에 시간을 모두 소모하여 아무것도 이룰 수 없다. 논쟁하지 말고 대담하게 시도하고 대담하게 돌파해야 한다"라고 강조했다.[16] 이에 비해 시 진핑은 덩과는 반대로 사상사업의 중요성을 강조할 뿐만 아니라 논쟁을 회피하지 말고 적극적으로 대응할 것을 요청했다. 물론 이 요청이 백가쟁명식 사상토론을 활성화하겠다는 것은 아니다. 이 점은 다음의 특징에서도 드러난다.

둘째, 사상사업의 중점이 변화했다. 2013년 4월 22일 중국공산당 중앙이 당내에 배포했다고 알려진「현시기 이데올로기 영역 상황에 대한 통보」(關於當前意識形態領域情況的通報, 일명 '9호문건')라는 문건은 시 진핑 체제에서 사상사업의 방향을 분명하게 드러냈다. 이 문건은 사상사업에서 적극적으로 대응할 필요가 있는 잘못된 경향을 나열했는데, 서방식 헌정민주(憲政民主)를 선전하며 당의 영도와 중국 특색 사회주의 정치제도를 부정하려는 시도, 보편가치를 선전하며 당통치(黨執政)의 사상이론 기초를 동요시키려는 시도, 시민사회를 선전하며 당통치의 사회적 기초를 와해시키려는 시도, 신자유주의를 선전하며 당의 기본 경제제도를 변화시키려는 시도, 서방 언론관을 선전하며 중국에서 당이 언론을 관리하는 원칙과 신문·출판 관리제도에 도전하는 것, 역사허무주의를 선전하며 중국공산당과 신중국의 역사를 부정하려는 시도, 개혁개방과 중국 특색 사회주의의 사회주의적 성격을 의문시하는(質疑) 것 등 일곱 가지가 사례로 제시되었다. 비판의 칼날은 주로 자유주의 경향을 향하고 있다.[17] 이 역시 덩 샤오핑이 "중국은 우를 경계해야 하지만, 주요하게는 좌를 방지해야 한다"라고 주장했던 것과 큰 차이가 있다.[18]

즉 시 진핑 체제는 통치안정성 강화를 위해 이념적 주도력을 강화해야 한다는 인식을 갖고 출범했고, 이를 위해 '우'로부터 오는 위협에 적극적으로 대응하고 중공이 지향하는 이념적 가치를 적극적으로 옹호하는 방향으로 사상사업을 전개했다.

3. 시진핑사상의 형성과 주요 내용

시진핑사상의 형성과정

시 진핑의 사상적 지도력을 확립하는 작업은 2013년 10월 『런민르바오(人民日報)』가 『시 진핑 동지의 중요 논술을 깊이있게 학습하자(深入學習習近平同志重要論述)』라는 책자를 출판하면서 본격적으로 시작되었다. 중공 중앙당교는 2013년 11월부터 2014년 상반기 사이에 '성부급 간부 시 진핑 총서기의 일련의 중요 강화정신 학습 및 관철을 위한 연구토론반' 활동을 7기에 거쳐 진행하고 2014년 6월 중앙선전부가 편집한 『시 진핑 총서기 중요강화 독본(習近平總書記系列重要講話讀本)』을 출판했다.

2014년 하반기에는 '시 진핑 치국리정사상(習近平治國理政思想)'에 대한 선전을 강화하며 시진핑사상 형성작업에 본격적으로 나섰다. 2014년 9월 18일 『시 진핑 치국리정을 말하다(習近平談治國理政)』라는 책이 중국어를 비롯해 9개 언어로 출판된 것이 그 중요한 전환점이었다. 이 책은 시 진핑이 총서기로 취임한 직후인 2012년 11월 15일부터 2014년 6월 13일까지 시 진핑의 연설·대화·강연·지시·축전 79편을 18개 주제로 정리해 실은 것이다. 일종의 해설서라고 할 수 있는 앞의 두 책자와 달리 시 진핑의 사상적 이니셔티브를 더 분명하게 부각하였다. 그리고 취임한 지 2년도 되지 않아 사실상 문선에 해당하는 책을 출판한 것도 이례적이다.[19] 더 중요한 점은 "시 진핑 치국리정사상"이라는 표현을 통해 시 진핑의 사상적 이니셔티브를 '사상'의 수준으로 격상시킨 것이다. 중공 내 담론 관행에서 '주의' '사상'은 '이론'보다 높은 수준의 권위를 갖는 이념체계이다. 중공의 '치국리정사상'에 대한 설명에서도 이것이 맑스주의 중국화의 새로운 성과라는 점을 강조했다.[20]

제19차 당대회를 앞둔 2017년 4월 30일 『런민르바오』 해외판에서 관리하는 웨이신(微信) 공개계정 '학습소조'에 중공 중앙판공청 주임 리 잔수(栗戰書)가 2월에 했던 연설이 "중앙판공청 주임: 시 진핑의 일련의 강화는 이미 초보적으로 완정한 이론체계를 형성했다(中辦主任: 習近平系列講話已經初步形成了完整的理論體系)"라는 제목으로 소개되었다. 이는 시진핑사상을 중공 지도이념으로 채택하는 움직임의 일환으로 볼 수 있다. 그리고 제19차 당대회에서 "시 진핑 신시대 중국 특색 사회주의사상"이라는 명칭으로 시진핑사상이 중공 지도사상으로 당장에 삽입되었다.

시진핑사상의 주요 내용: '사개전면'을 중심으로

시진핑사상의 선전작업이 본격적으로 전개되기 시작한 2014년 12월 시진핑은 장쑤(江蘇)성을 시찰하던 중 처음으로 "사개전면(四個全面)"이라는 전략적 방침을 제시했고 이는 곧 시 진핑 치국리정사상의 핵심 내용으로 선전되었다. 사개전면은 '소강사회의 전면적 건성(全面建成小康社會)' '개혁의 전면적 심화(全面深化改革)' '의법치국의 전면적 추진(全面推進依法治國)' '당에 대한 전면적으로 엄격한 관리(全面從嚴治黨)'의 네 가지 방침을 의미한다. 즉 시 진핑 체제가 출범한 이후 중요한 국가 및 당의 기본노선 관련 제안을 망라하고 있다.

그뿐만 아니라 각 방침은 모두 중공의 가장 중요한 회의들인 당대회 혹은 중앙위원회 전체회의에서 확정되었다. '소강사회의 전면적 건성'은

2012년 11월 중공 제18차 당대회에서 제시된 방침이다. '개혁의 전면적 심화'는 2013년 11월 중공 제18기 3중전회에서 통과된 '개혁 전면심화의 몇몇 중대문제에 관한 결정'(關於全面深化改革若干重大問題的決定, 이하 '결정 I')을, '의법치국의 전면적 추진'은 2014년 10월 중공 제18기 4중전회에서 통과된 '의법치국 전면적 추진의 몇몇 중대문제에 관한 결정'(關於全面推進依法治國若干重大問題的決定, 이하 '결정 II')을 통해 제시되었다. '당에 대한 전면적으로 엄격한 관리'에 대한 중앙위원회의 독자적 결정은 없었으나, 중공 제18기 6중전회에서 이 주제를 집중적으로 토론했고 이와 관련 있는 '신형세하 당내 정치생활에 관한 몇몇 준칙(關於新形勢下黨內政治生活的若干准則)'과 '중국공산당 당내감독조례(中國共產黨黨內監督條例)'를 통과시켰다.

이 때문에 사개전면은 시진핑사상의 내용을 가장 잘 집약하고 있다고 평가할 수 있다. 아래에서는 이를 중심으로 시진핑사상의 주요 내용을 살펴본다.

①소강사회의 전면적 건성

이는 시 진핑 체제 출범 전에 제출된 방침으로, 그 자체가 시진핑사상의 새로운 면모를 보여준다고 하기는 어렵다. 다만 이는 '두개의 100년'의 목표 중 하나로 제시되었는데, 시 진핑 체제 출범 이후 '두개의 100년'에 대한 설명방식에 중요한 변화가 있다는 점을 주목할 필요가 있다.

1997년 제15차 당대회 보고는 "건당 100주년 때 국민경제를 더 발전시키고 각종 제도를 더 완비한다. 다음 세기 중엽 건국 100주년 때 현대화를 기본적으로 실현하고 부강·민주·문명의 사회주의 국가를 건성한다"라는 내용으로 두개의 100년 분투목표를 처음 제시했다. 2007년 제17차 당대회 보고에서는 두개의 100년 분투목표를 "중공 창당 100주년까지 소강사회를 전면적으로 건성하고 중화인민공화국 건국 100주년까지 부강·민주·문명·조화(和諧)의 사회주의현대화 국가를 건성한다"라고 표현했다. 표현이 일부 수정되고 더 명료해졌지만 기본 취지에 큰 변화는 없었다고 할 수 있다.

그런데 2017년의 제19차 당대회에서는 "첫번째 단계인 2020년부터 2035년 사이에는 소강사회를 전면적으로 건성한 기초 위에서 다시 15년의 분투를 통해 사회주의현대화를 기본적으로 실현하고, 두번째 단계인 2035년부터 이번 세기 중엽 사이에는 현대화를 기본적으로 실현한 기초 위에서 다시 15년의 분투를 통해 우리 국가를 부강·민주·문명·조화·미려의 사회주의 현대화 강국으로 건설한다"라며 2020~49년으로 가는 길을 두 단계로 나누어 제시했다. 기존 계획에서 밝혔던 2049년 목표의 달성 시점을 15년 앞당기고, 2049년 목표로 '사회주의현대화 국가' 대신 '사회주의현대화 강국'의 건설을 제시했다. 그리고 제19차 당대회를 중화민족 위대한 부흥의 중국몽 실현으로 가는 새로운 기점으로 규정하고, 중국 특색 사회주의의 신시대란 "일어나기(站起來)" "부유해지기(富起來)"에서 "강해지기(強起來)"로의 위대한 도약을 의미한다고 설명했다.

즉 마오 쩌둥 시대는 '일어나기', 덩 샤오핑 시대는 '부유해지기', 그리고 시 진핑 시대는 '강해지기'로 각 시대의 주요 과제를 구분한 것이다. 이로써 개혁개방을 계승하지만 시대의 과제가 덩 샤오핑 시대와 달라졌다는 시대인식을 제시하고 이를 근거로 개혁개방의 신시대를 주장했다. 사개전면의 나머지 내용은 '강해지기'라는 목표를 달성하기 위한 방안이라고 할 수 있다.

② 개혁의 전면적 심화
제18기 3중전회에서 채택된 결정 I은 일견 지도부가 새로 구성된 이후 개

최된 3중전회에서 경제개혁에 초점을 맞춘 결의를 채택했던 지난 시기의 관례를 따르고 있다. 1984년 10월 제12기 3중전회에서는 '경제체제 개혁에 관한 결정(中共中央關於經濟體制改革的決定)'이, 1993년 11월의 중공 제14기 3중전회에서는 '사회주의 시장경제체제 건립과 관련한 몇몇 문제의 결정(關於建立社會主義市場經濟體制若干問題的決定)'이, 2003년 10월의 중공 제16기 3중전회에서는 '사회주의 시장경제체 완성과 관련한 몇몇 문제의 결정(關於完善社會主義市場經濟體制若干問題的決定)' 등이 각각 채택되었다.

그렇지만 결정 I은 경제 영역 이외에 정치·사회·군사 영역의 개혁방안을 포괄하고 있다는 점에서 기존의 경제체제 개혁 관련 결정들이나 개혁심화 관련 결정들과 차이가 있다. 예를 들어 2003년의 결정에서는 개혁방안을 제시한 10개 조항 중 "과기·교육·문화·위생체제 개혁을 심화하고, 국가 창신능력과 국민의 전반적 소질을 제고한다"와 "행정관리체제 개혁을 심화하고 경제법률제도를 완전하게 한다" 등의 두 조항만이 경제체제와 직접 관련이 없는 사안을 다루었다. 이 두 조항도 내용으로 보면 경제체제 개혁의 효과적 추진을 위한 환경조성이라는 의미가 강하다. 반면 결정 I은 개혁방안을 제시한 14개 조항 중 경제 관련 내용은 6개에 그쳤고 나머지 8개 조항은 정치(3개), 문화(1개), 사회(2개), 생태(1개), 국방(1개)의 개혁방안을 논했다. 그 내용도 경제개혁과 독립적인 성격을 갖고 있다.

이렇게 볼 때 '전면'이라는 수식어는 개혁의 내용이 경제 영역을 넘어 국가거버넌스체계 전반으로 확장하는 변화를 반영하고 있다. 제17차 당대회 보고에서도 개혁 심화방안을 경제·정치·문화·사회·생태 등의 영역으로 나누어 제시했지만 각 영역 개혁방안을 병렬적으로 나열하는 데 그쳤다. 반면 결정 I은 "개혁의 전면적 심화의 총목표는 중국 특색 사회주의제도를 완전하게 하고 발전시키는 것이고 국가거버넌스 체계와 능력의 현대화"라며 개혁 심화의 목표를 더 종합적이고 체계적으로 제시했다. '의법치국의 전면적 추진'과 '당에 대한 전면적으로 엄격한 관리'가 사개전면에 포함된 것도 시 진핑 체제가 국가거버넌스체계 구축을 핵심 과제로 삼고 있음을 입증한다.

③ 의법치국의 전면적 추진

결정 II는 "중국 특색 사회주의 법치체제와 사회주의 법치국가 건설"을 의법치국 전면적 추진의 총목표로 제시했는데, 여기서 핵심은 중공의 영도(이하 '당 영도')이다. 결정 II는 "당 영도와 사회주의법치는 일치한다. 사회주의법치는 반드시 당 영도를 견지해야 하며, 당 영도는 반드시 사회주의법치에 의거해야 한다. 당 영도하에서만 의법치국, 법치의 엄격한 실시, 인민을 주인으로 등의 방침이 충분히 실행될 수 있다"라고 천명하면서 "우리나라 헌법은 중공의 영도지위를 확정했다"라고 강조했다. 당 영도를 사회주의 법률체계의 유기적 구성요소로서 확정하겠다는 의지를 표현한 것이다.

중공은 의법치국 혹은 법치를 오래전부터 강조해왔지만, 이 방침은 당 영도라는 원칙과 상충한다는 비판을 피하기 어려웠다. 즉 서구의 법치(rule of law)는 법이 가변적 통치자나 통치세력보다 상위이자 보편적 권위를 갖고 이들의 행위를 제약하는 규범과 체제를 의미하는 데 비해, 사실상 통치자의 의지가 법보다 상위에 있다고 규정하는 당 영도 원칙을 강조하는 상황에서의 법치(rule by law)는 법을 통치수단으로 활용하는 것에 지나지 않는다고 간주되었던 것이다.[21] 그뿐 아니라 중국의 법률체계도 이 문제에 명료한 답을 제시하지 못했다. 1975년 헌법과 1978년 헌법 모두 "중국공산당의 영도"를 헌법 본문 여러 조항에서 규정한 반면 1982년 헌법은 전문에서만 당 영도를 언급하고 있어 결정 II에서처럼 당 영도가 헌법으로 인정되었

다고 말하기는 어려운 면이 있다.[22]

이러한 문제를 의식했기 때문에 중공은 2018년 3월 개정된 헌법의 제1조 제2항에 "중국공산당의 영도는 중국 특색 사회주의의 가장 본질적인 특징이다"라는 내용을 포함시켰다. 형식논리로는 당 영도와 의법치국이 상충하지 않는 법률체계를 구축할 수 있는 길을 연 것이다. 즉 당 영도가 사회주의 민주의 핵심 원칙이라는 점이 정치적으로만 아니라 법률적으로도 확립되었다. 그렇지만 이로써 중국이 서구의 다원적 정치모델과는 다른 정치제도와 법률체계를 구축할 것이라는 점이 더 분명해졌다. 그뿐 아니라 중공은 이를 통해 중국의 현재 정치체제를 경제 및 사회 발전단계에서 필요한 것으로 정당화하는 발상이나, 중국식 법치를 민주와 분리하거나 대립시키는 발상과도 분명하게 선을 그었다.[23]

④ 당에 대한 전면적으로 엄격한 관리

이는 당 영도를 기초로 하는 국가거버넌스체계 구축이라는 목표에 필연적으로 따르는 요구이다.[24] 이 방침도 중공이 오래전부터 제창해왔는데, 시진핑 체제 출범 이후 당에 대한 엄격한 관리, 특히 반부패투쟁이 매우 강도 높게 진행되었으며 이는 시 진핑의 정치적 권위를 확립하는 데 큰 도움이 되었다. 이에 대해서는 이미 많은 연구가 논한 바 있다.[25] 사개전면이라는 구도에서는 통일적 행동을 보장할 수 있는 조직적 결속력과 인민의 신뢰를 확보하는 것이 국가거버넌스체계 구축의 주요 구성부분이기 때문에, 중공은 반부패투쟁을 포함해 당에 대한 엄격한 관리는 높은 강도로 지속하려 할 것이다. 이 글에서 더 주목하고자 하는 것은 조직이 아니라 사상에 대한 관리이다. 특히 당의 사상사업에서 맑스주의적 방향성 혹은 사회주의·공산주의의 이상을 강조한 것은 시진핑사상에서 중요한 의미를 갖는 변화이다.

시 진핑은 2012년 11월 17일 진행된 중공 제18기 중앙정치국 1차 집체학습에서 중공 18대의 정신을 설명하는 발언을 했다. 여기서 당건설 과제와 관련해 "맑스주의에 대한 신앙, 사회주의와 공산주의에 대한 신념은 공산당인의 정치영혼이고 공산당인이 모든 시련을 견딜 수 있게 만드는 정신의 지주이다. (⋯) 현실생활 중 일부 당원에게 이런저런 문제가 나타나는데, 근본적으로 말하면 신앙의 미망이고 정신의 방향 상실이다"라고 강조했으며, 맑스주의, 사회주의와 공산주의 이념을 강조하는 논조는 이후에도 계속 반복되었다.

개혁개방이 시작된 이후 맑스주의에 대한 설명은 맑스주의를 시장경제로의 전환이라는 새로운 조건에 부합하도록 변용하는 데 초점을 맞추었다. 다음 두 연설에 이러한 특징이 드러나 있다.

맑스주의 기본원리와 중국의 구체적 실제를 결합시키는 것을 견지하고, 과학이론의 지도를 견지하고, 흔들리지 않고 자신의 길을 가는 것을 확고히 해야 한다는 점 등은 우리 당의 역사를 총결하며 얻은 가장 기본적 경험이다. (⋯) 맑스주의는 교조가 아니며, 정확하게 실천에 운용하고 실천 중에 부단히 발전시켜야 비로소 강력한 생명력을 갖는다. (장 쩌민, 중공 창당 80주년 기념 연설, 2001. 7. 1)

90년의 발전역정을 총결하면, 우리 당이 맑스주의를 지키고 발전시키는 근본은 해방사상, 실사구시, 시대와 더불어 나아가기를 견지하는 것; 과학적 태도로 맑스주의를 대하는 것; 발전된 맑스주의를 활용해 새로운 실천을 지도하는 것; 진리를 견지하고 잘못을 수정하는 것; 흔들리지 않고 자신의 길을 가는 것; 당의 개척전진의 정신동력을 계속 지키는 것 등이다. (후 진타오, 중공 창당 90주년 기념 연설, 2011. 7. 1)

그런데 시 진핑의 다음 연설은 맑스주의의 발전 및 중국화를 강조하는 동시에 맑스주의 자체의 중요성과 긍정성을 과거보다 훨씬 더 적극적으로 평가하고 있다.

불망초심 및 계속전진을 견지하려면 맑스주의의 지도적 지위를 견지하고 맑스주의 기본원리와 당대 중국 실제와 시대의 특징을 긴밀하게 결합시키며, 이론창신과 실천창신을 추진하고, 맑스주의의 중국화를 부단히 진전시켜야 한다. (…) 맑스주의는 입당입국의 근본 지도사상이다. 맑스주의에서 벗어나거나 이를 포기하면 우리 당은 영혼을 상실하고 방향을 잃어버리게 된다. 맑스주의의 지도적 지위를 견지하는 이 근본문제에서 우리는 확고부동해야 하며 어떤 경우에도 조금의 동요도 있어서는 안 된다. (시 진핑, 중공 창당 95주년 기념 연설, 2016. 7. 1)

이러한 변화는 중공 제16기부터 시작된 중앙정치국 집체학습의 주제에도 반영되었다. 중공 제16기 중앙정치국 집체학습에서는 '당의 사상이론 여시구진(與時俱進)의 역사고찰'과 '세계 맑스주의 연구와 우리나라 맑스주의이론 연구와 건설공정' 등 두 차례만 사상을 주제로 삼았다. 제17기에는 '중국 특색 사회주의 이론체계 연구' 한 차례만 사상문제를 학습주제로 삼았다. 그나마 대부분 맑스주의를 개혁개방의 요구에 맞추어 변용하는 것에 방점이 찍혀 있었다. 이에 비해 지난 제18기에는 '사적 유물론 기본원리와 방법론' '변증법적 유물론 기본원리와 방법론' '맑스주의 정치경제학

기본원리와 방법론' '세계 맑스주의 사조와 그 영향' 등 네 차례나 맑스주의 자체를 학습주제로 삼았다.

또한 개혁개방이 시작된 이후 중공의 맑스주의에 대한 언급은 앞서 장 쩌민과 후 진타오의 연설에서도 나타나듯이 맑스가 제시한 최종 목표보다는 실사구시 등의 방법론에 초점을 맞추었다. 이에 비해 맑스주의가 추구하는 최종 목표를 반복해서 강조하는 것이 시 진핑 체제 사상사업에서 나타난 또다른 중요한 변화이다. 예를 들어 시 진핑은 창당 95주년 기념 연설에서 "혁명이상은 하늘보다 높다. 중국공산당이 공산당으로 불린 이유는 성립된 날로부터 우리 당이 공산주의를 위대한 이상으로 확립했기 때문이다. 우리 당이 이어지는 좌절에서도 계속 일어날 수 있는 것은 근본적으로 우리 당에 원대한 이상과 숭고한 추구가 있었기 때문이다"라고 공산주의의 이상을 강조했다. 이러한 강조가 갖는 의미는 다음 절에서 더 자세히 살펴볼 것이다.

4. 시진핑사상에 대한 평가: 이중과제의 시각에서

요약하면 시진핑사상은 중국이 사회주의현대화 강국 건설('강해지기') 단계로 진입했다는 시대인식에 기초하여, 당의 영도를 핵심원칙으로 하는 중국 특색의 국가거버넌스체계 구축과 사회주의·공산주의 가치 실현을 주요 사업방향으로 제시하고 있다. 개혁개방 노선과의 근본적 단절이라고 볼 수는 없지만 시대인식과 주요 사업방향에서 상당한 차이를 내포하고 있다. 시진핑사상의 시대인식은 중국이 빠르게 부상하고 있는 객관적 상황을 반영하고 있으며 이는 자연스러운 변화라고 볼 수 있다. 반면 당의 영도 강화와 사회주의적 가치의 강조는 사업방향 면에서 많은 논란을 촉발하고 있다. 서구의 가치와 정치모델에 대한 거부를 분명하게 하고 있기 때문이다. 원 자바오(溫家寶) 전 총리가 여러 차례 보편적 가치에 대해 긍정적으로 평가했던 것과는 분위기가 크게 달라졌다.[26] 중공은 이론자신·제도자신·도로자신·문화자신을 강조해왔는데, 시 진핑 체제에서 본격적으로 서구와는 다른 거버넌스 및 발전 모델 구축에 착수하고 있다고 볼 수 있다. 이러한 움직임은 개인 권력의 공고화와 다른 차원에서 검토될 필요가 있다.

사상 측면에서 가장 중요하게 검토할 필요가 있는 문제는 맑스주의와 사회주의·공산주의 이상에 대한 강조가 갖는 의미이다. 물론 시진핑사상이 현재의 객관적 조건을 고려하지 않고 당장 사회주의·공산주의 목표를 실현하겠다고 나서는 것은 아니다. 변화가 주로 나타난 부분은 개혁개방이라는 당면과제와 사회주의 및 공산주의라는 최종 목표 간의 관계에 대한 설명이다. 예를 들어 시 진핑은 2015년 12월 28~29일에 진행된 '삼엄삼실(三嚴三實)'을 주제로 하는 중공 중앙정치국 민주생활회에서 "사회주의는 공산주의의 초급단계이다. 공산주의는 우리의 최고 이상이다. 우리가 현재 하고 있는 것은 사회주의 초급단계의 사업이지만, 초심을 잃어서도 안되고 최고 분투목표를 잃어서도 안된다. 이 문제에서 말을 얼버무리거나 대충하면 안된다"라고 강조했다.

앞에서 설명한 것처럼 중공은 사회주의초급단계론을 제출하면서 사회주의·공산주의의 최종 목표보다 사회주의 초급단계라는 현시기의 객관적 조건을 중시하고 이러한 객관적 조건에 부합하는 정책을 선택해야 한다는 점을 강조해왔다. 그런데 시 진핑 체제에서 이처럼 사회주의와 공산주의 이상을 강조하고 나선 것은 개혁개방 시기 시장경제체제로의 전환에 따라 이중과제 내의 긴장관계가 자유화라는 흐름에 의해 와해될 우려가 커진 데 대한 대응이라고 볼 수 있다. 사상의 맥락에서 보면 사회주의와 공산주의라는 최종 목표를 상기시킴으로써 개혁개방 시기의 이념적 편향을 수정하려는 시도, 달리 말하면 이중과제 내의 건강한 긴장을 회복하고자 하는 시도로 볼 수 있다. 그렇지만 맑스주의, 사회주의 및 공산주의 이상에 대한 강조가 노선과 정책에 어떤 방식으로 반영될지, 그리고 어떤 결과를 낳을지는 불분명하다.

일단 경제 영역에서는 자유주의 경향 지식인들이 기대했던 민영화의 적극적 추진 등의 개혁안이 수용될 가능성은 낮아졌으며 시 진핑 체제에서는 분배와 공평정의를 더 강조하고 있다.

시 진핑은 중공 제18기 5중전회 결의 '국민경제와 사회발전 제13차 5개년계획에 관한 건의'의 의미를 설명하면서 "당연히 이 목표[공산주의사회]의 실현은 긴 역사과정을 필요로 한다. 우리는 현재 그리고 앞으로 장기간에 걸쳐 사회주의 초급단계에 처해 있으며, 이 단계를 초월한 일을 할 수 없다. 그러나 이것이 단계적으로 공동부유를 실현하는 방면에서 아무 일도 할 수 없다는 말은 아니다. 현재 조건에 근거해 할 수 있는 일에 힘을 다해야 하며, 작은 승리를 큰 승리로 만들어가고, 부단히 전체 인민의 공동부유라는 목표를 향해 전진해야 한다"라면서 공동부유를 당면한 과제로 제기했다.

그리고 2016년 3월 전국인민대표대회 전체회의에서 통과된 '국민경제와 사회발전 제13차 5개년계획(2016~20)'에는 '발전이념'이라는 항목을 새로 두어 창신·협조·녹색·개방·공향의 신발전이념을 수립하고 관철해야 한다는 방침을 제시했고, 공향에 대해 "공향은 중국 특색 사회주의의 본질적 요구이다. 발전은 반드시 인민을 위하고, 인민에 의거하고, 그 성과를 인민들이 공향하는 원칙을 견지하고, 더 효율적으로 제도를 안배하고, 전체 인민이 공건·공향·발전 중에서 더 많은 성취감을 갖게 만들고, 발전의 동력을 강화하고, 인민단결을 증강하고, 공동부유의 방향으로 견실하게 전진해야 한다"라고 설명했다.

정치 영역에서는 당의 영도를 기초로 하는 국가거버넌스체계 구축이 적극적으로 추진되고 있고, 당장 최고지도자와 당에 권력이 집중되는 경향이 나타나고 있다. 이에 대해서는 규범적 비판만이 아니라 경제적 효율성을 크게 떨어뜨릴 것이라는 회의적 시각이 많다. 그러나 중국의 경험은 이러한 비판을 반박하는 증거를 제공하기도 한다. 소련 및 동유럽 사회주의체제가 붕괴한 이후 인류에게 자유민주주의 이외의 대안이 없다는 사실이 확인되었다고 주장했던 프랜시스 후쿠야마(Francis Fukuyama)도 어떤 측면에서는 중국의 체제가 서구의 정치모델보다 우월한 측면이 있음을 인정한 바 있다.[27] 또한, 중공이 핵심적 방향으로 제시한 당의 영도를 기초로 하는 국가거버넌스체계의 정당화가 맑스주의 전통에 크게 기대고 있다는 점에서, 시 진핑 체제에서 맑스주의 혹은 사회주의 및 공산주의 이념에 대한 강조가 수사에 지나지 않는다고 보는 것은 현재 진행되고 있는 변화의 주요한 측면을 놓치는 결과를 초래한다.

여기서 중요하게 검토할 필요가 있는 것은 중공의 이같은 시도들이 이중과제의 긴장을 효과적으로 감당하는 방식인가라는 물음이다. 사상 영역에서 자본주의체제 극복이라는 지향을 강하게 밝히고 있지만 중공이 이를 위한 구체적인 방법을 찾았다고 보기는 어렵다. 특히 중국에서 진행되는 권력집중은 서구식 이념의 침투를 방어하기 위한 기제로서는 의미가 있겠지만 그 자체가 사회주의·공산주의 이념의 실현에 가까워지는 길이라고는 보기 어렵다. 중공의 이념에 대한 강조는 여전히 공허한 느낌인데, 이는 다음 두 문제와 연관되어 있다.

첫째, 인민이 자신의 주체성을 표현할 수 있는 조직형식을 새롭게 창출하지 못하고 있다. 그에 따라 현재 진행되고 있는 재구성은 인민의 입장에서 마땅히 검토되어야 할 중요한 문제들에 대한 성찰이 제대로 이루어지지 못하게 하고, 여전히 중공이 이념의 실현주체를 자임하는 방식으로 진행되고 있다. 이에 따라 사상·정치 영역에서 주도성을 강화한 중공이 과연 인민의 이익을 위해 구체적으로 어떤 일을 할 것인가에 대한 답은 여전히 공백으로 남아 있다. 지금으로서는 주요 사안들이 중공의 독단적 결정에 좌우될 수밖에 없는 상황이다.

둘째, 이러한 작업이 새로운 경제·사회모델의 창출과 병행되지 못하고 있다. 인민에게 혜택이 골고루 미치도록 하는 작업, 공향·공평정의 등의 구호가 등장하고 있지만 이러한 방침을 당장 자원분배 방식을 급격하게 변경하는 방식으로 추진하기보다는 성장방식의 전환 등을 통해 이루려고 한다는 점에서 지금까지의 사회·경제정책과 큰 차이가 있다고 보기 어렵다. 예를 들면 '일대일'로 같은 야심찬 프로젝트가 과연 인민의 이익을 증진하는데 얼마나 도움이 될지는 불분명하다.

결론적으로 말하자면, 시진핑사상이 중국 사회주의의 새로운 방향을 제시하고 실현하는 지침으로 작용하기 위해서는 이념, 당의 역할, 경제적·사회적 실천 사이의 정합성을 제고할 필요가 있다. 현재의 새로운 시도가 권력집중의 합리화에 그친다면 이념은 더욱 공동화되고 인민을 위한 권력 사용이라는 수사와 동떨어진 결과로 이어질 수 있다. 이렇게 될 경우 현재의 움직임이 사회주의적 가치나 인민성의 실현보다는 국가주의적 기회으로 전락할 가능성이 높아질 것이다. 중국혁명의 역사에서 이중과제적 긴장은 항상 존재했지만 이를 역사의 진전에 긍정적인 방향으로 감당해가지 못했던 경험도 많다. 앞에서 제기한 문제를 고려할 때 현재의 실험 역시 또다른 실패로 귀결될 가능성이 있다. 다만, 현재 중국에서 진행되고 있는 변화를 일인전제의 부활 같은 협애한 시각에서만 비판할 것이 아니라 현대사에서 중국이 지속적으로 겪어온 이중과제로부터 제기된 곤경에 대한 대응이라는 측면에서 검토하고 비판할 필요가 있다.

제3부

동아시아 역사 속의 인물과 시각

제1장

타께우찌 요시미의 '중국문학'

스즈끼 마사히사(일본 릿꾜오대 언어사회연구과 교수)

들어가며

　전후 일본을 대표하는 지식인 중 한 사람인 타께우찌 요시미(竹內好)의 출세작은 말할 필요도 없이, 중일전쟁 말인 1944년에 간행된 『루쉰』(魯迅, 日本評論社)이었다. 그러나 그가 일본 지식계에서 널리 주목받게 된 것은 전후 『현대중국론』(河出書房 1951)과 『일본 이데올로기』(筑摩書房 1952)로 정리되는 글을 발표하기 시작하면서였다. 이 무렵부터 타께우찌 요시미는 현대 중국에 대한 이해에 기초해 일본의 문제에 적극적으로 발언하는 지식인으로 알려지게 된다. 1950년대 초에는 '국민문학' 논쟁을 이끌고, 60년대에는

● 이 글의 문제의식은 2014년 11월 21일 연세대에서 열린 국제워크숍 '문자, 언어, 권력'의 발표문 「타께우찌 요시미의 번역문제」에서 비롯되었다. 워크숍에 관계된 모든 분께 감사드린다. 또한 2017년 12월 21일에 서강대에서 열린 국제심포지엄 '2017 서강 Transcultural China'에서 '타께우찌 요시미 사상 속의 '중국문학''이란 제목으로 일부 내용을 발표했다. 심포지엄에서 귀중한 의견을 주신 모든 분께 감사드린다.

안보투쟁에 깊게 관여했으며, 나아가 중일전쟁의 양의성(兩義性) 문제와 아시아주의를 이야기하였다.

　루쉰에서 출발해 문제의식과 관심의 범위를 넓혀가는 과정을 타께우찌는 1954년에 쓴 글(竹内好「私の著作と思索」)에서 스스로 설명하고 있다. 그에 따르면 시작은 중국문학과의 만남이었다. 글의 서두에 "당신은 어째서 중국문학을 하게 되었는가라는 질문을 종종 받지만, 동기만큼 설명하기 어려운 것은 없다. 내 경우에는 우연의 요소가 더 크다"라고 썼다. 그리고 우연히 중국을 여행할 기회를 얻었을 때, "나는 중국에서 살아가고 있는 사람들을 보았다. 그것은 감동적인 일이었다"라고 말했다. 중국 여행에서 받은 감동을 계기로 중국문학을 하게 되었다는 것이 타께우찌의 설명이다. 중국 여행에서 돌아온 타께우찌는 '중국문학연구회'를 결성하고 전시에 『루쉰』을 집필했다. 전후에 또다시 루쉰으로부터 시작하는 과정에서 일본과 중국의 근대화는 이질적인 것이 아닐까라는 가설을 도출하고, 이를 『현대중국론』과 『일본 이데올로기』로 정리해냈다. 이윽고 '과제는 사변이 아니라 실천으로 풀어야 한다' '해석이 아니라 개혁이 필요하다'라고 생각한 타께우찌는 '국민문학'을 제기했다. 또한 "이 방향이 심화되려면, 어떻게든 저자와 독자의 일방적인 통로를 부수고 새로운 인류관계를 세우지 않으면 안된다. 거기서 독자들의 조직에 주목하게 되었다"라고 쓰고, '루쉰친우회(魯迅友の會)'를 결성하고 교사가 되었다고 하였다.[1] 여기서 주목하고 싶은 것은 1954년 단계에서 타께우찌 요시미가 자신의 활동의 원점은 중국문학에 있었으며 원점의 문제의식과 관심을 실천해나가는 과정에서, 이른바 일련의 전개 속에서 활동범위가 넓어졌다고 설명하는 부분이다.

　이 글에서는 타께우찌 요시미가 말하는 '중국문학'이란 어떠한 것이었는가 하는 문제를 생각해보고자 한다. 타께우찌에게 있어서 중국문학은 적어도 문학사 교과서에서 이야기되는 것과 같은 것은 아니었다. 그것은 일본과 중국의 근대에 대한 사고를 이끌어 일본 근대의 문제를 재검토하는 사고와 결합되는 것이었다. 타께우찌의 중국문학이 어떻게 해서 생겨나고, 어떤 특징을 가지고 있는가를 찾아가는 것이 이 글의 목적이다. 타께우찌 자신의 말에 따르면 우연한 중국 여행부터 전시에 집필한『루쉰』까지의 사이에서 중국문학에 대한 문제의식과 관심이 생겨났다고 했다. 따라서 이 글에서는 주로 전시까지 그의 행보를 다시 살펴보고, 가능한 한 그의 '원점으로서의 중국문학'이 생겨나게 된 과정을 밝혀보고자 한다. 이를 위해 아래에서는 타께우찌의 중국여행 경험에서 시작해 그가 중심이 된 중국문학 연구회의 활동,『루쉰』의 집필까지를 논할 것이다.

타께우찌 요시미의 사상 형성과정을 찾아가는 작업은 일본에서 중국문학을 연구하는 일의 의미를 다시 묻는 것으로 이어질 것이다. 즉 중국 침략을 행한 일본에서 중국문학을 연구하는 것의 의미가 부상하는 것이다. 나아가 타께우찌의 시점에서 중국문학을 재인식함으로써, 현재 경직되고 있는 중국문학의 이미지를 조금이라도 흔들어 중국문학에 대한 새로운 접근 방법을 탐구할 실마리를 찾아낼 수 있다면 다행이겠다.

베이징 여행

타께우찌 요시미는 1931년 토오꾜오제국대학 문학부 중국문학과에 입학했다. 상술한 글에 따르면 "가장 들어가기 쉬웠기 때문이며, 원래 공부할 생각은 없었다."[2] 그러다 입학 이듬해인 1932년 중국을 여행한 것이 그의 생에 전환점이 되었다. 연보에 따르면 중국 여행의 계기는 외무성 대지나문화사업부(對支文化事業部)의 반액지원에 의한 학생 주최 단체여행이었다. 이 여행단은 1932년 8월 7일에 출발해 22일에 다롄(大連)에서 해산했다. 그후 타께우찌 요시미는 혼자 베이징에서 약 한달 반 정도 자비 유학을 하며 가정교사를 통해 중국어 공부를 하거나 거리에서 신간 서적을 구입하기도 했다.[3] 1932년은 역사적으로 보면 만주사변 이듬해로 '(위僞)만주국'이 세워진 해이고, 또한 연초에는 상하이에서 전투도 발생했다. 타께우찌 요시미도 단체여행에서 (위)만주국을 봤다고 한다.[4] 또한 그가 남긴 일기에 따르면 베이징에서도 도처에서 긴박한 상황과 조우했다. 그렇지만 당시 베이징은 중국 동북지구나 상하이와 비교하면 상대적으로 평온했다. 긴장을 안고 있으면서도 아직은 일상생활을 할 수 있는 분위기였을 것이다.[5]

타께우찌는 중국 연구에 뜻을 둔 계기 및 중국을 향한 기본 자세를 서술한 1960년 강의에서 1932년 베이징 체류의 감동을 다음과 같이 표현했다.

이게 어찌된 일인지 놀랐습니다. 제 눈으로 직접 보니, 확실히 매우 생생하게 일상생활을 하고 있는 많은 사람이 있었습니다. 그들이 무엇을 생각하고 있는지 알고 싶다고 생각했지만 유감스럽게도 말이 통하지 않았습니다. 대학에 중국어학과는 있었지만 형식적이었을 뿐이고, 거기에 출석하지 않았기 때문일 수도 있겠지만 도움이 안되었습니다. 회화가 가능하지 않으니 뭔가 그것이 자신의 문제 ── 자신의 문제라는 것은 결국 문학의 문제라고 해도 괜찮습니다만 ── 를 푸는 열쇠가 될 것 같다는 기분이 들었습니다. 지금까지 문자로만 근대문학을 접하고, 일본의 근대문학을 읽어서 제 나름의 문학관을 갖고 있었습니다. 그러나 거기에는 의심스러운 부분이 있었습니다. 그것을 어떻게 풀 것인가 할 때, 이웃나라에 자신들과 상당히 비슷하게 생활하고 있는 인간들이 있는데 그럼에도

스스로 그 마음속에 들어갈 수 없다는 것이 치명적인 문제라는 것을 느꼈습니다.[6]

이 구절에는 타께우찌가 중국을 대면하는 방식의 근간이 기록되어 있다. 조금 정리해보겠다.

첫째, 타께우찌는 베이징에서 생활하는 사람들을 자신의 눈으로 보고 그 마음속에 들어가기를 원했다고 말했다. 베이징의 보통 사람들에게 이끌린 것, 이것이 타께우찌 요시미의 기점이다. 무엇보다 일반 민중의 세계를 접하고 싶다는 희망은 일반적인 의미에서 외국문화 연구의 공통적인 특징이다. 그의 독자성은 그 너머에 있다. 이 글에 나와 있는 두번째 중요한 점은, 타께우찌에게 중국 민중의 세계를 접하는 것이 그 자신의 문제를 해결하는 열쇠가 된다는 것이다. 타께우찌는 객관적인 입장에서 외재적으로, 자신과 관련되지 않은 타자로서의 중국을 관찰하려고 한 것이 아니었다. "자신들과 상당히 비슷하게 생활하고 있는 인간"을 접함으로써 그가 오랫동안 고민해온 문제를 해결할 돌파구를 손에 넣으려고 했다. 즉 타께우찌는 중국을 접하는 것과 자신의 문제를 생각하는 것을 분리된 문제로 취급하지 않았다. 그러나 여기에 또 주의해야 할 세번째 지점이 있다. 타께우찌는 중국 민중의 세계에 매료되어 그들에게 다가감으로써 자신의 문제를 해결할 열쇠를 손에 넣고 싶어 했지만 동시에, 자신이 중국인의 세계에 들어갈 수 없다는 것을 자각하고 있었다는 것이다.

타께우찌 요시미에게 중국은 틀림없는 타자였다. 다가가고 싶다고 소망했지만 결코 영유할 수 없는 존재였다. 그것을 전제로 한 가운데, 그러나 타께우찌는 자신과 중국의 거리를 고정해서 중국을 객관적으로 다루려 하지 않고, 오히려 주관적인 태도와 객관적인 태도를 양자택일적으로 생각하는 사고방식을 피하면서 중국을 대면하는 것을 통해 자신의 문제를 생각하는 태도를 선택했다. 타께우찌의 생각에 따르면, 타자인 중국에 접근하기 위해서는 자신의 문제를 생각해야만 한다는 것이다. 소위 타자에게 다가가는 것은 자기개조를 수반해야 한다는 발상을 엿볼 수 있다. 물론 반대의 경우도 마찬가지이다. 자신의 문제는 자기 내부만으로는 해결할 수 없으며, 타자와의 접촉이 필요하다. 중국을 타자로 인정한 다음, 타자인 중국과 자신 사이에 관계를 맺고 상호관계의 영역에서 사고를 전개하는 사상의 방법론을 이때 타께우찌는 찾아냈다고 말할 수 있다.

타께우찌 요시미에 대한 최근의 비판으로, 일본의 문제를 비판하기 위해 거의 무의식적으로 중국을 이상화했다는 것이 있다. 예를 들면 코야스 노부꾸니(子安宣邦)는 타께우찌가 일본을 비판하기 위해 설정한 '중국'을 실체화해서 인식한다면 이는 현재의 중국에 대한 무조건적인 찬미와 같다고 냉엄하게 비판하고 있다.[7] 코야스가 무엇보다 문제시하는 것은 타께우찌가 수용되는 방식이며, 타께우찌 그 자신의 사상은 복잡했다는 것을 인정한다. 따라서 문제는 타께우찌의 사상이 단순화되어 받아들여질 위험성을 어떻게 회피할 것이냐이다. 이를 염두에 두고 다시 타께우찌의 사상사적 방법론을 보면, 그는 원래 하나의 '중국상(中國像)'을 제기하지 않았다는 것을 알 수 있다. 타께우찌는 중국 민중의 세계에 다가가기를 원했지만 그것은 항상 이해할 수 없는 존재였다. 이해할 수 없는 중국 민중의 세계를 억지로 이해의 틀에 밀어넣으려 하지 않는 한편으로 이해를 포기하지 않으면서, 이해할 수 없는 타자로서의 중국과 자신 사이에서 머무르려는 태도가 타께우찌의 방법이었다. 좀더 깊이 들어가서 말해보자면, 자신과 타자를 대립적으로 인식하지 않고 상호관계의 영역에서 사고를 전개하는 타께우찌의 태도는 어딘가 포스트모던적이라고도 말할 수 있다.[8] 타께우찌 요시미가 서양 근대의 한계를 넘어서고 있었다고 판단하려면 신중한 논의가 필요하지만, 그러나 그가 생각한 타자의 사고는 확실히 약간 독자적이고 동시대의 일반적인 사고에 포함되지 않는다는 것을 확인할 수 있다.

물론 이러한 정리방식은 1960년 단계에서 타께우찌 요시미의 정리에 기초한 논의이며, 1932년에 그가 이처럼 의식했다고는 단언할 수 없다. 오히려 막연한 감각만이 있고 그 감각에 이끌리듯이 일련의 실천을 행한 결과 이론적인 개괄이 이루어졌다고 하는 것이 정확할지도 모른다. 그 막연한 감각을 타께우찌는 '감동'이라고 표현했던 것이다. 그러므로 다음에 생각해야 하는 것은 독특한 타자와의 관계성으로 개괄된 '감동'을 받은 타께우찌가 이후에 어떠한 모색을 했는가이다.

앞의 강연과 거의 같은 시기인 1957년에 작성된, 1932년의 베이징 경험을 회고한 또다른 글에 다음과 같은 구절이 있다.

나의 목적은 중국인의 마음을 잡고, 나름대로 이해하고, 한 걸음이라도 그 속에 발을 디뎌보겠다는 것이었다. (…) 확실히 나와 그들 사이에는 공통의 룰이 작동하고 있다는 것을 느끼고 있었지만 그 룰을 꺼낼 수가 없었다. 그 룰은 문학 외에는 꺼낼 수 없다는 것을 경험을 통해 나는 확신했다. 따라서 닥치는 대로 문학서를 찾아다녔지만, 슬프게도 예비지식이 없었기 때문에 성과가 없었다. 들어갈 문을 발견할 수 없었다. 그리고 날이 지났다.[9]

중국 일반 민중의 마음에 들어가기를 원했을 때 타께우찌는, 그의 말을 빌리자면 '공통의 룰'을 꺼내기 위해서 문학을 추구했다. 여기서는 '공통의 룰'을 꺼낼 수 없었다고 말하고 있지만, 주목하고 싶은 것은 그 방법이 문학이었다는 것이다.

어째서 문학인가는 '경험을 통해 확신했다'고만 할 뿐 명시하지 않았다. 그러나 자세히 읽어보면 타께우찌가 추구하는 문학의 윤곽을 엿볼 수 있다. 첫번째는 앞에서 인용한 "자신의 문제라는 것은 결국 문학의 문제라고 해도 괜찮습니다만"이라는 문장이다. 타께우찌가 말하는 문학이란 자신의 문제에 관한 것이고, 타께우찌가 생각하는 자신의 문제란 타자와 접촉함으로써 비로소 해결의 실마리를 얻을 수 있는 것이었다. 즉 그는 자신의 문제와 타자의 상호관계성이 성립하는 장소를 문학에서 발견했다. 그 상호관계성을 표현한 것이 '공통의 룰'이다. 따라서 타께우찌가 추구한 문학은 작가가 창작해서 세상에 내놓는 문학작품이 아니었다. 정확히 말하자면, 그는 문학작품을 작가 개인의 정신활동의 발로로 보지 않았다. 자신과 타자의 상호성에 깊이 들어가기 위한 토포스(topos)로서 문학을 인식했다.

이를 근거로 보면 앞의 인용문에 또 한 가지 중요한 것이 기록되어 있음을 알 수 있다. 문학을 통해서 타자인 중국에 다가가려 했을 때 그는, 그의 말을 빌리자면 "닥치는 대로 문학서를 찾아다녔다." 이때 타께우찌는 문학사 지식을 가지고 있지 않은 상태에서 어떤 경험적 직관에 의해 닥치는 대로 문학작품을 찾는 방법을 선택했다. 즉 타께우찌는 문학사 지식을 먼저 학습하고 체계적으로 중국문학을 읽는 방법을 선택하지 않았다. 일기에 따르면 귀국 직전인 9월에 이께다 타까미찌(池田孝道)라는 사람을 방문해 그의 중국현대문학 수집본을 보았다고 한다.[10] 당시 상황에서도 이께다에게 사사(師事)하는 등의 방법을 취하면 문학사 지식을 얻는 것도 가능했다. 여기에 기록된 것은 세상에서 말하는 의미의 '문학'을 피한 타께우찌의 의도적인 선택이었다.

타께우찌는 앞의 인용문에 이어 당시 중국문학에 대해 일종의 고정관념을 가지고 있었다고 인정하면서, "단지 그것이 실제 눈으로 보는 민중의 생활상과 크게 어긋나 있는 것에 충격을 받았다고 해야 할 것이다. 백지가 아닌, 이미지란 것이 있었다. 다만 쓸모가 없었다"라고 서술했다.[11] 타께우찌 요시미가 추구한 것은 어디까지나 문학작품이었다. 그것은 "문학서를 사모았다"라는 표현에 나타나 있다. 그러나 동시에 그는 문학사 지식을 "쓸모가 없었다"라고 부정하며 일반적인 의미의 문학을 거부했다. 그리고 어디까지나 중국 민중의 생활에 다가가기 위해 문학을 추구했다. 정확히 말하자면, 지식을 부정하고 민중생활에 접근하기 위한 입구로 문학의 개념을 확대했다.

타께우찌가 추구한 문학이란 그 자신의 말을 빌리면 "대부분 문장 표현의 일반"으로, 다시 말해 넓은 의미에서 중국인의 표현 전체를 가리키고 있다. 그러한 것을 추구한 타께우찌 요시미가 '중국문학'으로 찾아낸 것이 쑨 원의『삼민주의(三民主義)』였다.

쑨 원의 문제

타께우찌 요시미가 베이징의 경험을 말한 1957년 글의 제목은 '쑨원관의 문제점(孫文觀の問題點)'이다. 이 글의 서두에서 말했듯이 그는 문학을 추구하는 것에 대해 이야기하고, 그러한 것으로서 쑨 원의『삼민주의』를 읽었다.

쑨 원의 주된 사상인 삼민주의는 시대에 따라 형태를 바꾼 것으로 이야기된다.『삼민주의』는 만년의 사상을 정리한 책이다. 죽음을 한해 앞둔 1924년 1~8월에 쑨 원은 광저우(廣州)국립고등사범학교 강당에서 삼민주의를 주제로 그것을 구성하는 세 가지 '주의'인 민족주의·민권주의·민생주의에 대해 차례대로 연속 강연했다. 그 필기록을 정리해 발간한 것이『삼민주의』다. 이 강의는 원래 쑨 원의 사상과 구상의 전체상을 드러내는 데 목적이 있었던 것 같다.「민족주의」서문에는 "『국가건설』한 책 안에는 『민족주의』『민권주의』『민생주의』『오권헌법(五權憲法)』『지방행정』『중앙행정』『외교정책』『국방계획』등 8권이 포함된다"라고 되어 있다.[12] 그러나「민생주의」는 도중에 미완인 상태로 끝나서 이후에는 세상에 나오지 않았다. 강의 내용은 기본적으로 젊은 학생들을 대상으로 한 설명이었다. '민족' 개념의 성립에서 시작해 쑨 원 사상의 개요가 나와 있다. 현재의 관점에서 보면 예컨대 민족의 정의 등에 대한 쑨 원의 이해에 문제점을 지적할 수 있겠지만, 여기서 중요한 것은 쑨 원의 이야기에 타께우찌 요시미가 끌렸다는 것이다. 타께우찌는 쑨 원의『삼민주의』를 읽고 무엇에 감동한 것일까.

　　받은 감동을 오늘 그대로 재현하는 것은 어렵다. 나는 그후 여러번『삼민주의』를 다시 읽었다. 통독을 하지 않고 부분적으로 이용한 횟수는 더 많다. 이용이라기보다는, 생각하다 지쳤을 때 무언가 힌트를 얻고 싶어 손에 드는 책 중의 하나가『삼민주의』가 된 것이다. (…) 지금 그 감동의 성격을 굳이 설명하자면, 중국인의 생활에서 어떻게 그 문학(사상과 형식)이 생겨났는지, 혹은 문학이 어떻게 생활의 기반 위에 성립되었는지, 그런 나의 질문이『삼민주의』를 읽음으로써 한번에 해결되었고 적어도 그것을 풀 실마리를 감성적으로 발견할 수 있었다는 것과 관련된 듯하다. 나는 있는 그대로의 중국인을 거기서 느꼈다.[13]

당시의 감동을 재현하기 어렵다고 유보하면서도, 바로 자신이 추구하는 문학을 『삼민주의』에서 읽어냈다고 말하고 있다. 정확히 말하자면 『삼민주의』를 읽는 것으로 타께우찌 요시미의 독특한 문학관이 생겨났다고 말할 수 있을 것이다. 여기서 주목하고 싶은 것은 "중국인의 생활에서 어떻게 그 문학(사상과 형식)이 생겨났을까"라는 표현이다. 생활이 앞서서 존재하고 그후에 사상과 형식을 지닌 문학이 생긴다는 순번이 상정되어 있다. 여기서 그의 문학관은 어딘가 반영론에 가깝다고 말할 만한 성격을 갖는다고 생각할 수 있다. 그러나 그런 가운데 생활과 문학의 관계를 풀 "실마리를 감성적으로 발견할 수 있었다"라고 말했다. 즉 타께우찌에게 문학이란 생활의 뒤에 오는 것이지만 그러나 지식으로써 생활을 고정화해서 나타내려 하는 것이 아니며, 감성에 호소하는 것, 적어도 감성의 활동을 야기하는 실마리가 되는 것이었다. 다시 말해 타께우찌는 문학을 능동적으로 인식하고자 했다. 타께우찌 요시미가 『삼민주의』에서 읽은 것은 중국 민중의 삶을 개념으로 나타내는 것이 아니라 감각적으로 받아들이게 하는 말이었다.

그러나 왜 쑨 원의 말에서 중국 민중의 생활을 감각적으로 받아들일 수 있는 것일까? 여기서 타께우찌 요시미가 추구하는 문학에 관한 또 하나의 중요한 문제의식을 읽을 수 있다.

앞의 인용문에서 보듯 타께우찌 요시미는 평생 반복해서 쑨 원을 다뤘다. 그의 말에 따르면 '사고방식의 힌트를 쑨 원에게서 얻었다.' 사실 타께우찌의 쑨원관은 일관된 것이면서 그때그때에 따라 중점이 변화했다. 바로 앞에 인용한 글은 1957년 『사상(思想)』의 '특집·쑨 원과 일본(特輯·孫文と日本)'에 발표된 것이지만, 다른 시기의 글에서 쑨 원을 말하는 방식을 보면 그의 쑨 원 이해의 근원적인 부분과 함께 그 이해의 폭넓음을 알 수 있다.

예를 들어 1953년에 쓴 「신중국을 낳은 것(新中國を生み出したもの)」에서

는 쑨 원 말년의 삼민주의에 토지분배 사상이 있는 것을 지적하고, 그것이 태평천국의 토지균분 사상을 이어받았다는 것, 그 연장선상에서 마오 쩌둥의 토지개혁이 나온 것임을 지적하고 있다.[14] 마오 쩌둥 혁명과의 연결고리로 쑨 원의 사상을 인식한 것이다. 1954년에 사전 항목으로 쑨 원을 설명한 글에서는 "쑨 원의 사상은 한마디로 '삼민주의'라고 하는데, 그것은 논리적 정합성을 바탕으로 체계화된 사상이 아니기 때문에 매우 파악하기 어렵다. 그는 부르주아민주주의를 중국의 후진적 지반 위에 심으려고 고심했다"라고 썼다.[15] 부르주아민주주의란 평가는 물론 마오 쩌둥 혁명까지의 역사적 전개를 고려해 쑨 원을 역사적으로 위치지으려 시도한 것이라 할 수 있다. 「쑨원관의 문제점」과 같이 1957년에 쓴 글에서는 "쑨 원은 망국의 위기의식에서 출발한다"라며[16] 이번에는 쑨 원의 의식에 입각해 사상의 근간을 묘사하려 했다. 여기서 강조한 것은 망국의 위기에 대응하며 국가의 통일을 추구한 사상의 모습이었다. 그리고 말년인 1967년에 쓴 「일본·중국·혁명(日本·中國·革命)」에서는 쑨 원의 '궁극적인 목표 또는 사명감'으로 '대동(大同)'을 들고 있다.[17] 중국의 전통적 이상인 '대동'에서 실마리를 찾아 중국 혁명의 역사를 인식하고 그 가운데 쑨 원을 자리매김한 것이다.

이상의 변천을 개관하면 타께우찌 요시미 쑨원관의 큰 특색을 볼 수 있다. 예를 들어 중국의 역사적 맥락을 바탕으로 쑨 원의 자리매김을 시도한 것은 타께우찌가 이해한 쑨 원 사상의 폭과 깊이를 보여주는 것 같다. 또 쑨 원과 마오 쩌둥 간의 연속성은 타께우찌가 생각한 중국 정치관의 근원과 관련한 큰 문제의식을 보여주는 듯하다. 그러나 여기서 주목하고 싶은 것은, 타께우찌가 중국 민중의 생활을 감각적으로 받아들이게 한다고 생각한 쑨 원의 말에서 전개된 것이 '토지분배' '부르주아민주주의' '망국의 위기의식' '대동' 등 소위 국가의 거대한 역사에 관한 문제였다는 것이다.

이를 타께우찌 요시미의 모순으로 인식하는 것은 필시 잘못된 것이다. 오히려 여기서 읽어야 할 것은 그가 생각한 중국 민중생활의 위상이다. 전후 일본의 맥락에서 민중의 생활이라는 개념은 국가의 거대한 역사와는 완전히 다른 위상에서 생각되었다. 강대한 국가권력에 대항하는 작은 개인으로서의 민중이라는 구도이다. 그러나 타께우찌 요시미가 쑨 원의 『삼민주의』에서 본 것은 그런 의미에서 국가에 대항하는 민중의 생활이 아니었다. 원래 타께우찌 요시미는 국가를 이끄는 사상과 민중의 생활을 대립적으로 인식하지 않았다. 그는 1932년 베이징에서 생기 넘치게 살고 있는 민중을 보고, 지식으로 중국을 아는 것이 아니라 민중의 생활을 피부로 느끼고 거기에 다가가고 싶어 했다. 그의 원점은 어디까지나 국가의 커다란 정치동향이 아닌 시정(市井) 민중의 모습이었다. 그리고 『삼민주의』에서 쑨 원이 말한 민족주의·민권주의·민생주의라는 사상, 통상적인 의미에서 민중의 생활을 묘사하는 문학작품과는 동떨어진 말인 정치가의 사상을 읽고 민중의 생활을 감각적으로 받아들일 실마리를 찾았다. 여기서 알 수 있는 것은 타께우찌가 생각한 중국 민중의 생활이 쑨 원에 의해 언어화되고 중국의 역사를 이끌게 될 사상을 지지하는 기반이었다는 것이다.

타께우찌에 따르면 쑨 원은 "젊은 시절부터 동서고금의 책을 읽고, 다양한 혁명사상을 배우고, 그것을 바탕으로 독특한 혁명이론을 만들어냈다. 그리고 실제 운동의 경험을 도입해 그 이론을 심화시킨" 인물이다. 따라서 '삼민주의'는 "쑨 원의 근본 사상을 나타낼 뿐만 아니라 중화민국 건국의 정신이며, 중국인의 가장 기본적인 사고방식을 집약한 것이기도 하다."[18] 여기서 질문해야 할 것은 타께우찌 쑨원관의 적합성 여부가 아니다. 타께우찌 요시미가 본 쑨 원은 이론과 실천의 상호작용을 통해 언어를 심화시킨 인물로, 따라서 그의 사상은 단순히 개인의 사상에 그치지 않고 중국인의 기본적인 사고방식이 집약된 것이었다.

주의할 필요가 있는데, 타께우찌는 민중의 생활을 국가 차원에서 회수하려고 생각한 것이 아니었다. 예컨대 중국의 민중을 쑨 원을 통해 이해하려한 것이 아니었다. 오히려 반대로 그의 사고는 민중측에서 국가의 방향성을 읽고자 했다. 민중생활의 세세한 부분에 다가가 그것을 집약적으로 언어화해서 국가를 이끄는 큰 이야기를 찾는 것이 타께우찌 요시미의 방법이었다고 해야 할 것이다. 여기에는 민중과 국가의 거대한 역사를 둘러싼 타께우찌의 독자적 사고가 제시되어 있다. 그 사고방식은 쑨 원 독해에만 머무르는 것이 아니라 전후 국민문학 논쟁 등 일련의 평론활동으로도 이어졌다. 다소 대담하게 표현해보자면, 여기서 그는 민중을 국가에 종속된 존재로 인식하는 것이 아니라, 오히려 종종 고정된 것으로 생각되는 '국민'의 개념을 해체하고 민중과 국가의 보다 열린 관계성을 생각하려 했다고 할 것이다.

이제까지에서 보듯, 타께우찌 요시미에게 문학이란 자신과 분리된 타자의 예술적 표현이 아니라 일본과 중국의 상호영역을 사고하기 위한 토포스였다. 그 토포스는 이론과 실천의 상호작용으로 잘 다듬어진 것이어야 하며, 개인의 사상을 나타낼 뿐만 아니라 국가의 역사를 이끄는 기반으로서 민중의 생활을 감지할 수 있어야 한다는 것이다. 타께우찌 자신의 말에 따르면 그는 1932년 베이징에서 쑨 원의 『삼민주의』를 읽고 그러한 이해를 얻었다.

번역 사상

쑨 원에게 이끌려 중국문학에 접근한 타께우찌 요시미는 귀국 후 비슷한 세대의 동료와 함께 중국문학연구회를 결성하고 『중국문학월보』(中國文學月報, 이후에 『중국문학』으로 제호를 바꿈)를 발행했다. 타께우찌와 동료들은 "관료화된 한학(漢學)과 지나학(支那學)을 부정함으로써 안으로부터 학문의 자유를 쟁취했다"라고 말하고 있다.[19] 당시 중국 연구의 대부분은 고전 연구였다. 그들은 이러한 방식을 전면적으로 부정하고 현대의 살아 있는 중국과 접촉하는 것을 목표로 했다. 원래 '지나문학'이란 명칭이 일반적이던 시대에 '중국문학'이라는 이름을 내건 것 자체가 그들의 자세를 보여준다. 아마도 중국문학연구회 활동은 타께우찌가 1932년 베이징에서 얻은 '감동'을 형상화하는 과정이었으며, 또한 그 활동으로 타께우찌의 막연한 '감동'이 형태를 이룬 것이라고 생각할 수 있다.

중국문학연구회 회보(會報)에서 타께우찌는 중국의 문제가 자신의 문제를 생각하는 열쇠가 될 것이라는 자세를 종종 드러냈다. 예를 들면 제23호는 '중국문학 연구방법의 문제'라는 제목으로 특집을 꾸렸다. 「나와 주위와 중국문학(私と周圍と中國文學)」을 발표하고 "중국문학 연구가 한평생의 욕구로 있을 수 있을 때 혹은 있고 싶어 할 때, 아무리 가난하더라도 나는 나 자신으로부터 출발할 수밖에 없다고 생각했다"라고 썼다.[20] 많은 동인이 중국문학 연구방법론을 쓰는 가운데에서, 이 구절은 이채롭다. 타께우찌가 중국문학연구회 활동을 통해 1932년 베이징에서 받았던 '감동'을 규명하려고 한 것을 알 수 있다. 이처럼 '나 자신에서 출발'하는 것을 강조한 타께우찌가 최초로 문제시한 것은 언어였다. 생각해보면 베이징 체험도 가정교사를 통해 중국어를 공부하는 데에서 시작했다. 중국에 들어가 처음으로 자

신의 문제로 맞닥뜨린 것이 어학임을 알 수 있다.

회보를 보면, 『중국문학월보』 제1호의 타께우찌 요시미가 집필한 「시보(時報)」에서 중국 대중언론전을 소개한 것을 시작으로 종종 중국의 언어운동에 대해 보고하고, 제24호에서는 '언어문제' 특집을 편성했다. 또한 일본인의 중국어 학습에도 관심을 가져 『중국문학』 제63호에서는 '사전' 특집을 편성했고, 제73호에서는 '쿠라이시 타께시로오(倉石武四郞) 저 『지나어교육의 이론과 실천(支那語教育の理論と實踐)』 비판'이란 제목으로 특집을 편성했다.

쿠라이시 타께시로오의 『지나어 교육의 이론과 실천』은 중일전쟁 중인 1941년에 쓰인 저작이다. 이 책에서 쿠라이시는 전쟁 발발과 동시에 시국에 편승하듯이 중국에 대한 관심이 높아졌지만, 종래의 한문교육과 현대중국어 교육이 전혀 접점이 없는 상황이 이어지고 그 결과 중국상이 분열되고 있다고 당시 상황을 비판했다. 그리고 이를 바탕으로 현대중국어 교육을 기반으로 중국학을 재구성해야 한다는 주장을 격렬한 언사로 서술했다.[21] 이는 고전중국에 대한 경직화된 연구를 부정하고 현대의 살아 있는 중국으로 향하려는 것으로, 타께우찌 요시미의 자세와도 공통되는 부분이 있다. 타께우찌도 제73호에 낸 글에서 쿠라이시 타께시로오의 자세에 깊이 공감하고 있다.

다만 이런 공감을 전제로 하면서도 타께우찌는 "대강에 있어 나는 쿠라이시 씨의 의견에 찬성하며, 내 자신도 미력을 다하고 싶다고 생각한다. 그러나 그것에 의해 즉시 학문상의 변화가 달성될 것이라는 안이한 사고방식에 대해서는 나는 반대한다"라고 썼다.[22]

즉 타께우찌 요시미는 언어의 문제가 중국을 대면하는 자세의 근간과 관련되어 있다는 쿠라이시 타께시로오의 말에 적극 찬성하고 현대중국어를 배우는 것이 중요하다고 하면서도, 그것만으로는 부족하다고 주장했다. 이유는 말할 필요도 없이 언어의 습득이 자신의 문제를 생각하는 것으로 이어져야 하기 때문이다. 바꿔 말해서 타께우찌는 언어의 문제에 깊은 관심을 가져왔지만, 그것은 도구로서의 언어를 습득하기 위한 것이 아니라 언어가 그가 생각하는 '문학', 자신과 타자의 상호영역에 다가가기 위한 입구이기 때문이었다. 타께우찌는 언어를 생각하는 것은 문학을 생각하는 것으로 연결된다고 주장했다.

언어에 대한 타께우찌의 관점이 가장 명료하게 드러난 것은 번역을 둘러싼 논의였다. 중국문학연구회 회보 『중국문학』은 제66호부터 '번역시평(翻譯時評)' 난을 설치했다. 타께우찌는 제73호 편집후기에 "번역의 문제는 언어와 표현의 문제뿐만 아니라, 생각하다보면 결국은 인간의 문제까지 환원될 것이다. 기술만 해도 범위가 상당히 복잡하다"라고[23] 그 난의 취지를 적었다. '인간의 문제'라는 표현에서 타께우찌의 의도를 읽을 수 있다.

최초의 시평은 카미야 마사오(神谷正男)가 담당하고, 그 뒤를 이어 타께우찌 요시미가 등장했다. 타께우찌는 오로지 번역의 태도, 즉, '인간의 문제'를 논했다. 타께우찌는 여기서 한문 훈독의 습관을 계속 고집하는 직역투 번역을 공격했다. 이 대목의 논조는 쿠라이시 타께시로오와 거의 동일하다. 게다가 타께우찌는 바람직한 번역의 자세에 대해 "나는 오히려 좋은 번역이란 가장 잘 해석되고, 그래서 해석의 한계를 자각한 태도에서 생겨나는 것이라고 믿고 있다"라고 말했다.[24] 번역자가 원문의 한계까지 해석하고 그 해석의 한계를 번역문에서 표현하는 듯한 번역을 추구한 것이다.

타께우찌의 글은 반향을 불러일으켰다. 글 속에서 번역을 비평받은 요시까와 코오지로오(吉川幸次郎)의 반론이 이어져, 두 사람의 왕복 서한이 『중국문학』 지상에 발표되었다. 요시까와 코오지로오의 반론도 상당히 흥미로운 내용을 포함하고 있는데, 여기서는 두 사람의 논쟁에 자세히 들어가는 것은 피한다.[25] 타께우찌의 결론은 다음과 같은 것이었다.

> 나는 해석과 표현에 있어 표현이란 언어라고 생각한다. 번역의 절차에서는 그것을 구별할 수 있지만 실제로 심리적으로는 하나라고 생각한다. (…) 문학의 경우 언어란 절대적으로 '존재하는 것'이고, 여기서 태도가 분명히 나뉘는 것이 아닐까라고 생각한다. 주체적으로 파악하거나, 방관자로 서 있거나이다. (…) 이는 번역만의 문제가 아니다. 내게 있어 지나문학을 있게 한 것은 나 자신이고, 요시까와 씨에게는 지나문학에 무한하게 다가가는 것이 학문의 태도인 것이다.[26]

여기서 타께우찌는 문제를 문학 일반으로 넓혀 말했다. 그는 먼저 "표현이란 언어"라고 '언어'에 주목하는 자세를 보였다. 게다가 문학의 언어는 '존재하는 것'으로서 절대적으로 존재하고 있다고 말하고, 그러한 언어에 대해 방관자로 객체적으로 보는 것이 아니라 주체적으로 파악해야 한다고 주장했다. 이후에 타께우찌는 니시다(西田) 철학에 경도된 것을 스스로 인정했는데, 이 무렵에 이미 자신의 입장을 표명하기 위해 철학 용어를 운용한 것으로 보인다. 중요한 것은 '중국문학을 존재하게 한 것은 나 자신'이라는 구절이다. 여기서 타께우찌는 철학적 사고를 운용하면서 주체적으로 번역하는 것의 의미를 설명하려 했다.

여기서 상기하고 싶은 것은 타께우찌가 「번역시평」에서 말한 "해석의 한계를 자각한 태도"라는 표현이다. 타께우찌가 추구하는 번역은 한계까지 번역하는 것이었지만, 이 글에서는 '번역이란 표현이고, 표현이란 언어다'라면서 한계까지 해석된 것은 언어로서 모습을 드러낸다고 주장하고, 게

다가 언어는 '존재하는 것'이라고 말했다. 즉 타께우찌의 사유에서 한계까지 추구된 해석, '그 자신'에 의해 주체적으로 만들어진 표현은 절대적으로 '존재하는 것'으로서의 언어가 된다는 것이다. 타께우찌가 추구한 번역은 이러한 과정을 거쳐 만들어지는 존재였다고 말할 수 있다. 타께우찌가 생각하는 번역의 실천이란 중국과 주체적으로 관계함으로써 절대적인 존재로서의 언어를 만들어내는 것이었다. 이는 바로 그가 추구하는 '문학'을 집약적으로 표현한 것임을 엿볼 수 있다.

더욱이 타께우찌는 스스로 번역에 종사했다. 연보에 따르면 그가 처음으로 연구회 회보 외에 발표한 글은 셰 빙잉(謝冰瑩)의 「매화 아가씨(梅姑娘)」 번역문이었다. 번역문이 게재된 『부인문예(婦人文藝)』를 "연인을 기다리는 것 같은 마음"으로[27] 받았다고 한다.

하지만 이 「매화 아가씨」는 타께우찌 자신이 「부기(附記)」에 "「매화 아가씨」가 선정된 것은 작가에게 있어, 고통스러운 것까지는 아니더라도 조금은 불만이 있을 거라고 생각한다"라고 말했듯이,[28] 셰 빙잉의 대표작이라 말하기는 어렵다. 여기서도 타께우찌는 문학사적 위치와는 관계없는 작품을 선정한 것을 알 수 있다. 또한 타께우찌가 처음 출간한 책은 류 반눙(劉半農)의 『새금화(賽金花)』 번역이었는데, 이 책도 통상 문학사에서 다뤄진 적이 거의 없었다. 청말 중국에서 시대의 파도에 휩쓸리면서 기구한 운명을 걸은 명기(名妓) 새금화에 대해서는 쩡 푸(曾樸)의 소설 『얼해화(孽海花)』, 샤 옌(夏衍)의 희곡 「새금화」 등 많은 저명한 문학작품이 나와 있었다. 타께우찌도 그의 번역서 『새금화』의 해설에서 이들 문학작품에 대해 언급했다. 그러나 타께우찌가 선택한 작품은 류 반눙이 만년에 쇄금화에게 갔다가 들은 이야기를 쓴 것이었다. 그녀 자신의 말로 이력을 이야기하고 있긴 하지만, 소위 문학성을 파악하기는 어렵다.

타께우찌는 『새금화』 해설에서 새금화 활약의 주요 배경인 의화단사건의 중요성을 서술하고 있다. "거기에는 문학의 원형이라 칭해야 할 인간 행위의 다양한 요소가 풍부하게 축적되어 있다. 겉치레한 작품보다도 뛰어나며, 본연 그대로의 인간 생활의 소재가 무수히 뒹굴고 있다"라면서[29] 태연한 한마디로 자신이 관심을 둔 부분을 말하고 있다. 즉 타께우찌는 문학으로서 완성도 높은 작품이 아니라 "본연 그대로의 인간 생활의 소재"를 문학의 언어로 표현한 텍스트를 추구한 것이다. 사실 타께우찌가 『새금화』를 번역의 대상으로 선택한 이유는 그다지 확실하지 않다. 『새금화』는 중국문학연구회 동인이 중심이 되어 세이까쯔샤(生活社)에서 출간한 '중국문학총서' 중 한권이며, 그가 번역을 담당한 것은 절반은 우연이었는지도 모른다. 한편, 셰 빙잉의 소설은 확실하게 저자와의 개인적 교류가 배경이 되었다는 것을 알 수 있다. 어찌되었든 타께우찌는 중국문학연구회 활동에서도 문학사적 중요성과는 관계없이, 자신이 암중모색 중에 만난 텍스트에서 "본연 그대로의 인간 생활의 소재"를 찾아다녔다. 그리고 중국어 텍스트에 주체적으로 대면하는 행위로서, 일본인으로서 '타자'인 중국 일반 민중의 마음에 접근하는 문학의 언어를 만들어내기 위해 번역의 실천을 시도한 것이다.

『루쉰』 집필

타께우찌 요시미가 중국문학연구회에서 자신의 문학관을 형성하기 위해 모색할 때, 일본은 중국에 대한 전면적인 침략을 추진하고 있었다. 타께우찌의 활동을 단순히 이문화(異文化)에 접근하는 방식으로 인식하면 중요한 문제를 간과하게 된다. 타께우찌는 침략하는 측의 일원으로서, 폭력적으로 불균등한 상태에 놓인 중일관계에 입각하여 굳이 중국 민중생활에 다가가려고 시도하고, 게다가 그것을 자신의 문제로 받아들이려 했다.

다만, 그것을 전쟁에 대한 저항으로 인식했다는 것 또한 생각해보면 정확한 말은 아니다. 적어도 그 단계에서는 명확하게 저항이라는 의식은 가지고 있지 않았다. 타께우찌가 쓴 유명한 글 가운데 1941년 말 일본이 미국을 상대로 개전했을 때 작성한 선언문 「대동아전쟁과 우리의 결의(大東亞戰爭と吾等の決意)」가 있다. 당시 타께우찌는 일본이 자신의 연구대상인 중국을 침략하고 있다는 사실에 고뇌하고 있었다. 그때 미국을 상대로 한 개전 소식을 듣고, 그것을 계기로 침략전쟁의 성격을 바꾸고 동시에 일본사회의 구조도 변혁시키고 심지어 근대를 '초극'하기를 기대했다. 그래서 그는 이 선언문에서 '대동아전쟁'을 무조건 지지했다. 현재의 관점에서 본다면 타께우찌의 비판은 완전히 잘못된 것이다. 그는 '대동아전쟁'이 중국 침략전쟁의 일환임을 묵인하고 있었고, 중국 민중의 '대동아전쟁'에 대한 태도도 이해하려 하지 않았다. 그러나 이러한 이론 오류 및 현실인식의 오류는 역설적으로 타께우찌의 고뇌와 사상적 곤궁에서 탈출하고 싶은 희망의 절실함을 말해주는 것이라 생각한다. 바꿔 말하면 그때 타께우찌는 중국 침략이라는 현실을 받아들이면서도, 중국 민중에 다가가는 것을 스스로의 과제로 삼아 이를 주체적으로 완수하려 함으로써 거의 끝이 없는 고뇌에 빠져 있었던 것이다.

타께우찌에 따르면 이때 그는 루쉰을 만났다.[30] 타께우찌가 루쉰을 '만났다'는 정확한 시기가 언제인지는 알 수 없다. 그러나 그가 루쉰과의 격투를 글로 쓴 것은 아마 1943년 중국문학연구회를 해산시킨 전후부터인 듯하다. 1943년 말, 그는 이후의 출세작이 된 저작 『루쉰』의 집필을 마쳤다. 그 직후

소집영장을 받은 타께우찌는 병사로 출정했다. 그의 저작은 1932년 베이징 경험에서 시작해 중일전쟁 시기까지 타께우찌 요시미가 모색한 일련의 활동 중 하나의 도달점이었다고 생각한다. 매우 밀도 높은 글이며, 타께우찌 사상의 전개과정, 전시하 언사의 가능성 등 여러 면에서 논의해볼 문제가 있지만, 여기서는 이 글의 주제에 입각해 번역의 문제와 '문학'의 문제로 좁혀서 논하겠다.[31]

저작 『루쉰』의 큰 특징은 루쉰의 글을 대거 인용하고 있다는 점이다. 특히 『루쉰』의 결론부 「정치와 문학」 장은 거의 절반 가까운 지면을 할애해 루쉰의 글을 인용하고 있다. 중요한 것은 인용이 그대로 번역 행위가 된 점이다. 게다가 타께우찌는 번역을 의식하고 있었다. 그는 이후에 출판 후기에 "기존 번역이 불만스러워 독자에게 자신의 번역으로 루쉰의 글을 보여주고 싶다는 의도가 있었다"라고 썼다.[32] 기존 번역의 어디에 불만이 있었는지는 구체적으로 언급하지 않았다. 다만 앞서 본 번역에 관한 그의 사상을 바탕으로 생각해보면 아마도 오역 등 기술적인 측면에 문제가 있지는 않았을 것으로 생각된다. 오히려 그가 여기서 중시한 것은 자신의 주체의 문제로, 달리 말해서 타께우찌 요시미는 자신의 글로 루쉰의 텍스트를 문장화하려는 욕구가 있었을 것이다.

「정치와 문학」을 개관해보자. 이 장은 총 3개 절로 되어 있다. 1절에서 문제를 설정하고, 2절에서는 쑨 원에 대한 루쉰의 경도(傾倒)를 논하며 루쉰이 쑨 원으로 표상되는 '영원한 혁명'을 어떻게 보았는가를 보여주려고 했다. 이때 타께우찌는 루쉰의 글을 대거 인용한 뒤 "표상은 역시 복잡하고 상당히 집약된 것이어서 한데 모으는 것이 쉽지 않다. (…) 나는 루쉰이 본 '악(惡)'이 무엇인지보다도, 그것을 그가 어떻게 처리했는가 하는 태도에 중점을 두고 있다. 복잡한 표상의 틈에서 한 줄기 빛 같은 것이 비친다면 내가 루쉰의 글을 통해 표현하고자 한 목적이 달성되는 것이지만, 그래도 이 것만으로는 아직 부족한 것 같다"라고 썼다.[33] 이 문장은 타께우찌의 루쉰 해석의 방향성을 보여주면서, 그것을 어디까지나 인용을 통해 표현하고자 한 그의 의도와, 어느정도 인용을 하더라도 루쉰의 상을 명확하게 할 수 없 다는 해석의 한계에 대한 타께우찌의 고투를 드러낸다고 할 수 있다.

그런 자세는 저작 전체의 결론부가 되는 3절로 이어진다. 3절에서는 주 로 1927년에 루쉰이 광둥에서 행한 두번의 강연 내용을 정리한 「혁명시대 의 문학」과 「위진(魏晉)의 풍토 및 문장과 약, 그리고 술의 관계」를 논했는 데, 여기서도 많은 지면을 번역(인용)에 할애했다. 정확히 말하자면, 타께 우찌 요시미가 번역을 통해 만들어낸 루쉰의 문장으로 루쉰을 논하는 것이 이 저작의 구성이다.

타께우찌 요시미는 「정치와 문학」의 마지막을 이렇게 맺었다.

침묵은 행동이다. 행동에 대한 비판으로서, 그 자체가 행동이다. 언어 가 실재할 뿐만 아니라 언어 없는 공간 또한 실재한다고 믿는 것이다. 말 을 가능하게 하는 것은 동시에 말의 존재도 가능하게 한다. 유(有)가 실 재한다면 무(無) 또한 실재한다. 무는 유를 가능하게 하지만, 유에 의해 서 무 자신도 가능해진다. 그것은 이른바 원초적 혼돈이다. '영원한 혁명 가'를 그림자로 품은 현재의 행동가가 태어나는 근원이다. 그리고 문학 가 루쉰이 계몽가 루쉰을 무한히 생성하게 하는 궁극의 장소이다.[34]

"궁극의 장소"라는 전체의 결론에 겨우 도달함으로써 『루쉰』은 마무리 되었다. 여기서 말하는 '무'에 니시다 철학의 영향이 있는 것은 앞서 말한 대로 타께우찌 자신이 인정하고 있다.[35] 또한 이러한 표현에는 당시의 광범

위한 사상의 영향도 반영되어 있다.[36] 다만 언어의 실재와 함께 "언어 없는 공간"도 실재한다고 말하고 침묵 또한 행동이라고 말한 부분에서 타께우찌의 독자적인 사색을 볼 수 있다. 물론 타께우찌가 여기서 말한 것은 엄밀히 말하면 루쉰의 정신이지만, 동시에 타께우찌 자신의 정신도 읽을 수 있을 것이다. 타께우찌가 번역을 통해 언어의 절대적 존재를 추구하고 있다는 것, 그러나 중국 침략이라는 현실 앞에서, 더구나 자신에게 소집영장이 올 것이 예상되는 상황에서 언어의 무력함을 맛볼 수밖에 없었을 것을 상기한다면, 침묵은 행동이라 말하고 언어를 둘러싼 유와 무의 변증법을 주장하는 것은 절망적인 상황에서 주체성을 유지하려는 자세라고 볼 수 있지 않을까.

『루쉰』에는 "정치에서 유리(遊離)된 것은 문학이 아니다. 정치에서 자신의 그림자를 보고 그 그림자를 깨뜨리는 것을 통해, 바꿔 말하면 무력(無力)을 자각하는 것에 의해, 문학은 문학이 되는 것이다"라는 구절도 있다.[37] 여기서 타께우찌는 한층 명확하게 정치와 문학의 문제를 논했다. '무력을 자각함으로써 문학은 문학이 된다'라는 표현은 절망적일 수밖에 없는 당시 상황에서 문학은 무용지물이 되었다고 버리는 것이 아니며, 동시에 문학에 의의가 있다고 강변하는 것도 아니고, 변증법에 따라 스스로 독자적인 '문학'의 입장을 관철하려는 자세의 표명이라 생각한다.

타께우찌는 『루쉰』에서 '정자(挣紮)'라는 단어를 루쉰이 선호한 것에 주목했다. 사실 루쉰이 '정자'를 얼마나 선호했는가는 논의의 여지가 있지만, 타께우찌가 본 루쉰은 중요한 장면에서 '정자'를 사용한다. 주목할 점은 이 단어에 대한 타께우찌 요시미의 이해이다. 1952년에 붙인 주(註)에서 "'정자(挣紮)'라는 중국어는 '참다' '용서하다' '발버둥치다' 등의 의미를 가지고 있다. 루쉰의 정신을 이해하는 단서로 중요하다고 생각하기 때문에 원어 그대로 종종 인용하고 있다. 굳이 일본어로 번역하면 요즘 용어로 '저항'에 가깝다"라고 설명했다.[38] '저항'이란 표현은 타께우찌 본인도 말했듯이 전후 일본에서 사용한 용어이고, 당시 그러한 의식을 가지고 있었다고는 생각할 수 없다. 다만, 나중에 '저항'이라 표현할 만한 정신을 루쉰에게서 찾고 있었던 것, 그리고 아마도 루쉰과의 만남을 통해 타께우찌가 자신의 문제로서 '저항'에 가까운 것을 생각했으리라는 것을 알 수 있다.

우까이 사또시(鵜飼哲)는 타께우찌 요시미의 『루쉰』을 평하면서 "본질적으로 반계몽적인, 계몽의 힘에 저항하는 듯한 번역이란 어떤 것일까. 번역의 역사적 실천 중에 계몽운동과는 다른, 보다 오래된, 보다 넓은 층을 어떻게 발굴할 것인가. (…) '저항'이라는 말이, 이 말을 둘러싼 사고와 실천이 타께우찌에게 있어 항상 이미 번역의 운동 속에 있었다는 것을 여기서 우리는 알 수 있다. 이 책에서 타께우찌가 안고 있는 과제는 타자의 저항을, '저항'이라는 말조차 정확한 번역인지 아닌지 모르는 그 실상을 어떻게 번역해야 하는가가 아니었을까"라고 말했다.[39] 우까이는 이 글에서 타께우찌의 '번역' 및 '저항'을 역사철학으로서 논하고 그것이 '운동'이었음을 지적하고 있다.

생각해보면 1932년 베이징에서 타께우찌가 얻은 '감동'은 타자인 중국 민중의 생활에 다가감으로써 중국과 자신의 상호영역 문제에 주체적으로 마주할 수 있으리라는 계시였다. 그래서 그는 민중의 사상이 나타나는 글〔文〕인 '문학'을 읽었다. 게다가 구체적인 작업으로서 중국의 '문학'을 자기 문제로 인식했기 때문에 글을 주체적으로 표현하는 번역을 모색했다. 그런데 타께우찌가 이러한 일련의 활동을 추구한 것과 거의 같은 시기에 일본의 중국 침략이 강화되면서 중국과 일본의 상호영역은 말소되고 문학의 여지가 사라지고 있었다. 이러한 시대의 흐름 속에서 타께우찌는 여전히 자신의 입장을 관철하는 운동으로서『루쉰』을 썼다. 그것은 의식적인 저항은 아니었다고 생각하며 '저항'이라고 말하는 것이 정확한 것인지조차 모르겠지만, 그러나 '정자'라고 부를 수밖에 없는 실천 내지 운동이었다고는 말할 수 있다. 그 운동 속에야말로 타께우찌 요시미가 전시에 도달한 '중국문학'이 있었다.

나가며

전후 타께우찌 요시미의 다채로운 활동은『루쉰』으로 도달한 '중국문학' 운동을 전개하는 가운데서 이루어졌다. 그 전개를 논하는 것은 이 글의 범위를 넘어선다. 그것을 생각하려면 1950, 60년대에 걸쳐 일본과 중국이 어떠한 관계를 맺었는가 하는 보다 큰 시대 배경도 염두에 두어야 한다. 한편, 타께우찌 요시미의『루쉰』은 전후 일본의 중국현대문학 연구에 있어서도 원점이 되었다.

타께우찌를 이은 세대의 대표적인 중국현대문학 연구자 마루야마 노보루(丸山昇)는 "타께우찌 이후의 모든 루쉰 연구자는 이 책에서 많은 것을 계승하고 있다. 여러 면에서 타께우찌와는 다른 루쉰상(像)을 제출하기에 이르렀다는 점에서, '타께우찌 루쉰(竹內魯迅)'에게 느끼는 위화감을 고집하고 차이를 발견하는 것을 통해서 자신만의 루쉰상을 키워온 것이며, 그런 의미에서 역시 타께우찌의 강한 영향하에 있었다"라고 말했다.[40] 사실 마루야마 노보루야말로 타께우찌 요시미에 대한 위화감을 고집하는 것으로서 독자적인 루쉰상을 만들어낸 연구자였다.

전후 일본에서 타께우찌 요시미는 전후 민주주의의 기수로 받아들여졌다. 마루야마 노보루와 같은 세대의 중국문학 연구자 이또오 토라마루(伊藤虎丸)는 타께우찌 요시미를 시작으로 전후 민주주의에 경도된 것을 설명하고, "그것은 패전을 계기로 전후 학문 본연의 자세, 나아가 메이지 이후 일본의 '근대' 전체에 대한 '반성' 위에서 새로운 학문과 문화의 전체성의 회복을 지향하는 것이며, 동시에 그러한 지향 자체가 패전이라는 사건을 정신의 심층적인 차원에서 받아들이고 새로운 일본의 재건을 향한 실천적 열정이나 희구(希求)를 모티프로 한 것이었다"라고 말했다.[41] 전후 일본의 중국현대문학 연구가 전전(戰前)의 학문에 대한 반성을 기반으로 진행된 것은 확실히 타께우찌 요시미가 루쉰 연구자라는 좁은 의미를 넘어 전후 민주주의의 대표로서 큰 영향을 가졌다는 점을 보여준다.

전전의 학문에 대한 반성을 기초로 하는 전후 민주주의 사상과 중국현대문학 연구가 이어지는 것은 언제나 자신의 문제로서 중국을 마주하려 한 타께우찌 요시미의 방향성과 일치한다. 다만 여기서 한 가지 문제가 생긴다. 마루야마 노보루는 앞의 인용문 바로 뒤에 "타께우찌가 정치와 문학을 인식하는 방법은 이미 살펴본 바와 같이 대단히 복잡하며 또한 그 자신이 이후에도 '정치와 문학'이란 문제 설정방법의 불모(不毛)를 반복해서 지적하고 있지만, 그럼에도 불구하고 타께우찌가 그의 책의 축으로 '문학자의 자각'을 둔 것은, 오까자끼 토시오(岡崎俊夫)도 지적하듯이 정치에 대립하는 문학이라는 문학관을 어딘가에 남겨 '정치와 문학'이라는 구조 속에서 루쉰을 인식하는 결과로 이어졌음을 부정할 수 없다"라고[42] 중요한 지적을 했다.

정치와 문학은 전후 일본에서 문학관의 기축이 된 이항대립이며, 그 구조에서는 종종 정치와 문학 중 어느 한쪽을 선택해야 한다고 요구되었다. 루쉰은 정치적이기 때문에 뛰어난 문학가라는 논자가 나오는 한편, 루쉰을 정치에서 분리해 순수 문학가로 읽으려 하는 논자도 나타났다. 타께우찌 요시미 자신의 사상은 마루야마 노보루가 지적하고 또한 이 글에서 살펴봤듯이 단순한 이항대립을 엄밀하게 피하는 것이었지만, 역설적이게도 전후에 수용되는 가운데 타께우찌에서 시작된 사고가 이항대립에 빠지기 쉬워진 것은 부정할 수 없다.

물론 타께우찌 요시미가 엄격한 태도로 사고했던 중일전쟁기의 중국 연구와 전후의 중국 연구는 놓인 위치가 완전히 다르다. 타께우찌 요시미처럼 중국을 대하는 방식을 엄격하게 물으면서 '문학'의 의미를 확대하고 모색해가며, 더욱이 번역이라는 실천을 하면서 루쉰과 격투하기를 전후에 요청하는 것은 잘못 짚은 것일지도 모른다. 그러나 타께우찌 요시미가 세상을 떠난 지 40년이 지나 그를 오히려 유산으로 재검토할 기회가 생겨난 현재에 그의 사고의 원점을 다시 묻는 일은 의미가 있을 것이다. 그것은 중국 현대문학 연구의 원점을 재검토하는 작업인 동시에, 아니 그 이상으로 중국문학을 읽는 것에 내재한 긴장감과 강도를 되찾는 작업이 될 것이다. 오늘날의 중국문학을 어느 정도의 긴장감과 강도를 가지고 읽을지, 그것이 우리의 과제이다.

〔번역: 지관순·연세대 사학과 박사과정〕

제2장

샤오 위린의 한국독립운동 지원과
한중연대 활동*

샤오 위린의 『사한회억록』을 중심으로

김정현(동북아역사재단 연구위원)

1. 머리말

샤오 위린(邵毓麟, 1909~84)은 중국 저장(浙江)에서 태어나 일본 유학 후 쓰촨대학 교수를 거쳐 1935년 국민정부의 외교관이 되었다. 충칭국민정부에서 군사위원회 장 제스 위원장 비서실과 외교부 정보사에 근무하면서 대한민국임시정부(이하 '임시정부')와 한인 독립운동을 지원하였다. 그는 직위가 높지는 않았지만 국민정부의 한국정책을 실제 집행했고, 1944년 임시정부의 명예고문에 위촉되었다. 1949년 1월 그는 중화민국 초대 주한 특명전권대사로 임명되어 한국에 부임하였다. 1951년 9월 대만으로 돌아간 그는 총통부와 외교부 고문을 역임하고, 한국 관련 회고록 『사한회억록』(使韓回憶錄, 1980)을 남겼다. 이 책에서 그는 1919년 3·1운동에서 1979년까지 60년

• 이 글은 『중국근현대사연구』 77, 2018에 게재된 논문을 일부 수정한 것이다.

간의 한국독립운동사와 중한관계사를 기록하였다.

중국 국민정부와 임시정부의 관계에 대한 연구는 많으나, 임시정부의 활동에만 주력한 결과 상대 세력이나 정권의 입장을 편의적으로 해석하여 결과적으로 임시정부의 활동을 정확하게 기술하지 못했다는 평가가 있다. 반면 중국의 한국독립운동 연구는 중국이 항일전쟁에 미친 반작용에 주목하지 못한 채 시혜적 측면만 부각한 면도 있다.[1] 양국 간 학술교류 증대, 자료발굴과 번역 등을 기반으로 새로운 연구가 이루어지고 있지만,[2] 한중이 협력한 항일독립운동의 올바른 연구를 위해서는 더 많은 자료 발굴과 다양한 접근방법이 요구된다.

『사한회억록』은 중국 국민정부와 한국독립운동 관계를 재검토하는 연구과제를 제공해준다. 이 책에서 샤오 위린은 한국의 독립을 위한 분투와 '공동항일'을 위한 중국의 원조활동 경과를 ① 한인의 정치적 단결을 위한 활동, ② 군대 창설과 2차대전 참전 노력, ③ 임시정부의 외교적 승인 쟁취 등 세 방면으로 나누어 서술하였다. 이 글은 관련 자료와 선행 연구성과를 연관지어 샤오 위린의 한국독립운동에 대한 인식과 지원활동을 분석하고자 한다. 정치적·군사적 지원과 임시정부 승인, 전후 독립을 위한 외교문제로 나누어 샤오 위린으로 대표되는 국민정부의 한국독립운동 지원과 한중연대 활동의 방식을 파악하고, 관련 연구의 논쟁점과 과제를 짚어보고자 한다.

2. 샤오 위린의 한국독립운동 인식과 국민정부의 정치적·군사적 지원

한국독립운동 세력의 정치적 단결을 위한 활동

샤오 위린은 『사한회억록』에서 임시정부 성립 초기 광저우혁명정부와의 연계 시도를 높이 평가하고 호법정부의 임시정부 승인과 이후 장 제스 국민정부로의 계승성을 강조하며, 쑨 원 선생의 유훈인 약소민족에 대한 원조를 국민당이 이어 실천했다고 하였다.[3] 또 임시정부 인사들이 다방면의 노력을 기울여, 중국 인사들이 한인 학생들에게 황푸(黃埔)군관학교에 입학할 기회를 제공했다고 언급하였다.[4] 이 시기 국민당 지도자들은 한국 혁명지사들과 긴밀히 왕래했지만 1928년 중화민국으로 통일될 때까지 한국 독립운동을 지원할 여력이 없었고, 초기 임시정부도 노선투쟁으로 매우 취약한 상태였다고도 하였다.[5] 한편 관련 연구는 임시정부와 호법정부의 협력관계 내면에 한중호조라는 긍정적 측면 외에 '중화주의와 사대주의의 교차'라는 부정적 갈등의 측면이 공존했음을 지적한 바 있다.[6]

그는 1932년 4월 윤봉길(尹奉吉)의 의거 이후 국민정부가 임시정부와 협력하긴 했지만 당과 군사당국이 주도하는 비밀원조 방식으로 진행된 사정을 밝혔다. 한국독립운동 지원은 당에서는 중앙조직부, 군에서는 정치작전과 정보 방면 부서들이 담당했으며 세 가지 방식으로 이루어졌다고 한다. 첫째는 한인 항일활동세력의 단결과 합작을 촉진하는 정치적 노력과 재정 원조이고, 둘째는 1932년 난징의 '조선혁명군사정치간부학교'와 '중앙군관학교 뤄양(洛陽)분교' 두 계열의 군사학교에서 비밀리에 한국 청년들을 훈련시킨 것이고, 셋째는 대일 정보수집 공작을 위해 한국독립운동 진영에 비밀리에 자금을 지원한 것이다. 그런데 자금분배 문제가 임시정부 내부에 분쟁을 촉발한 요인이 된 것은 아쉬운 점이며, 군사학교에서 양성된 군사 인재들이 후일 '조선의용대'와 '한국광복군'이 되었지만 이들이 독립운동 진영 내부 당쟁의 도구로 이용되기도 한 점은 중국 당국이 반성해야 할 부분이라고 하였다.[7]

그에 따르면 1937년 7월 중일전쟁 발발 이후 중국 정부가 한인 독립운동을 지원하면서, 한인세력의 단결과 합작을 요구하고 이를 위한 조정자 역할을 수행하였다. 또한 임시정부가 중국 정부 각 기관을 따라 서쪽으로 이동할 때 국민정부의 보호를 받은 반면, 중국 군대를 따라 한커우(漢口)로 이동한 조선민족혁명당과 김약산(金若山, 김원봉金元鳳) 일파는 1937년 12월 한인 좌익인사들과 연합해 '조선민족전선연맹'을 결성했는데, 이후 임시정부계열의 '한국광복운동단체연합회'와 사사건건 충돌했다고 하였다.[8] 그는 김약산이 '조선의열단' 조직을 기초로 황푸군관학교 동창회와 일부 부흥사 단원의 지지를 등에 업고 한국혁명진영 내부의 정치투쟁을 격화시켰으며, '한국대일전선통일동맹'을 조직해 임시정부의 시책을 반대함으로써 곤경에 처하게 했다고 하였다.[9] 임시정부와 노선 차이를 보인 김약산 일파를 독립운동 세력 분열의 원인으로 지목한 것이다.

그는 1938년 한커우에서 『다궁바오(大公報)』의 장 지롼(張季鸞) 주필이 자신에게 한국독립운동을 위해 분투할 것을 당부하며 장차 독립된 한국의 첫번째 중국대사가 되라고 격려했는데,[10] 1939년 충칭에서 국민정부 군사위원회 위원장 시종실 비서가 되면서 한국독립운동 진영과 본격적으로 관계를 맺게 되었다고 한다.[11] 1938년 10월 장 제스가 한국독립운동 진영 당파들의 단결 촉진에 주안점을 둔 한국혁명운동 지원업무를 지시하자, 그는 1939년 1월 김구(金九)와 김약산에게 진정으로 합작하고 함께 대일항전에 전력을 다해줄 것을 권고하였다.[12] 한국독립운동 세력의 파벌과 갈등을 지나치게 강조한 사오 위린의 영향을 받은 대만의 연구는 한국독립운동 세력이 1939년 7월 충칭에서 통일운동에 노력했지만 각 파의 역사적 배경과 주의주장의 차이로 인해 실패했다고 평가하였다.[13] 반면 1938년 11월 말과 1939년 정월 중국의 전시총사령관 장 제스를 만난 김구와 김약산이 중국국민당의 단결 설득에 힘입어 '7당 통일회의'를 개최하였고, 여기서 조선독립운동 내부의 단결문제를 해결하지는 못했으나 양당의 향후 연합에는 긍정적인 결과를 가져왔다는 평가도 있다.[14]

샤오 위린은 충칭에서 국민정부의 대일 정보공작이 여러 갈래로 나뉘어 계통이 다른 탓에 한국혁명진영 내부 분규가 격화된 사정을 서술하였다. 예컨대 국민당 중앙당부 조사통계국은 임시정부를, 군사위원회 조사통계국은 조선민족혁명당을 지원했으며, 비선인 군부 정보책임자들은 김약산과 황푸군관학교 동문으로 연결되어 있었고, 군사위원회 산하 국제문제연구소가 대일 정보수집을 위해 한국독립당 및 조선민족혁명당과 동시에 연계를 맺은 것도 한국혁명진영 내부 분쟁을 심화시킨 요인으로 작용하였다. 당시 국민정부의 대일 정보공작 계통이 엇갈린데다 공산당까지 합세하면서 복잡하게 전개된 사정은 직접 그 일에 참여한 사람이 아니면 내막을 알수 없는 요지경 같다고 회고하였다.[15] 그는 당과 군을 통한 두 갈래 지원의 정책적 목표는 한국 혁명역량과 연합하여 공동 분투한다는 점에서 일치했지만 아쉽게도 업무상 상호연계가 부족했고, 1942년 말에야 비로소 대한원조에 대한 통일방안이 마련되기까지 당과 군이 독자적인 행동을 진행한 것이 문제였다고 한탄하였다.

관련 연구도 한국독립운동 세력 분열의 원인을 장 제스가 조직부와 부흥사 두 계통으로 지원한 것으로 본다. 장 제스는 두 갈래 지원으로 인해 예상되는 한국 당파의 분열과 갈등을 자신의 역량으로 충분히 해결할 수 있으리라 여겼지만, 국민정부 내 두 계통이 자기 조직에 유리한 방향으로 활동 상황을 보고하여 그의 사실 판단과 인식에 혼선을 빚게 했다는 것이다.[16]

비록 국민정부의 정보계통이 여러 갈래로 나뉘었고 임시정부 지원을 책임진 인물들 간 의견이 일치하지 않아 내부 단결에 어려움을 겪었지만, 1942년 임시정부는 3·1독립운동 23주년 기념대회에서 "과거 혁명을 방해하였던 당파싸움이 앞으로 절대 없을 것이며, 이제 모든 혁명역량이 임시정부에 집중되었다"라고 보고하였고,[17] 한국독립운동 세력은 계속해서 정치적 단결을 위해 노력하였다. 1942년 10월에는 한중 간 문화교류와 일제의 침략을 막아내기 위한 목적으로 '중한문화협회'를 설립했는데, 여기에는 충칭에서 활동하는 한국 독립운동가들과 중국의 각계 인사들이 참여하였다.[18] 중한문화협회는 국민당뿐 아니라 공산당 대표도 명예이사로 참여했기에 한중합작과 더불어 좌우합작의 의미도 컸다. 1942년 10월 제34회 의정원 회의에 좌파인사들이 참여하기 시작한 이후 충칭에서는 한인 당파들의 합작 국면이 형성되었다.[19] 이에 대해 샤오 위린은 국제환경의 변화로 인한 표면적인 현상이었을 뿐 내부적으로는 당파 간 분규와 모순이 여전히 사라지지 않은 상태였다고 하였다.[20]

샤오 위린은 임시정부의 통일노력을 부정적으로 평가했지만, 1944년 4월 당파 간 합작과 단결을 이루어 좌우 연합정부를 구성함으로써 임시정부는 민족의 대표기구이면서 독립운동의 중심기구로서 위상을 확립하게 되었다.[21] 『중앙일보』는 "우리 민족운동사상 임시정부 발전사상 신기원을 연 대서특필한 사실"이라고 보도했고,(1944. 4. 28) 국민당 중앙이 축하편지를 보냈고 중국공산당 대표는 축하연회를 베풀었다. 한편 샤오 위린은 한인 당파의 단결을 강조하면서 이들에게 다른 어떤 주의보다도 아시아인에게 가장 적합한 삼민주의를 가능한 한 채용해야 할 것이라고 주장하였다.[22] 삼민주의는 중국 자체에서도 새롭게 적용되어야 하는 상황이었음에도[23] 그가 임시정부에 과거 국민정부의 논리를 강요한 것은 국공합작하 항일전쟁과 한인 독립운동에 대한 이해가 부족했음을 보여주는 사례라고 할 수 있다.

한인군대 창설을 위한 노력

중일전쟁이 전면전 양상을 띠면서 한인 독립운동 세력은 무장역량을 모아 항일전선에 직접 참가하게 된다. 1938년 우한(武漢)에서 보위전을 펴는 동안 김약산이 조선의용대를 조직하여 중국의 항일전쟁에 참가한 것은 중국 국민들의 호감을 샀다고 높이 평가된다.[24] 하지만 샤오 위린은 조선의용대의 활동은 부정적으로, 임시정부의 한국광복군 조직과 훈련은 우호적으로 서술하였다.

1939년 3월 임시정부는 국민정부에 '중국관내지구 조선무장부대 건립안'을 제출하였다. 임시정부는 일본군에 징집되어 중국 전선에 파견된 한인 병사들을 투항시켜 광복군으로 조직한다면 중국의 항일전 수행에 큰 도움이 될 것이라고 제의했고, 이는 국민정부 지도부의 원칙적 인준을 얻었다. 1940년 4월 중순 장 제스는 이 문제를 군사위원회 허 잉친(何應欽) 참모총장과 협의해 처리하도록 지시했지만, 군사위원회의 조치는 즉각 이루어지지 않았다. 중국측이 광복군을 국민정부 군사위원회 소속으로 할 것을 주장하자, 임시정부는 1940년 9월 17일 군사위원회와의 사전협의 없이 한국광복군총사령부 성립대회를 거행하였다. 샤오 위린도 국민당 인사와 공산당 대표 및 외국 각계 인사들과 함께 초청되어 참석하였다.[25]

샤오 위린은 한국광복군이 대일 심리작전과 군 정치공작에 참여했고, 한국독립운동과 중국의 대일항전을 하나로 연결하면서 상당한 공헌을 했다고 인정하였다.[26] 반면 조선의용대는 일본군에 대한 정치공작에서 적지 않은 성과를 거두었지만, 한국광복군과 대립하여 대원 일부가 1941년 초 화베이(華北)로 떠나 중국공산당에 참가한 행태는 중국 당·정·군에서도 골치 아픈 문제였다고 하였다.[27] 이에 1941년 10월 장 제스 위원장은 한국광복군과 조선의용대를 군사위원회 직할로 예속시키고 참모총장이 두 부대의 운용권을 통일적으로 장악하도록 지시했다는 것이다.

샤오 위린은 한국광복군 소속 청년대원들이 전장에서 희생되는 것을 막기 위해 중국 군사당국은 한국광복군의 주된 임무를 심리전과 군대 내 정치공작에 국한시켰지만, 군령의 통일·통제가 없다면 분규와 사고가 발생할 우려가 있었기에 중국 군사당국은 '한국광복군 9가지행동준승(準繩)'(이하 '9가지 행동규칙')을 규정, 1941년 11월 5일에 통보했다고 하였다.[28] 하지만 샤오 위린의 이러한 해석과 달리, 중국 국민정부 군사위원회는 한국광복군에 큰 제약을 가하였다. '9가지 행동규칙'에 의해 중국측이 광복군을 군사위원회에 예속시키고 중국군 장교들을 대거 파견해 한국광복군을 장악하며 광복군 훈련과목에 '삼민주의'를 추가한 과정은 중국측의 견제 및 통제정책을 잘 보여준다.[29] 중국군의 이러한 행동에 임시정부와 한인 각 정당은 강력한 불만을 제기하고, '9가지 행동규칙'을 폐지하고 '한중호조군사협정'을 체결할 것을 요구하였다. 중국측은 '9가지 행동규칙' 철폐가 긍정적 효과를 거둘 것으로 판단하였다.[30] 1945년 4월 4일 신협정이 체결되어 광복군 통수권이 중국측으로부터 임시정부로 이관되었고, 중국의 군사원조는 차관으로 변경되었다.

국민정부가 임시정부의 요구를 수용한 이유는 임시정부의 반발에 더해 태평양전쟁 발발 이후 시간이 지날수록 한국독립의 가능성이 더욱 가시화되었기 때문이다.[31] 1941년 12월 10일 대일 선전포고를 통해 연합국의 일원으로서 국제법상 교전국의 지위를 확보하고자 했던 임시정부는 1945년 중국과 체결한 신협정을 바탕으로 광복군을 각지에 파견했고, 멀리는 미얀마와 인도까지 참전하여 영국군과 연합작전을 수행하였다.[32] 샤오 위린은 '9가지 행동규칙'을 둘러싼 잡음은 중·한 두 나라의 전통적 우의를 손상시킨 중대한 요인으로 작용했지만, 다행히 중국 최고영수의 현명한 판단으로 적시에 취소하고 1945년 2월 중·한 쌍방의 동의하에 '원조한국광복군변법 (辦法)'을 제정하여 사태가 일단락되었으며, 이는 "사실상 국민정부의 임 시정부 승인 태도를 더욱 강화시켰다"는 의의가 있다고 강조하였다.[33] 관 련 연구도 임시정부가 광복군을 직접 통제하고 관할할 수 있게 된 조처는 국민정부의 임시정부에 대한 사실상의 승인으로 볼 수 있다고 하였다.[34] 하 지만 샤오 위린의 주장과 달리, 국민정부가 광복군을 임시정부에 귀속시킨 이유는 국민정부가 임시정부를 승인하지 않은 데 대한 임시정부측의 실망 을 가라앉히기 위한 조치이기도 했다.

3. 임시정부 승인과 한국독립을 위한 샤오 위린의 활동

임시정부 승인을 위한 활동

샤오 위린은 1940년 외교부 정보사 사장을 겸하여 한국문제에 깊이 관여 하게 되었다. 이는 충칭의 임시정부가 외교적 승인을 얻지 못한 관계로 임 시정부와 관련한 국제사무를 대부분 정보사가 비공식적인 방법으로 처리 했기 때문이다.[35] 임시정부는 1940년 7월 「중국 국민정부가 우리 임시정부 를 승인할 것을 갈망한다」라는 글을 발표하여 임시정부 '승인'문제를 알렸 고, 1941년 중반부터 한국 임시정부 승인문제를 국제사회에 정식으로 제 기하기 시작했으며, 중국에서도 임시정부를 승인하려는 움직임이 있었다. 1942년 3월 22일 국민정부 쑨 커(孫科) 입법원장이 동방문화협회 강연회 에서 임시정부 승인을 공개적으로 주장하였고, 그의 제안으로 1942년 4월 6일 국민정부 국방최고위원회 상무회의에서 한국 임시정부 성립 23주년 기념일인 4월 11일에 맞추어 임시정부를 승인하자는 결의안을 통과시키기

까지 했다.[36]

그러나 국민정부는 임시정부 승인에 지지와 유보라는 이중적 태도를 보이면서 여러 차례 정책을 번복하였다. 샤오 위린은 1942년 1월 중국 외교부장 궈 타이치(郭泰祺)가 임시정부 지도자들과 만난 자리에서 임시정부를 승인할 뜻이 있으나 당파들 간의 합작과 단결이 전제되어야 하며, 다른 동맹국의 외교적 움직임도 고려해야 한다고 했다고 전하였다.[37] 그는 국민정부가 임시정부 승인을 추진했지만 1942년 5월 1일 주중 미국대사 고스(C. E. Gauss)가 중국 외교부에 '미국 정부는 현재 상황에서 어떠한 한국 단체도 즉각 승인할 뜻이 없다'고 표명한 사실을 애석해했고, 장 제스 위원장이 1942년 12월 결정한 '부조(扶助) 한국복국운동 지도방안'에서 중국 정부가 "적당한 시기에 다른 나라에 앞서 임시정부를 승인한다"라고 명시한 것으로 볼 때 외교적으로 임시정부를 승인하려 했던 것은 의심할 여지가 없다고 하였다. 샤오 위린은 1943년 11월 22~26일 카이로회담을 전후해 장 제스 위원장이 임시정부 승인을 위해 많은 노력을 기울였다고 임시정부에 전했다.[38] 1944년 7월 국민당 중앙당부는 임시정부에 "한국 임시정부 승인 원칙은 통과되었다"라고 전했다.[39] 이에 임시정부는 1945년 8월 14일 장 제스에게 보내는 비망록에서 중국 정부가 다시 한번 임시정부 승인문제를 여러 동맹국에 제의할 것을 간청했지만, 중국 국민정부는 끝까지 승인하지 않았다.

관련 연구에 의하면, 1942년 5월 초 고스가 미국 국무성을 대표해 중국측에 표명한 내용에서는 중국이 임시정부를 승인한다면 이 새로운 조치에 비추어 입장을 재검토하겠다는 태도를 보였는데, 이는 미국 정부 최초의 유일한 양해 표시였다.[40] 국민정부가 1942년 5월 미국의 양보 기회를 잡았더라면 즉시 한국 임시정부를 승인할 수 있었을 것이나 중국측 노력이 현저하게 부족했고, 대국과 협조적 입장을 지녀야 한다고 생각해 임시정부 승인을 미룬 지도적 사상의 잘못이 있다는 것이다.[41]

1944년 4월 샤오 위린은 임시정부가 자신을 명예고문으로 위촉하자 무척 감격하였다. 중국 정부는 임시정부를 정식으로 승인하지 않았기 때문에 현직 외교관인 그를 정식 고문으로 승인할 수는 없었지만 두 나라의 우호 증진과 독립을 도우라며 지지하였다.[42] 샤오 위린이 중국 정부의 묵인 아래 국민당원 자격으로 임시정부의 중국인 고문으로 초빙된 것은 중한관계사에서 단 하나의 사례였다.[43] 1944년 임시정부가 중국 단독으로 임시정부를 외교적으로 승인해줄 것을 재차 요청하자, 샤오 위린은 중국 외교부의 신중한 입장에 대해 다음과 같이 설명했다. "소련이 아직 태평양전쟁에 참가하지 않고 일본에 중립 태도를 취하는 상황에서 중·영·미가 먼저 임시정부를 승인하면 소련의 오해를 살 수 있고, 카이로선언 이후 중국 정부가 단독으로 임시정부를 승인할 수 없는 고충이 있으며, 한인 각 당파가 진정한 합작을 이루지 못하고 분규가 여전한 상황"을 이유로 적당한 시기가 도래할 때까지 잠시 미루게 되었다는 것이다.[44]

샤오 위린은 국민정부가 임시정부를 승인하지 않은 최대 이유를 한인세력의 분열이라 하였다. 하지만, 조소앙(趙素昂)을 비롯한 독립운동가들은 중국이 한인 단체들의 분열을 임시정부를 승인하지 않는 구실로 이용한다고 비판하였다.[45] 국민정부가 임시정부를 지원하면서도 끝내 외교적 승인을 하지 않은 것은 국민정부의 중화주의적 대국외교와 일본 패망 후 한국을 중국의 종주권 아래 두려는 욕망 때문이라는[46] 비판도 있다. 다른 한편, 비록 중국이 한국 임시정부의 승인을 끝까지 유보했지만 그것은 미국의 반대가 결정적인 요인으로 작용한데다 자체 역량의 부족 때문이며, 국민정부가 국제사회와 일반 여론에 한국 임시정부의 존재와 중요성을 선전한 공도 적지 않다는 견해와,[47] 임시정부의 승인외교가 좌절된 첫째 요인은 임시정부가 지녔던 내재적 취약성이나 한계 때문이 아니라 전후 한국문제 처리를 둘러싼 연합국 열강의 서로 다른 입장과 태도 때문이었다는 해석도 있다.[48]

샤오 위린은 비록 중국 정부가 대한민국임시정부 승인을 적극적으로 실현하지는 못했더라도 최소한 한국독립운동 지원이라는 기본 정책을 단 한 순간도 포기한 적이 없었다고 강조했지만, 중국이 신탁통치라는 미국 주도의 방안에 동조함으로써 임시정부에 대한 독자적 승인 노력을 포기한 것은 언급하지 않았다.

한국독립을 위한 활동

샤오 위린은 1943년 1월 『다궁바오』에 한국은 전후 즉각 독립해야 하며, 이는 대일작전을 진행하는 목표 가운데 하나라는 글을 발표하였다. 그는 임시정부가 외교적 승인은 획득하지 못했지만 1943년 11월 카이로선언으로 한국독립운동의 기본 목표인 전후 한국의 독립 보증이라는 목표는 이룬 셈이라고 하였다.[49] 샤오 위린은 1944년 1월 임시정부 지도자들과 전후 한국독립 쟁취와 임시정부 승인방법에 대해 논의하면서 두 가지 논점을 제시하였다. 첫째, 카이로선언에서 전후 한국의 독립을 보증했지만 "적당한 시기"라는 구절로 인해 변질될 수 있으므로 중·한 양국은 한국독립의 방해를 막아내기 위해 노력해야 한다는 것과 둘째, 한국의 독립 보증은 임시정부에 대한 외교적 승인과 별개의 문제라는 것이다. 관련 연구에 의하면, 그의 주장과 달리 1944년 초 이후 중국은 전후 한반도에 영향력을 확보하기 위한 방안들을 강구하기 시작했고, '항일을 위한 연대'도 양국의 우호보다 중국의 영향력 확보와 전후 국제질서에 대한 구상을 우선하였다.[50]

한편 1944년 9월 영미 정부가 중국 정부에 제출한 '연구 한국문제 강요 초안(綱要草案)'은 전후 연합군이 한국을 무력으로 점령한 뒤 임시 국제감독기구를 성립하여 당분간 한국을 통치한다는 내용을 담고 있었다. 영국과 미국은 전후 즉각 한국의 독립을 인정하지 않는 조건으로 소련의 대일참전을 유도한 것이다. 카이로회담 이후 한국문제에 대한 중국의 영향력이 감소한 상황이었지만, 샤오 위린은 국제회의에서 한국독립 획득을 위한 활동을 펼쳤다. 1945년 1월 미국에서 열린 태평양국제학회에 참여하여[51] 영미 대표단이 주장한 '적당한 시기' 동안 한국이 국제공동관리를 거친 뒤에 독립 지위를 얻을 수 있다는 주장을 반박하였고,[52] 1945년 4~6월 연합국헌장을 만들기 위한 쌘프란시스코회의 신탁통치이사회 소조회의에 출석하여 연합국헌장 규정과 신탁통치이사회의 최종 목표는 약소국가의 '자치'가 아니고 '독립' 획득이라면서 한국의 독립을 주장하였다.[53]

샤오 위린은 1945년 2월 얄따회담에서 미소의 남북한 분할 군사점령을 결정하자, 이는 소련의 환심을 사기 위해 중국을 배신한 것이며 한국뿐만 아니라 중국도 영미의 희생물이 되었다고 하였다.[54] 그러나 그의 주장과 달리, 카이로회담 초안 검토과정에서 장 제스와 중국측 실무총책임자 모두 '적당한 시기'라는 전제조건에 이의를 제기하지 않았고, 미국측의 한국문제 처리방침인 국제공동관리 주장을 중국측은 묵인하는 형태로 받아들였다.[55] 중국의 한국독립 제안은 자국 주도하의 친중정부를 수립하려는 의도에서 나온 것이며, 국민정부의 대한정책은 중화주의 경향과 소련의 팽창주의에 대한 경계에 의해 규정되었다.[56] 장 제스가 한국을 국제공동관리하는 데 반대한 이유는 중국이 동북지역의 주권을 회복하는 데 장애가 될 것을 우려했기 때문이다. 하지만 1945년 8월 소련이 대일전에 참전하여 미군과 소련군이 한반도를 분할점령하고 1945년 8월 14일 국민정부와 소련 간 중

소조약이 체결되면서, 중국이 세웠던 한반도 계획은 실현될 수 없었다.[57]

1945년 8월 종전 이후 중국 국민정부는 임시정부가 환국한 후 미래에 조직될 한국 정부의 기초가 되기를 바랐다. 샤오 위린은 1945년 9월 임시정부가 조속히 귀국할 것을 거듭 권유하였고,[58] 충칭에 머물던 한인 혁명지도자들의 귀국을 배웅하였다. 그는 비록 외교적 승인을 얻지 못했지만 한인들은 모두 임시정부를 독립운동의 중심기관으로 인정했고, 이런 인식이 있었기에 1945년 11월 임시정부 주석과 기타 영수들이 부득이 개인 자격으로 귀국한 뒤에도 존경과 환영을 받을 수 있었다고 하였다.[59]

그러나 샤오 위린의 서술과 달리, 종전 직후부터 1945년 11월 중순까지 이어진 임시정부 요인들의 환국문제를 둘러싼 임시정부·중국·미국 간의 지루한 협상과정에서 임시정부와 중국측은 아무런 발언권도 갖지 못하였다.[60] 국민정부는 미군에 임시정부 요인들이 즉각 귀국하여 군정부와 협조해 민족정권을 수립해야 한다고 주장했으나 거절당했다. 임시정부 요인들이 개인 명의로 귀국했다는 점에서 보아도 한국독립운동에 대한 중국의 지지는 실패했다고 볼 수 있다.[61] 그럼에도 국민정부는 종전 후 임시정부 지원을 통해 한반도 내 국가 건설에 영향력을 행사하고자 하였다.

항일연합에서 반공연합으로의 전환

종전 후 장 제스는 국민당 총재 자격으로 귀국하는 임시정부에 대한 지지를 내외에 천명했고, 성대한 환송연을 베풀어 임시정부에 대한 지속적인 지지와 지원을 약속하였다.[62] 중국 정부는 귀환한 임시정부와 연락, 중국 내 한인 교민사무를 처리할 기관이 된 임시정부 주화대표단(단장 박찬익)을 사실상 승인하고 외교기관과 같이 대우하였다. 샤오 위린은 충칭과 난징에서 주화대표단 인원들과의 협력업무를 맡았다.[63]

샤오 위린은 1945년 12월 장 제스에게 「한국문제의 처리원칙」을 제출하였다. 그는 미국과 소련이 한반도를 분할점령한 상황을 중국이 변화시킬 수는 없으나, 한국 내 친중국세력을 지원하고 한국의 민주정부 수립과 건군, 행정간부 훈련을 지원할 것을 제시하였다. 또한 카이로선언의 '적당한 시기'가 언제인지 유엔에서 한국독립의 시간표를 제시하고, 미군과 소련군을 한반도에서 철군하도록 해야 한다고 했다.[64] 관련 연구는 국민정부가 임시정부와 한인 교포 및 조직을 적극 관리하여 앞으로 한국문제에서 주도적 위치를 확보하려 했고, 여기서 전근대적 중화체제는 아닐지라도 중국 중심의 새로운 아시아 질서를 모색했음을 확인할 수 있다고 지적한다.[65] 국민정부는 해방 직후 미군과 함께 남한의 군사점령에 참여하려 했지만 여의치 않게 되자 한반도 내 중국인 처리를 명분으로 샤오 위린을 대표로 한 중국 군사대표단을 남한에 파견하려 시도했으나, 이 역시 미국의 반대로 실패하였다. 미군정은 김구와 임시정부세력을 가장 유력한 친중국세력으로 간주하고 국민정부가 임시정부를 지원하는 것은 그들이 한반도문제에 개입하겠다는 의지의 표명으로 인식하였다.[66]

전후 한중관계에 새로운 협력과 연대관계가 요구되면서, 장 제스와 국민정부는 통일을 앞세우는 김구보다 반공과 독립을 주장하는 이승만(李承晚)에게 관심을 갖게 되었다. 샤오 위린은 1946년 5월 군사위원회 국제문제연구소 대리소장과 주한대표에 임명되었고, 1947년 4월 난징을 방문한 이승만을 맞이하였다.[67] 그는 이승만의 방중 기간 장 제스가 남한의 단독정부 수립을 지지했고, 이승만 방중의 정치적 수확은 금전으로 환산할 수 없는 것으로, 하지(J. R. Hodge) 장군도 이승만을 달리 보게 되었고 일반 국민의 반응도 달라졌다고 하였다.[68] 한국에 임시정부 중심의 친중적 통일정부를 수립하려던 국민정부는 이승만에게 경제적 지원을 시작했고, 미소 군정과 남북분단으로 인해 남한 단독정부 수립으로 방향을 전환하였다.

국민정부는 내전의 와중임에도 불구하고 1948년 9월 빠리에서 열린 제 3차 유엔총회에 대한민국 정부 수립과 국제승인을 위한 외교대표단을 파견하였고, 유엔은 비로소 대한민국의 독립을 승인했다. 샤오 위린은 전후 신탁통치에 반대하는 한국과 중국의 주장에 미국 정부가 동의했고, 연합국 대회의 결의를 거쳐 1948년 연합국 감독하에 남한 지역에 보통선거가 이루어져 민주독립정부인 대한민국이 탄생했다고 하였다.[69] 중화민국은 1948년 한국 정부 수립 직후인 9월 서울에 총영사관을 개설했고, 1949년 1월 3일 양국관계는 대사급 외교관계로 격상되었다. 대한민국 정부가 수립되자 국민정부가 신속하게 이를 승인한 것은 전후 양국의 현안이 된 반공문제로 인한 장 제스와 이승만의 연대 때문이라 할 수 있다.[70]

샤오 위린은 1949년 1월 중화민국 초대 주한 특명전권대사로 임명되었는데, 중국 내전정국이 급변하고 한국측 동의를 받는 수속이 오래 걸려 스스로 이승만 대통령과 연락해 임명수속을 해결했다고 한다.[71] 1949년 7월 28일에야 대사관을 개설한 그는 자신을 임시정부 명예고문으로 임명한 김구의 숙소였던 경교장에 거처를 정했다.[72] 한국에서 샤오 위린 대사의 임무 중 하나는 대만-한국-필리핀의 원동(遠東)반공연맹을 건설하는 것이었다.[73] 그는 1949년 8월 진해를 방문한 장 제스와 이승만 대통령의 회담은 과거 항일연합에서 반공연합으로 나아가는, 중·한 양 민족이 연합한 획기적인 회의라고 하였다. 진해 회담의 결과 아시아를 넘어 '세계인민반공연맹'을 만들어냈다는 것이다.[74] 그러나 원동반공연맹은 실현되지 않았다.

4. 맺음말

샤오 위린은 '공동항일'을 위한 국민정부와 자신의 한인독립운동 지원 활동을 회고록으로 남겼다. 그렇지만 그의 시각은 독립운동 진영 내의 분파싸움을 너무 강조한 흠이 없지 않다. 그는 대만의 한국독립운동사 연구자에게 실질적 자료를 제공했고,『중국 안의 한국독립운동(韓國獨立運動在中國)』을 저술한 후 춘후이(胡春惠) 교수의 박사학위논문을[75] 지도하였다. 후 춘후이의 저서 역시 김약산과 김구의 대립과 불화를 두드러지게 기술하는 등 한국독립운동 진영 내의 분파싸움을 강조하고 있다.

관련 연구에 의하면 국민정부의 한국 지원이 여러 갈래였던 이유는 한인독립운동 역량이 중국의 대일항전에 필요한 존재였기 때문이며, 국민정부의 원조정책과 노선의 혼선이 분열을 강화했음을 알 수 있다. 임시정부는 1940년부터 종전까지 약 5년간의 충칭시기에 중국 관내의 잡다한 독립운동 세력을 임시정부로 결집시키는 큰 성과를 거두었다. 샤오 위린은 임시정부의 한국광복군 창설 및 전후 독립을 위한 중국 정부의 지원과 협력을 강조했지만, 그 지원의 이면에는 전후 한반도에 임시정부를 중심으로 하는 '친중정부' 수립과 그를 통한 중국의 영향력 확보라는 목표가 있었다.

샤오 위린의『사한회억록』은 많은 논쟁점이 있지만, 주로 임시정부의 활동에만 주력하여 중국측 입장을 정확하게 포착하지 못한 기존 연구를 보완하고 새로운 연구과제를 제공해주는 자료로 활용할 수 있다.『사한회억록』에 드러난 중국 국민정부 내 임시정부에 대한 부정적 인식은 그 진위를 가려내고 그것을 극복하는 문제에 대해 많은 생각을 하게 한다. 한국에 대한 열강들의 부정적 인식이 종전 후 한반도 국제공동관리의 배경이 된 점을 감안할 때, 샤오 위린을 비롯한 국민정부 내 임시정부에 대한 부정적 인식이 지속되는 것을 극복하기 위한 논의가 필요하다. 항일전쟁기 한중연대활동에 대한 연구와 더불어, 1945년 이전 중일전쟁 시기와 해방 이후 냉전체제 사이 중한관계의 단절과 계승 문제를 구체적으로 탐구하는 연구가 계속 이루어져야 할 것이다.

제3장

중일전쟁기 왕 징웨이의 대일합작과 아시아주의 이해를 위한 시론

황동연(미국 쏘카대 아시아학과 교수)

1

중일전쟁(1937~45) 시기 중국국민당 내 권력서열상 당 총재 장 제스 다음으로 2인자였던 부총재 왕 징웨이(汪精衛)가, 그를 따르는 당내 소위 '주화파(主和派, 이하 '왕그룹')' 일부를 이끌고 1938년 12월 18일 국민정부의 전시수도이던 충칭을 떠나 베트남 하노이로 가서 일본과의 전쟁을 반대하며 중·일 간 평화를 주장했다. 이 사건은 항일을 주장하던 당시 대부분의 국민당원들과 중국공산당원을 포함한 다른 중국인들에게는 '매국적' 행위로 비칠 만했다. 그런데 당시 왕 징웨이가 중·일 간의 전쟁을 평화롭게 대화를 통해 해결할 것만을 주장한 것은 아니다. 주지하듯이 그의 행동은 단순한 중·일 간의 평화 제안을 넘어서 결국 새로운 정부의 구성까지 나아갔다. 왕이 충칭 탈출 후 발표한 평화 제안('염전艷電')이 당시 국민정부 주석이자 국민당 총재 장 제스에 의해 거부당하자, 왕은 이후 그를 따르던 국민당 내 왕그룹과 함께 일본과의 전시합작을 통해서 1941년 3월 국민정부를 충칭으로부터 난징으로 환도하도록 했다. 이것이 소위 난징에 세워진 '대일합작 국민정부'(이하 '난징정부')였다. 잘 알려져 있듯이 왕 자신을 포함해 왕그룹의 구성원들은 대부분 국민당원이었지만, 이후 이들은 중국 내에서 '한잔(매국노)'으로 공격당하고 그들이 세운 난징정부는 일본의 '괴뢰정부(僞政府)'라는 오명을 갖게 되었다. 왕과 그를 따르던 소위 주화파는 모두 영원히 '한잔'으로 낙인 찍히게 된다. 그리고 이런 부정적 평가가 여전한 것이 현재 중국 내 현실이다. 다만, 최근 연구동향은 왕그룹의 행동과 논리를 단순히 도덕적 혹은 정치적 잣대에 근거하기보다 당시 존재하던 여러 복잡한 정치적·이념적 요인도 함께 고려해 역사적으로 평가해야 한다는 주장으로 옮겨가는 추세다. 이 글에서 필자가 간략히 시론적으로 다뤄보려는 것도 그동안 부정적으로만 평가되던 왕 징웨이와 왕그룹의 아시아주의이다.

아시아주의는 왕그룹의 전시 대일합작을 정당화해주는 논리이고 나아가 난징정부 수립에 주요한 이념적 근거의 하나였다. 주지하듯이, 왕 징웨이를 포함한 왕그룹은 당시 중화민국의 국부로 추앙받던 쑨 원의 1924년 대(大)아시아주의 강연 내용을 자신들의 행동을 정당화하는 논리적 근거로 내세웠다. 쑨 원의 아시아주의는 중·일 양국 간 전쟁을 평화롭게 해결하고 중일관계를 새롭게 규정함으로써 양국, 나아가 동아시아가 새로운 질서와 번영의 길로 나아가야 한다고 주장하던 왕과 왕그룹이 의지한 논리적·이념적 토대의 하나였다. 왕그룹은 그들이 주장하는 새롭게 이해되고 규정된 중일관계를 근거로 중일전쟁을 평화적으로 해결하고, 그 결과 형성되는 중·일 간의 신관계을 기반으로 새로운 지역질서를 창출할 수 있다고 믿었다. 즉 왕그룹은 쑨 원의 아시아주의에 근거하여 개조된 (왕 징웨이 지도하의) 새로운 국민당이 새로운 중국을 건설하고, 그 새로운 중국이 마침내 지역 내 열강인 일본과의 합작을 통해서 새로운 동아시아(질서)를 건설할 수 있다고 본 것이다. 그러나 불행히도 왕그룹은 결론적으로 실패했고, 그들의 주장은 당시 중국 내에서 많은 공감도 지원도 얻지 못했던 것이 사실이다. 무엇보다 당시에는 아시아주의를 논의하는 것 혹은 아시아주의에 동의하는 것 자체가 일본의 침략논리를 따르는 것과 같은 것으로 간주되었기 때문이다. 또한 일본의 아시아주의가 여전히 일본의 침략을 정당화하는 이론적 도구로 이용되고 있었기 때문이다. 따라서 최소한 일본의 침략주의에 대한 비판을 전제하지 않는 한 아시아주의를 주장하는 것은 설득력이 없는 듯했다. 일본의 침략하에 항일이 민족과 국가의 생존을 가르는 주요한 과제로 떠오른 당시 중국 상황에서 중·일 간 협력을 주장하는 것, 더구나 침략국인 일본과의 평화, 나아가 합작을 주장하는 것은 치명적인 매국적 주장이자 행위로 간주되기에 충분했다.

2

이 글에서 필자가 시론적으로 제기하고자 하는 것은 왕 징웨이를 포함한 왕그룹의 아시아주의 주장이 당시 도덕적·정치적으로 아무 문제도 없었다거나 혹은 당시 중국의 민족적 관점에서 옳았다는 주장이 아니다. 필자의 주된 관심은 오히려 그들이 왜 아시아주의를 주장했고, 그것을 어떻게 이해했으며, 나아가 그런 이해를 통해 어떻게 그들의 대일합작과 신중국(그리고 신동아시아 질서) 건설의 청사진을 정당화했는가, 그리고 무엇보다 중요하게는 그런 정당화가 갖는 역사적 의미는 무엇인가에 있다.

필자가 그동안 발표한 왕 징웨이와 그의 대일합작 관련 여러 연구를 포함해 최근 국내외 학계에서 이루어진 일련의 연구 흐름을 보면 왕과 왕그룹의 대일합작을 애국과 매국이라는 단순한 이분법적 접근을 통해서 이해해서는 안된다는 것이 대부분 학자들의 견해이다. 다만 중국 학자들은 왕과 왕그룹(소위 '왕집단汪集團')은 매국노였다는 천편일률적 주장에 변화가 없는 것이 사실이다. 이들은 민족적 감정이란 요소를 외국 학자들이 이해하기 어렵다고 주장한다. 그러나 왕과 그의 측근들을 매국노로 보거나 왕그룹이 세운 대일합작 난징정부를 단순히 괴뢰정부로만 볼 수 없다는 것은 적어도 중국을 제외한 지역에 있는 학자들이 대동소이하게 갖는 견해이다. 다만 이들 학자 대부분도 여전히 왕 징웨이와 왕그룹이 결국 일본의 공작에 조종당했기에 실패할 수밖에 없었다는 시각에 서 있으며, 왕그룹의 대일합작을 일본의 공작에 의한 피동적이고 수동적인 행위로, 난징정부 성립을 일본 공작정치의 결과나 이미 예견된 실패로 보는 경향이 강하다. 전시 대일합작을 왕과 왕그룹의 적극적 정치행위의 결과로 보기에는 여전히 많은 역사학자들의 마음이 닫혀 있는 듯하다.

이런 국내외 학계의 흐름과는 확연히 다르게, 필자는 그동안 왕의 대일합작이 적극적으로 그들의 의지와 계획하에 추진되었고, 그 과정에 특히 지역적 요소들이 개입했다고 주장해왔다. 왕그룹의 충칭 탈출과 대일합작, 난징정부 건설이 일본이 행한 공작의 결과물이 아니라 그들의 자발적 의지와 계획에 의한 '적극적 행동'이었다는 전제에서 본다면 대일합작과 이후 난징정부의 성립과 전개 과정에는 여러 지역적 맥락이 있다는 사실을 알 수 있다. 첫번째 지역적 요소로는 왕 자신을 포함해 왕그룹 성원의 많은 이가 일본 유학을 경험했다는 점을 주요하게 고려해야 한다. 한 예로, 충칭 탈출부터 난징정부의 성립과 붕괴까지 왕의 가장 중요한 조력자이자 기획자였던 저우 포하이(周佛海)를 들 수 있다. 동아시아 국가들의 근대화와 발전과정에 나타나는 일본으로 상징되는 근대성(modernity), 일본 교육이 최초로 담당한 근대적 사고와 용어의 확산이 저우를 비롯한 일본 유학파 사이에 공유되었을 가능성이 있다. 그리고 그들이 이런 지역적 맥락을 분명하고도 구체적으로 드러낸 예의 하나가 바로 (일본의 아시아주의가 아니라) 왕그룹이 주장한 '지역연대로서의 아시아주의'이다. 즉 이들 중국인 일본 유학파는 여러 면에서 일본이 동아시아 국가에 던진 아시아 연대라는 구호에 좀더 긍정적이고 적극적으로 반응할 자세를 이미 상당히 갖추고 있었다고 할 수 있다. 두번째 지역적 요소는 아시아 내 식민지·반(半) 식민지의 근대화 노력에 나타나는 반(反)서구투쟁이다. 반서구와 관련된 문제는 뒤에서 좀더 다루겠다. 결론적으로 말해서 왕그룹의 대일합작은 단순히 전시 정치행위로서 '적과의 합작'(collaboration)이 아니라, 지역연대 사상인 아시아주의를 토대로 반서구와 근대화를 향해 나아가려던 동부아시아 국가들의 공통된 인식을 매개로 이루어진 전시 중일합작이자 중국 국민국가 건설을 겨냥한 경제발전을 위한 전략적 사고의 결과라고 볼 수 있다.

여기서 우리가 중요하게 기억해야 할 점은, 아시아주의가 등장하게 된 배경에는 서구의 아시아 침략, 서구에 기원을 둔 국민국가와 자본주의를 비롯한 근대성 성취에 대한 '강요', 그 결과로 대두한 민족주의 등이 있다는 것이다. 서구의 침략에 대한 대응으로 '아시아' 민족들이 형성하게 된 근대적 지역인식인 아시아주의는 인종적 단결, 지역적 단결, 문명적 동질성 같은 다양한 요소를 그 기원에서부터 내포하고 있었으며, 근대 급진주의자를 포함한 많은 아시아인에게 반서구투쟁을 향한 단결의식을 제기, 고무하였다. 그 결과로 (비록 의미는 모호했지만) 그들 사이에서 광범위하게 공유된 인식이 아시아주의였다. 따라서 이런 아시아주의가 왕의 대일합작 과정에서 제기되었다는 것은 놀라운 일이 아니다. 일본의 아시아주의에 왕그룹이 수동적으로 동조한 것이 아니라, 중국 내에 오랫동안 존재하던 아시아주의가 필요에 따라 왕그룹에 의해 부활한 것이다. 물론 이는 새로운 맥락에서 새로운 의미를 부여받아 재탄생한 아시아주의였다.

다만 역사학자들이 아시아주의를 일본 침략주의의 대명사로, 침략적 요소를 강하게 내포한 일본식 아시아주의로만 바라보는 선입견을 갖고 있는 한, 중일전쟁 시기에 제기된 왕 징웨이와 왕그룹의 중국발 아시아주의를 시간적·공간적 맥락에서 이해하기는 힘들어 보인다. 인종·지역·역사·문화 요소가 정치적 요인과 함께 작동하면서, 왕그룹의 대일합작에서 아시아주의는 그들의 행위뿐만 아니라 중국의 발전전략 속에서 중요한 요소로 등장, 작동했다는 것이 필자의 가설이다. 아시아주의는 그 기원에서 보면 아시아 각국에서 민족주의의 등장과 동시에 이루어졌다. 즉 각국의 아시아주의에는 민족주의 요소가 지역 요소, 즉 초국가적 요소와 공존한다. 이렇듯 아시아주의에 내포된 민족주의 요소 하나만 고려하더라도, 아시아주의를 내세운 왕그룹의 대일합작을 단순히 일본의 침략주의적 아시아주의에 대한 반응으로 보아 그들의 대일합작 과정에서 민족주의가 행한 역할을 무시하기는 어렵다는 것이다.

아시아주의의 연원을 잠시 정리해보면 필자의 이런 주장을 이해할 수 있다. 19세기 말부터 20세기 초에 걸쳐 동부아시아 급진적 지식인들이 공통적으로 관심을 가졌던 문제 중 하나는, 어떻게 하면 아시아인들이 서로 협조하고 단결하여 서구인들의 침략과 물질주의에 대항해 자신들의 민족국가를 세우고 궁극적으로 '동양' 혹은 (동)아시아의 (정신)문명을 서구의 물질문명으로 보완해 부흥시킬 수 있을 것인가였다. 물론 '동양문명'이 어느 국가의 문명을 중심으로 부흥되어야 하는지에 대한 논의가 이들 국가 사이에서 이루어진 것은 아니다. 설령 그런 논의가 이루어졌다고 해도 결코 그 논의의 결과를 아시아 국가 모두가 동의하기는 어려웠을 것이다. 왜냐하면 그런 논의의 핵심은 어느 국가를 아시아 지역의 맹주로 정해 모든 아시아 국가에 대해 지도권을 행사하게 할 것인가라는 문제와 직접 관련되기 때문이다. 나아가 지역의 맹주로 가장 유력했던 일본이 지속적으로 침략정책을 쓰는 가운데 일본을 대신할 새로운 지도적 아시아 국가를 찾을 수 없었던 것도 아시아 국가들이 선뜻 동의할 만한 결론을 내릴 수 없는 이유였다. 그럼에도 불구하고 아시아주의는 아시아 각국의 여러 지도자와 지식인들이 그 의미의 모호함을 무릅쓰고 여전히 주장하던 공유된 지역인식, 공동의 투쟁을 위한 연대의 결과였다.

3

그렇다면 왕 징웨이와 왕그룹이 주장한 아시아주의의 내용이나 지향은 무엇이었을까? 무엇보다 그들은 철저하게 쑨 원의 대아시아주의를 근거로 중일분쟁을 평화적으로 해결할 것, 궁극적으로는 중일합작을 통해 중국 국민국가를 건설할 것을 주장하였다. 따라서 쑨 원이 중국국민당의 정치와 이념에 남긴 아시아주의 관련 여러 유산은 왕의 대일합작을 이해하는 데 필수적으로 고려해야 할 요소이다. 쑨 원의 일본에 대한 인상과 중일관계에 대한 규정이 그의 충실한 추종자였던 왕과 왕그룹의 아시아주의를 이해하고 나아가 아시아주의를 그들 대일합작의 근거로 삼는 과정을 이해하는 데 굉장히 중요하다는 것이다. 쑨 원은 일본을 한마디로 말해서 중국의 "자연스러운 친구"(natural friends)이자 "부자연스러운 적"(unnatural enemies)이라고 규정한 바 있다.[1] 이런 규정에는 그 나름의 이유가 있다. 쑨 원은 19세기 이래 1911년 신해혁명의 성공까지 지속적으로 청왕조 내지 만주족 타도란 목표를 추진하는 과정에서 외국, 특히 일본의 원조를 늘 기대하고 적극 요청해왔다. 그가 그런 기대를 1925년 3월 사망할 때까지 계속 갖고 있었음은 주지하는 바이다. 그가 일본에 이런 특별한 기대를 한 이유는 일본이 아시아 국가 중 유일하게 근대화와 산업화에 성공하고 그 결과 강력한 민족국가를 세우는 등 정치적·경제적으로 중국이 따를 수 있는 좋은 예라고 생각했기 때문이다. 나아가 그는 양국이 문화·지리·역사·인종에서 같은 뿌리를 갖고 있다고 믿었기에 서구의 침략 앞에서 양국은 운명공동체라고 주장하였다. 쑨 원의 입장에서는 중국이 정치·경제에서 앞서나가던 일본의 원조와 지원을 기대하는 것, 그리고 일본이 건국과 발전을 위해 노력하는 중국을 원조하는 것은 너무나 당연하고 자연스러운 일로 보였던 것이다.

여러 연구가 제시하듯이 실제로 쑨 원은 19세기 말 이래 일본 혁명가나 개혁 지향 인사들로부터 이런저런 지원과 원조를 지속적으로 받았다.[2] 그가 1905년 토오쿄오에서 중국동맹회를 조직할 수 있었던 것도 바로 이들 일본인의 도움으로 가능했던 일이다. 그의 혁명과정과 혁명사상에 내재하는 일본이란 요소를 부인할 수 없는 것이다. 특히 쑨 원에게 일본은 단순히 그의 중국혁명이나 그외 중국 내 다른 개혁운동을 지원하는 기지 역할만 한 것은 아니었다. 일본은 서구의 '근대지식'과 '근대용어'를 해석하고 번역해서 다른 인접 아시아 국가들에 전해주는 "선생님" 역할도 했다.[3] 20세기 초 일본에 유학한 많은 중국 학생들이 일본에서 받은 교육을 통해 근대 지식과 사상으로 무장한 뒤 쑨 원이 주도하던 혁명을 이끌고 지탱하는 든든한 원천으로 혁명운동의 주력군이 되었다는 것은 이미 주지하는 바이다. 이들 "혁명의 불씨"를 품고 중국으로 돌아온 일본 유학생들이 없었다면 쑨

원의 혁명운동은 사실상 불가능했다는 평가도 그래서 나온 것이다.[4]

　20세기 전후 서구의 침략에 대항한 아시아 민족들의 투쟁은 민족문제라는 차원을 넘어 그야말로 전세계 차원의 인종적·지역적 투쟁으로까지 발전하였다. 따라서 당시 서구에 대항하는 아시아의 투쟁은 '황인종'인 아시아 민족들과 '백인종'인 서구인들 간의 대결로 묘사되곤 했다.[5] 이런 견지에서 보면 쑨 원의 일본인식도 여러 요소가 복합된 것이었을 것이다. 구체적으로는 당시 필리핀인들의 일본인식과 거의 같았을 것이란 추측이 가능하다. 필리핀인들은 19세기 말에서 20세기 초 당시 일본에 대해서 "적대심, 공포감, 의구심, 존경심, 친선, 영감, 비현실적 기대감"이 혼합된 감정과 인식을 갖고 있었다고 한다. 쑨 원의 경우는 메이지 일본이 이룩한 근대화의 업적에 자극받았으며, 나아가 그 침략적 행위에도 불구하고 기본적으로 일본을 "같은 아시아인"으로 보고 있었다.[6] 결국 이런 인식 때문이겠지만, 한 연구자에 따르면 1898~1910년 시기는 중일관계사의 맥락에서 "황금시대"로 간주할 수 있는 반면 일본인들의 시각에서 1896~1905년은 중국에 있어 "순수한 친일파의 시기"였다고 기억되기도 한다.[7] 일본의 아시아주의자들에게 크게 고무되었기 때문이든 아니면 단순히 일본에 대한 환상과 기대 때문이든, 많은 중국인과 아시아인 혁명지도자와 개혁론자들이, 최소한 일본이 조선을 식민지화한 시기 전후까지는 일본의 원조와 지원을 적극적으로 기대하고 있었던 것이 사실이다.

　그렇다면 아시아주의가 쑨 원을 포함해서 많은 아시아인에게 단순히 한 "단어 이상의 의미"를 갖고 있었던 것은 분명하다. 이는 특히 그의 혁명 활동에 경의를 표하며 다가온 일본인들과의 연대를 쑨 원이 흔쾌히 승낙한 근본적 이유이기도 하다. 즉 아시아주의는 쑨 원 자신이 살면서 이루고자 했던 건국의 이상에서 매우 중요한 부분을 차지한다고 할 수 있는 것이다.[8] 그가 일본에서 행한 아시아주의 관련 강연은 1913년 일본 방문시 토오꾜오와 오오사까 YMCA에서 한 것이 최초이다. 그로부터 10여년이 지난 1925년 마지막으로 일본을 방문했을 때 쑨 원은 코오베에서 '대아시아주의'란 제목으로 강연하였다. 그 강연 내용에서 보듯이 아시아주의에 대한 그의 깊은 믿음은 여전했고, 그는 일본이 서구로부터 배운 "패도문화"인 침략주의를 버리고 "아시아의 왕도문화"로 돌아올 것을 주장하였다.[9]

그러나 쑨 원 외에 당시 중국인들의 관심 속에 아시아주의는 더이상 중요하게 자리 잡지 못했다. 일본이 동아시아의 이웃 조선을 식민지로 경영하고 중국을 계속 침략하면서 아시아주의를 내세우는 한, 중국인들이 아시아주의를 받아들일 수 없는 것은 당연했다. 물론 일본의 침략이 전제된 아시아주의와는 다른 아시아주의를 중국인들이 여전히 주장하고 있었던 것도 사실이다. 그 예가 중국공산당 창시자의 한 사람인 리 다자오가 말한 '신아시아주의'이다. 주지하듯이 그가 주장한 신아시아주의는 일본의 아시아주의와 달리 아시아 민족이 서구로부터 해방되고 민족자결주의를 통해 스스로를 개조하는 것을 주 내용으로 하는 것이었다. 즉 일본의 침략적 아시아주의와 서구의 침략에 동시 저항하는 새로운 지역연대를 지향하는 아시아주의였다. 리 다자오의 아시아주의에서도 아시아인들의 "연합"은 유럽·미주대륙과 함께 "세계연방"을 구성하는 데 어쨌든 필요한 것으로 간주되었다.[10]

요약하자면 첫째, 아시아주의는 서구의 침략에 대응하는 아시아 민족의 민족의식의 대두와 함께 등장했다. 따라서 아시아주의에는 민족주의 요소가 포함되어 있고, 아시아 각국의 민족주의에도 지역연대를 통한 국가 건설이라는 아시아주의 요소가 내재해 있었다. 물론 아시아주의를 민족주의와 등치하거나 그 반대의 경우는 불가능하다. 둘째, 아시아주의는 반서구 혹은 반제·반식민을 위한 아시아 지역 민족의 연대를 전제로 하였다. 그런 연대를 가능하게 하는 요소는 아시아 민족의 역사·문명·문화의 동질성이었지만, 가장 중요한 전제는 역시 반서구의식이었다고 해야 할 것이다. 즉 아시아주의는 서구 제국주의와 식민주의에 대한 저항을 가장 중요한 전제고 했다. 다만 아시아주의의 반서구 인식에는 반자본주의나 반근대주의는 존재하지 않았고, 반서구 침략주의가 가장 중요한 요소로 자리 잡고 있었다고 봐야 할 것이다. 자본주의 침략과 서구 침략이 사실상 불가분의 관계에 있었음에도, 또 그런 침략의 결과 아시아 민족들이 소위 '근대성'을 강요받고 있었음에도, 반서구는 반자본주의 혹은 반근대주의와 분리되어 있었던 것이다.

4

이상의 논의와 가설을 전제로 왕 징웨이의 대일합작과 아시아주의의 관계를 살펴보는 것은 유의미하다. 그가 중일전쟁 시기 대일합작을 결정하면서 내세운 것의 하나가 바로 쑨 원의 아시아주의에 나타난 일본인식이었고, 그것을 근거로 그는 중일관계를 새롭게 정의했다. 충칭을 탈출한 지 반년 정도가 지난 1939년 7월 9일, 왕 징웨이는 라디오 연설을 통해 일본의 지원하에 국민정부의 환도라는 형식으로 난징에 국민정부를 세우겠다는 계획을 공식 발표하였다. 이것이 바로 대일합작 난징정부다. 그리고 그는 이런 결정이 바로 쑨 원의 대아시아주의에 근거한 것임을 강조했다. 앞서 언급했듯이, 쑨 원에 따르면 중·일 양국은 '자연스런 친구'이자 '2천년 이상 친구로 지내온 동종동문(同種同文)의 이웃나라'이다. 왕 징웨이가 중·일 간

군사분쟁을 평화적으로 해결해야 하는 근거로 내세운 것도 바로 이런 쑨원의 중일관계에 대한 지적이었다. 특히 그는 쑨원이 중국혁명의 성공이 궁극적으로 일본의 이해에 크게 달려 있다고 지적한 점을 당시 중일전쟁을 평화적으로 해결해야 하는 가장 중요한 근거로 삼았다. 나아가 이를 근거로 일본이 세계 열강의 일원임을 인정하면서 "일본이 없다면 동아시아도 없다"라고 보았다. 특히 그는 당시 중국이 경제·군사 면에서 낙후한 국가라는 점을 강조하고, 따라서 일본과 중국이 전쟁을 한다는 것은 "마치 계란으로 바위를 깨는" 것과 같은 행위라고 하였다.[11]

물론 그의 이런 주장은 항일을 주장하던 당시 중국 내 소위 '주전파' 혹은 '항일파'의 입장에서는 패배주의로 보였을 것이다. 그러나 당시 중·일 양국 간의 경제적 격차를 고려하면 경제 분야에서 중국이 일본의 도움을 받거나 최소한 양국의 상호협력을 강화해 중국의 경제발전을 이루어야 할 이해관계가 오랫동안 존재했다는 점은 부인할 수 없을 것이다. 특히 이는 항일전쟁 이전 시기부터 국민정부가 추진해온 정책이었다는 점을 왕 징웨이는 지적하였다. 실제 일본은 중국이라는 원료공급지와 시장이 필요했고, 중국은 건국을 위해 일본의 자본과 기술력, 경제발전의 경험 등이 필요했다. 쑨원이 1925년 발표한 건국강령은 왕그룹이 내세운 바로 이런 주장의 근거가 되었다. 왕 징웨이는 장 제스가 이끄는 충칭국민정부가 쑨원의 이런 지혜와 지시를 지키지 않고 있다고 본 것이다. 물론 그의 주장이 옳았다는 것은 아니다. 왕 징웨이와 왕그룹의 견해가 장 제스의 견해와는 달랐다는 것이다. 왕 징웨이의 아시아주의는 결국 동종동문이란 인종·역사인식과 경제적 필요에 기초한 쑨원의 중일관계 이해를 그대로 답습하면서 정리되어갔다고 봐야 할 것이다. 그는 쑨원의 권위를 자신을 비롯한 국민당 내 주화파인 왕그룹이 중·일 간 군사분쟁을 비판하고 그 평화적 해결을 주장하는 근거로 삼았다. 그뿐만 아니라 중국의 건국과 경제발전이란 큰 틀에서 중일관계를 이해하고 정의했고, 그 과정에서 아시아주의는 그의 대일합작 결정과 이어진 행동을 정당화할 이론적 무기가 되어갔던 것이다.

지면 성격상 길게 논할 수는 없지만, 앞서 지적한 대로 19세기 말부터 20세기 초에 걸쳐 아시아에서 성행한 아시아주의의 내용에서 서구는 아시아인 공동의 적으로 나타난다. 아시아주의 인식을 공유하는 한, 아시아인들은 서구를 공동의 적으로 보는 동시에 서구의 아시아 침략을 돕는 각국의 국내 세력도 적으로 보았다. 민족주의와 아시아주의가 동시에 대두한 계기가 바로 여기에 있었다. 서구 침략세력과 그들의 국내 협력자들은 아시아인 공동의 적이었고 그들을 모두 물리치기 위해서 아시아인들은 단결해야 했는데, 단결의 근거는 궁극적으로는 반서구란 목표였다. 아시아주의를 주장하는 아시아 각국의 반침략세력들은 이런 배경에서 국내적으로는 혁명을 지향하면서 대외적으로는 반제·반서구운동을 전개하였다. 아시아의 모든 국가가 그들의 국내외적 공동 목표를 위해 힘을 합쳐야 하는 근거로 아시아주의를 내세운 것이다. 이렇듯 반서구를 큰 전제로 삼음으로써 아시아 각국에서 논의되던 아시아 개념과 아시아주의 이해가 상이하고 강조점이 다르다는 사실은 부차적인 문제로 취급된 경우도 많았다. 물론 이런 지적을 하는 것은 왕 징웨이의 대일합작이 옳았음을 주장하기 위해서가 아니다. 그러나 그가 중일합작 혹은 대일합작을 주장하는 논리적 근거로 내세운 것 중에는 당시 다른 아시아 나라들과의 공통의 이해란 측면에서 보면 나름대로 설득력을 갖는 것도 있었던 것 같다.

이런 추측을 뒷받침하는 하나의 예가 1943년 11월 5일과 6일 양일간 일본 토오꾜오에서 열린 '대동아회의'이다. 실상 그동안 많은 학자들은 이 회의를 아시아 각국에 일본이 설립한 '괴뢰정부'나 '친일정부'가 참여하여 일본의 주도와 지원하에 열린 무의미한 회의로 보는 경향이 있었다. 그러나 이 회의는 당시 태평양전쟁의 전세가 일본에 불리해지기 시작하던 상황에서 개최되었다. 이런 상황의 변화를 이해하는 것이 중요하다. 대동아회의 전, 2차대전의 주요 당사국인 미국과 영국의 수뇌 루스벨트와 처칠이 각기 연합국을 대표하여 동의하고 발표한 대서양헌장(1941. 8. 14)의 내용은 피식민지인들에게 큰 반향을 일으키기에 충분했다. 그리고 이런 식민지국가에 대한 파급력을 이해한 일본이 그에 대응하여 추진한 회의가 바로 대동아회의였던 것이다. 따라서 이 회의는 당시 태평양전쟁의 전세를 반영하여 아시아 각국이 일본과 대등한 동반자라는 사실을 상호 인정한 가운데 열렸다.[12] 그리고 무엇보다 중요한 것은, 이 회의가 발표한 선언에서 볼 수 있듯이, 회의에 참석한 (왕 징웨이의 난징정부가 대표한) 중국을 비롯해 만주국, 태국, 미얀마, 필리핀 정부 대표들이 모두 서구제국주의로부터 동아시아를 해방한다는 일본의 기본노선에 동의했다는 사실이다. 이와 동시에 이들이 동의한 것은 바로 모든 아시아 민족의 평등이었다.

즉 이 대동아회의의 의미를 일본의 시각이 아닌 참여 아시아 국가의 시각에서 본다면, 이들 국가는 일본과의 성공적인 협상과 타협을 통해 자신들이 독립된 국가라는 사실과 나아가 일본과 정치적으로 대등하다는 사실을 사실상 일본의 동의하에 선언한 것이다. 이들 국가가 일본에 던진 메시지는 일본이 아시아에서 식민지배체제를 건설해서는 안된다는 강한 요구였다. 물론 선언의 의미가 강했지만, 그럼에도 불구하고 이런 선언이 가능했던 데에는 당시의 전세만이 아니라 아시아주의에 깔려 있는 아시아 국가들의 반서구·공동연대라는 기본 사고가 있었다고 해야 할 것이다. 이 선언의 대가로 일본이 얻은 것도 있다. 태평양전쟁의 전세가 기울어가던 중요한 순간에 일본은 아시아에서 진행하던 '반서구'전쟁인 태평양전쟁에 대

한 아시아 국가들의 적극 지원과 협조의 다짐을 얻어낼 수 있었던 것이다.[13]

대일합작을 통해 왕 징웨이는 '구국' '애국'의 의미도 새롭게 해석했다. 특히 그는 청말의 한인 관료로서 청왕조의 연명을 도왔던 리 훙장(李鴻章), 장 즈둥(張之洞), 류 쿤이(劉坤一) 등의 외교활동을 반드시 매국적이라고만 볼 수는 없다고 주장했다. 오히려 그들의 "현명한" 시도로 인해 중국이 국가로서 보존될 수 있었고, 나아가 서구 국가들과의 타협을 통해 평화를 이루고 구국을 할 수 있었다고 본 것이다. 그의 시각에서 보면 그들의 활동에서 가장 중요한 것은 독립주권을 지닌 국가로서 중화민족이 보존될 수 있게 한 점이었다. 그에게는 바로 이 점이 가장 중요했는데, 이들 청말 한인 관료는 중화민족을 보존하고 중국이 새롭게 태어나게끔 도왔을 뿐만 아니라 궁극적으로는 동아시아를 번영과 부흥으로 이끄는 평화의 길로 나아가게 만들었다는 것이다.[14] 이런 시각에서 왕 징웨이는 19세기 말 일본과의 전쟁(1894~95)에서 비참하게 패한 청왕조도 궁극적으로는 "애국적"이었다고 주장한다. 청왕조가 전쟁 패배를 깨끗하게 인정했다는 점에서 중일전쟁 시기 장 제스의 국민정부보다 더 애국적이었다고 본 것이다. 패전의 인정은 곧 평화로 이어지는 길이기에, 전쟁의 지속을 통해 국가의 운명을 "도박"하고 있던 충칭의 국민정부보다 19세기 말 청왕조가 더 나았다는 것이 그의 주장이다.[15] 이런 인식은 충칭 탈출 이전까지만 해도 장 제스의 핵심 참모였으나 대일합작 과정에서 왕그룹의 핵심 참모로 변신한 저우 포하이도 공유한 것이었다. 저우는 중국이 중일전쟁 시기 '생로(生路)'와 '사로(死路)'의 갈림길에 서 있지만 중·일 간의 상호이해를 통한 협조, 즉 대일합작과 중일평화가 중국을 '생로'로 가게 할 것이라고 보았다.[16]

왕 징웨이의 주장은 중·일 양국이 모두 승리하는 길은 결국 양국이 진정한 우호국이 되는 것이고, 그것이 바로 중·일 양국, 나아가 동아시아가 진정한 평화로 가는 길이라는 것이다. 그리고 그것은 곧 그의 대아시아주의의 근간이었다. 대아시아주의에 근거한 중·일 양국의 평화는 따라서 중국이 전쟁의 폐허에서 회복하는 기회를 줄 뿐만 아니라, 궁극적으로는 "경제와 산업 발전의 길을 촉구"함으로써 쑨 원의 삼민주의에 따라 건국을 이룰 수 있는 근저를 마련한다고 보았다. 즉 중일평화는 중국이 경제·산업발전을 통해 민족국가를 건설하는 길로 안내하는 중요한 전제였다. 그 과정에서 중국은 서구 침략주의와 공산주의의 위협을 완전히 제거하고 국가로서 자유와 독립을 유지하면서 존재할 수 있게 된다는 것이다. 다시 말해서, 평화를 이룩하고 유지하는 것은 일본과의 전쟁에 대한 해결책일 뿐만 아니라 더 궁극적으로는 국가 건설과 발전을 이룩하기 위한 중대한 전제였다. 왕 징웨이는 특히 평등과 호혜의 원칙하에 중국과 일본이 국제산업의 특성과 독립성을 바탕으로 양국에 상호이익이 되는 방향으로 협력할 것을 주장했다. 경제면에서 그는 중국의 건국과 동아시아 지역발전을 위해 국제분업이란 원칙을 제시했던 것이다. 이렇듯 왕 징웨이의 중일평화와 아시아주의 주장에는 중국의 경제발전 방향에 대한 그의 이해와 계획이 담겨 있었다.[17]

5

1945년 8월 일본의 패망 이전 아시아주의에는 일본의 침략적 아시아주의만 있었던 것이 아니다. 아시아주의는 다양한 형태와 내용을 띠면서 아시아 국가들에 존재했다. 그 지향이나 강조점이 모두 달랐을 뿐만 아니라 다양한 정치적 의미를 지닌 채 여러 아시아 국가에서 이념적·정치적으로 상이한 집단이나 정파에 의해 이용, 실천, 주장되었다. 그러나 아시아주의의 기원과 이후의 전개과정을 보면 그런 다양한 함의와 실천 속에도 몇가지 공통 요소가 상시적으로 존재한다는 것을 알 수 있다. 첫째, 아시아주의의 대두는 서구의 아시아 침입과 그 결과인 근대성(혹은 근대체제)의 도입과 관련되어 있다. 따라서 서구의 침략에 대한 대항이란 면에서 반서구는 아시아주의에 당연히 내재하는 요소였다. 이는 앞에서 언급했듯이 아시아주의의 대두가 아시아 각국의 민족의식의 대두와 연결된다는 점도 설명해준다. 반서구와 민족의식은 불가분의 관계로 동시에 대두했다. 아시아주의가 민족주의의 대두와 밀접하게 관련되어 있다는 것은 아시아주의가 근대 민족국가 건설 같은 근대성 쟁취라는 목표와도 연동되어 있다는 것을 의미한다. 즉 아시아주의는 반서구투쟁의 이념과 수단을 제공, 정당화하는 구호이자 수사로 등장했지만, 한편 반서구가 반자본주의나 반근대를 의미하는 것은 아니었다. 오히려 아시아주의에 내재된 반서구는 비(非) 서구자본주의에 가까운 요소를 포함하고 있다고 할 수 있다. 왜냐하면 서구는 기본적으로 침략·제국주의·식민주의를 상징했지만 동시에 근대·진보·발전의 의미로 이해되기도 했기 때문이다. 아시아주의는 반서구주의지만 반자본주의는 아니었고, '대안적 자본주의' 혹은 '대안적 발전주의'에 가까웠다고 할 수 있다.

둘째, 아시아주의는 단어 자체의 의미에서 볼 수 있듯이 아시아란 지역을 먼저 강조하는 지역주의(regionalism)이자 국가의 경계를 넘어서 공동의 이익과 목표를 추구하는 초국가주의(transnationalism)이다. 그러나 아시아주의가 사회주의에서 말하는 국제주의(internationalism)를 의미하지는 않았다. 쑨 원 같은 중국 초기 아시아주의자들은 사회주의 요소를 받아들여 서구 자본주의의 병폐로 알려진 계급 발생에 따른 사회갈등 문제를 해결하고자 했다. 이런 이유로 쑨 원을 '초기 사회주의자'로 보면서 이후의 사회주의자와 구별하기도 한다. 쑨 원 같은 초기 사회주의자들은 사회주의 자체, 즉 계급투쟁을 기본개념으로 하는 사회주의는 적극 거부했다. 이런 점에서 보면 아시아주의자들은 반사회주의자였다기보다는 사회주의적 사고를 하는 지역주의자이자 초국가주의자였다고 가정할 수 있다. 그렇다고 아시아주의자들이 민족주의자가 아니었던 것은 아니다. 결국 아시아주의는 반자본주의도 아니고 반사회주의도 아니며 나아가 반근대주의도 아닌, 대안적 자본주의와 대안적 근대성을 의미했다고 볼 수 있다. 이런 가정을 뒷받침하는 최근의 예가 바로 '아시아적 가치'를 강조하는 아시아 자본주의 국가들의 경우다.

아무튼 이런 가정이 가능하다면, 20세기 초 이후, 특히 태평양전쟁 시기와 1945년 전후를 통시적으로 이해하는 하나의 분석틀로서 아시아주의를 상정하는 것도 가능하지 않을까? 특히 1930년대 이후 중국과 일본의 전쟁, 이어진 미국과 일본의 전쟁은 미국과 장 제스의 국민정부로 대표되는 자본주의 세력이 파시스트(혹은 군국주의) 세력인 일본과 벌인 전쟁일뿐만 아니라, 아시아란 지역인식에 기초한 대안적 자본주의 세력이 전지구적 자본주의 세력과 사회주의 세력 모두에 항거한 일종의 시위였다고 볼 수 있다. 물론 그 시위는 실패했지만 전후 자본주의 세력과 사회주의 세력 사이의 냉전을 거치면서 전지구적 자본주의의 승리를 초래했고, 이후 아시아주의(혹은 동아시아론)는 1990년대 이래 사회주의를 대체하면서 동시에 대안적 자본주의에 대한 논의를 가능하게 하는 이론적 근거로 지역 내에서 등장하게 된다. 그렇다면 1945년을 경계로 전후 이루어진 소위 '동서대결'(즉 냉전)의 분석틀로 1930, 40년대를 거슬러 올라가 이해하기보다는, 그 시기를 미국과 국민정부라는 자본주의 세력, 옌안에 근거지를 둔 중국공산당과 이를 지원하던 소련이라는 사회주의 세력, 그리고 이들 양대 세력의 블록

속에 들어가길 거부한 일본이 대표하고 왕그룹이 참여한 아시아주의 세력의 대결이라는 가정을 통해 이해하는 것도 가능하지 않을까?

왕 징웨이와 왕그룹의 아시아주의 이해 방향을 시론적으로 검토한 이 짧은 글을 정리하면 다음과 같다. 첫째, 왕그룹의 대일합작은 평시가 아닌 전시기에 제기되고 실현되었다. 더구나 중일전쟁 초반 일본의 승리가 이어지던 시에 있었던 일이다. 이런 사실은 왕그룹이 중일평화를 주장한 근거로 내세운 아시아주의도 당시 중국이 불리하던 전쟁의 초기라는 특수한 맥락에서 제기되었음을 전제로 이해해야 한다는 점을 시사한다. 둘째, 아시아주의는 역사적 맥락에서 볼 때 서구의 아시아 침략에 따라 아시아 각국에서 민족주의 혹은 민족의식이 대두하기 시작하던 시기에 함께 제기된 (서구에 대항하는) 지역협력을 위한 논거였다. 이는 아시아주의의 내용에 반제국주의(혹은 반식민주의)와 함께 반서구라는 요소가 깊이 자리 잡고 있었음을 나타낸다. 다만 반서구라는 것은 반침략을 의미하는 것이지, 반드시 반자본주의는 아니었다. 즉 아시아주의는 기본적으로 반서구·반침략주의를 주 내용으로 한다고 할 수 있다. 바로 이 점이 20세기 초 지역 내 급진주의자들이 아시아주의를 지역을 초월한 반제세력의 연대공간이자 동시에 세계주의 프로젝트로서 이해할 수 있게 한 근거였다.[18]

아시아주의에는 반근대 지향의 내용이 없었다. 기본적으로 자본주의적 발전을 통한 근대성의 달성이라는 내용이 아시아주의에 용해되어 있었다. 다만 여기서 말하는 자본주의는 서구식 자본주의라기보다는 대안적 자본주의로서, 그 내용에서 침략성이 제거되고 사회갈등의 원천인 노사갈등이나 자본가·노동자 계급사회의 등장 같은 서구식 발전을 회피하려는 방향성을 갖고 있었다. 이 아시아주의에는 사회주의를 통한 근대 달성 가능성도 배제되어 있었다. 발전의 관점에서 보면 아시아주의는 비서구적(혹은 대안적) 근대성의 달성이 주 내용이었다고 할 수 있는 것이다. 이런 인식이 가능하다면, 일본의 근대화 성공은 아시아주의자들에게 대안적 발전의 가능성을 제시하는 것으로 이해되었고, 아시아주의에는 미국과 서유럽으로 대표되는 서구식 자본주의나 소련 등으로 대표되는 공산주의 국가의 근대적 발전과는 다른 발전을 향한 추구가 내재해 있었다고 할 수 있다. 물론 이런 주장과 가설이 설득력을 얻으려면 아시아주의와 발전 개념의 관계에 대한 좀더 깊은 논의와 자료의 수집, 분석을 통한 논증이 필요할 것이다.

마지막으로 지적하고 싶은 것은, 현재 역사가들과 지역 내 일반인들의 인식에 여전히 아시아주의를 1945년 이전 일본 침략주의의 이념적 도구로 이해하는 경향이 강하게 남아 있다는 사실이다. 물론 그것이 틀렸다거나 잘못되었다는 것은 아니다. 일본의 식민지 지배와 침략을 뒷받침한 아시아주의는 타께우찌 요시미의 경우에서 보듯이 일찍이 많은 일본 전후 지식인들에 의해서조차 부정되어왔다. 그리고 그런 부정과 함께 1945년 이후 아시아 각국에서는 아시아주의란 용어보다 '아시아인의 단결' '형제애' '지역 단결' '지역주의' 혹은 '지역공동체' 등의 용어가 많이 쓰이고 있다. 1990년대 이후 한국 학계에서 꽤 오래 회자되었던 '동아시아론'도 최종 목적지는 결국 과거 일본의 아시아주의를 뛰어넘는 지역(내 평등한) 연대에 있었다.

여기서 요점은, (동아시아론과는 경제적 맥락을 달리하지만) 아시아 지도자들 사이에 성행한 '아시아적 가치' 논쟁에서 보듯이, 아시아주의 논의는 사라지거나 일과성에 그치는 것이 아니라 여전히 지역 내에서 진행 중인 논의라는 점이다. 그리고 지역협력이나 지역적 동질성을 주장하는 여러 논의는 긍정적이든 부정적이든 그 귀결점이 서구중심체제에 대한 도전 내지 대안 생성에 있다. 자본주의와 근대성의 역사적 연관성에도 불구하고 이런 논의는 예외 없이 자본주의를 비판하면서 (자본주의 체제 내에서) 대안적 근대성을 추구한다. 여기에 이런 논의의 한 뿌리를 왕그룹의 아시아주의 논의에서 끌어올 수 있는 가능성이 있다. 여기서 당시 그들의 논의가 옳았는지 아니었는지를 다루는 것은 부차적 문제일 것이다.

제4장

리영희와 냉전기 중국혁명운동사의 탄생*

정문상(가천대 리버럴아츠칼리지 자유전공 교수)

1. 들어가며

 냉전기는 한국의 중국근현대사 연구에서 갖는 의미가 크다. 한국에 (현대) 중국은 무엇인지에 대한 물음과 고민이 본격적으로 시작되었고 그에 따라 한국의 독자적인 중국사 연구와 해석이 시작될 수 있었기 때문이다. 중국사를 연구하고 교육할 수 있는 근대적 학술제도가 도입된 것은 일제강점기까지 거슬러 올라간다. 당시 한국인 중에는 일본 유학을 통해 중국사 연구를 시작한 경우도 있었던 만큼, 당시의 중국에 대한 관심과 해석은 대부분 일제의 관점, 즉 오리엔탈리즘의 영향 아래에 있었다. 일제의 패망과 한국의 독립으로 한국인은 자신의 관점에서 중국을 해석하고 위치지을 수 있는 기회를 맞았지만, 해방공간에서 분출된 중국에 대한 다양한 관심과

• 이 글은 『역사와실학』 65, 2018에 게재된 논문을 일부 수정한 것이다.

해석은 남북분단과 한국전쟁으로 분열되고 말았다.

한국에서 중국은 한국전쟁에 개입한 침략국이자 적성국이었기 때문에 근현대 중국에 대한 관심은 공산주의에 동조하는 것으로 간주되는 분위기가 팽배했다. 민두기의 회고처럼, 당시 한국인들이 근현대 중국에 지속적으로 관심을 가지는 것은 "지적 용기를 필요로 하는 힘겨운 일"이었으며,[1] 따라서 반공주의를 내세우지 않은 근현대 중국사에 대한 관심과 연구는 불가능에 가까운 일이었다. 중국공산당이 "괴물로 성장한 배경과 그 원인"을 추적한 김준엽(金俊燁)의 연구가[2] 당시 유일하다시피 한 중국근현대사 연구였다는 사실은 결코 우연한 일이 아니었다. 그러나 중국공산당사를 중국근현대사로 간주할 수는 없는 일이었다. 중국근현대사를 체계적으로 구성할 수 있으면서 반공주의와 상충하지 않는, 아니 반공주의를 논리적으로 뒷받침할 관점과 논리가 필요했던 이유가 바로 여기에 있었다.

1950년대 후반부터 한국에 유입되기 시작한 미국발 근대화론은 반공주의 시각에서 근현대 중국 전체를 해석하고 구성할 관점과 논리를 제공했다. 근대화론이 수용되면서 근대사는 근대화로 해석되었고, 근대화는 서양이라는 외부의 충격과 자극을 계기로 다양한 차원에서 경주된 서양문화 수용과 적응의 과정으로 이해되었다. 이 과정에서 서양의 경험은 전면적으로 수용해야 할 기준으로, 그리고 자국 전통은 비판하고 극복해야 할 대상으로 간주되었다.[3] 이러한 관점에서 볼 때 중국공산당에 의한 중화인민공화국 수립은 '공산화'일 뿐만 아니라 '근대화 달성과는 무관한, 아니 그것으로부터 일탈한 사건'이었다.

그러나 냉전기 한국의 중국근현대사 해석이 반공주의에 입각한 연구로만 설명되지는 않는다. 중화인민공화국을 '공산화, 근대화로부터의 일탈'로 해석하지 않는 학문적 노력과 시도 또한 경주되었기 때문이다. 이러한 노력과 시도는 4·19혁명 이후 지식인사회에서 주요 담론으로 부상한 민족주의, 그리고 그에 입각한 자주적·주체적 근대화라는 쟁점과 관련이 깊다. '근대화는 곧 서구화'라는 기존 근대화 이해를 비판하면서 이른바 내재적 발전론에 입각하여 한국사를 재구성하기 시작한 지적 동향과 관련된다는 것이다.[4] 필자는 이러한 동향이 반공주의에 입각한 중국근현대사 해석과는 다른 유형의 해석이 출현할 수 있었던 중요한 배경이라고 생각한다.

이 글에서는 1960년대에 출현한 중국근현대사에 대한 새로운 관심과 해석의 한 사례로 근현대 중국에 대한 리영희의 지적 활동에 주목해보고자 한다. 두루 알려진 대로 그는 저널리스트 출신의 신문방송학과 교수였다. 1972년 한양대학교 교수로 부임하기 이전 1957년부터 합동통신사·조선일보사 등에서 외신부 기자와 외신부장으로 재직했다. 비록 그는 중국사를 전문적으로 연구하는 훈련을 받은 바 없지만 외신기자로서 당대 중국사회의 변화를 예의주시하며 글을 썼고, 1970년대에 들어 『전환시대의 논리』 『우상과 이성』 등의 저서와 『8억인과의 대화』『중국백서』『10억인의 나라』 등 편역서를 출간했다. 반공냉전이념이 압도하던 한국사회에 그는 당대 중국문제를 보는 새로운 관점과 정보를 제공했다. 1970, 80년대에 중국근현대사를 연구하기 시작한 연구자들이 그를 '비판적 중국학'을 개척한 연구자로 평가하며 지속적으로 환기하고 있는 데서 알 수 있듯이[5] 한국의 중국근현대사 연구에 미친 그의 영향은 결코 작지 않다.

그런데 많은 연구들이 그를 한국에서 '비판적 중국학'을 연 연구자로 주목하고 평가하지만, 정작 그가 중국근현대사를 어떻게 구축하고 어떤 역사상을 제시했는지에 대한 관심과 분석은 부족한 편이다. 그의 지적 활동이 가지는 비판성과 실천성, 달리 말하자면 냉전반공이념에 대한 그의 비판적 실천활동과 그것이 갖는 의미 등을 강조하는 데 논의를 집중하여,[6] 1960,

70년대를 통해 그가 힘겹게 수행한 근현대 중국론을 그의 비판적 실천활동을 뒷받침하는 소재 내지는 한국사회의 변화를 전망하고 상상하기 위한 참조틀로 한정한 혐의가 있는 것이다.

리영희 스스로 밝혔듯이 그는 중국을 "한국사회를 보는 거울 내지는 한국사회를 비판하는 도구"로만 간주하지 않았다. "인민대중의 역사이자 사회주의사회 실현을 위한 대실험을 하고 있는 중국 그 자체"에 그는 지적·학문적 호기심을 가지고 있었다.[7] 중국혁명운동사의 해명과 구성에 대한 그의 관심은 학계의 현대 중국 연구동향을 예의주시하고 있던 그의 태도에서도 확인된다. 1970년대 중반 민두기·최명(崔明)·나창주(羅昌柱)·박준홍(朴埈弘) 등이 출간한 현대 중국을 다룬 연구서를 소개하는 등 학계의 성과에 큰 관심을 보였던 것이다. 그는 학문의 자유가 보장되지 않는 한국 현실에서 특정 정치이데올로기에 편중되지 않는 학자들의 성실성을 확인하여 흐뭇했다는 감상평을 전하며, 특히 민두기의 연구를 중국 근대에 지속되고 있는 전통을 해명했다는 점에서, 그리고 중국혁명을 다룬 최명의 연구는 "주관을 되도록 피하고 史(事)實 자체의 충실한 전달에 힘썼다"라며 높게 평가했다.[8]

그는 중국현대사, 즉 혁명운동사를 어떤 논리와 시각에서 '사실(史事實)에 입각해' 구성하고자 했을까? 이 문제의 해명을 위해 이 글에서는 1960년대 한국 지식인사회의 근대화론을 둘러싼 이해와 리영희의 혁명운동사 구성의 연관성에 주목하고자 한다. 이렇게 하는 것은 근대화론에 대한 이해가 혁명운동사에 대한 그의 관심을 구체화, 체계화한 지적 활동과 연관된다고 판단하기 때문이다. 리영희가 혁명운동사를 어떤 논리에 입각해 어떻게 구성했는지를 해명함으로써 '비판적 중국학자'로서 그의 면모가 좀더 풍성히 드러날 수 있기를 기대한다.

2. 외신기자의 중국: '거대한 실험의 현장'

그가 중국 현실에 본격적인 관심을 가진 것은 외신부 기자 생활을 시작하면서부터였다. 후일 한 인터뷰에서 그는 "(1950년대 후반기에) 현실의 중국 문제가 나의 가슴에 탁탁 와닿으면서, 우리의 문제를 떼어놓은 채 중국이라는 대변동에 주목하게 되었다"라고 회고한 바 있다.[9] 1957년 합동통신사에 입사, 외신부 기자 생활을 시작한 그에게 세계 각지에서 발신되어 실시간으로 전달되어오는 각종 정보는 단순한 호기심을 넘어 세계의 변화에 대한 관심을 자극하기 충분했고, 특히 중국의 박진감 넘치는 사회주의 건설과정은 한국문제에 대한 관심을 미뤄둘 정도로 그의 시선을 빼앗고 말았던 것이다. 한국전쟁을 통해 '중공'의 존재를 알았고 통역장교 시절 함께 근무한 미국인 고문관을 통해 공산주의 이론은 물론 중국공산당의 사상과 그 성장과정을 어느정도 알고 있던 그에게, 실시간으로 전해오는 중국 사회주의 건설과정에 대한 정보는 가슴 뛰게 하는 역동적 현실이었다. 후일 그는 당시 "굉장히 흥분하지 않을 수 없었다"라고 회고한 바 있다.[10]

외신기자 시절부터 중국에 관심을 가진 그는 '중국의 대변동'을 체계적으로 이해할 수 있는 독서를 본격화했다. 국제정치와 국제관계 관련 각종 자료와 정보, 제국주의의 역사와 식민지 해방투쟁, 그리고 사회혁명에 관련된 다양한 이론과 실제 상황을 담은 서적들을 열정적으로 읽고 학습했던 것이다.[11] 이러한 독서 덕분에 그는 사회주의 중국을 보는 감각과 그것을 체계적으로 이해하고 분석할 수 있는 관점을 갖출 수 있었다. 당시 그가 관심을 갖고 집중적으로 보도했던 것은 문화대혁명(이하 '문혁')이었다.

문혁을 한국의 대중언론매체에서 본격적으로 다루기 시작한 것은 베이징부시장이자 역사학자 우 한(吳晗)의 희곡 「해서파관(海瑞罷官)」이 문제된 이후였다. 특히 1966년 4월 중순 궈 모뤄(郭沫若)가 '자아비판'을 하고 같은 해 6월 베이징시장 펑 전(彭眞)이 실각하자 고위권력층 내부의 권력투쟁이 본격화되었다고 보도하기 시작했다. 한국의 거의 모든 대중매체가 문혁의 본질은 마오 쩌둥의 후계문제를 둘러싼 권력투쟁이자 마오의 일인독재체제를 수립하기 위한 권력투쟁이라며 경쟁적으로 보도했다.[12] 그러나 당시 대중언론매체에서 기사화된 문혁의 양상은 단순한 권력투쟁이 아니었다. 반문명적이고 비이성적이며 배외적인, 홍위병을 동원한 폭력과 광란의 비정상적인 권력투쟁이었다. 이 권력투쟁으로 중국은 무정부 상태의 내란에 빠졌고 심지어는 혈맹인 북한과도 상호 비방하며 충돌하는 등 외교적으로도 곤경에 직면했다는 것이다. 대중매체의 보도로 보면 중국의 '파국'은 멀지 않아 보였다.

흥분을 감출 수 없을 정도로 중국사회의 대변동에 남다른 관심을 가졌던 리영희는 문혁을 어떻게 기사화했을까? 문혁의 시작을 상징적으로 알린 1966년 중국공산당 중앙위원회 명의의 이른바 「5·16통지」가 발표되었을 때 그는 『조선일보』 외신부장으로 재직하고 있었다. 그의 외신부장직은 베트남전쟁과 파병문제에 대한 비판적 활동 때문에 강제해직된 1969년까지 유지되었다. 문혁이 1969년 4월 중국공산당 제9차 전국대표대회로 일단락된 점을 고려할 때 그의 『조선일보』 재직기간은 문혁이 가장 치열하게 전개된 시기와 겹친다.

당시 『조선일보』의 문혁 보도는 앞서 살핀 여타 대중매체의 논조와 크게 다르지 않았다. 문혁을 '치열하게 전개되고 있는 비정상적인 권력투쟁이라는 관점'에서 기사화하긴 마찬가지였던 것이다.[13] 마오가 내건 문혁은 결국 국가주석직을 둘러싼 마오와 류 사오치(劉少奇)·덩 샤오핑 간 권력투쟁이라는 기사, 문혁으로 초래된 무자비한 폭력과 유혈사태는 마치 '현대판

삼국지'와도 같다는 사설, 문혁으로 기존 사회주의 국가와의 관계조차 엄중해져 결국 중국은 사회주의 국제사회로부터 일탈한 존재가 되고 말았다는 기사 등에서 당시 『조선일보』의 문혁 보도논조를 어렵지 않게 읽어낼 수 있다.

그러나 당시 『조선일보』가 이상과 같은 논조로만 문혁을 보도하지는 않았다는 점에 주목할 필요가 있다. 문혁 때 표출된 권력투쟁의 역사적·문화적 배경을 추적하면서 마오가 의도했던 문혁은 무엇이며 그것이 중국의 사회주의사회 건설에서 어떤 의미를 가지는지도 기사화했다. 문혁을 '전인류 4분의 1의 인간군이 그려내는 하나의 거대한 실험'이라고 정의하거나, 문혁의 기원으로 옌안 정풍운동에 주목하고 문혁을 '사회주의사회 건설단계로 넘어가려는 사상적 개혁운동'으로 소개하는 분석기사를 실었다. 말하자면 문혁을 1966~69년까지 약 3년에 한정된 정치적 사건으로 보려 하지 않았던 것이다. 권력투쟁이라는 해석에서 벗어나 그 역사적·문화적 배경에 주목함으로써 사회주의사회를 건설하기 위한 정책과 노선경쟁을 포함해 좀더 거시적이고 구조적으로 문혁을 파악하고자 한 것이다.

이뿐만 아니었다. 권력투쟁의 비정상성, 문혁 전개과정의 폭력성과 비이성·반문명성을 비난하는 대표 소재로 모든 대중매체에서 주목했던 홍위병에 대해서도 다른 시각을 보였다. 홍위병 사이에서 벌어진 유혈사태는 '주로 홍위병이 작성한 대자보에 근거한 것으로, 현실을 반영하지 않은 과장된 것'이라는 기사를 내보낸 것이다. 그리고 중국생활 체험자와의 인터뷰 기사를 통해 중국인의 일상생활을 다르게 전달하기도 했다. '마오쩌둥사상의 학습은 강제가 아닌 설득의 방식으로 이루어지고 있으며, 개인보다는 집단을 중시하고, 여성들은 사회개혁의 혜택을 받고 있으며, 교육에서 설득과 토론을 중시한다'는 등의 보도가 그것이었다.

한국의 거의 모든 대중매체가 문혁을 '폭력적·비이성적·반문명적·유혈적인 당내 권력투쟁' 등으로 경쟁적으로 보도하며 기존의 '반공냉전형 중공인식'을 확대재생산하고 있을 때, 이렇듯『조선일보』지면을 통해 표출된 균형지향적이고 거시적인 관점에 선 보도는 이례적인 것이었다. 이는 리영희의 문혁에 대한 관점과 이해를 반영한 것으로 파악된다. 그는 문혁을 단순한 당내 권력투쟁이 아니라 새로운 인류 생존양식을 만들어 사회주의사회로 나아가려는 사상개혁운동을 동반한 대실험이라고 보도하고자 했다. 이러한 시도들의 연장선상에서 그는, 아시아·아프리카작가회의 일본협의회 위원장 시라이시 본(白石凡)을 인용해 "새로운 인간형을 실현하기 위한 노력"으로 보는 특유의 문혁관을 피력하기도 했다.[14] 한국사회의 주류적 문혁관과는 전혀 다른 새로운 관점과 이해를 제시했던 것이다.

3.『창작과비평』과 주체적 근대화

문혁에 대한 리영희의 관점은 분명 한국사회의 반공냉전이념에 사로잡힌 중국인식, 즉 '반공냉전형 중공인식'을 비판하는 의의를 가진 것이었다. 평소 그는 '중공'이 아닌 '중국'이라는 호칭을 사용해야 한다며 반공냉전이념에 속박된, 즉 미국의 보수적 관점에 편향된 한국의 중국인식을 문제삼고 그에 비판적 태도를 취했다.[15] 게다가 문혁을 새로운 인간을 만들어내고자 하는 시도로 보는 관점을 제시한 것은 인간의 자유로운 사고와 자율성을 중시하고 그것을 억압하는 제도와 이데올로기에 비판적이었던 그의 사고와 태도를 반영한 것이기도 했다. 그러나 그에게 문혁은 한국사회를 비판하는 수단이나 그에 저항하는 근거로서의 의미만을 가진 것은 아니었다. 문혁은 그가 근현대 중국을 해석하고 구성하는 출발점이기도 했다. 문혁에 대한 그의 관심은 중국 사회주의 건설은 물론 그 전사(前史)에 대한 체계적인 이해로 심화, 확장되었기 때문이다. 요컨대 문혁은 중국혁명운동사에 대한 그의 관심, 해석, 구성의 출발점이었다.

과연 그는 중국혁명운동사를 어떤 논리와 관점에서 구성하고 체계화하고자 했을까? 필자는 이전 연구를 통해 리영희가 구성한 중국혁명운동사가 '혁명사관'에 입각한 것이었으며, 리영희가 개혁개방 이전까지 중화인민공화국 역사학계의 정통적 시각이던 혁명사관을 수용할 수 있었던 것은 패망 후 혁명사관에 동조한 일본 중국사학계의 주류적 관점에 영향을 받은 것이었으리라고 추론한 바 있다.[16] 당시 일본 중국사학계의 연구의 출발점은 전쟁 이전 아시아사회정체성론을 극복하는 한편 제국주의와 서구적 근대화를 극복하려 한 신민주주의혁명 형성과정을 검증하는 데 있었으며, 이러한 일본 학계의 관점을 리영희는 진보적 출판사 이와나미(岩波)에서 간행한 일본 학자의 저서와 번역본을 통해 접할 수 있었기 때문이었다.

그런데 냉전기 한국에서 중국혁명사에 대한 관심과 해석이 출현한 것이 일본의 진보적 중국학계의 영향 때문만이었을까? 일본 등 외부와의 관계뿐만 아니라 한국 국내 동향과의 관련성에 대해서도 주목하는 것이 온당할 듯싶다. 필자는 리영희가 본격적인 중국혁명 관련 글쓰기를 시작했던 1970년대 초반 한국 지식인사회의 동향, 특히 계간지 『창작과비평』(이하 『창비』)에 주목한다. 두루 알려져 있듯이 『창비』는 1966년 문예와 사회비평을 전문으로 하는 계간지로 창간되었다. 창간 이후 문학·역사학·사회과학 등 다양한 전공과 배경을 가진 4·19세대 지식인들이 결집하여 문학담론과 저항담론을 만들어내는 등 지식인의 사회적 개입과 실천을 지향하며 체제비판적 잡지로 성장했다.[17]

리영희는 『창비』 창간호를 『조선일보』 외신부장일 때 받아보았다. 그는 창간호를 받아 편집인 백낙청이 쓴 권두논문을 읽은 당시 자신의 심정을 "나는 큰 우군을 얻었다. 외로움은 갔다"라는 표현으로 회고한 바 있다.[18] 문학 분야에서 발신한 '창조와 저항의 의지와 그것으로부터 파생될 이후 한국사회의 변화'를 읽어낸 그는, 『창비』 출간으로 '절망의 암흑 속에서 사회변화를 위해 몸부림쳐온 자신에게 마침내 정직한 지원의 손이 뻗쳐왔다'고 크게 반겼던 것이다. 비록 백낙청과는 면식이 없었지만 창간호를 통해 그는 편집인이 제시한 『창비』의 지향과 방법에 적극 공감하고 나섰다.

그는 창간 1주년을 맞이한 『창비』에 자신의 첫 글로 번역문을 실었다. 미국 존슨 행정부 권력의 타락을 고발하고 비판한 시카고대 교수 한스 J. 모겐소(Hans J. Morgenthau)의 글이었다. 이후 일본재등장 문제와 베트남전쟁에 관한 일련의 글을 싣는 등 국제정세·국제관계 분야 전문필자로 활동했으며 적지 않은 좌담회에도 참여했다. 『창비』와의 관련은 여기에 그치지 않았다. 그의 첫 평론집이자 기념비적 저작인 『전환시대의 논리』를 1974년 창작과비평사를 통해 출간했으며, 문혁의 실상을 다룬 외국 저널리스트·정치인·학자의 글을 번역하여 자신의 문혁관을 여실히 드러낸 『8억인과의 대화』도 마찬가지로 창작과비평사에서 1977년에 간행했다. 그 스스로 『창비』로부터 "굉장히 큰 지적 자극을 받았다"라고 회고할 만큼[19] 그의 지적 활동은 『창비』 또는 그 그룹의 지적 동향과 밀접한 관계가 있었던 것으로 보인다.

그렇다면 리영희의 중국혁명운동사 구성에는 『창비』가 어떤 영향을 미쳤을까? 필자는 그가 중국혁명사를 염두에 두고 글쓰기를 시작한 1970년대 초반 『창비』에서 발신한 학문적 이슈 내지 쟁점에 주목한다. 창간 이후 1970년대까지 『창비』의 이념적 계보를 정리한 연구에 따르면, 『창비』는

3단계에 걸쳐 편집의 방향과 내용에 변화를 보였다.[20] 즉 제1기(1966~69)에는 서구지향성에서 서서히 벗어나기 시작했고, 제2기(1970~72)에 들어서는 민족문학론이 부상하면서 한국사학계에서 발신한 내재적 발전론과 지적 연대가 이루어졌으며, 제3기(1973~80)에 이르러서는 제2기의 입장이 역사·경제·문학 등의 분야로 확대됨으로써 민족문학·자립경제·제3세계론 등의 쟁점과 이와 관련된 담론이 본격적으로 제기되었다. 요컨대 초기의 서구지향적 편집방향에서 벗어나 1960년대 후반기부터 민족주의로 방향을 선회하면서 군사정권과의 대항관계 속에서 분단극복을 통한 자주적 근대화를 지향하는 지적·학문적 이슈를 제기했던 것이다.

1960년대 후반 『창비』의 민족주의로의 방향 전환에 결정적인 역할을 한 것은 『창비』에 참여했던 한국사 연구자들의 내재적 발전론을 중심으로 한 논의였다. 실학사상과 사회적·경제적 변화상에 대한 연구를 통해 조선후기 사회는 정체된 사회가 아니라 세계사의 보편적 발전법칙에 따라 내적 힘에 의해 주체적으로 근대사회로 발전해간 사회로 재구성되기 시작했던 것이다.[21] 내재적 발전론은 한국 근대전환기의 경제·사회·민중운동·문학 분야를 새롭게 인식하고 구성하는 관점을 제공했으며, 서양화를 의미하던 기존의 근대화를 비판하고 재해석할 수 있는 안목을 제공했다.

『창비』와의 밀접한 관계를 고려할 때, 리영희가 『창비』를 통해 유통되고 확산된 이같은 내재적 발전론과 그에 동반된 근대화 재해석이라는 학문적 이슈의 자장 속에 있었던 것은 분명해 보인다. 그 또한 자주적이고 주체적인 근대화를 한국사회가 나아가야 할 방향이라고 생각하고 있었기 때문이다. 자주적·주체적 근대화에 대한 그의 사고는 군사정권이 위로부터 강력하게 추진하던 경제개발 위주 근대화에 대한 비판의식에 의해서도 뒷받침되었다. 로스토우(W. W. Rostow)의 근대화론을 강력한 배경으로 군사정권이 조국근대화를 모토로 내걸고 위로부터 추구한 경제개발은 1970년대에 들면서 경제의 대외의존도가 높아지고 불평등이 심화되는 등 경제성장에 따른 부정적 결과들이 두드러졌고, 그에 따라 근대화에 비판의 목소리를 높이는 지식인들이 늘어갔다. 리영희 또한 예외가 아니었다. 그는 "조국근대화가 일본 경제의 모방이고 하청작업이라면 이 민족과 국민이 앞으로 일본을 대등하고 독립적인 자격으로 대할 수 있을까 의심스러워진다"라면서 근대화는 자주적이고 주체적으로 추구되어야 한다고 강조했다.[22]

자주적이고 주체적인 근대화에 대한 강조는 근대화과정에 대한 분석에서 전통에 대한 재인식을 동반했다. 전통은 더이상 근대화의 장애물, 극복의 대상이 아니었다. 전통은 서구의 근대를 수용하는 매개이며 자주적 근대를 추동하는 내적 근거이자 논리로 주목되고 재인식되었다. 이에 따라 근대화는 서양문화를 일방적으로 수용해가는 과정이 아니라 전통의 비판적 계승을 통해 주체적으로 달성해야 하고 또 그렇게 할 수 있는 사회변화로 해석되었다. 『창비』에 결집한 지식인들이 근대로 발전 가능한 전통적 요소 내지 문화를 발견하고 이를 체계화하려는 학문적 노력을 경주했음은 물론이다.[23]

다음 절에서 자세히 언급하겠지만, 리영희 또한 중국혁명운동사를 체계화하는 과정에서 전통의 역할에 주목했다. 태평천국운동에 뿌리를 두고 5·4운동기에 형성된 중국의 혁명사상에 전통사상이 어떻게 결합하여 지속되면서 혁명운동을 추동했는지를 주목했던 것이다. 혁명사상의 형성과 전개 과정에서 전통이 가지는 의미와 역할에 주목한 점은, 그가 구축한 중국근현대사가 이 글의 모두에서 언급한 반공주의적이고 서구적인 근대화 이해에 대한 비판이자 중국근현대사에 대한 새로운 해석임을 의미했다.

4. 중국혁명운동사의 탄생

전통에 대한 재해석을 통해 중국사를 주체적이고 자주적인 근대화과정으로 구성하려는 시도가 그에게만 한정된 것은 아니었다. 중국사학계 내에서도 그러한 시도는 진행되고 있었다. 민두기의 연구가 대표적이었다. 민두기는 중국근대화의 핵심사안을 근대국가 수립으로 간주하고 이를 위한 중국의 주체적인 노력과정을 해명하는 데 힘을 쏟았다.[24] 그는 전통에 주목함으로써 중국근대화의 자주성을 입증하고자 했다. 그가 주목한 전통은 근대국가 수립 논리로서의 전통적 정치사상, 즉 청대의 봉건론과 근대국가 수립을 추동한 주역으로서의 신사(紳士)층이었다. 1898년 무술변법운동부터 시작된 근대국가 수립 시도는 신해혁명을 통한 중화민국의 수립으로, 그리고 국민혁명운동을 통해 난징국민정부의 수립으로 구체화되었고, 마침내 중화인민공화국 수립으로 일단락되었다. 이 일련의 과정에서 5·4운동은 중요한 전환점이었다. 중화민국 수립 때 확보할 수 없었던 민중의 주체적 참여와 반제국주의 지향이 5·4운동을 거치면서 근대국가 수립 시도와 결합될 수 있었기 때문이다. 5·4운동을 통해 근대국가 수립이라는 과제 실현을 위한 내실을 갖춘 중국인들은 중화인민공화국 수립으로 근대화를 실현할 수 있었다.

민두기의 연구는 반공주의에 입각한 중국근현대사상과는 다른 새로운 역사상을 제시했다. 근대화는 중국의 내적 논리에 따라 주체적으로 추구된 것이었고, 특히 중화인민공화국의 수립은 '공산화'도 '근대화로부터의 일탈'도 아닌, 중국적 근대화의 실현을 의미했기 때문이다. 1960년대 중반『창비』를 통해 한국사 연구자들이 발신한 내재적 발전론이 중국근현대사 연구에 적용된 사례, 즉 내재적 발전론의 중국 연구 버전이었다고 할 수 있다.

민두기가 근대국가를 수립해가는 과정을 근대화로 보았다면, 리영희는 근대화를 '민족·민중해방'의 과정으로 간주했다. 반제·반봉건운동이야말로 중국근대화의 핵심과제라는 인식이었다. 근대화를 달성해가는 과정에서 그가 특별히 관심을 가지고 해명하고자 한 것은 혁명사상의 형성과 혁명운동의 전개 문제였다. 혁명사상은 언제 어떻게 형성되었으며 혁명운동은 어떻게 전개되었는지를 해명하고자 한 것이다.[25] 그는 중국의 혁명사상이 5·4운동 때 신청년(新靑年)들이 맑스 사상을 수용하면서 형성되었으며, 이러한 혁명사상이 형성됨으로써 중국의 근대화는 새로운 국면을 맞았다고 보았다. 제국주의와 지배계급을 대상으로 한 '민족·민중해방'의 길이 열렸고 이는 곧 서구에 대한 반격을 의미하는 새로운 단계로의 진입이었다는 것이다.

　　그런데 주목할 것은, 그가 혁명사상으로 지목한 맑스주의는 서구의 그것이 아니었다는 점이다. 그는 5·4운동기에 형성된 혁명사상으로서의 맑스주의는 '비형이상학적 현세 위주, 정치주의'라는 중국 전통의 사상적 특성과 결합된 맑스주의, 즉 중국적 맑스주의였다고 해석했다. 전통과 결합된 혁명사상의 형성이라는 그의 관점은 혁명사상의 기원을 설명하는 데도 적용되었다. 그는 혁명사상의 기원을 태평천국운동에서 찾고, 이 운동을 이끈 배상제회(拜上帝會)를 외래적 기독교 교리에 토착종교 및 잡다한 비밀결사가 결합하여 조직된 것으로 파악했다. 또한 배상제회가 기독교의 평등사상과 전통적인 대동사상을 결합시킴으로써 '무계급 평등사회' 건설을 추구할 수 있었다고 보았다. 리영희에게 태평천국운동은 중국의 전통사상인 "대동의 이념을 전면적으로 실천한 중국사상(中國史上) 유일한 혁명"이었으며,[26] 따라서 중국근대화의 기점이자 중국근대화를 추진한 모든 혁명사상의 원천이었다. 중국근대화의 시발을 민두기는 무술변법운동에서 찾았지만, 리영희는 그것을 태평천국운동에서 보았던 것이다.

또한 그는 태평천국운동에서 시작된 중국의 근대화가 "물량주의적 발전을 추구한 양무운동"의 정신을 반성하고 변법운동으로 이어졌고, 다시 "정치·사회·문화의 전면적인 개혁을 추구한 변법운동"의 사상은 5·4운동으로 이어져 확대되었다고 보았다.[27] 이러한 이해는 그가 중국근대화를 물질주의와 정신주의 사이의 길항관계로 보고 전자에 대해 후자가 우위를 점하는 과정으로 파악하고자 했음을 의미한다. 변법운동의 정신주의가 5·4운동으로 이어지면서 서구의 맑스주의와 결합하여 중국적 맑스주의를 형성하고, 이 혁명사상으로 무장한 혁명세력이 항일전쟁을 거쳐 장 제스가 이끈 중국국민당과의 경쟁에서 승리함으로써 중화인민공화국을 수립할 수 있었다고 본 것이다. 요컨대, 100년에 걸친 중국근대화는 대동사상을 품고 공상적 사회주의 실현을 위해 반란을 일으킨 "태평천국의 손자이자 5·4운동의 아들들"에 의해 중화인민공화국 수립으로 달성될 수 있었다는 것이다.[28] '중국근대화의 실현'이었다.

주목할 것은, 그가 중화인민공화국 수립을 중국 민중들이 봉건질서와 기존 지배계층, 그리고 제국주의의 침략으로부터 해방을 쟁취한 사건으로만 평가하지는 않았다는 점이다. 그는 중화인민공화국 수립으로 "부르주아 데모크라시, 공가점(孔家店) 타도, 싸이언스" 등으로 상징되는 서구적 근대사상까지 극복되었다고 보았다.[29] 그에게 중화인민공화국 수립은 태평천국운동 이래 추구된 민족·민중의 해방이라는 과제가 일단락된 계기였을 뿐만 아니라 동시에 서구 사상과 문명까지 극복한 역사적 사건이기도 했다. 민두기와 동일하게 중화인민공화국 수립으로 중국은 근대화를 달성할 수 있었다고 평가했고 그리하여 반공주의 관점의 중국근현대사 해석과 구별되는 새로운 역사상을 제시했지만, 실상 그가 뜻한 근대화는 민두기의 그것과 다른 것이었다. 양자 모두에게 근대화는 주체적으로 달성해야 할 과제였지만, 민두기의 근대화는 근대국가 건설로 상징되는 서구화였고 이 서구화는 후발 국가들이 수용하고 달성해야 할 과제였다. 반면 리영희의 그것은 적응하고 달성해야 할 과제에 그치지 않고 동시에 비판과 극복이 가능한 대상이기까지 했다.

이와 같은 근대화에 대한 그의 이해는 한국에서 벌어지고 있던 경제개발 위주의 근대화에 대한 그의 날선 비판의식을 반영한 것이기도 했다. 그는 '질'과 '덕성'을 무시한 급속한 공업화와 근대화로 경제적 불평등이 구조화되고, 따라서 성장을 거듭할수록 빈부격차가 줄기는커녕 오히려 심각하게 벌어지고 있다고 비판했고, 게다가 전사회적으로 물질만능주의를 확산시킴으로써 인간을 상품화하며 윤리적·도덕적으로 타락시키고 있다고 목소리를 높였다.[30] 근대화는 그에게 자주적이고 주체적으로 달성해야 할 목표에 그칠 수 없는 것이었다.

5. 맺음말

그가 구성한 중국혁명운동사가 갖는 중요성은 비판과 극복의 대상으로 근대화를 이해한 점에 있다. 중국근현대사를 혁명운동이라는 관점에서 조망하고 구성해낸 것도 결코 작지 않은 의미를 가지지만, 근대화 자체를 비판과 극복의 대상으로 인식하는 관점을 제시한 데에 더 중요한 의미가 있다는 것이다. 그가 1970년대 초반에 근대화를 비판과 극복의 대상으로까지 사유했다는 사실은 당시 한국 지식인들의 근대화에 대한 지적 동향을 일별할 때 각별하다. 1970년대 초반 함석헌(咸錫憲)과 안병무(安炳茂) 등 일부

신학자를 제외하면 대부분의 지식인들은 근대화를 주체적으로 달성해야 할 과제이자 목표로 사고했고, 설혹 근대화로 인한 인간소외와 비인간화 현상을 비판대상으로 삼았다 하더라도 근대화 자체를 비판하거나 극복과 부정의 대상으로 사고하는 데까지는 나아가지 않았기 때문이다.[31] 『창비』를 통해 군사정권이 추구한 경제개발의 취약한 자립성을 비판했던 박현채(朴玄埰)가 경제성장 자체에 회의적인 시각을 내비친 것은 1970년대 후반에 이르러서였다.

중화인민공화국 수립을 100년 동안 추구해온 근대화의 실현이자 동시에 서구적 근대화의 극복이었다고 평가한 리영희는 사회주의 중국에서 중국적 근대를 어떻게 구현해나가는지에 관심을 두었다. 태평천국운동 이후 100년간의 근대화과정을 혁명운동사로 구성한 그로서는 중화인민공화국 수립 이후 중국적 근대가 어떤 방식과 내용으로 구현되었는지를 설명해야 했기 때문이다. 그는 이러한 노력을 1977년『우상과 이성』의 출간으로 구체화했다. 이전 1970년대 초반『전환시대의 논리』단계에서도 중국의 역사와 현실에 대해 주목할 만한 글을 썼지만, 그 내용은 대개 이데올로기에 속박된 한국인의 편향된 중국관을 비판하고 그것을 바로잡는 데 집중되어 있었다. 그리하여 특정 사안에 대한 양 극단의 평가를 소개했으며, 그 과정에서 그 자신의 견해는 되도록 드러내지 않은 채 독자들의 판단을 이끌어내는 글쓰기 방식을 구사하는 경향이 강했다.[32] 그러나『우상과 이성』은 달랐다. 그는 사회주의 중국에서 중국적 근대를 어떻게 구현했는지를 체계화하려 했고, 그 과정에서 다양한 관점을 제시하기보다는 자신의 관점과 입장을 선명히 제시했다.

그가 특히 주목한 것은 외신기자 시절 '새로운 인간형을 만들어내기 위한 대실험'으로 보도했던 문혁이었다. 그의 문혁의 체계화에서 주목되는 점은 문혁을 자본주의뿐만 아니라 기존 사회주의, 즉 소련 사회주의의 경험을 넘어서는 대실험으로 평가한 점이었다. 특히 소련과의 차이를 강조했다. 그는 소련의 사회주의를 "알맹이가 없는 껍데기 사회주의"에 불과하다고 비판했는데,[33] 비록 공업화 달성을 통해 일국사회주의를 완성했을지라도 소련은 맑스-레닌주의의 이상으로부터 멀어졌다고 보았다. 정치·경제면에서 폭력에 의한 통치, 관료주의, 불평등한 경제제도와 경제적 계급분화 현상이 노정되었고 사회·문화에서는 사회주의적 도덕률이 붕괴하고 예술문화까지 침체되는 결과를 초래했다는 것이다. 그 결과 소련에서는 '무감각, 소극적 순응, 자기방어를 위한 이기주의, 실의의 인간형'이 만들어지고 말았다고 주장했다.[34]

소련이 이러한 현실에 직면한 원인으로 그는 사회주의혁명으로 계급이 소멸했다고 단정한 계급소멸론, 하부구조 혁명이 갖는 의미를 맹신한 나머지 상부구조 혁명을 방치한 경제우선주의, 그리고 생산력과 능률을 우선시하는 데서 파생된 당엘리트주의와 관료주의 등을 지목했다. 말하자면 맑스주의를 경제결정론으로 기계적이고 도식적으로 파악하여 상부구조를 대상으로 한 문화혁명을 방치한 데서 그 원인을 찾은 것이었다. 마오사상은 바로 이러한 소련 사회주의가 직면한 현실에 대한 비판이자 해결책이었고, 문혁은 이를 실현하기 위한 시도였으며 그 핵심은 교육혁명에 있었다.[35] 요컨대 마오는 문혁을 통해 인간우선주의, 정신우선주의의 회복을 요구하며 소련이 실패한 사회주의형 인간을 만들어내고자 했다는 주장이었다.

이렇게 문혁을 '인간혁명'으로 해석함으로써 그는 사회주의 중국에서 중국적 근대를 어떻게 구현하려 했는지를 해명하고자 했으며, 이러한 해명을 통해 태평천국운동에서 시작된 중국의 근대화는 중화인민공화국 수립으로 일단락되지 않았고 당대 중국에도 여전히 강력한 영향력을 행사하며 작동하는 기제임을 드러내고자 했다. 이로써 그의 중국혁명운동사는 당대 중국과 분리되지 않고 상호 밀접히 연관된 역사로 구성될 수 있었던 것이다. 리영희는 문혁이라는 사회주의 중국의 대실험이 어떤 역사적·문화적 배경을 가지고 있는지를 추적하고 그 해답을 찾아가는 과정에서 중국근대화의 역사로 자신의 관심을 확장할 수 있었고, 이러한 관심을 1960년대 후반~1970년대 초반 『창비』에 결집한 지식인들이 발신한 주체적 근대화 담론의 자장 속에서 중국혁명사상의 형성과 전개 과정에 대한 해명으로 구체화할 수 있었던 것이다.

그는 혁명운동으로서 태평천국운동에 주목했으며 이후 혁명운동의 전개과정을 물질주의와 정신주의의 길항관계로 조망했다. 또한 근대화의 전환점으로 중국적 맑스주의가 형성된 5·4운동에 주목했다. 혁명사상의 형성과정에서 중국 전통과 서구 혁명사상이 어떻게 상호 영향을 미치며 결합되었는지에 주목함으로써 주체적 근대화 담론에 호응하기도 했다. 그러나 그의 근대화 이해는 주체적 근대화 담론에 제약되지 않았다. 그는 근대화를 후발 국가와 민족이 달성해야 할 과제인 동시에 비판과 극복의 대상으로 간주했기 때문이다.

냉전기 한국의 중국근현대사 연구에서 리영희가 가지는 의미는, 중국근현대사를 혁명운동이라는 시각에서 구성하고 그 역사상을 제시한 점에 있다. 나아가 이와 관련해 동시대 지식인들의 근대화 담론을 공유하면서도 그에 제약되지 않는 비판적인 지적 활동을 통해 근대화에 대한 새로운 이해와 관점을 제공한 점에 있다고 할 것이다.

주
―

제1부

제1장

1 백영서「중국에 '아시아'가 있는가?」,『동아시아의 귀환』, 창작과비평사 2000, 66면.

2 같은 글 50면.

3 같은 글 65면.

4 박인휘「한반도 '안보-안보부재'의 정치학」,『한국정치학회보』45: 2, 2007, 232~34면.

5 허문영『북핵보유선언: 향후 정세전망과 우리의 정책방향』(KINU 정책연구시리즈 2005-01), 통일연구원 2005, 4면.

6 최명해「북한의 대중 '의존'과 중국의 대북 영향력 평가」,『주요국제문제분석』2010-15, 외교안보연구원 2010, 9면.

7 최원식「탈냉전시대와 동아시아적 시각의 모색」,『창작과비평』1993년 봄호, 219면.

8 같은 글 214면.

9 杜攻 主編『轉換中的世界格局』, 北京: 世界知識出版社 1992, 38면; 이원봉「한중관계 발전의 요인과 과제」,『아태연구』1, 1992, 138~40면.

10 田中明彦『アジアのなかの日本』, 東京: NTT 出版 2007, 137~44면.

11 전재성『동아시아 국제정치: 역사에서 이론으로』, 동아시아연구원 2011, 11~12면.

12 백영서「'핵심현장'에서 찾는 동아시아 공생의 길」,『핵심현장에서 동아시아를 다시

묻다』, 창비 2013, 17면. 그는 오끼나와, 진먼도 외에도 한반도 서해의 평화협력특별지대, 개성공단, 두만강 유역 등을 핵심현장으로 거론하며, 시야를 확장한다면 분단체제 하의 한반도, 대만이 핵심현장에 속한다고 밝혔다(같은 글 56~57면). 그리고 이런 '핵심현장'은 모순의 집결지인 만큼 여기서의 변화는 지역 수준의 변화를 추동하리라고 내다본다.

13 한반도 군비통제 및 군축 문제도 그 대상에서 남북한의 군사력 말고도 국제적 요소들을 내포하고 있다. 군사동맹조약의 존속, 정전협정의 평화협정으로의 대체, 한반도 내 외국군의 주둔, 외국에 의한 핵우산 유지, 핵무기 배치 및 사용, 무기 이전 및 군사적 지원 등의 문제가 그 대상에 포함되는 것이다. 이철기 「동북아다자간안보협력의 필요성과 가능성: 동북아안보와 한반도 문제 간의 관련성을 중심으로」, 『한국정치학회보』 28: 2, 1995, 813~17면.

14 김동성 외 『한반도평화체제 논의와 구축방향』, 경기도연구원 2008, 72~73면.

15 권혁태 「'고구려사 문제'와 일본의 동북아시아 인식」, 『황해문화』 45, 2004, 251면.

16 기존의 비핵지대조약에는 공통적으로 다음의 세 가지 요소가 포함된다. ① 지대 내 핵무기의 개발·실험·제조·생산·취득·소유·저장·수송(육지와 내수)·배치 등 금지 ② 소극적 안전보장 ③ 조약 준수를 관리·검증하기 위한 절차와 기구. Umeyabashi, Hiromichi, "A Northeast Asia Nuclear Weapon Free Zone (NEA–&NWFZ)," *Peace Depot & Pacific Campaign for Disarmament and Security Briefing Paper* (April 2004) 참조.

17 우카이 사토시, 윤여일 옮김 「새로운 아시아적 대화를 위하여」, 우카이 사토시 외 지음, 연구공간 수유+너머 옮김 『반일과 동아시아』, 소명출판 2005, 13면.

18 이 대목에서 '창비' 진영이 주창한 '복합국가론'은 동아시아/한반도의 조건에 근거한 창안물로서 다시금 주목해야 할 시기가 도래했다고 할 것이다. 동아시아 담론에는 국민국가를 단위로 더욱 큰 규모의 정치체를 지향하는 지역주의론도 있지만 국민국가의 불완전성이라는 동아시아적 조건에 근거해 국민국가와는 다른 정치체를 모색하려는 시도 또한 존재하며, 분단체제론에 입각한 '창비' 진영의 복합국가론이 대표적 사례라고 말할 수 있다. 일찍이 백영서는 "부국강병을 추구하는 국민국가에 흡입당한 '20세기형 문명'을 넘어서려는 문명론 차원에서의 변화가 있어야 한다"라고 촉구하며 "국민국가를 감당하면서도 그것을 극복하는 이중과제를 동시에 수행하는 과정에서 그 모습이 구체화될 '복합국가'에 대한 사고가 절실한 시점"이라고 강조한 바 있다(백영서 「중국에 '아시아'가 있는가?」, 65, 63면). 나아가 그는 복합국가론의 문제의식을 지역 차원에 확대 적용해 한반도의 변혁을 동아시아의 변화를 추동하는 계기로 삼고자 모색을 심화했다. 복합국가론은 주권국가로서의 불완전성, 영토국가로서의 분단상태, 국민국가로서의 미확립이라는 동아시아적 조건에 기반하고 있는 만큼 향후 동아시아 담론의 중요한 모색처이며, 그 문제의식을 구체화하는 것은 '창비' 진영만의 몫은 아

닐 것이다.

제2장

1 백영서 「자국사와 지역사의 소통: 동아시아인의 역사서술의 성찰」, 『역사학보』 196, 2007.

2 그에 대한 비교 분석은 柳鏞泰 「自國史の帝國性を問う: 韓中日三國の東アジア地域史比較」, 田中仁 編 『21世紀の東アジアと歷史問題』, 京都: 法律文化社 2017 참조.

3 濱下武志 外 編 『地域史とは何か』, 東京: 山川出版社 1997; 羽田正 編 『地域史と世界史』, 東京: ミネルヴァ書房 2016. 전자는 세계사를 국가 단위가 아닌 지역들의 세계사로 파악하기 위해 지역(사) 연구의 방법을 사례분석을 통해 탐색하였다. 후자는 세계사가 지역이나 국민국가 단위의 통시적 파악 위주로 구성되어 있음을 비판하고 그 단위를 넘어서는 사정을 파악하기 위해서는 공시적 파악을 중시해야 한다면서 그 사례를 제시하였다.

4 미타니 히로시 「아시아 개념의 수용과 변용: 지리학에서 지정학으로」, 와타나베 히로시·박충석 엮음 『한국·일본·'서양'』, 아연출판부 2008.

5 장인성 「自己로서의 아시아, 他者로서의 아시아: 근대 조선 지식인에게 보이는 '아시아'와 '東洋'」, 『신아세아』 1998년 겨울호.

6 유용태 「백암 박은식이 본 '현실중국'과 '역사중국', 1882-1925」, *The SNU Journal of Education* Vol. 25, No. 1 (September 2016).

7 안중근 「동양평화론」(1910); 신채호 「조선독립과 동양평화」(1921); 안재홍 「신민족주의의 과학성과 통일독립의 과제」(1949), 최원식·백영서 엮음 『동아시아인의 '동양'인식』, 창비 2010.

8 배경한 『쑨원과 한국: 중화주의와 사대주의의 교차』, 한울 2007, 제5장.

9 이예안 「근대일본의 소국주의·소일본주의」, 『일본학연구』 41, 2014; 鈴木智夫 「中國における國權主義的外交論の成立: 初代駐日公使何如璋の活動の檢討」, 『歷史學研究』 404, 1974; 리 다자오 「신아시아주의」, 최원식·백영서 엮음, 앞의 책.

10 이성시 「왜 지금 동아시아인가: 공통의 과제와 문제해결의 장으로서의 동아시아」, 『일본공간』 1, 2007.

11 윤세철 「세계사와 아시아사: 세계사 내용 선정상의 몇 가지 문제」, 『歷史敎育』 32, 1982.

12 박원호 「한국 동양사학의 방향 — 독자적 동아시아사상의 형성을 위한 제언」, 『제30회 전국역사학대회 발표요지』, 1987.

13 백영서 「한국에서 중국현대사 연구의 의미: 동아시아적 시각의 모색을 위한 성찰」, 『동아시아의 귀환』, 창작과비평사 2000.

14 윤세철 「자국사, 그 당위와 실제」, 『歷史敎育』 69, 1999.

15 유용태「다원적 세계사와 아시아, 그리고 동아시아」,『역사교육』(전국역사교사모임) 63, 2003년 겨울호.

16 유용태「한국 대학의 전공과정 역사교육: 무엇을 왜 가르치나」,『한국 대학의 역사교육: 그 위상과 방향』, 서울대 역사연구소 2012.

17 자기확대형, 자주평등형, 위계질서형 지역사의 예는 각각 미타니 히로시 외 엮음, 강진아 옮김『다시 보는 동아시아 근대사』, 까치 2012; 유용태·박진우·박태균『함께 읽는 동아시아 근현대사』1·2, 창비 2011; 楊軍·張乃和 主編『東亞史: 從史前至20世紀末』, 長春出版社 2006가 있다. 미타니 히로시 외, 앞의 책과 呂正理『另眼看歷史』, 臺北: 遠流出版公司 2010은 위계질서형 인식체계를 기본으로 하되 개별 사실에 대해 부분적으로 자주평등형의 관점을 보였다.

18 유용태『동아시아를 보는 눈』, 서울대출판문화원 2017, 76면.

19 고병익「서문」,『동아사의 전통』, 일조각 1976.

20 민두기「동아시아의 실체와 그 전망」,『시간과의 경쟁』, 연세대출판부 2001.

21 유용태, 앞의 책 18~19면에서 재인용.

22 유용태「한국의 동아시아사 인식과 구성: 동양사연구 60년을 통해 본 동아시아사」,『歷史敎育』107, 2008; 유용태·박진우·박태균「서장」, 앞의 책.

23 자세한 것은 유용태, 앞의 책 93~98면 참조.

24 민두기, 앞의 글.

25 백영서「주변에서 동아시아를 본다는 것」, 정문길 외 엮음『주변에서 본 동아시아』, 문학과지성사 2004.

26 유용태「동아시아사 교과서, 무엇을 담을 것인가」,『경향신문』2007. 1. 19.

27 김태승「한국 대학의 동아시아사 교육: 그 역사와 현실」, 아시아평화와역사교육연대『한중일 동아시아사 교육의 현황과 과제』, 선인 2008.

28 박근칠「'동아시아사' 교과서의 기술내용과 개선방안: 2012년판 '동아시아사' 전근대 부분을 중심으로」; 유용태「동아시아 지역사 서술의 현황과 과제: 고등학교 '동아시아사'(2012)의 근현대 부분을 중심으로」,『東北亞歷史論叢』40, 2013.

29 김유리「고등학교 '동아시아사'에 대한 역사교사와 학생들의 인식 분석」,『歷史敎育』130, 2014; 윤세병「동아시아사 수업과 평화인식」,『동북아역사논총』47, 2015; 전병철「동아시아사 교육에서 목표로서의 태도 형성」,『역사교육논집』56, 2015.

30 윤세병, 앞의 글.

31 전병철, 앞의 글.

32 주제사가 통사보다 쉽다는 견해도 있다. 이에 관한 논의는 양호환『역사교육의 입론과 구상』, 책과함께 2012, 243~48면 참조.

제3장

1 두 책의 서지정보는 다음과 같다. 白永瑞『思想東亞: 韓半島視角的歷史與實踐』, 臺北: 臺灣社會研究雜誌 2009;『橫觀東亞: 從核心現場重思東亞歷史』, 臺北: 聯經 2016. 이하『사상동아』『횡관동아』로 칭한다.

2 대만 민중의 통독 입장의 추세와 분포(1994. 12~2017. 12)는 다음을 참조. http://esc.nccu.edu.tw/app/news.php?Sn=167#

3 『횡관동아』193~204면.

4 같은 책 203~04면.

5 같은 책 160~61면.

6 백영서는 2014년 1월 대만 국립정치대학 사회과학자료중심이 주관한 국제회의 '동아시아 공통의 지(知)와 동아시아의 재구축'에서 발표한 글 「'중국 특색' 보편주의의 미래: 유학과 공공성을 다시 생각한다」 가운데서 '주변에서 중국에 영향을 끼친다'는 논점을 다음과 같이 제시하였다. "만약 각자의 '장소'에서 발생하는 문제를 사상과제로 삼고 진정한 해결방안을 모색한다면, 이 과정에서 만약 대만과 일본, 한국이 중국에 영향을 줄 수 있다면, 아울러 이 형식으로써 중심과 주변이 서로를 거울삼아 부단히 반성하고 함께 변화하는 기회로 삼는다면, 우리들의 노력은 '중국 특색의' 보편주의가 '보편적(즉 전지구적) 보편주의'가 되는 과정 가운데 촉매제의 작용을 할 수 있을 것이다. 나는 오늘 '중국이 우리에게 무엇을 의미하는가'를 묻는 것만이 아니라 '우리는 중국에 무엇을 의미하는가'를 물어야 하는 시기에 이르렀다고 본다."

7 이러한 동력의 연원은 중국의『좌전(左傳)』과『맹자』로 거슬러 올라갈 수 있다. 백영서가 인용한 것은『좌전』의 "예라는 것은 작은 것이 큰 것을 섬기고(小事大) 큰 것이 작은 것을 사랑하고 어루만지는 것(大字小)을 말한다"와『맹자』「양혜왕 하(梁惠王下)」의 "오직 인자(仁者)만이 대로써 소를 섬길 수 있는 고로 〔은殷의〕 탕(湯)왕이 갈(葛)을 섬겼고 문왕(文王)은 곤이(昆夷)를 섬겼으며, 오직 지자(智者)만이 소로써 대를 섬길 수 있는 고로 〔주周의〕 대왕(大王)이 훈육(獯鬻)을 섬겼고 〔월越의〕 구천(句踐)이 오(吳)를 섬겼다. 큰 나라로써 작은 나라를 섬기는 것은 하늘을 즐겁게 하는 것이요, 작은 나라로써 큰 나라를 섬기는 것은 하늘을 두려워함이며, 하늘을 즐겁게 하는 자는 천하를 얻을 수 있을 것이요, 하늘을 두려워하는 자는 그 나라를 보존할 수 있다"라는 구절이다.

8 이렇게 '중국이 주변에 영향을 끼친다'는 논지의 저작은 적지 않으며, '원류(源流)'의 발전과 영향을 중시한다. 예컨대 朱雲影『中國文化對日韓越的影響』, 臺北: 黎明文化 1981 등이다.

9 楊儒賓『1949禮讚』, 臺北: 聯經 2015.

10 張崑將「『1949』禮讚中的「中華禮讚」」,『文化研究』第22期, 2016, 234~41면.

11 소위 '역중심 상호전파'는 장 찬텅(江燦騰) 교수가 편저한『戰後臺灣漢傳佛教史: 從雙

源匯流到逆中心互動傳播的開展歷程』, 臺北: 五南圖書 2011에서 정련한 해석의 방법론이다. 이 책이 말하는 '두개 원류의 합류(雙源匯流)'는 1949년을 관건적 분할점으로 하여, 1949년 이전은 명청시대 대륙에서 대만에 전해진 뒤 차츰 토착화된 중화 한전불교(漢傳佛教)의 구원류를 가리키며, 그 이후는 1949년 국민당 군대를 따라 대거 바다를 건너 피난해 대만에 도착한 후 발전한 중화 한전불교의 대륙 신원류를 말한다. 이 두 줄기의 신구 원류는 1949년 이후 상호 합류하고 부단히 변증발전하여 점차 전후에서 오늘에 이르기까지 대만 본토의 중화 한전불교의 신주체를 구성하며, 이것이 토착화를 거쳐 모습을 바꾼 '신중화 한전불교'는 바야흐로 점차 그 변경의 '역중심 상호전파' 방식으로 대륙에 흘러들어가 대륙 중심 한전불교의 성격에 영향을 주고 있다. 필자는 이 '역중심 상호전파'의 표현법이『1949예찬』에서 검토한 중화의 성격에도 적용된다고 생각한다.

12 동아시아 지식인의 '중화'의식 토론에 관해서는 다음의 책을 참고할 수 있다. 張崑將 主編『東亞視域中的「中華」意識』, 臺北: 臺大出版中心 2016.

13 필자는 예전에 조선의 소중화에 관한 글을 쓴 적이 있다. 이에 대해서는 다음을 참조. 張崑將「朝鮮儒者「小中華」意識中的自我情感因素」,『國際版儒教文化研究』第20輯, 성균관대학교 유교문화연구소 2013, 183~205면.

14 江燦騰 主編『戰後臺灣漢傳佛教史: 從雙源匯流到逆中心互動傳播的開展歷程』, 96면.

15 黃年『大屋頂下的中國』, 臺北: 天下文化 2013.

16 여기서 '복합국가'의 내용에 대해서는 첨언하지 않는다. 백영서의『사상동아』가운데 이와 같은 정의가 있다. "복합국가는 단일국가가 아니며 각종 유형의 국가결합의 형태, 즉 각종 국가연합(confederation)과 연방국가(federation)를 포괄하는 외연이 가장 넓은 개념이다." 상세한 논의는『사상동아』55~60면 참조.

17 『사상동아』153~54면. 백영서의 소위 '포스트모던 제국'이 가리키는 것은 "포스트모더니즘(실제로는 포스트자본주의) 세계체제가 반드시 '제국'의 세계질서이어야만 하는가 여부이다."(154면)

18 상세한 내용은『횡관동아』52면을 보라.

19 丁若鏞『論語古今注』卷一.

20 전문은 다음과 같다. "공부자가 가로되, '이적에 군주가 있으니 제하에 군주가 없는 것과 같지 않다'라고 하였다. 이로 보건대 공부자는 구이에 마음을 둔 것이 오래되었다. 이 장은 바다를 건너지 못함을 아쉬워하는 것을 언급하고 있는데 이는 우연한 말이 아니다. 무릇 하늘과 땅 사이에 있는 것(사람들)은 모두 같은 인간이다. 진실로 예의가 있다면 이적도 화(중화)가 될 수 있는 것이고, 예가 없다면 중화도 이적이 되는 것을 면할 수 없다. 순임금이 동이에서 나고 문왕이 서이에서 났지만 이적임에 혐의를 두지 않았다. 구이는 비록 멀리 떨어져 있지만 천지 밖에 있는 것이 아니고 또한 떳떳한

인성을 가지고 있다. 하물며 순박한 것은 반드시 충성스럽고 화에는 거짓이 많은 법이니, 마땅히 공자가 〔구이에〕 살고자 했던 것이다. 우리 태조 개국원년은 실로 정주의 혜왕 17년인데, 지금까지 군심이 서로 전하여 〔왕통이〕 면면히 끊어지지 않고 있다. 하늘같이 존경하고 신같이 공경하니 실로 중국이 따르지 못하는 바이다. 공부자가 화를 떠나 이에 살고자 했던 이유이다. 성인이 떠난 지 2천여년이 흘렀는데, 우리 동국인이 학문이 있고 없고를 떠나 모두 우리 공부자의 이름을 존경하고 우리 공부자의 도를 종주로 삼고 있다. 그러니 어찌 성인의 도가 사해에 두루 미치고 또 능히 천년 후를 알 수 있다고 하지 않겠는가?"(伊藤仁齋『論語古義』卷5,『日本名家四書詮釋全書』第三卷, 東京: 鳳出版 1973, 137~38면).

21 관련 논점은 다음을 참조할 수 있다. 楊儒賓「"東亞儒學研究的視野與方法: 論辨與省思"研討會發言記錄」, 復旦大學上海儒學院 編『東亞儒學問題省思』, 北京: 生活·讀書·新知三聯書店 2017, 216면.

22 丸山眞男「原型·古層·執拗低音」,『丸山眞男集』第12卷, 東京: 岩波書店 1996, 136~55면.

23 吳玉山 主編『中國再起: 歷史與國關的對話』臺北: 臺大出版中心 2018 참조. 올해 2월 대만 국제정치학자 우 위산(吳玉山)이 책임편집한 새 책이 출간되었다. '중국재기'로 '중국굴기'를 대신한 이 책제목을 깊이 새겨볼 만하다. 또한 이 책의 가장 큰 특색은 학과영역을 뛰어넘는 연구성과로, 총 3부 13장의 글이 각각 '이론' '시대' '지역'의 세 각도에서 접근하여 국제관계와 역사학의 학제간 관점을 포괄한다. 분명 이 책은 굴기 혹은 재흥하는 거대 중국에 대응하여 대만 학술계가 어떻게 현실의 중국을 대할 것인가, 거스를 수 없는 추세에 당국은 어떻게 대응할 것인가에 대한 답을 제시하고자 출간된 것이다.

24 『횡관동아』140~41면.

25 같은 책 214~16면.

26 같은 책 217면.

27 다음을 참고할 수 있다. 張崑將「當代「天下」與「王道」的公共性思考之比較」,『茶山與現代』第4·5(合輯), 特輯論文 2「儒家傳統中公共性的省察和21世紀的實學」, 2012. 12, 235~78면.

28 鷲尾順敬「曹洞宗風之特色」,『達磨禪』2-1期, 1918, 33면.

29 顧炎武『日知錄』, 臺北: 明倫出版社 1970, 379면.

30 『사상동아』290면.

31 '공생철학(共生哲學)'에 대해 백영서는『횡관동아』에서 상당한 분량을 할애해 논술하고 있다. 39~42면.

32 『횡관동아』280면.

33 같은 책 282면.

34 丁若鏞「顏淵第十二」,『論語古今注』卷6, 茶山學術文化財團 編『校勘·標點 定本與猶堂全

書』第9冊, 서울: 茶山學術文化財團 2012, 15~16면.

35 黃俊傑『東亞儒家人文精神』, 臺北: 臺大出版中心 2016, 199면 참조.

36 최근 몇년간 '인학'에 관해 두권의 전문서적이 출판되었다. 陳來所『仁學本體論』, 北京: 三聯書店 2014은 철학개념 전문서이며, 黃俊傑『東亞儒家仁學史論』, 臺北: 臺大出版中心 2017은 제4장에서 사상사와 동아시아적 시각에서 인학이 네 가지 유형을 내포함을 분석, 논의한다(144면). (1) 몸과 마음을 안정시키는 장소로서의 인, (2) 끊임없는 가치판단 능력으로서의 인, (3) 사회윤리로서의 인, (4) 정치사업으로서의 인.

제4장

1 백영서「한국 중국학의 궤적과 비판적 중국연구」,『사회인문학의 길: 제도로서의 학문, 운동으로서의 학문』, 창비 2014, 228면.

2 아래의 자술(自述)과 대담을 통해 일관되게 설명하고 있다. 백영서「내가 만든 역사, 역사가 만든 나」,『내일을 여는 역사』2006년 겨울호; 최은진·박철현·백영서「기획대담 ─ 중국 연구와 동아시아론: 한국의 지성 백영서 선생님과의 대담」,『중국지식네트워크』7, 2016; 中島隆博「解說と對話: 白永瑞 ─ 同時代の証言」, 白永瑞『共生への道と核心現場: 實踐課題としての東アジア』, 東京: 法政大學出版局 2016. 이후 서술은 공통적으로 언급된 내용으로 따로 근거를 밝히지 않는다.

3 백영서, 앞의 책 5면.

4 백영서「『건설(建設)』지와 주집신(朱執信)의 역할 ─ 5·4기 중국국민당 지도층의 사상적 모색」,『동양사학연구』19, 1984.

5 백영서「국민혁명이론의 사상적 모색 ─ 5·4기 주집신의 대중혁명론」, 민두기 엮음『중국국민혁명의 분석적 연구』, 지식산업사 1985.

6 백영서「대계도(戴季陶)의 국민혁명론의 구조분석」, 민두기 엮음『중국국민혁명 지도자의 사상과 행동』, 지식산업사 1988.

7 백영서「중국국민혁명기 서산회의파의 성격 재검토 ─ 추로(鄒魯)와 광동대학(廣東大學) 분규를 중심으로」,『역사학보』121, 1989;「국민혁명과 학생운동 ─ 광동대학과 상해대학을 중심으로」, 민두기 엮음『중국국민혁명운동의 구조분석』, 지식산업사 1990.

8 백영서「『건설』지와 주집신의 역할 ─ 5·4기 중국국민당 지도층의 사상적 모색」, 81면;「국민혁명이론의 사상적 모색 ─ 5·4기 주집신의 대중혁명론」, 25~26면.

9 배경한「민두기 선생의 신해혁명사 연구와 '공화혁명론'」,『중국근현대사연구』51, 2011, 177면.

10 백영서「공화에서 혁명으로: 민초 논쟁으로 본 중국 국민국가 형성」,『동양사학연구』59, 1997.

11 같은 글; 백영서「중국현대사에서의 민주주의와 국민회의운동」,『인문과학』84, 2002.

다음의 내용은 이 두편의 논문을 나름대로 정리하여 서술하였다.

12 백영서「공화에서 혁명으로: 민초 논쟁으로 본 중국 국민국가 형성」, 46~47면.

13 백영서『중국 현대 대학문화 연구 ― 1920년대 대학생의 정체성 위기와 사회변혁』, 일조각 1994.

14 최근의 대담에서는 "민두기 선생님 말씀을 듣고 (국민당 지도층에 대한 연구를) 하기는 했는데 박사논문까지 그것을 쓰려고 하니 엄청 지루했다"고 회고한 바 있다(최은진·박철현·백영서, 앞의 글 13면).

15 백영서「내가 만든 역사, 역사가 만든 나」, 265면.

16 백영서「책을 펴내며」,『중국 현대 대학문화 연구 ― 1920년대 대학생의 정체성 위기와 사회변혁』, iv면.

17 김태승「서평 ― 현대 중국 학생운동의 사회사」,『동양사학연구』49, 1994, 118면.

18 백영서「1920년대 중국 대학생과 마르크스주의 ― 마르크스주의 수용에 관한 사회사적 접근」,『아시아문화』7, 1991;「1920년대 중국 대학생의 일상생활에서의 정체성 위기 ― 전통적 가족제와의 충돌」,『동양사학연구』39, 1992.

19 백영서「1920년대 북경정부의 정당성 위기와 '천안문집회': 학생운동의 시각」,『역사학보』138, 1993.

20 그래서『중국 현대 대학문화 연구』는 일본 학계의 관심을 끌기도 했는데, 일례로 노자와 우따까(野澤豊)의 의뢰에 따라 손안석(孫安石)이 쓴 서평이 일본에 소개되기도 했다. 孫安石「海外研究紹介 ― 白永瑞『中國現代大學文化研究: 一九二〇年代大學生のアイデンティティ危機と社會變革』(韓國一潮閣 1944年 4月)」,『近きに在りて』第26期, 1994.

21 백영서「中國現代史の再構築と東アジア的視角 ― 韓國からの發言」, 橫山宏章 編『中國からみた20世紀中國』, 福岡: 中國書店 2002, 23면.

22 백영서『중국 현대 대학문화 연구 ― 1920년대 대학생의 정체성 위기와 사회변혁』, 365~69면.

23 백영서「중국의 국민국가와 민족문제: 형성과 변용」,『제36회 전국역사학대회 발표요지』, 1993; 한국사연구회 엮음『근대국민국가와 민족문제』, 지식산업사 1995.

24 백영서「한국에서의 중국현대사연구의 의미: 동아시아적 시각의 모색을 위한 성찰」,『중국현대사연구회 회보』창간호, 1993;『중국 현대 대학문화 연구 ― 1920년대 대학생의 정체성 위기와 사회변혁』;「중국에 시민사회가 형성되었나? ― 역사적 관점에서 본 민간사회의 궤적」,『아시아문화』10, 1994;「자유주의의 운명과 호적(胡適): 인권론을 중심으로」,『아시아문화』11, 1995;「공화에서 혁명으로: 민초 논쟁으로 본 중국 국민국가 형성」;「중국 대학생 사단의 형성과 변형 ― 1920년대와 198,90년대의 비교」, 한국정신문화연구원 엮음『동아시아 문화전통과 한국사회』, 백산서당 2001;「중국현대사에

서의 민주주의와 국민회의운동」 등 참조. 이하의 국민회의운동 관련 서술은 이상의 논
문들을 중첩해서 참고한 것이다.

25 국민회의운동 관련 논의에 대해서는 이병인 「국민회의와 직능대표제」, 『중국근현대
사연구』 12, 2001; 차웅환 「회고와 전망 ─ 중국현대(1911~)」, 『역사학보』 175, 2002,
403~04면; 유용태 「회고와 전망 ─ 중국현대(1911~)」, 『역사학보』 183, 2004, 307면; 백
영서 「중국현대사에서의 민주주의와 국민회의운동」, 165~70면 참조.

26 백영서 「중국현대사에서의 민주주의와 국민회의운동」, 178면.

27 같은 글 177면.

28 최은진·박철현·백영서, 앞의 글 17~18면.

29 백영서 「한국에서의 중국현대사연구의 의미: 동아시아적 시각의 모색을 위한 성찰」,
135면.

30 백영서 「중국의 국민국가와 민족문제: 형성과 변용」, 109면.

31 백영서 「중국에 '아시아'가 있는가?: 한국인의 시각」, 정문길·최원식 엮음 『발견으로
서의 동아시아』, 문학과지성사 2000, 57~58면.

32 백영서 「대한제국기 한국언론의 중국인식」, 『역사학보』 153, 1997; 「한국인의 역사적
경험 속의 '동양': 20세기 전반」, 『동방학지』 106, 1999; 「1949년의 중국: 동시대 한국인
의 시각」, 『중국현대사연구』 9, 2000.

33 백영서 「중국에 '아시아'가 있는가?: 한국인의 시각」, 58면.

34 하세봉 「서평 ─ 중국을 보는 눈과 동아시아 영상」, 『창작과비평』 2001년 여름호,
350면.

35 백영서 「중국에 시민사회가 형성되었나? ─ 역사적 관점에서 본 민간사회의 궤적」,
212~13면.

36 백영서 「동아시아의 근대화와 사회문화 변동: 전통사회의 해체와 시민사회의 성장」,
『동아연구』 46, 2004.

37 백영서 「중국 인권 문제를 보는 시각 ─ 동아시아적 상황과 관련하여」, 『창작과비평』
1994년 겨울호.

38 백영서 「양계초(梁啓超)의 근대성 인식과 동아시아」, 『아시아문화』 14, 1998.

39 백영서 『동아시아의 귀환: 중국의 근대성을 묻는다』, 창작과비평사 2000.

40 이하 한국의 중국현대사 연구영역에서 동아시아 담론이 확산되는 양상에 대해서는
『역사학보』에 연재되고 있는 '회고와 전망'의 관련 서술을 망라해 참고하였다.

제2부

제1장

1 Joanna Waley-Cohen, "The New Qing History," *Radical History Review* Vol. 88 (Winter 2004) 194~96면. 청과 기타 제국의 비교는 피터 퍼듀 지음, 공원국 옮김 『중국의 서진』, 도서출판 길 2005, 특히 제15장 '유럽과 아시아에서 국가건설'에 상세하다.

2 동아시아 담론이 국내에서 제기된 것은 이미 1990년대부터이다. 백영서 등이 동아시아 공통의 문화유산과 교류가 역사상 존재해왔음에 착안하고 국민국가 또는 전지구적 세계화의 분석틀에 대한 대안으로 제시한 것이었다(백영서 『동아시아의 귀환』, 창작과비평사 2000, 7면).

3 주목할 만한 예로는 유용태·박진우·박태균 『함께 읽는 동아시아 근현대사』, 창비 2010; Evelyn S. Rawski, *Early Modern China and Northeast Asia Cross-Border Perspectives* (Cambridge: Cambridge University Press 2015). 이 책들은 에도막부, 조선왕조 등과 상호 교류하는 주체로서 청을 바라보지, 필자가 시도하려는 바와 같이 청의 역할에 초점을 맞추어 동아시아사를 조망하지 않는다.

4 Alexander Woodside, "Classical Primordialism and the Historical Agendas of Vietnamese Confucianism," Benjamin A. Elman, ed., *Rethinking Confucianism* (Berkeley: University of California Press 2002) 117면.

5 박홍규 「17세기 덕천일본에 있어서의 화이문제」, 『한국정치학회보』 35: 4, 2002, 291면.

6 유인선 『베트남과 그 이웃 중국』, 창비 2012, 172면.

7 민두기 「『대의각미록(大義覺迷錄)』에 대하여」, 『진단학보』 25, 1964, 273~79면.

8 계승범 「조선후기 조선중화주의와 그 해석 문제」, 『한국사연구』 159, 2012, 265~94면.

9 같은 글 280~81면.

10 Benjamin A. Elman, "Cultural Transfers between Tokugawa Japan and Ch'ing to 1800," *The Cambridge History of China* Vol. 9 (Cambridge University Press 2016) 237면.

11 같은 글 254~63면.

12 Fujiwara Riichiro, "Vietnamese Dynasties' Policies toward Chienese Immigrants," *Acta Asiatica* 18 (1970) 52면.

13 黎貴惇 「全越詩錄例言」, 『皇越文選』 券7(于向東 「黎貴惇的著述及其學術思想」, 『東南亞研究』 1991年 第3期, 17면에서 재인용).

14 竹田龍兒 「第八章 阮朝初期의淸との關係(1802-1870)」, 山本達郎 編 『ベトナム中國關係史』, 東京: 山川出版社 1975, 539~40면.

15 최병욱 「19세기 전반 베트남 제국의 국제질서」, 『동남아시아연구』 21: 1, 2011, 274면.

16 같은 글 274~75면.

17 이블린 S. 로스키 지음, 구범진 옮김 『최후의 황제들 ── 청황실의 사회사』, 까치 2010, 257~337면.

18 청조의 문자옥이나 사고전서 사업을 사상탄압으로 여기는 오래된 선입견에 대한 수정주의적 시각에 관해서는 벤저민 엘먼 지음, 양휘웅 옮김 『성리학에서 고증학으로』, 예문서원 2004, 69~73면 참조.

19 같은 책 75~76면.

20 같은 책 71면.

21 앞에서 언급한 조선후기 역사서와 이종휘, 이익, 허목의 역사관에 대한 서술은 한영우 『조선후기 사학사 연구』, 일지사 1989를 참고했다.

22 김문식 「조선후기 경기학인의 한송절충론」, 대동문화연구원 엮음 『조선후기 경학의 전개와 그 성격』, 성균관대출판부 1998, 277면.

23 같은 글 295면.

24 송호정 「해제·유득공과 발해고」, 유득공 지음, 송기호 옮김 『발해고』, 홍익출판사 2000, 13~31면.

25 한치윤이 사망한 후 김정희는 그의 학문을 평하여 "정박(精博)함이 고염무와 같다"라고 한 바 있다(한영우, 앞의 책 390면).

26 같은 책 407면.

27 미나모토 료엔 지음, 박규태·이용수 옮김 『도쿠가와 시대의 철학사상』, 예문서원 2000의 제3장 '고학사상의 형성과 전개' 참조.

28 余英時 「戴東原與伊藤仁齋」, 『論戴震與章學誠 ── 淸代中期學術思想史硏究』, 臺北: 華世出版社 1980, 194면.

29 17세기 영국 상인들의 기록에 따르면 1612~44년까지 히라도로 입항한 중국 배가 많을 때는 한해 97척(1641), 적게는 30척(1612)에 달했다. 청조가 입관한 이후 천계령(遷界令)을 반포했음에도 불구하고 1660, 70년대에도 지속적으로 중국 배(이 가운데는 대만 정씨 세력의 선박도 포함)가 일본에 도착했다(Oba Osamu, *Books and Boats*, Portland: Merwin Asia 2012, 24면).

30 Benjamin A. Elman, "7. The Search for Evidence from China," Joshua A. Fogel, ed., *Sagacious Monks and Bloodthirsty Warriors: Chinese Views of Japan in the Ming-Qing Period* (Norwalk: EastBridge 2002) 166면.

31 같은 글 179면.

32 John D. Phan, "Rebooting the Vernacular in Seventeenth-Century Vietnam," Benjamin A. Elman, ed., *Rethinking East Asian Languages, Vernaculars, and Literacies, 1000-1919* (Leiden: Brill 2015) 98~111면.

33 阮才東 「民族精神與振興儒家 ── 以越南黎貴惇爲例」, 『儒學硏究』(충남대학교 유학연구

소 학술지) 28, 2013, 439면.

34 르엉 미 반(Luong My Van) 「18세기 베트남과 한국의 유학 유입과 전개과정 비교연구」, 『동서철학연구』 75, 2015, 159면.

35 Choi Byung Wook, *Southern Vietnam under the Reign of Minh Mang (1820-1841)* (Ithaca: Cornell University Press 2004) 136~37면.

36 같은 책 140~45면.

37 같은 책 146면.

38 Fujiwara Riichiro, 앞의 글 65면.

39 토마스 바필드 지음, 윤영인 옮김 『위태로운 변경』, 동북아역사재단 2009, 17면.

40 천제셴 지음, 홍순도 옮김 『누르하치』, 돌베개 2003, 34~38면의 누르하치 앞시기 명조-여진족 관계를 참조.

41 기시모토 미오, 홍성화 옮김 「동아시아·동남아시아 전통사회의 형성」, 『역사와 세계』 45, 2014, 279~89면. 이와이 시게끼(岩井茂樹)도 16세기 중엽에 이르면 동아시아에서 조공체제 대신에 '호시체제'라고 할 만한 교역체제가 주축을 형성한다고 지적하고 있다(「明のまなざしと東アジア: 明代中國の禮制覇權主義と東アジアの秩序」, 『東洋文化』 85, 2005, 124면). 이 주장은 岩井茂樹 「十六世紀中國交易秩序探索 ── 互市現實認識」, 岩井茂樹 編 『中國近世社會秩序形成』, 京都大學人文科學研究所 2004에서 자세히 다루었다.

42 명대 사행의 숫자에 관해서는 박성주 「조선초기 견명 사절에 대한 일고찰」, 『경주사학』 19, 2000, 157면, 청나라 때 북경에 보낸 사행의 숫자는 전해종 「한중조공관계고」, 『동양사학연구』 1, 1966, 37면 참조. 최근의 연구는 청조에서도 조선에 대한 사신의 파견은 갈수록 줄였지만 책봉사, 치제사 등 중요한 사절의 파견은 거르지 않았음을 지적한다(김창수 「19세기 조선·청 관계와 사신외교」, 서울시립대 박사학위논문 2015, 15~17면). 하지만 사절의 왕래는 그 자체가 양국의 지위를 양국의 군민(君民)에게 반복해서 각인하는 중요한 상징적 의미를 내포하고 있으므로 왕래하는 숫자가 중요할 수밖에 없다.

43 김한규 『사조선록(使朝鮮錄) 연구(研究)』, 서강대출판부 2011, 제2부 '명사(明使)의 조선 사행록' 참조.

44 같은 책 제3부 '청사(淸使)의 조선 사행록' 참조.

45 같은 책 489면.

46 로널드 토비 지음, 허은주 옮김 『일본 근세의 쇄국이라는 외교』, 창해 2008, 62~63면.

47 한명기 『정묘·병자호란과 동아시아』, 푸른역사 2009, 341면.

48 『淸史稿』 卷158, 志133, 邦交6, 日本.

49 Benjamin A. Elman, "Cultural Transfers between Tokugawa Japan and Ch'ing to 1800," 234~35면. 청조 관원들의 신패에 대한 인식과 신패를 둘러싼 청조정의 논의에 관해서

는 易惠莉「淸康熙朝後期政治與中日長崎貿易」,『社會科學』 2004年 第1期, 101~03면.

50 차혜원「명조(明朝)와 유구(琉球)간 책봉 조공외교의 실체」,『중국사연구』 54, 2008, 155면.

51 Ta-tuan Ch'en, "Investiture of Liuch'iu Kings in the Ch'ing Period," J. K. Fairbank, ed., *The Chinese World Order* (Cambridge: Harvard University Press 1968) 135~64면.

52 송정남「월중관계에 관한 연구」,『고구려발해연구』 18, 2004, 719면.

53 유인선, 앞의 책 203면.

54 송정남, 앞의 글 720~21면.

55 최병욱, 앞의 글 270면.

56 유인선, 앞의 책 261면.

57 송정남, 앞의 글 723~24면.

58 같은 글 724면.

59 李小亭「后黎朝時期安南使臣眼中的中國——以『越南漢文燕行文獻集成』爲中心」, 暨南大學 碩士學位論文 2015, 21면.

60 竹田龍兒, 앞의 글 496면.

60 유인선, 앞의 책 262면.

62 베트남 사신의 사행기간에 관해서는 藤原利一郎「第五章 黎朝前期の明との關係 (1428-1527年)」, 山本達郎 編, 앞의 책 269면.

63 Truong Buu Lam, "Intervention Versus Tribute in Sino-Vietnamese Relations, 1788-1790," in *The Chinese World Order*, 165~79면.

64 『大南實錄 2·大南實錄正編第一紀』 卷4(張明富「乾隆末安南國王阮光平入華朝覲假冒說 考」,『歷史研究』 2010. 6, 60면에서 재인용).『대남실록(大南實錄)』 등 베트남측 사료, 청 말 서연욱의『월남집략(越南輯略)』, 민국시기에 편찬된『청사고(淸史稿)』에서는 반후 에의 조카로서 용모가 비슷했던 범공치(范公治)라고 언급하고 있다. 그러나 장명부(張 明富)는 참석한 인물이 실제로 응우옌반후에(阮光平)였다고 주장한다. 장명부가 증거 로 제시하는 자료는『건륭조상유당(乾隆朝上諭檔)』『흠정안남기략(欽定安南紀略)』『청 고종실록(淸高宗實錄)』 등이다. 이들 사료는 정리된 형태의 청조의 공식 문건이었으므 로 건륭제의 체면에 손상을 주는 가짜 손님을 접대한 사실을 싣지 않은 것은 당연하다.

65 『조선왕조실록』 선조 29년(1596, 병신) 1월 30일.

66 천제셴 지음, 홍순도 옮김, 앞의 책 177~78면.

67 이화자『명청시기 중조(中朝) 변계사(邊界史) 연구』, 지식산업사 2011, 19면.

68 藤原利一郎, 앞의 글 273면.

69 같은 글 274~77면.

70 같은 글 278면.

71 程彩萍 等「明代慎柱邊境涉外法律規定與司法實踐」,『廣西社會科學』, 2017年 第7期, 107면.

72 피터 퍼듀, 앞의 책 212~18면.

73 이화자『한중국경사 연구』, 혜안 2011, 19면.

74 유인선「1720년대 청과 베트남 레 왕조(黎朝) 간의 운남 변경 영유권 논쟁」,『동양사학연구』124, 2013; 鈴木中正「第7章 黎朝後期の淸との關係 (1682-1804)」, 山本達郎 編, 앞의 책 411~17면.

75 민두기, 앞의 글 279면.

제2장

1 연구자가 무성(無聲)의 지방을 어떻게 규명할 것인가에 관해서는 왕 판썬(王汎森)의 시각이 매우 참고할 만하다. 王汎森「‘儒家文化的不安定層’ — 對‘地方的近代史’的若干思考」,『思想是一種生活的方式: 中國近代思想史的再思考』, 臺北: 聯經出版社 2017, 326~48면.

2 최근 몇년 동안 근대 지방사회 연구성과가 적지 않은데, 근대가 남긴 지방 당안·사회조사·희곡·문서자료 등을 널리 운용한 것이다. 예를 들어 程美寶『地方文化與國家認同: 晚淸以來「廣東文化」觀的形成』, 北京: 三聯書店 2006; 佐藤仁史『近代中國の鄕土意識: 淸末民初江南の在地指導層と地域社會』, 東京: 硏文出版 2012; 王笛「鄕村秘密社會的多種敍事 — 20世紀40年代四川袍哥的文本解讀」, 羅志田·徐秀麗·李德英 主編『地方的近代史: 州縣士庶的思想與生活』, 北京: 社會科學文獻出版社 2015, 125~50면.

3 「學務處咨各省督撫編輯鄕土志文」,『敎育雜誌』第7期, 光緖31年〔1905年〕4月, 天津, 11면; 學部「鄕土志例目」, 夏雲程 纂『銅梁縣鄕土志』, 國家圖書館地方志和家譜文獻中心 輯『鄕土志抄稿本選編』第11冊, 北京: 線裝書局 2002, 309~10면.

4 많은 학자들이 지방사회를 연구할 때 일찍이 모두 지방과 국가 간의 상반되면서도 서로 보완하는 관계를 언급했는데, 지방의 향신(鄕紳)이 종종 국가와 지방 사이에서 서로 이어주는 역할을 맡았던 것과 관련한 토론이 참고할 만하다. 羅志田「地方的近代史:「郡縣空虛」時代的禮下庶人與鄕里社會」, 羅志田·徐秀麗·李德英 主編, 앞의 책 51~58면.

5 여기서는 인문지리학의 지방(place)에 대한 정의를 빌리는데, 예를 들어 이푸 투안(Yi-Fu Tuan)은 ‘공간’과 ‘지방’이 상호정의를 필요로 하는 개념이라고 하면서 ‘공간’은 원래 상대적·객관적으로 의미를 결핍한 영역이고 ‘지방’은 인류가 의미있도록 창조한 공간이라고 하였다(Yi-Fu Tuan, *Space and Place: The Perspectives of Experience*, Minneapolis: University of Minnesota Press 1997, 6~7면).

6 陳懷「方志(上)」,『新世界學報』壬寅第7期, 1902, 29면.

7 같은 글 30~31면.

8 같은 글 31면.

9 陳懷「方志(下)」,『新世界學報』壬寅第7期, 1902, 35면.

10 같은 글 35~36면.

11 王汎森「晚清的政治概念與「新史學」」,『中國近代思想與學術的系譜』, 臺北: 聯經出版公司 2003, 202~03면.

12 梁啓超「論自治」, 宋志民 選注『新民說』第十節, 瀋陽: 遼寧人民出版社 1994, 74면.

13 陳懷「方志(下)」, 36면.

14 林開世「方志的體例與章法的權力意義: 傳統與現代的斷裂」,『國史館館訊』第2期, 2009, 8~24면.

15 상세한 내용은 다음을 보라. 劉龍心「地理知識與近代空間觀念的轉型」, 한국중국학회 제 35회 중국학국제학술대회 발표문(2015. 8), 미간행원고.

16 陳懷「方志(下)」, 38면.

17 陳懷「方志(上)」, 31면.

18 陳懷「方志(下)」, 38면.

19 佚名「廣東鄉土歷史敎科書敍」,『廣益叢報』第5年, 5卷14期, 1907, 1면.

20 같은 곳.

21 같은 곳.

22 陳慶林「湖北鄉土地理敎科書敍」,『政藝通報』「湖海靑鏡集」丁未上, 6卷8期, 1907, 9면.

23 梁啓超「世界史上廣東之位置」,『飮冰室文集』19, 第7冊, 臺北: 臺灣中華書局 1983, 76면.

24 같은 글 88~89면.

25 팀 크레스웰(Tim Cresswell)은 '지방'은 일종의 실제적 존재일 뿐 아니라 또한 일종 의 세계를 보고, 인식하고, 이해하는 방식이기도 하다고 생각했다(Tim Cresswell, *Place: A Short Introduction*, Malden: Blackwell Publishing 2004, 11~14면).

26 顧頡剛·朱士嘉「研究地方志的計畫」,『社會問題』1: 4, 1931, 1~5면.

27 唐曉峰『從混沌到秩序 ── 中國上古地理思想史述論』, 北京: 中華書局 2011, 216~24면.

28 『우공』은 우(禹)가 기후와 풍토를 평정한 것을 기재한 책으로, 여기서 나열한 9개 주 는 기주(冀州)·연주(兗州)·청주(靑州)·서주(徐州)·양주(揚州)·형주(荊州)·예주(豫州)· 양주(梁州)·옹주(雍州)다.『직방』이 기재한 9주는 명백히 북쪽에 편중되었는데, 기주· 연주·청주·양주(揚州)·형주·예주·옹주·유주(幽州)·병주(幷州)다.

29 白月恒「釐定行政區域備考」,『地學雜誌』第7-8期, 1912; 天津: 天津古籍出版社 2007, 17~18, 24면(본래 영인출간된 中國地學會 編『地學雜誌』宣統2年에 근거한 것인데, 본문 에 인용된 주는 모두 재간행 후의 권수와 면수를 택했다).

30 같은 글 36면.

31 (漢)鄭玄 注, (唐) 孔穎達 疏, 龔抗雲 整理『禮記正義(王制, 月令)』, 臺北: 臺灣古籍出版有限 公司 2001, 466면.

32 白月恒「釐定行政區域備考」,『地學雜誌』第9-10期, 1912, 197~98면.

33 周振鶴『中國地方行政制度史』, 上海: 上海人民出版社 2005, 236~48면.

34 白月恒「釐定行政區域備考」,『地學雜誌』第7-8期, 1912, 10면.

35 같은 글 9면.

36 周振鶴, 앞의 책 230~40면 참조.

37 李志敏「釐定行政區域研究會公啓(簡章附後)」,『地學雜誌』第3-4期, 1912, 215면.

38 같은 글 216면.

39 처음 도제(道制)와 관련된 연구는 다음을 참고할 수 있다. 謝志輝「北洋時期的道制研究」, 臺北: 國立政治大學 歷史系 碩士學位論文, 2014.

40 耕石「省官制末議」,『地學雜誌』第11-12期, 1912, 375~79면.

41 康有爲「公民自治篇」,『新民叢報』第6號, 1902, 4면.

42 량 치차오는 역사상 향관과 관련된 기재로『주례』『관자』두 책을 추천했다. 이 두 책은 전국 말기에 지어졌을지라도 "기록된 것이 반드시 모두 사실(事實)에 속하는 것이 아니란 것, 곧 사실 또한 반드시 각국이 같은 것을 따르는 것은 아니다"라는 점을 강조했다(梁啓超「鄕治」,『中國文化史(社會組織篇)』臺二版, 臺北: 臺灣中華書局 1958, 52면).

43 宋恕「沈編日本地方自治制度述略序」, 胡珠生 編『宋序集』上冊, 北京: 中華書局 1993, 417~18면.

44 Tim Cresswell, 앞의 책 26~27면.

45 劉師培「安徽鄕土地理敎科書」,『政藝通報』6: 11, 1907, 14~15면.

46 丁錫田「灤縣地理說略」,『地學雜誌』第2期, 1919, 5면.

47 같은 글 5~6면.

48 향토지·방지 편찬이 왕성하던 민국 초년에 몇몇 베이징대 역사학과 학생도 조사를 주동하거나 가향의 지리지를 썼다. 예를 들어 쩌우 수춘(鄒樹椿), 차오 쥔창(晁俊昌) 등이 쓴 지리·지문(地文) 조사가『지학잡지(地學雜誌)』에 게재되었다. 그런데 이러한 글에 묘사된 지방 특색은 대부분 역대 사서나 지지(地誌)에서 멋진 구절을 찾아 베껴낸 것이었다. 鄒樹椿「蓬萊縣地理沿革與地文之槪況」,『地學雜誌』第2-3期, 1918, 118~19면을 참조.

49 劉龍心「地誌書寫和國家想像 —— 民初『大中華地理志』的地方與國家認同」,『臺大歷史學報』第59期, 2017, 146~59면.

50 Yi-Fu Tuan, 앞의 책 176~77면.

51 鄧之誠「省志今例發凡」,『地學雜誌』第4-5期, 1918, 371~72면.

52 錢基博「無錫縣新志日說明書」,『地學雜誌』第12期, 1920, 6~15면.

제3장

1 知念廣眞『明治時代とことば: コレラ流行をめぐって』, 東京: リーベル出版 1996,

57~64면.

2 吉良枝郎『幕末から廢藩置縣までの西洋醫學』, 東京: 築地書館 2005; 安田健次郎「西洋醫學の傳來と醫學のドイツ選擇」,『慶應醫學』84: 2, 2007, 69~84면.

3 김영희「근대 일본 이행기의 위생행정: 문부성 의무국을 중심으로」,『도시연구: 역사·사회·문화』2, 2009, 119~21면.

4 小島和貴「衛生官僚たちの内務省衛生行政構想と傳染病豫防法の制定(醫療政策と法 ─ 醫療を取り卷く諸政策を中心として)」,『法政論叢』51: 2, 2015.

5 笠原英彦·小島和貴『明治期醫療衛生行政の研究: 長與專齋から後藤新平へ』, 京都: ミネルヴァ書房 2011, 61면.

6 小栗史朗『地方衛生行政の創設過程』, 東京: 醫學圖書出版社 1981; 笠原英彦「近代日本における衛生行政論の展開: 長與專齋と後藤新平」,『法學研究』69: 1, 1996; 笠原英彦「明治十年代における衛生行政: 後藤新平と日本的衛生概念の形性」,『法學研究』70: 8, 1997; 笠原英彦「長與專齋の「衛生意見」とアメリカ衛生行政」,『法政論叢』38: 2, 2002; 笠原英彦「明治前期における「自治衛生」と「衛生工事」」,『法政論叢』40: 1, 2003; 小島和貴「近代日本衛生行政における中央·地方關係 ─ 神奈川縣の事例を中心として」,『政治經濟史學』360, 1996; 小島和貴「日本衛生政策の形成をめぐる行政過程」,『法學政治學論究』41, 1999; 小島和貴「コレラ豫防の「心得書」と長與專齋」,『法學研究』82: 2, 2009; 小島和貴「長與專齋の衛生行政論とコレラの流行」,『人間福祉學會誌』11: 1, 2011; 小島和貴「衛生官僚たちの内務省衛生行政構想と傳染病豫防法の制定(醫療政策と法 ─ 醫療を取り卷く諸政策を中心として)」,『法政論叢』51: 2, 2015; 山本志保「明治前期におけるコレラ流行と衛生行政 ─ 福井縣を中心として」,『法政史學』56, 2001.

7 김영수「근대일본의 의사면허 변천」, 연세대 의학사연구소 엮음『동아시아 역사 속의 의사들』, 역사공간 2015.

8 笠原英彦·小島和貴, 앞의 책 139~41면.

9 김영희, 앞의 글 111면.

10 笠原英彦「近代日本における衛生行政論の展開: 長與專齋と後藤新平」;「明治十年代における衛生行政: 後藤新平と日本的衛生概念の形性」;「長與專齋の「衛生意見」とアメリカ衛生行政」;「明治前期における「自治衛生」と「衛生工事」」.

11 『地方巡察使復命書』, 1883; 關口隆吉 著, 地方巡察使復命資料刊行會 編『地方巡察使復命資料』, 靜岡: 地方巡察使復命資料刊行會 1939.

12 長與專齋 著, 山崎佐 校訂·解說『松香私志』, 東京: 醫齒藥出版 1958.

13 内務省衛生局 編『衛生局年報(1877-1900)』; 厚生省醫務局 編『醫制百年史』, 1976을 근거로 작성.

14 山本俊一『日本コレラ史』, 東京: 東京大學出版會 1982, 27~31면.

15 같은 책 46~47면.

16 笠原英彦·小島和貴, 앞의 책 59면.

17 「醫制」(1874. 8. 18); 厚生省醫務局 『醫制百年史(資料編)』, 1976, 36~44면.

18 「虎列刺病豫防法心得」(1877. 9. 20).

19 山本俊一, 앞의 책 260면.

20 「虎列刺病豫防假規則」(1879. 6. 26).

21 「虎列刺病豫防法心得」(1877. 8. 27).

22 「虎列刺病豫防假規則」(1879. 8. 25).

23 「傳染病豫防規則」(1880. 7. 9).

24 竹原万雄 「明治初期の衛生政策構想: 『內務省衛生局雜誌』を中心に」, 『日本醫史學雜誌』 55: 4, 2009, 514~15면.

25 內務省社寺局·衛生局 編 『虎列刺豫防諭解』, 1880; 阿部安成 「傳染病豫防の言說: 近代轉換期の國民國家·日本と衛生」, 『歷史學硏究』 686, 1996.

26 「傳染病豫防法」, 『官報』 1897. 4. 1.

27 長與專齋 著, 山崎佐 校訂·解說, 앞의 책.

28 長與專齋 「衛生意見」(1877. 10), 國立國會圖書館憲政資料室 所藏 『大久保利通文書』 資料 番號 327, 1928.

29 같은 곳.

30 小川鼎三 著, 酒井シヅ 校注 『松本順自傳·長與專齋自傳』, 東京: 平凡社 1980, 167면.

31 大日本私立衛生會 「赤痢病における醫師の困難」, 『大日本私立衛生會雜誌』 130, 1894, 166면.

32 笠原英彦·小島和貴, 앞의 책 139~43면.

33 같은 책 133~58면.

34 長與專齋 「衛生ト自治ノ關係」, 『大日本私立衛生會雜誌』 59, 1888.

35 寶月理惠 『近代日本における衛生の展開と受容』, 東京: 東信堂 2010, 84~89면; 黃文雄 「後藤新平による臺灣近代化のための醫療敎育觀」, 『拓植大學百年史硏究』 6, 2001, 50~51면.

36 後藤新平 「健康警察醫官を設くべき建白」, 1878, 國立國會圖書館憲政資料室 所藏 『後藤新平文書』 9 名古屋時代 (MF版, 後藤新平記念館藏), G2-3-9.

37 「愛知縣公立病院及醫學校第一報告中病院及醫學校建言書·院校將來須要諸件(自明治六年至同十三年)」, 國立國會圖書館憲政資料室 所藏 『後藤新平文書』 9 名古屋時代.

38 笠原英彦·小島和貴, 앞의 책 117면.

39 같은 책 143면.

40 後藤新平 「都市計畫と自治の精神」 『都市公論』 12: 4, 1921; 後藤新平歿八十周年記念事業

實行委員會 編『後藤新平とは何か――自治·公共·共生·平和: 都市デザイン』, 東京: 藤原書店 2010, 151~87면.

41 小島和貴「衛生官僚たちの內務省衛生行政構想と傳染病豫防法の制定(醫療政策と法 ―― 醫療を取り卷く諸政策を中心として」, 278~79면.

제4장

1 이 시대에 널리 퍼진 사조의 핵심 논리구조를 이해하려면 가장 간단한 방법은 리 수(黎澍)의「消滅封建殘餘影響是中國現代化的重要條件」(『未定稿』示範刊行 第1期, 1978; 『歷史研究』第1期, 1979)과 왕 샤오창(王小强)의『農業社會主義批判』(『未定稿』第49期, 1979; 『農業經濟問題』第2期, 1980) 두편을 함께 읽는 것이다. 이 두편은 참신한 역사-이론적 시도를 하고 있고 매우 설득력 있지만 오늘날 사람들에게서 많이 잊힌 중요한 텍스트이다.

2 물론 일부 선별되어 봉건주의의 독소를 피했다고 인정받은 것들, 특히 생명의 원초적 충동과 본능을 지니고 있다고 여겨지는 문화적 표현, 생활의 표현, 예술적 표현만은 면제되고 문화예술의 영감으로 흡수될 만하다고 생각되었다.

3 '판샤오 토론'의 전개양상을 보다 상세하게 이해하려면 다음을 참조하기 바란다. 彭明榜「"潘曉討論"始末」, 中國靑年編輯部 編『潘曉討論: 一代中國靑年的思想初戀』, 天津: 南開大學出版社 2000, 3~29면; 郭楠檸「我親歷的"潘曉討論"」, 『炎黃春秋』第12期, 2008; 馬笑冬「催生"潘曉"」, 葉維麗·馬笑冬 口述, 葉維麗 撰稿『動湯的靑春――紅色大院的女兒們』, 北京: 新華出版社 2008, 236~41면. 루 위에강 인터뷰는「著名報告文學家·記者盧躍剛談"潘曉討論"」, (http://ishare.iask.sina.com.cn/f/iLOL7jTp35.html).

4 『중국청년』의 판샤오 서신은 1980년 5월에 발표되었고, 『중국청년』의 토론 서신들은 6월부터 간행되기 시작해 11월까지 이어졌다. 12월과 이후의 관련 글들은 더이상 일반 독자로부터 온 편지가 아니었다. 『중국청년보』는 1980년 6월 12일에 토론을 호소하고 7월 3일부터 토론 서신을 싣기 시작해 1981년 1월 20일에 마쳤다. '인생의 의미를 어떻게 인식할 것인가? 나아갈 길의 이정표를 어떻게 찾을 것인가?'를 중심주제로, '인생과 문제에 관한 토론'을 부제로 하여(7월 3일부터 이 부제를 사용하기 시작했다) 이 제목하에 40회의 토론이 발표되었다. 11월부터 발표된 것들은 확실히 의식적으로 조직된 것이고, 주도성이 있었다. 『공인일보』에서는 '어떠한 인생관을 수립해야 하는가?'를 주제로 1980년 6월 5일에 토론을 시작해 같은 해 12월 23일 갑자기 끝마쳤는데(갑자기 끝마쳤다는 것은 『공인일보』 토론이 끝나기 몇호 전에 편자들이 끝내겠다는 의사를 전혀 보이지 않았고, 1981년 2월 27일이 되자 짜맞춘 것이 분명한 위 신옌(余心言)의「漫話人生目的」라는 글을 실으면서 편자의 말을 덧붙여 이 토론의 종결을 선포했기 때문이다), 총 23호의 토론을 발표했다. 『중국청년』『중국청년보』『공인일보』의 토론 내용

을 상세하게 보면 루 위에강이 말하는 "근 반년"이라는 기간은 이들 간행물에 자유롭게 원고들이 투고되던 기간을 가리키는 것임이 분명하다.

5 1980년 초 『중국청년』 편집부는 확실히 잡지에 인생관과 관련된 토론을 추진하고자 했다. 토론을 잘 조직하기 위해 당시 사상교육부 주임 귀 난닝(郭楠檸)이 편집부의 마 리전(馬麗珍)과 마 샤오둥(馬笑冬)에게 본격적으로 조사 연구를 하도록 했고, 마 리전과 마 샤오둥은 베이징의 기관, 학교, 상점과 공장에서 여러 차례 좌담회를 개최했다. 이러한 연구와 좌담회를 통해 마 샤오둥은 당시 베이징 제5양모셔츠공장의 황 샤오쥐(黃曉菊)를 알게 되었고, 마 리전은 당시 베이징대 경제학원 대학생 판 이(潘禕)와 친해졌다. 후에 『중국청년』 제5호(1980)에서 '판 이'라는 이름으로 "인생의 길은 왜 걸으면 걸을수록 더 좁아지는 걸까……"라고 썼던 편지는 바로 마 샤오둥이 황 샤오쥐와 판 이의 이야기에 근거해 보내온 편지였다. 황 샤오쥐의 이야기가 주가 되고(황 샤오쥐의 인생 경력과 주관이 들어 있고, "사람이라면 누구나, 생존이거나 창조거나 모두 주관적인 것은 자신을 위한 것이고 객관적인 것은 다른 사람을 위한 것이다. 마치 태양이 발광하는 것은 우선은 그 자신의 생존을 위해 필연적인 현상이고, 만물을 비추는 것은 그로부터 파생된 일종의 객관적 의미가 있는 것과 같다. 그래서 모든 사람이 최대한 자기 자신의 가치를 높이기 위해 노력한다면 전체 인류사회가 앞으로 진전하게 된다는 것 역시 필연적인 것이라고 생각한다"라는 말도 포함되었다. 이 편지에서 가장 영향력 있는 관점은 모두 황 샤오쥐가 했던 말에서 나온 것이다), 판 이와 편집자가 좌담회에서 들은 이야기가 녹아들어서 가공을 거치고 다시 귀 난닝이 편집하고 고친 것을 『중국청년』 잡지사 사장 겸 총편집인 관 즈하오(關志豪)가 심의한 것이었다. 이 편지의 '판샤오'라는 서명은 황 샤오쥐와 판 이의 이름에서 한 글자씩 따서 합친 것이다. 이 편지의 '편집자의 말'은 마 샤오둥이 초고를 쓰고 귀 난닝이 수정하여 완성했다(彭明榜, 앞의 글 10~14면; 郭楠檸 앞의 글; 馬笑冬, 앞의 글 236~41면).

6 '판샤오 토론'과 관련된 상세한 분석에 관심 있는 독자라면 나의 긴 논문 「當社會主義遭遇危機…… ─ "潘曉討論"與當代中國大陸虛無主義的歷史與觀念構造」, 『當社會主義遭遇危機』, 臺北: 人間出版社 2016, 79~187면을 참고하기 바란다.

7 이 문제에 관심 있는 독자는 나의 대형 연구작업 '中國大陸新時期興起的倫理, 社會, 生活意涵'의 성과에 관심을 가져주기 바란다. 곧 책으로 출간될 예정이다.

8 이 분야에 관심 있는 독자라면 나의 논문 「啓蒙與革命的雙重變奏」 제2절, 『當社會主義遭遇危機』 50~64면을 참고할 수 있을 것이다.

9 이는 즉 사회주의와 공산주의의 실현을 세계사적 필연의 원리라고 서술하고, 중국혁명과 사회주의의 현존 상태를 자각적이면서도 올바르게 이 세계사의 원리를 집행하는 것이라고 서술했던 것이다.

10 더 적절한 표현을 찾지 못해 여기서는 기독교 어휘 '團契感'를 차용했다. 독자들은 기

독교적 의미로 이해할 필요는 없고, 단어와 대응하여 집단이 개인의 심신에 안정감을
제공하는 직접적이고도 유효한 자원이라는 의미로 이해하면 좋겠다.

11 이 절의 인용문은 모두 나의 논문 「時代的認知要求與人文知識思想的再出發」, 『當代中國
的知識感覺與觀念感覺』, 臺北: 唐山出版社 2006, 95~106면에서 인용한 것이다.

12 같은 글에서 인용한 것이다.

제5장

1 칼 슈미트 지음, 김남시 옮김 『땅과 바다: 칼 슈미트의 세계사적 고찰』, 꾸리에 2016,
80~87면.

2 같은 책 105~09면.

3 조반니 아리기 지음, 백승욱 옮김 『장기20세기: 화폐, 권력, 그리고 우리 시대의 기원』,
그린비 2014, 555면.

4 같은 책 582~86면.

5 조반니 아리기 지음, 강진아 옮김 『베이징의 애덤 스미스: 21세기의 계보』, 도서출판
길 2009, 427~81면 참조.

6 Bruce Cummings, "Rimspeak; or, The Discourse of the 'Pacific Rim'," Arif Dirlik,
ed., *What is in a Rim?: Critical Perspectives on the Pacific Region Idea* (Boulder·San
Francisco·Oxford: Westview Press 1993) 30~35면.

7 최원식 『제국 이후의 동아시아』, 창비 2009, 144면.

8 백영서 『핵심현장에서 동아시아를 다시 묻다』, 창비 2013, 15~33면.

9 William A. Callahan, "Sino-speak: Chinese Exceptionalism and the Politics of History,"
The Journal of Asian Studies Vol. 71, No. 1 (February 2012) 50면.

10 왕 후이, 이욱연 옮김 「중국 사회주의와 근대성 문제: 개방 이후의 사상조류」, 『창작
과비평』 1994년 겨울호, 56면.

11 중국의 '제국' 담론에 대한 자세한 분석은 전인갑 『현대중국의 제국몽』, 학고방 2016,
1~19면; 백영서, 앞의 책 284~313면 참조.

12 왕 후이, 앞의 글 67면.

13 이남주 「자본주의 세계체제 속의 중국 '사회주의', 수사인가 가능성인가」, 『창작과비
평』 2015년 봄호, 23면.

14 https://www.aiib.org/en/about-aiib/index.html

15 '일대일로'는 중국 국가발전개혁위원회 주도로 출범했지만 그 안에는 상무부와 외
교부를 포함한 각 정부 부처와 성·시급 정부가 다양하게 결합해 있었다. AIIB·실크로
드기금·중국개발은행·신개발은행·중국수출입은행 등 재정기반도 다양했다. 참여국
도 처음부터 명확하게 정해진 것이 아니었다. '일대일로'가 60여개 국가를 포괄한다고

했지만 이들은 '연선국(沿線國)' '상관국(相關國)'으로 범주화되었을 뿐이다(Richard Ghiasy and Jiayi Zhou, "The Silk Road Economic Belt: Considering security implications and EU-China cooperation prospects," SIPRI report, 2017, 3~4면).

16 「舞動的雙翼, 豐碩的成果 — "一帶一路"建設回眸與愿景」, 『新華每日電訊』(2017. 1. 4).

17 溫鐵軍·黃德興, 백지운 옮김 「중국의 '일대일로'는 평화발전의 이념인가」, 『창작과비평』 2015년 가을호, 85면.

18 이남주 「중국의 서진전략과 일대일로 — 아시아 협력의 새로운 전환점이 될 수 있는가」, 『황해문화』 2015년 겨울호.

19 龔婷 「"一帶一路"倡義的中國傳統思想要素初探」, 『當代世界與社會主義』 2015年 4期.

20 '전략과 비전'에 따르면 일대일로의 노선은 ① 중국-중앙아시아-러시아-유럽, ② 중국-중앙아시아-서아시아-페르시아만-유럽 ③ 중국-동남아시아-남아시아-인도양의 세개의 육상노선과 ④ 중국연해-남중국해-인도양-유럽 ⑤ 중국연해-남중국해-남태평양의 두개의 해상노선으로 이루어졌다.

21 물론 각 지역의 기층에 강화되는 반중정서는 별도로 다룰 문제이다.

22 Lora Saalman, ed., "China-Russia Relations and Regional Dynamics: from Pivot to Peripheral Diplomacy," SIPRI report, 2017, 25~26면.

23 Dmitry Yefremenko, "The Birth of a Greater Eurasia: How the Post Cold-War Era Ends," *Russia in Global Affairs* No. 1 (2017).

24 Richard Ghiasy and Jiayi Zhou, 앞의 글 10면.

25 같은 글 12면.

26 溫鐵軍·黃德興, 앞의 글 95~96면

27 汪暉 「當代中國歷史巨變中的臺灣問題」, 『文化縱橫』 2015年 弟1期(온라인판) (http://www.21bcr.com/a/shiye/lishiguan/2015/0130/3550_4.html).

28 일대일로의 육상노선은 ① 중국-몽골-러시아 경제회랑 ② 신유라시아 대륙교 ③ 중국-중앙아시아-서아시아 경제회랑 ④ 중국-인도차이나반도 경제회랑 ⑤ 중국-파키스탄 경제회랑 ⑥ 방글라데시 - 중국-인도-미얀마 경제회랑으로 구성된다. 카슈가르는 그중 ②, ③, ⑤ 회랑의 기점이다.

29 汪暉 「兩洋之間的新大同想像」(2017. 11. 12) (http://www.aisixiang.com/data/106828.html). 이 글은 汪暉·王湘穗·曹錦清外 著 『新周期: 逆全球化, 知能浪潮與大流動時代』, 遼寧人民出版社 2017에 '兩洋之間的文明'이라는 제목으로 수록되었다. 여기서는 온라인판을 참고했다.

30 같은 글.

31 왕 후이 지음, 송인재 옮김 『아시아는 세계다』, 글항아리 2011, 111~33면.

32 汪暉 「兩洋之間的新大同想像」.

33 같은 글.

34 칼 슈미트, 앞의 책 106면.

35 자오 팅양은 '무외'란 '천하'의 선험적 원칙이며 따라서 중국의 제국에는 다른 제국처럼 지리적·문화적 변방이 없다고 말했다. 자오팅양 지음, 노승현 옮김 『천하체계: 21세기 중국의 세계인식』, 도서출판 길 2010, 85~90면.

36 칼 슈미트, 앞의 책 81~82면.

37 汪暉「兩洋之間的新大同想像」.

38 자오팅양, 앞의 책 74면.

39 汪暉「兩洋之間的新大同想像」.

40 汪暉「當代中國歷史巨變中的臺灣問題」

41 같은 글.

42 데이비드 하비, 백영경 옮김「실현의 위기와 일상생활의 변모」, 『창작과비평』 2016년 가을호, 78~84면 참조.

43 쉬 진위(徐進鈺), 백지운 옮김「중국 '일대일로'의 지정학적 경제학: 포용적 천하인가, 예외적 공간인가」, 『창작과비평』 2016년 가을호, 492면.

44 미국 국가정보위원회(NIC)에서 2012년 발간한 보고서 Global Trends 2030: Alternative Worlds에서는 미국이 2030년에도 강대국 중 우두머리겠지만 미국의 '일극시대'는 끝날 것이라 전망했다. 아울러, 2030년까지 중국이 미국을 대체할 가능성은 낮지만 중국과 인도의 GDP는 미국과 영국의 10배 이상의 속도로 증가할 것이라고 내다보았다 (https://www.dni.gov/index.php/who-we-are/organizations/nic/nic-related-menus/nic-related-content/global-trends-2030).

45 高野孟「リベラル派の二一世紀大戰略としての「東アジア共同體」構想」, 東アジア共同體研究所 編『なぜいま東アジア共同體なのか』東京: 花傳社 2015, 109면.

46 이강국『일대일로: 중국의 신실크로드 전략』, 북스타 2016, 38~40면.

47 최원식, 앞의 책 154면.

48 캘리포니아학파의 동아시아사 서술에 대한 소개와 비판에 대해서는 미야지마 히로시·배항섭 엮음『동아시아는 몇 시인가?』, 너머북스 2015, 70~79면 참조.

49 이정훈「동아시아 담론, 온 길과 갈 길」, 『창작과비평』 2014년 봄호, 405면.

50 「一帶一路讓歐中緊密相連」『人民日報』(2016. 4. 11).

51 가라타니 고진 지음, 조영일 옮김『제국의 구조: 중심·주변·아주변』, 도서출판b 2016, 38~39면.

52 같은 책 262~71면.

53 같은 책 52면.

54 그러나 어찌된 일인지 코오진은 정작 중국의 제국을 논할 때는 '고차원적 회복'의 문

제를 제대로 짚지 않는다. 놀랍게도 그는 중국에 필요한 것은 잔존하는 제국성을 자각하는 것이라고 말하고 있다(같은 책 222면).

55 백영서, 앞의 책 290~300면.

56 Arif Dirlik, "Beijing Consensus: "Beijing Gongshi," Who Recognizes Whom and to What End?," (http://www.ids-uva.nl/wordpress/wp-content/uploads/2011/07/9_Dirlik1.pdf).

57 안토니오 네그리·마이클 하트 지음, 윤수종 옮김 『제국』, 이학사 2001, 199~210면.

58 「"一帶一路"有望构建新的全球經濟大循環」, 『人民政協報』(2016. 4. 12).

59 장덕준 「'북방정책' 재고: '유라시아 이니셔티브'의 재검토 및 새로운 대륙지향 정책을 위한 원형 모색」, 『슬라보학보』 32: 1, 2017.

제6장

1 2014년 12월 17일 스 셴위(石先鈺)라는 필자가 '인민논단망(人民論壇網)'에 '시진핑사상'을 중공지도사상으로 삼아야 한다고 주장하는 글을 게재하고 이 글이 『다궁바오(大公報)』에 전재되기도 했으나 큰 주목을 끌지 못했다(石先鈺 「淺析習近平思想的基本特征及指導意義」, 『人民論壇網』 2014. 12. 17, http://www.rmlt.com.cn/2014/1217/360839.shtml). 홍콩 『밍바오(明報)』 2017년 3월 22일자의 「"習思想"擬十九大入黨章 料明年啟動修憲 國家主席任期或修訂」에서 시 진핑의 치국리정 신사상·신이념·신전략이 당장에 포함될 때 '시진핑사상'으로 표현될 것이라는 소식을 전한 이후 이와 관련한 논란이 본격화되었다.

2 이 글에서 시진핑사상은 시 진핑의 이니셔티브에 따라 형성되고 있고 제19차 당대회에서 "시 진핑 신시대 중국 특색 사회주의사상"이라는 명칭으로 당장에 삽입된 중공의 공식 지도사상을 지칭한다. 다만 마오쩌둥사상·덩샤오핑이론처럼 중공의 공식 지도이념의 하나를 지칭하는 고유명사로서 의미를 갖는 경우는 '시진핑사상'으로 표기한다.

3 시 진핑으로 권력이 집중된 과정과 그에 대한 해석에 대해서는 안치영 「중국공산당 지도부에서 '핵심'의 의미와 시진핑(習近平)의 정치적 지위」, 『중앙사론』 44, 2016; 조영남 「중국 후진타오와 시진핑의 권력공고화 비교」, 『국제·지역연구』 19-4, 2017을 참고할 수 있다. 다만 이들은 모두 시 진핑의 권력강화가 개혁개방 이후의 정치적 관례에서 벗어나는 것이 아니라고 평가했는데, 이는 논의가 필요한 문제이다. 이 글에서는 중공과 중국의 거버넌스체제가 개혁개방 이후 정치적 관례를 변경하는 방식으로 재구축되고 있다고 주장한다.

4 Yang, Hongxin and Dingxin Zhao, "Performance Legitimacy, State Autonomy and China's Economic Miracle," *Journal of Contemporary China* Vol. 24, No. 91, 2015.

5 David Shambaugh, *China's Communist Party: Atrophy and Adaptation* (Berkeley: Univer-

sity of California Press 2008) 105면.

6 같은 책 167~69면.

7 「習近平在紀念馬克思誕辰200周年大會上的講話」(2018. 5. 4) (http://www.xinhuanet.com/politics/leaders/2018-05/04/c_1122783997.htm).

8 이중과제론은 백낙청에 의해 1998년 한 학술대회에서 처음 제출되었고, 관련 논문이 『창작과비평』 1999년 가을호에 「한반도에서의 식민성 문제와 근대 한국의 이중과제」라는 글로 게재되었다. 이와 관련한 논의는 이남주 『이중과제론: 근대적응과 근대극복의 이중과제』, 창비 2009를 참고할 수 있다.

9 필자는 이러한 긴장관계가 중국 현대 주요 정치가들의 사상체계 내의 주요 구성요소였다는 점을 지적한 바 있다(이남주 「자본주의 세계체제 속의 중국 '사회주의', 수사인가 가능성인가」, 『창작과비평』 2015년 봄호). 예를 들어 캉 유웨이, 쑨 원 등이 모두 자본주의의 수용·적응과 그 극복(대동 혹은 민생주의)을 동시에 사유했다. 물론 두 과제 간의 관계를 처리하는 방식은 차이가 있다. 이러한 사유체계는 마오 쩌둥, 덩 샤오핑에게서도 발견된다. 백영서는 중국근현대사의 역동상과 복합성을 이해하는 데 이중과제적 접근의 유용성을 강조하고, 이중과제적 접근을 20세기 중국현대사의 주요 사건(1919년 5·4운동, 1949년 중화인민공화국 성립, 1989년 톈안먼사건 등)을 설명하는 데 적용한 바 있다(백영서 「중국의 근대: 20세기 중국을 바꾼 세 가지 사건」, "열린연단: 문화의 안과 밖" 2018. 3. 10, https://tv.naver.com/v/2911104). 최근 이욱연도 중국의 지식사회를 이중과제의 시각에서 평가한 바 있다(이욱연 『포스트 사회주의 시대 중국 지성: '중국' 재발견의 길』, 서강대출판부 2017, 249~54면).

10 백영서 「한국 중국학의 궤적과 비판적 중국연구」, 『사회인문학의 길: 제도로서의 학문, 운동으로서의 학문』, 창비 2014, 203면.

11 龔育之 「我國社會主義初級階段的歷史地位和主要矛盾」, 『紅旗』 1987年 第22期, 2면.

12 자유주의와 신좌파 논쟁의 평가에 대해서는 許紀霖 「總論」, 『啓蒙的自我瓦解: 1990年代以來中國思想文化界重大論爭研究』, 吉林出版集團有限責任公司 2004; 賀照田 『當代中國思想論爭的歷史品格與知識品格』, 『當代中國的知識感覺與觀念感覺』, 廣西師範大學出版社 2006 등을 참조. 이 논쟁과 관련된 주요 문헌은 李世濤 主編 『知識分子立場: 自由主義之爭與中國思想界的分化』, 吉林: 時代文藝出版社 2000을 참조.

13 한때 '우유즈샹(烏有之鄉)'이라는 인터넷 사이트에 이러한 주장들이 활발하게 게재되었고, 중앙민족대학 교수 장 홍량(張宏良)이 이러한 흐름을 대표하는 인물 중 한 사람이다. 이들의 영향력 증가와 쇠퇴에 대해서는 郭松民 「談談烏有之鄉」, 2014(http://www.aisixiang.com/data/72932.html)을 참조.

14 謝韜 「民主社會主義與中國出路」, 『炎黃春秋』 2007年 第2期. 이 논쟁과 관련한 글들은 黃達公 編 『大論戰 ─ 民主社會主義與中國出路』, 香港: 天地圖書 2007에서 찾아볼 수 있다.

15 민주사회주의 논쟁을 촉발한『옌황춘추(炎黃春秋)』의 고문을 맡고 있는 두 룬성(杜潤生)과 관련해서는 원 자바오(溫家寶, 전 국무원총리), 왕 치산(王岐山, 당시 중공중앙정치국 상무위원), 천 시원(陳錫文, 당시 중앙재경영도소조판공실 부조장), 두 잉(杜鷹, 당시 국가발전개혁위원회 부주임) 등이 병원에 입원해 있는 그를 방문했다는 보도가 있었다(林珊珊·杜强「9號院的年輕人」,『南方人物周刊』2013. 8. 26. http://www.nfpeople.com/story_view.php?id=47622013).

16 鄧小平 著, 中共中央文獻編輯委員會 編『鄧小平文選 — 第三卷』, 北京: 人民出版社 1993, 374면.

17 일곱번째 내용만이 예외로, 이는 주로 좌파의 '개혁개방이 과도하다' '사회주의라는 방향에서 벗어났다' 혹은 '중국이 현재 실행하고 있는 것은 신관료자본주의다' 등 개혁개방을 비판하는 주장들을 겨냥한 것이다. 이 문건의 주요 내용은 먼저『뉴욕타임즈(*New York Times*)』2013년 8월 19일자에 소개되었고, 전문은 같은 달 발간된『밍징위에칸(明鏡月刊)』에 게재되었다(陳曦「『明鏡月刊』獨家全文刊發中共9號文件」,『明鏡月刊』2013年 第43期).

18 鄧小平, 앞의 책 375면.

19 장 쩌민은 총서기에 취임(1989년 6월)한 지 10년이 지난 2001년 1월에 일종의 문선이지만 주제는 과학기술 영역에 제한된『과학기술을 논한다(論科學技術)』를 출판했다. 그리고 2001년 8월 자신의 이념적 유산이라고 할 수 있는 '삼개대표론'을 선전하는『삼개대표를 논한다(論"三個代表")』를, 11월에는『당건설을 논한다(論黨的建設)』를 이어서 출판했다. 퇴임 직전인 2002년 8월에는『장 쩌민 중국특색사회주의를 논하다·주제별 발췌편집(江澤民論有中國特色社會主義〈專題摘編〉)』등 주제별 문선을 출판했다. 그리고 퇴임 후 4년이 지난 2006년 8월에야『장 쩌민 문선(江澤民文選)』전3권이 출판되었다. 후 진타오는 퇴임한 이후인 2013년 4월에 처음으로 자신의 연설 등을 정리한『사회주의조화사회 건설을 논한다(論構建社會主義和諧社會)』를 출판했으며, 2016년 9월에야『후 진타오 문선(胡錦濤文選)』전3권이 출판되었다.

20 李君如「習近平治國理政思想的顯著特點」,『北京日報』2016. 1. 18; 王偉光『馬克思主義中國化的最新成果 — 習近平治國理政思想研究』, 北京: 中國社會科學出版社 2016.

21 Zhang, Baohui, "Toward the Rule of Law: Why China's Path will be Different from the West," Suisheng Zhao, ed., *Debating Political Reform in China: Rule of Law vs. Democratization* (Armonk: M. E. Sharpe 2006).

22 1982년 헌법이 당 영도를 법조문 형식으로 확정하지 않고 전문에서 역사서술 형식으로 표현한 것에 대해 중국 내에는 상반된 해석이 존재한다. 한편에서는 이것이 '이당치국(以黨治國)' 방침에 대한 반대를 의미하는 것으로 해석하여 전문에서 당 영도를 설명하는 것의 의미를 낮게 평가하고(高鍇「關於黨的領導: 1982年憲法的重要修正」,『炎黃春

秋』2011年 第8期), 다른 한편에서는 이러한 서술이 당 영도 원칙을 적절하게 표현한 것이며 이는 부정할 수 없는 정치원칙이라고 해석한다(劉松山「黨的領導寫入1982年憲法的歷史回顧與新期待」,『河南財經政法大學學報』2014年 第3期). 후자의 주장을 따르더라도 당 영도는 정치적 원칙이지 법률적 원칙으로 보기는 어렵고, 당의 영도와 헌법 간의 관계는 지속적인 논란의 대상이 될 수밖에 없다.

23 예를 들어 1980년대 소위 '신권위주의론'이 전자의 발상에 해당한다(張炳九「經濟體制改革和政治體制改革的進程與協助」, 劉軍·李林 編『新權威主義』, 北京經濟學院出版社 1989, 17면). 서구에서는 이러한 과정을 거쳐 점진적으로 민주화를 실현하는 것을 현실적인 정치개혁 방안으로 보는 경우가 적지 않다(Larry Diamond, "The Rule of Law as Transition to Democracy in China," Suisheng Zhao, ed., 앞의 책 82면). 판 웨이(潘維)의 '자문형 법치(咨詢型法治)'는 나름대로 중국의 의법치국을 정당화하는 논리를 제공하지만 중국 통치체제의 민주적 성격을 부정하는 문제를 갖고 있다. 이는 중공이 주장하는 사회주의민주론과도 상충할 수 있다.

24 '당에 대한 전면적인 엄격한 관리' 방침에 대한 시 진핑의 발언들은 中共中央文獻研究室 編『習近平關於全面從嚴治黨論述摘編』, 北京: 中共文獻出版社 2016에 정리되어 있다.

25 조영남, 앞의 글 23~26면.

26 예를 들어 원 자바오는 2011년 6월 27일 런던 영국왕립학회 연설에서 "미래의 중국은 민주·법치·공평정의를 충분히 실현한 국가가 될 것이다. 인류역사에서 봉건전제에 반대하는 과정에서 형성된 민주·법치·자유·평등·인권 등의 관념은 인류정신의 큰 해방이었다"라고 주장한 바 있다.

27 중국 내에서는 후쿠야마가 자신의 견해를 근본적으로 수정하고 민주주의보다 국가능력이 국가의 번영에 더 중요하다고 주장했다고 선전되기도 했다. 그렇지만 후쿠야마는 국가능력과 법의 지배, 민주주의 모두 중요하다고 본 것이고, 미국과 서구 정치모델이 국가능력 제약을 과도하게 강조하는 약점을 갖고 있으나 중국의 경우는 반대로 국가능력만을 지나치게 강조하는 문제가 있다고 주장했다. 그럼에도 서구 정치모델을 상대화했다는 점에서는 그의 과거의 주장과 차이가 있다. 후쿠야마의 중국모델에 대한 논의와 평가는 陳家剛『危機與未來: 福山中國講演錄』, 北京: 中央編譯出版社 2012, 48~50면을 참조. 최근 후쿠야마는 2018년 3월 중국 전국인민대표대회에서 통과된 헌법개정안에서 국가주석 연임 제한 규정이 삭제된 것을 강력하게 비판했다(Francis Fu-Kuyama, "China's 'Bad Emperor' Returns," *The Washington Post*, March 6, 2018).

제3부

제1장

1 이상의 인용은 竹内好「私の著作と思索」, 『竹内好全集』第13卷, 東京: 筑摩書房 1981, 279~80면. 초판은 竹内好 『知識人の課題』, 東京: 講談社 1954. 이 문장에 대해 타께우찌가 "주로 정치와 관련된 발언을 중심으로 엮었다"라고 평론집 말미에 썼다. 넓은 의미의 '정치'에 관한 타께우찌의 자세가 나타나 있다고 생각한다.

2 같은 글 279면. 만년에 발표한 다른 글에서도 "애초 대학에 들어간 것은 시험이 없어 가장 쉬웠기에 들어갔을 뿐이며, 적을 두는 것이지 공부할 마음은 없었습니다"라고 말하고 있다(竹内好「わが回想」, 『竹内好全集』第13卷, 238면).

3 「年譜」, 『竹内好全集』第17卷, 東京: 筑摩書房 1982, 290면.

4 타께우찌 요시미는 「나의 회상(わが回想)」에서 "먼저 조선을 거쳐 중국의 동북으로 갔는데, 동북은 장춘까지밖에 가지 않았지만, 일단은 남만주를 보고 있는 거예요"라고 했다(240면).

5 일기에서 타께우찌 요시미는 베이징에 도착한 후 바로 일본 경찰을 찾아가 "표면상 만주보다 평안하다고 해도 장 쉐량(張學良)의 하야를 계기로 이면에서는 사태가 매우 위급하다"라고 했다 한다. 상대적인 평온과 현장이 주는 긴장감에 타께우찌가 주의를 기울이고 있었다는 것을 알 수 있다(「遊平日記」, 『竹内好全集』第15卷, 東京: 筑摩書房 1981, 12면).

6 竹内好「方法としてのアジア」, 『竹内好全集』第5卷, 東京: 筑摩書房 1981, 93면.

7 子安宣邦 『日本人は中國をどう語ってきたか』, 東京: 青土社 2012 참조.

8 타께우찌의 사상을 포스트모던의 입장에서 재평가한 논고도 나와 있다. 酒井直樹「近代の批判: 中絶した投企」, 『死産される日本語・日本人』, 東京: 新曜社 1996; リチャード・カリチマン「竹内好における抵抗の問題」, 『現代思想』, 2001年 6月號.

9 竹内好「孫文觀の問題點」, 『竹内好全集』第5卷, 26면.

10 竹内好「遊平日記」, 『竹内好全集』第15卷, 24면.

11 竹内好「孫文觀の問題點」, 26면.

12 孫文「民族主義」, 『孫中山全集』第9卷, 北京: 中華書局 1985, 183면.

13 竹内好「孫文觀の問題點」, 28면.

14 竹内好「新中國を生み出したもの」, 『竹内好全集』第4卷, 185면.

15 竹内好「孫文」, 『竹内好全集』第4卷, 241면.

16 竹内好「中國の民族主義」, 『竹内好全集』第5卷, 16면.

17 竹内好「日本・中國・革命」, 『竹内好全集』第4卷, 329면.

18 이 단락의 인용은 竹内好「孫文」, 241~42면.

19 立間祥介 編「中國文學研究會年譜」, 復刻『中國文學』別冊, 東京: 汲古書院 1971, 31면.

20 竹内好「私と周圍と中國文學」, 『中國文學研究月報』第23號, 1937, 復刻版 196면.

21 倉石武四郎『支那語教育の理論と實踐』, 東京: 岩波書店 1941.

22 竹内好「支那學の世界」, 『中國文學』第73號, 1941, 114면.

23 竹内好「編集後記」, 『中國文學』第66號, 1940, 333면.

24 竹内好「飜譯時評・二」, 『中國文學』第70號, 1940, 646면.

25 타께우찌 요시미와 요시까와 코오지로오의 논쟁에 대해서는 孫歌『竹内好という問い』, 東京: 岩波書店 2005, 제1장 참조. 사실 요시까와 코오지로오는 상황인식에서 타께우찌 요시미와 공통된 위기의식을 가지고 있었다. 그래서 양자 사이에 논의가 성립될 수 있었다고 생각한다. 그러나 쿠라이시 타께시로오에 대해 보인 비평에서 드러나듯이, 타께우찌 요시미의 자세에는 독자적인 면이 있다.

26 吉川幸次郎・竹内好「飜譯論の問題」, 『中國文學』第72號, 1941, 92면.

27 「年譜」, 『竹内好全集』第17卷, 293~94면.

28 竹内好「謝冰瑩「梅姑娘」付記」, 『竹内好全集』第14卷, 東京: 筑摩書房 1981, 3면.

29 竹内好「『賽金花』解説・後記」, 『竹内好全集』第14卷, 335~36면.

30 타께우찌 요시미는 전후의 글에서 이렇게 쓰고 있다. "루쉰과의 만남은 내게 있어서 행복한 사건은 아니었다. 만남 자체가 행복하지 않았고, 결과도 행복하지 않았다. 만약 내가 그때 불행하지 않았다면 루쉰과 만나지 않았을지도 모른다. 나의 불행이 나에게 루쉰을 발견하게 했다. 나는 루쉰을 알게 됨으로써, 행복해지지는 않았지만 자신의 불행에 대해서 '알게' 되었다는 것이다. 그것은 내게 있어서 행복해지는 것보다 '위안'이었다"(竹内好『『魯迅入門』「讀者へ」』, 『竹内好全集』第2卷, 東京: 筑摩書房 1981, 4면).

31 타께우찌 요시미의 『루쉰』에 대해서는 졸고 「竹内好と『魯迅』」, 『アジア學への誘い——國際地域の社會科學 III』, 東京: 御茶の水書房 2008에서 논한 것이 있다.

32 竹内好「『魯迅』未來社版あとがき」, 『竹内好全集』第1卷, 東京: 筑摩書房 1980, 174면.

33 竹内好「『魯迅』「政治と文學」」, 『竹内好全集』第1卷, 128면.

34 같은 글 152면.

35 이 부분에 덧붙일 것은 아니지만, 타께우찌는 1952년 『루쉰』이 소오겐분꼬(創元文庫)에서 출간되었을 때 붙인 주(註)에서 "이러한 종류의 니시다 철학에서 빌린 용어가 산재하지만 이것은 당시 독서경향의 영향이며, 오늘날 보면 사상적 빈곤의 결과이다. 니시다 철학의 용어 예를 엄밀하게 따르고 있는 것은 아니다"라고 쓰고 있다(註 12, 『竹内好全集』第1卷, 157면).

36 예를 들면 당시 문단에 큰 영향을 미친 셰스또프(Lev Shestov) 체험의 그림자를 볼 수 있다. 앞에 언급한 孫歌『竹内好という問い』; 本田秋五『物語戰後文學史』(中), 東京: 岩波書店 2005 참조.

37 竹内好「『魯迅』「政治と文學」」,『竹内好全集』第1卷, 143면.

38 竹内好「『魯迅』註一」,『竹内好全集』第1卷, 155면.

39 鵜飼哲「解説」,『(新版)魯迅』, 東京: 未來社 2000, 232면.

40 丸山昇「日本における魯迅」,『魯迅·文學·歷史』, 東京: 汲古書院 2004, 103~04면.

41 伊藤虎丸『魯迅と終末論』, 東京: 龍溪書社 1975, 48면.

42 丸山昇, 앞의 글 111면.

제2장

1 윤휘탁「중국 관내 한국독립운동에 대한 중국학계의 인식과 평가」,『만주연구』 20, 2015, 58면.

2 국사편찬위원회 엮음『대한민국임시정부자료집』 전51권, 2005~11; 김영신 편역『장중 정총통당안 중 한국관련자료 집역』, 선인 2011 등이 발간되었다.

3 邵毓麟『使韓回憶錄: 近代中韓關係史話』, 臺北: 傳記文學出版社 民國 69[1980], 21면.

4 같은 책 24면.

5 같은 책 16면. 그는 임시정부 내부의 계파는 지역성에 근거한 동향(同鄕) 관념에서 비롯되었다고 보았으며, 반공 성향의 한국독립당, 친공적인 조선민족혁명당으로 분열되었고, '온화파'와 '강경파' 간의 노선대립, '중국관내파'와 '만주파' '불평파'와 '간부파'의 갈등과 대립 등 각양각색의 당파 간 투쟁이 어지럽게 전개되었다고 하였다.

6 배경한「대한민국임시정부와 중화민국의 외교관계(1911~1945)」,『중국근현대사연구』 62, 2012.

7 邵毓麟, 앞의 책 25~27면.

8 같은 책 33면.

9 같은 책 26면.

10 장 지란 주필은 항전 필승과 승리 후 한국이 반드시 독립할 것을 믿었으며, 샤오 위린에게 신규식(申圭植)이 쓴『한국혼』을 주면서 신생독립국 한국에 대사로 가는 것이 패전국 일본에 대사로 가는 것보다 더욱 의미가 있고 중요하다고 권하였다(같은 책 41면).

11 샤오 위린은 자신이 한국과 관계를 맺게 된 배경은 첫째, 일본 유학 시기 한국 동학과 교류하면서 일본제국주의 압박하의 약소민족이라는 동병상련의 반일정서를 갖게 된 것, 둘째, 1934년 쓰촨대학 경제학과 교수 재임 시절 한국독립운동 인사인 김규식과 교류한 것, 셋째,『다궁바오』 주필 장 지란에게 받은 영향, 넷째 쑨 원의 약소민족을 돕는 삼민주의 사상, 네 가지라고 한다(같은 책 1~4면).

12 같은 책 27면.

13 胡春惠『韓國獨立運動在中國』, 臺北: 中華民國史料研究中心出版 1976, 92면.

14 華强·施洋「한국독립운동과 국공 양당과의 관계에 대한 약론」, 보경문총편집위원회

엮음『중국항일전쟁과 한국독립운동』, 시대의 창 2005, 43면.

15 邵毓麟, 앞의 책 27면.

16 김영신「해방 전 蔣介石의 한국인식」, 『전북사학』 48, 2016, 259면.

17「국권회복을 위한 한인들의 단결된 모습(1942. 4. 3)」, 『대한민국임시정부자료집 40: 중국보도기사 2』, 179~81면.

18 石源華『中韓文化協會研究』, 北京: 世界知識出版社 2007, 27면; 楊昭全 等編『關內地區朝鮮人反日獨立運動資料匯編』, 遼寧民族出版社 1987, 1590면.

19 楊副軍「韓國臨時政府在重慶的反日獨立活動紀略」, 潘石英 主編『深厚的友誼 —— 朝鮮抗日獨立運動論文及史料』, 北京: 世界知識出版社 1992, 97면.

20 邵毓麟, 앞의 책 30면.

21 한시준「중경시기 대한민국 임시정부의 위상과 역할」, 『한국독립운동사연구』 33, 2009, 91면.

22 邵毓麟, 앞의 책 46면.

23 항전 초기 국공 양당은 삼민주의를 합작의 기초로 삼았으나 국민정부는 삼민주의 해석에서 공산당과 일치하지 않았고, 이로 인해 국공 양당은 항일강령상의 차이를 보이게 되었다.

24 사준미「항일전쟁 시기, 중국 국민정부와 한국독립운동 관계에 대한 약론」, 『중국항일전쟁과 한국독립운동』, 20면.

25 邵毓麟, 앞의 책 30면; 「韓國光復軍總司令部成立典禮記錄(1940. 9. 17)」, 『대한민국임시정부자료집 10: 한국광복군』, 27면; 한시준『한국광복군연구』, 일조각 1993, 89~98면. 성립식에 참여하여 서명한 인물의 수는 중국측 인사가 107명, 서양측 인사가 27명이었고, 중국측 인사 가운데 거의 절반이 국민정부 인사에 해당했다(조덕천「중일전쟁기 대한민국 임시정부에 대한 중화민국 국민정부의 지원」, 『동양학』 62, 2016, 7~8면).

26 邵毓麟, 앞의 책 35면.

27 같은 책 33면.

28 같은 책 34면.

29 배경한「중일전쟁시기 蔣介石·國民政府의 對韓政策」, 『역사학보』 208, 2010, 280면.

30「한국광복군행동준승9조의 규정에 관한 簽呈」(林蔚·陳布雷→蔣介石, 1944. 8. 10), 김영신 편역, 앞의 책 150~51면.

31 조덕천, 앞의 글 11면.

32 이용중「대한민국임시정부의 지위와 대일항전에 대한 국제법적 고찰」, 『국제법학회논총』 54: 1, 2009, 122면.

33 邵毓麟, 앞의 책 35면.

34 楊副軍, 앞의 글 98면; 오경평「항전시기에 한국 임시정부의 승인에 대해 중국 국민정

부가 가졌던 태도에 관하여」, 『동방학지』 92, 1996, 64면.

35 邵毓麟, 앞의 책 42면.

36 「국방최고위원회 상무회의에서 외교부로 하여금 한국 임시정부를 승인할 준비를 갖추도록 하자는 결의안이 통과된 사정을 보고하는 簽呈」(王寵惠→蔣介石, 1942. 4. 6)」, 김영신 편역, 앞의 책 68~70면.

37 邵毓麟, 앞의 책 36면. 궈 타이치 외교부장이 김구·김약산과 회담하여 한국 임시정부 승인은 장 제스의 비준을 거쳤다고 토로한 시점은 1941년 10월 10일이라고 한다(楊天石「蔣介石與韓國獨立運動」, 『抗戰與戰後中國』, 北京: 中國人民大學出版社 2007, 409면).

38 邵毓麟, 앞의 책 36~37면.

39 「外務部七月份工作報告(1944. 7. 31)」·「外務部八月份工作報告(1944. 08. 31)」, 『대한민국임시정부자료집 16: 외무부』, 75, 78면.

40 오경평, 앞의 글 69면.

41 「당장 한국임시정부를 승인하기에는 시간이 너무 촉박하며, 최소한 사전에 미국과 협의하는 것이 바람직하다는 장개석의 의견」(蔣介石→王寵惠, 1942. 4. 10), 김영신 편역, 앞의 책 64~65면; 구대열 「2차 대전 중 중국의 한국정책 ─ 국민당 정권의 臨政정책을 중심으로」, 『한국정치학회보』 28, 1995, 753면.

42 邵毓麟, 앞의 책 48면.

43 「邵毓麟을 명예고문으로 초빙할 수 있도록 협조를 청하는 공함」, 『대한민국임시정부자료집 22: 대중국 외교활동』; 石源華, 앞의 책 58면.

44 邵毓麟, 앞의 책 38면.

45 구대열, 앞의 글 756면.

46 충칭 주재 미국대사가 1942~44년 본국에 보고한 문건도 국민정부가 임시정부를 승인하지 않는 것은 일본 패망 후 한국을 중국의 종주권 아래에 두려는 욕망 때문이라고 하였다(유용태 「중국의 지연된 외교와 한중관계 ─ 동아시아 지역사의 시각」, 『한중인문학연구』 37, 2012, 16~17면).

47 조덕천, 앞의 글 72~74면.

48 고정휴 「중경시기 대한민국임시정부의 승인외교 실패원인에 대한 검토」, 『한국독립운동사연구』 33, 2009, 26면.

49 邵毓麟, 앞의 책 43면.

50 배경한 「중일전쟁시기 蔣介石·國民政府의 對韓政策」.

51 邵毓麟, 앞의 책 50면.

52 첫째, 전후 한국의 독립을 보증한 카이로선언의 정신에 위배된다. 둘째, 전후 한국을 국제기구가 공동관리하는 것은 형식만 바뀔 뿐 실제로는 변화가 없는 것이다. 셋째, 행정간부 인재가 없다는 것은 한국인의 재능과 지혜를 무시하는 주장이다. 넷째, 한인들

이 단결과 합작을 이루지 못한 것은 제국주의 통치자의 의도이다. 여러 세력의 분규와 투쟁은 세계 각국의 보편적인 현상이며, 한국만의 현상이 아니라고 하였다(같은 책 52~54면).

53 石源華「邵毓麟: 民國首任駐韓大使」,『世界知識』22, 2008, 58면.

54 邵毓麟, 앞의 책 55면.

55 배경한「카이로 회담에서 한국문제와 蔣介石」,『역사학보』224, 2014, 325면.

56 구대열, 앞의 글 750면.

57 김지훈「1945년 광복 전후 중국국민당정부의 한반도 구상과 한국」,『군사』96, 2015, 67면.

58 邵毓麟, 앞의 책 71면.

59 같은 책 39면.

60 배경한「종전 전후 시기 國民政府의 對韓政策」,『중국근현대사연구』76, 2017, 113면.

61 사준미, 앞의 글 33면.

62 국민정부가 임시정부를 승인하지 않았기 때문에 국가원수 자격이 아니었다.

63 邵毓麟, 앞의 책 21면.

64 邵毓麟「한국문제의 대책」(1945. 12),『대한민국임시정부자료집 25: 중국의 인식』, 140면.

65 이재령「20세기 중반 한중관계의 이해: 한국독립에 관한 중화의식의 이중성」,『중국근현대사연구』29, 2006, 103면.

66 김정인「임정 주화대표단의 조직과 활동」,『역사와 현실』24, 1997, 126면.

67 邵毓麟, 앞의 책 90면.

68 같은 책 74면.

69 같은 책 55면.

70 이재령, 앞의 글 107면.

71 邵毓麟, 앞의 책 102면.

72 같은 책 106면;『조선일보』1949. 11. 16. 임시정부 김구 주석의 고문을 맡았던 샤오 위린 개인에 대한 이승만의 기피로 인해 김구가 암살당한 후에야 신임장을 제출하게 되었다고도 한다(손준식「'兄弟之邦'에서 '兇地之邦'으로 ─ 대한민국과 중화민국의 외교관계(1948-1992)」,『中國近現代史研究』58, 2013, 30면).

73 邵毓麟, 앞의 책 106면.

74 같은 책 123면.

75 胡春惠「中國與韓國臨時政府之關係」, 國立政治大學 博士學位論文, 1972 (胡春惠『韓國獨立運動在中國』, 臺北: 中華民國史料研究中心出版 1976).

제3장

1 T'ang, Leang-li (Tang Liangli), ed., *China and Japan: Natural Friends-Unnatural Enemies; A Guide for China's Foreign Policy by Sun Yat-sen* (Shanghai: China United Press 1941).

2 Marius B. Jansen, *The Japanese and Sun Yat-sen* (Stanford: Stanford University Press 1954).

3 Paula Harrell, *Sowing the Seeds of Change: Chinese Students, Japanese Teachers, 1895-1905* (Stanford: Stanford University 1992); Donald R. Reynolds, *China, 1898-1912: The Xinzheng Revolution and Japan* (Cambridge: Council on East Asian Studies, Harvard University 1993).

4 兪辛焞『孫文の革命運動と日本』, 東京: 六興出版 1986, 16면.

5 孫中山「對神戶商業會議所等團體的演說」,『孫中山全集』第11卷, 北京: 中華書局 1981~86, 401, 403면.

6 Elpidio R. Sta. Romana and Ricardo T. Jose, "'Never Imagine Yourself to be Otherwise···': Filipino Image of Japan over the Centuries," *Asian Studies* Vol. 24 (1991) 66, 71~72면.

7 Douglas R. Reynolds, 앞의 책 5~14면.

8 Marius B. Jansen, 앞의 책 2면.

9 孫中山, 앞의 글 401~09면.

10 李大釗「大亞細亞主義」(1917. 4. 18),『李大釗文集』第1卷, 北京: 人民出版社 1984, 449~51면;「大亞細亞主義與新亞細亞主義」(1919. 1. 1), 같은 책 609~11면;「再論新亞細亞主義」(1919. 11. 1),『李大釗文集』第2卷, 111면.

11 Wang Jingwei, "My views on Sino-Japanese Relations" (July 9, 1939) and "The Psychological Aspects of Suspicion" (July 22, 1939), in T'ang Leang-li, ed., *Fundamentals of National Salvation: A Symposium by Wang Ching-wei and Others* Vol. 1 (Shanghai: China United Press 1942) 52, 58면.

12 Li Narangoa, "The Assembly of the Greater East Asiatic Nations, 1943," in Sven Saaler and Christopher W. A. Szpilman, eds., *Pan-Asianism: A Documentary History, Vol. 2: 1920-Present* (Lanham: Rowman and Littlefield Publishers 2011) 243~44면.

13 같은 글 245~47면.

14 Wang Jingwei, "My View on Sion-Japanese Relation."

15 汪精衛「敬告海外僑胞」,『汪主席和平運動之言論』第1集, 中國國民黨廣東省中央執行委員會 1940, 27~31면.

16 周佛海「中國國民黨過去的功罪與今後的地位」(1939. 8. 27), 中國國民黨中央執行委員會宣傳部 編『和平建國與國民黨』(n.p.: 中國國民黨中央執行委員會宣傳部, n.d.) 10~11면.

17 Wang Jingwei, "The Meaning of Peace" (October 7, 1939), in T'ang Leang-li, ed., 앞의 책 85면; "Marching Toward a Common Goal" (January 1, 1940), 같은 책 95면.

18 이에 대해서는 황동연「20세기 초 동아시아 급진주의와 '아시아' 개념」,『대동문화연구』50, 2005, 121~65면을 참조. 반서구 사상이 20세기 아시아 국가에서 작용한 예는 Cemil Aydin, *The Politics of Anti-Westernism in Asia: Visions of World Order in Pan-Islamic and Pan-Asian Thought* (New York: Columbia University Press 2007)을 참조.

제4장

1 민두기「枏學의 旅路」,『중국초기혁명운동의 연구』, 서울대출판부 1997, 408면.

2 김준엽『중국공산당사』, 사상계사 1958.

3 김준엽『중국최근세사』제3판, 일조각 1976.

4 근대화론 수용과 한국근대사의 재해석과 구성 문제를 설득력 있게 다룬 최근의 연구로는 신주백「1960년대 '근대화론'의 학계 유입과 한국사연구」,『사학연구』125, 2016.

5 하세봉「한국 동양사학계에 대한 비판적 검토」,『역사비평』1989년 여름호; 김희교「한국의 비판적 중국담론, 그 실종의 역사」,『역사비평』2001년 겨울호; 백영서「중국학의 궤적과 비판적 중국연구」,『대동문화연구』80, 2012 등을 참조.

6 리영희의 문혁론을 분석한 정문상은 그의 문혁 이해가 한국사회 개혁을 전망한 참고틀이었다는 점을 강조했고(「문화대혁명을 보는 한국사회의 한 시선 ― 리영희 사례」,『역사비평』2006년 겨울호), 백승욱이 리영희의 문혁론에서 주목한 것은 '우상을 허물고 이성을 세우는 그의 독특한 논쟁 개입방식'이었다(「한국 1960~70년대 사유의 돌파구로서의 중국문화대혁명 이해 ― 리영희를 중심으로」,『사이間SAI』14, 2013). 리영희의 사회주의 중국에 대한 관심을 반공논리를 비판하기 위한 글쓰기 전략이라는 차원에서 접근한 박자영의 연구(「동아시아에서 사회주의 인민의 표상정치」,『중국어문학논집』47, 2007), 그리고 1970~80년대 리영희의 대안적 공화국 상상의 배경으로 1940~50년대 그의 역사적 체험에 주목한 김원의 연구(「리영희의 공화국」,『역사문제연구』27, 2012) 또한 리영희의 비판적 지적 활동의 방식과 그 배경을 해명하는 데 초점을 맞추고 있다. 중국에서 최근 리영희의 중국론에 대해 연구가 진행되고 있어 흥미롭지만 이 연구 역시 유사한 관점에 입각해 있다. 둥 천(董晨)은 리영희의 중국론을 식민지배로부터 민족해방을 이룬 약소민족이 어떻게 평등하고 도적적인 이상사회로 나아갈 수 있는지를 모색한 사유로 이해하고, 리영희의 문혁은 중국에 빗대어 한국의 미래상을 제시하려 한 것이었다고 보았다(董晨「探索轉換時代中弱小民族的邏輯 ― 韓國思想家李泳禧1970年代的中國研究」,『天涯』2015年 第2期;「轉換時代的韓國與李泳禧的烏托邦」,『開放時代』2017年 第5期).

7 리영희·백영서 대담「비판적 중국학의 뿌리를 찾아서」,『중국의 창』2003년 창간호,

147면.

8 리영희 「현대중국연구의 성과와 허점」, 『창작과비평』 1976년 가을호, 110면.

9 리영희·백영서·정민 대담 「전환시대의 이성 리영희 선생의 삶과 사상」, 리영희선생화
갑기념문집편집위원회 편 『리영희선생화갑기념문집』, 두레 1989, 589면.

10 리영희·백영서, 앞의 글 142면.

11 리영희·임헌영 『대화』, 한길사 2005, 290면.

12 한국의 대중언론매체에서 보도한 문혁의 내용과 그 성격에 대해서는 정문상 「한국의
냉전문화 형성과 문화대혁명」, 『중국근현대사연구』 48, 2010, 111~18면 참조. 이하 문
혁에 대한 한국 대중언론매체의 보도 내용은 이 연구 내용을 압축한 것이다.

13 『조선일보』의 문혁 보도에 대한 설명은 정문상 「냉전시기 한국인의 중국인식」, 『아시
아문화연구』 13, 2007, 50~54면; 「한국의 냉전문화 형성과 문화대혁명」, 121면; 백승욱,
앞의 글. 백승욱은 문혁에 대한 『조선일보』 『중앙일보』 『경향신문』 등의 보도를 비교
검토하여 리영희 특유의 보도전략을 제시했다.

14 백승욱, 앞의 글 123~24면.

15 「좌담회: 전후 20년의 세계」, 『정경연구』 151, 1965, 158면.

16 리영희와 '혁명사관'에 대한 설명은 정문상 「문화대혁명을 보는 한국사회의 한 시
선 ─ 리영희 사례」, 221~22면 참조.

17 이용성 「1960년대 비판적 지식인 잡지 연구 ─ 『사상계』의 위기와 『창작과 비평』의
등장을 중심으로」, 『한국학논집』 37, 2008.

18 리영희 「창간 25주년에 말한다: 『창작과비평』과 나」, 『창작과비평』 1991년 봄호,
22면.

19 리영희·임헌영, 앞의 책 396면.

20 김원 「1970년대 창작과비평 지식인 집단의 이념적 계보와 민족문학론」, 『역사와 문
화』 24, 2012, 41~46면.

21 이경란 「1950~70년대 역사학계와 역사연구의 사회담론화」, 『동방학지』 152, 2010,
366면.

22 리영희 「광복32주년의 반성」, 『리영희저작집 2: 우상과 이성』, 한길사 2006, 43면에서
재인용.

23 문학사 영역에서 이루어진 전통문화에 대한 주목과 그 근대로의 발전가능성에 대한
체계화 노력에 대해서는 김현주 「『창작과비평』의 근대사 담론 ─ 후발자본주의 사회
의 역사적 사회과학」, 『상허학보』 36, 2012, 468~73면 참조.

24 민두기의 근대화 이해와 그에 따른 중국근대사 연구와 구성에 대해서는 鄭文祥 「閔斗
基先生(1932~2000)の中國近現代史研究とその歷史像」, 『近きに在りて』 44·45合集, 2004
참조. 민두기의 중국근현대사 연구를 지성사라는 시각에서 본 연구로는 임상범 「민두

기 사학의 일면」,『동양사학연구』 107, 2009 참조.

25 정문상「문화대혁명을 보는 한국사회의 한 시선 —— 리영희 사례」, 220~21면 참고.

26 리영희「사상적 변천으로 본 중국근대화 100년사」,『전환시대의 논리』 제2판, 창비 2006, 166면.

27 같은 글 167~68면.

28 같은 글 173면.

29 같은 글 171~73면.

30 리영희「0.17평의 삶」,『리영희저작집 2: 우상과 이성』에서 재인용;「외화와 일본인」, 『전환시대의 논리』 제2판.

31 1970년대 지식인들의 근대화 이해에 대해서는 이상록「1960~1970년대 비판적 지식 인의 근대화 인식」,『역사문제연구』 18, 2007, 237~46면 참조.

32 『전환시대의 논리』에 실린「중국외교의 이론과 실제」「대륙중국에 대한 시각 조정: 중국본토 사회의 실제와 판단」 등의 글이 대표적이다.

33 리영희「소련반체제 지식인의 유형과 사상」,『리영희저작집 2: 우상과 이성』, 418면.

34 같은 글 415면.

35 리영희「모택동의 교육사상」,『리영희저작집 2: 우상과 이성』 참조.

찾아보기

연동하는 동아시아를 보는 눈

초판 1쇄 발행 / 2018년 6월 25일

엮은이 / 박경석
펴낸이 / 강일우
책임편집 / 정편집실 · 윤동희
조판 / 박아경
펴낸곳 / (주)창비
등록 / 1986년 8월 5일 제85호
주소 / 10881 경기도 파주시 회동길 184
전화 / 031-955-3333
팩시밀리 / 영업 031-955-3399 편집 031-955-3400
홈페이지 / www.changbi.com
전자우편 / human@changbi.com

ISBN 978-89-364-8629-7 93300